基督教思想

卓新平　著

中国社会科学出版社

图书在版编目(CIP)数据

基督教思想 / 卓新平著 . —北京：中国社会科学出版社，2020.12
（宗教学新论）
ISBN 978-7-5203-7007-3

Ⅰ.①基… Ⅱ.①卓… Ⅲ.①基督教—思想评论—文集 Ⅳ.①B978-53

中国版本图书馆 CIP 数据核字（2020）第 151290 号

出 版 人	赵剑英
责任编辑	陈 彪
责任校对	李 剑
责任印制	张雪娇
出 版	中国社会科学出版社
社 址	北京鼓楼西大街甲 158 号
邮 编	100720
网 址	http://www.csspw.cn
发 行 部	010-84083685
门 市 部	010-84029450
经 销	新华书店及其他书店
印刷装订	北京市十月印刷有限公司
版 次	2020 年 12 月第 1 版
印 次	2020 年 12 月第 1 次印刷
开 本	710×1000 1/16
印 张	25.25
插 页	2
字 数	376 千字
定 价	148.00 元

凡购买中国社会科学出版社图书，如有质量问题请与本社营销中心联系调换
电话：010-84083683
版权所有　侵权必究

"宗教学新论"总序

宗教是人类社会及思想史上最为复杂和神秘的现象之一。人类自具有自我意识以来，就一直在体验着宗教、观察着宗教、思考着宗教。宗教乃人类多元现象的呈现，表现在社会、政治、经济、信仰、思想、文化、艺术、科学、语言、民族、习俗、传媒等方面，形成了相关人群的社会传统及精神传承，构成了人类文明和民族文化的重要部分，铸就了人之群体的独特结构和人之个体的心理气质。在人类可以追溯的漫长历程中，不难察觉人与宗教共存、与信仰共舞的史实，从而使宗教有着"人类学常数"之说。因此，对宗教的审视和研究就代表着对人之社会认识、对人之自我体悟的重要内容。从人本及其社会出发，对宗教奥秘的探究则扩展到对无限微观世界和无垠宏观宇宙的认知及思索。

于是，人类学术史上就出现了专门研究这一人之社会及灵性现象的学科，此即我们在本研究系列所关注的宗教学。对宗教的各种观察研究古已有之，留下了大量历史记载和珍贵的参考文献，但以一种专业学科的方式来对宗教展开系统的学理探究，迄今则只有不足150年的历史。1873年，西方学者麦克斯·缪勒（F. Max Müller）出版《宗教学导论》一书，"宗教学"遂成为一门新兴人文学科的名称。不过，关于宗教学的内涵与外延，学术界一直存有争议，目前对这一学科的标准表达也仍然没有达成共识。在宗教学的发展过程中，涌现出一大批著名学者，也形成了各种学术流派，并且由最初的个人研究发展成为体系复杂的学科建制，出现了众多研究机构和高校院系，使宗教学在现代社会科学及人文学科领域中脱颖而出，成绩斐然。20世纪初，宗教学在中国悄然诞生，一些文史哲专家率先将其研究视域扩大到宗教范围，以客观、中立、悬置信仰的立场和方法来重点对中国宗教历史问题进行探究，从而形成中国宗教学的基本理念及原则。随着中国现代学术的发展，宗教学不断壮大，已呈现出蔚为壮观之局面。

宗教学作为跨学科研究，其显著特点就是其研究视野开阔，方法多样，突出其跨宗教、跨文化、跨时代等跨学科比较的意趣。其在普遍关联的基础上深入探索，贯通时空，展示出其内向与外向发展的两大方向。这种"内向"趋势使宗教学成为"谋心"之学，关注人的内蕴世界及其精神特质，侧重点在于"以人为本"、直指人心，以人的"灵魂"理解达至"神明"关联，讨论"神圣""神秘"等精神信仰问题，有其内在的深蕴。而其"外向"关注则让宗教学有着"谋事"之学的亮相，与人的存在社会、自然环境、宇宙万象联系起来，成为染指政治、经济、法律、制度、社会、群体、国际关系等问题的现实学问，有其外在的广阔。而研究者自身的立足定位也会影响到其探索宗教的视角、立场和态度，这就势必涉及其国家、民族、地区、时代等处境关联。所以说，宗教学既体现出其超越性、跨越性、抽象性、客观性，也不可避免其主体存在和主观意识的复杂影响。在这种意义上，宗教学既是跨越国界的学问，也是具有国家、民族等担当的学科，有其各不相同的鲜明特色。除了政治立场、学术方法、时代背景的不同之外，甚至不同学派、不同学者所选用的研究材料、关注的研究对象也互不相同，差异颇大。由此而论，宗教学当然有着其继承与创新的使命，而我们中国学者发展出体现中国特色的宗教学自然也在情理之中。

基于上述考虑，笔者在此想以"宗教学新论"为题对之展开探讨，计划将这一项目作为对自己近四十年研究宗教学科之学术积累的整理、补充和提炼，其中会搜集自己已发表或尚未发表的学术论文，以及已收入相关论文集的论文和相关专著中的文论，加以较为周全的整合，形成相关研究著作出版，包括《经典与实践：论马克思主义宗教学》《唯真与求实：马克思主义宗教观中国化之探》《宗教学史论：宗教学的历史与体系》《宗教社会论》《宗教文明论》《宗教思想论》《世界宗教论》《中国宗教论》《基督教思想》《基督教文化》《中国基督教》《反思与会通》等；在马克思主义宗教观的指导下，梳理探究宗教学的历史和宗教学的体系，进而展开对世界宗教的全方位研究。其"新"之论，一在视野之新，以一种整体论的视域来纵观古今宗教研究的历史，横贯中外宗教学的范围；二在理论之新，即用中国特色社会主义理论的创新之举来重温马克思主义经典作家关于宗教之论，探究马克思主义宗教观在当代中国的新发展、新思路；三为方法之新，不仅批判性地沿用宗教学历史传统中比较科学、合理、行之有效的方法，而且对之加以新的考量，结合当代学术最新发展的成果来重新整合；四在反思之新，这就是重新审视自己以往的旧作，总结自己四十年之久宗教研究在理论与实践上的体悟、收获，以及经验和教训，在新的思考、新的形势下积极调适，增添新思和新言。当然，这一项目立足于思考、探索乃实情，而建构、创新则仅为尝试，且只代表自己一家之言，故此所谈"新论"乃是相对的、开放的、发展的，必须持有锲而不舍、止于至善的精神和毅力来继续往前开拓。由于这一研究项目涉及面广，研究难度较大，论述的内容也较多，需要充分的时间保证，也需要各方面的大力支持，故其进程本身就是不断得到合作、得到鼓励和支持的过程。

在此，作者还要衷心感谢文化名家暨"四个一批"人才工程领导小组将本课题列为"文化名家暨'四个一批'人才项目"计划！也特别感谢中国社会科学出版社在编辑出版本项目课题著作上的全力支持！

卓新平
2019年5月

目　录

"宗教学新论"总序 …………………………………………（1）
前言 ……………………………………………………………（1）

上编　古代与中世纪基督教思想

第一章　教父哲学初探 ………………………………………（3）
第二章　奥古斯丁的思想研究 ………………………………（31）
第三章　鲍埃蒂的思想研究 …………………………………（99）
第四章　埃里金纳的思想研究 ………………………………（112）
第五章　阿伯拉尔的思想研究 ………………………………（118）
第六章　安瑟伦的思想研究 …………………………………（123）
第七章　索尔兹伯里的约翰的思想研究 ……………………（129）
第八章　大阿尔伯特的思想研究 ……………………………（133）
第九章　波拿文都拉的思想研究 ……………………………（141）
第十章　托马斯·阿奎那的思想研究 ………………………（148）
第十一章　爱克哈特的思想研究 ……………………………（179）
第十二章　奥卡姆的思想研究 ………………………………（184）
第十三章　库萨的尼古拉的思想研究 ………………………（190）
第十四章　马丁·路德的思想研究 …………………………（209）
第十五章　加尔文的思想研究 ………………………………（221）

下编　近代与现代基督教思想

第十六章　近现代欧洲基督教思想的发展 …………………（229）
第十七章　帕斯卡尔的思想研究 ……………………………（246）
第十八章　纽曼的思想研究 …………………………………（252）
第十九章　克尔凯郭尔的思想研究 …………………………（257）
第二十章　当代西方基督教思想研究 ………………………（261）
第二十一章　当代西方宗教思潮 ……………………………（280）
第二十二章　"危机神学"的著名代表——卡尔·巴特 ……（287）
第二十三章　"世俗神学"思想家——迪特里希·
　　　　　　朋谔斐尔 ………………………………………（297）
第二十四章　论朋谔斐尔的"非宗教性解释" ………………（306）
第二十五章　政治神学及当代中国——回应莫尔特曼 ……（323）
第二十六章　现代美国新教神学的派别 ……………………（327）
第二十七章　美国新正统派代表——莱因霍尔德·尼布尔 …（345）
第二十八章　新福音派神学刍议 ……………………………（363）
第二十九章　后现代思潮与神学回应 ………………………（377）
第三十章　社会处境与神学建设 ……………………………（391）

前　言

　　基督教思想在整个基督教信仰体系中乃其核心内容，其基本表述亦可用基督教神学来替代，但其涵括也包含基督教哲学的内容，故而在天主教思想体系内有天主教神哲学之称。显而易见，基督教思想即基督教会自古至今的理论思考，反映出其宗教信仰所形成的精神传承及思想体系。不过，在西方文化的思想发展演变中，基督教思想并不仅仅局限于教会的思考，其实也基本上代表了欧洲古代晚期及整个中世纪的哲学思索，这种哲学影响甚至延续到西方的近现代思想发展之中，扩展为在西方精神文化中占有巨大比重的社会思想资源。正是在这一意义上，恩格斯才特别强调："对于一种征服罗马世界帝国、统治文明人类的绝大多数达1800年之久的宗教，简单地说它是骗子手凑集而成的无稽之谈，是不能解决问题的。只有根据宗教借以产生和取得统治地位的历史条件，去说明它的起源和发展，才能解决问题。"[①] 在此，恩格斯所指明的认知道路，是对基督教的发展演变加以历史的研究和说明。

　　作为其信仰的理论体系，基督教思想以《圣经》为其基础，这是其理论构设的依据和原点。不过，思想不会凭空产生，也不可能停留在纯为抽象的思辨之维。从其历史传承来看，基督教思想的最早部分称为"教父学"或"教父哲学"，其根源在于基督教所相信的"耶稣时代"之十二使徒或其同时代的认信者，以及这些使徒的弟子和追随者，故有

[①] 《马克思恩格斯文集》（第3卷），人民出版社2009年版，第592页。

"使徒教父"之称,他们最早的理论创作等著述包括《使徒信经》等早期教会文献,以及搜集和编纂《圣经》相关篇章的活动。不过,从其社会需求来看,早期基督教思想内容有很大比重则属于最初的基督教思想家对社会指责、反对其宗教信仰的理论回应,故而也有非常恰当的"护教学"之名称,这些人因而就有"护教学者"的专称。其"护教"传统得以延续,直至在现代发展中西方社会的"宗教批评学"亦涵括其内容。仅就这种关联而言,基督教思想的研究就与19世纪以来发展的宗教学研究有着复杂的联系。宗教学作为对世界宗教全方位的探究,势必会涉及基督教思想这一重要领域。

基督教思想比较正式的表述,可以追溯到公元4世纪以来的"基督教哲学"之说。而"基督教哲学"一词,最早乃见于古罗马时代基督教思想家克里索斯托(Joannes Chrysostom,亦称"金口约翰")的布道文《论历书》(386—387)和奥古斯丁(Aurelius Augustinus)的论著《驳尤利安》(410)。这里,"基督教哲学"实际上是泛指基督教和基督教的世界观,当时并非一种专指的、从客观上研究基督教的纯然学科或仅基于古希腊罗马哲学传统的严格意义上的宗教哲学学科体系。"基督教哲学"之用,也说明在西方文化传统中宗教与哲学并没有非常严格的区分,宗教中包含有哲学的内容,而哲学也在回应宗教的问题。因此在基督教社会文化语境中,"基督教哲学"曾有"永恒哲学"(philosophia perennis)之称。在"基督教哲学"这种称谓之后,奥古斯丁等人亦提出了"基督教教义"等表述。至于基督教的"神学"之说,则远远晚于"基督教哲学"之名称。

"神学"(theology)这一术语最初乃古希腊思想的产物,柏拉图(Platon,公元前427—前347年)是发明并第一个使用"神学"(theologia)的学者。这就意味着,"神学"按其最初意蕴本来就是哲学家或哲学意义上的表述。从其希腊语的词根结构来看,"神学"即指对"神"(theos)的"言述"或"逻辑表达"(logos),"神学"的本意故而是"关于神的言论"或"关于神的理性言说",即有关"神"或"神性"的"学问"。当然,在古罗马帝国后期,"基督教神学"这一表述也间接地在奥古斯丁的思想体系中出现。而写过《哲学的慰藉》的鲍埃蒂（Boethius，约 480—524）在其《论三位一体》《波菲利〈引论〉注释》等专论中根据其对亚里士多德哲学的理解，亦曾论及"哲学""哲理"意义上的"神学"。

不过，直至 12 世纪初，才由欧洲中世纪法国经院哲学家阿伯拉尔（Pierre Abelard，1079—1142）率先将"神学"用为"对全部基督教义作逻辑性及辩证式的探讨"，他撰写了著名的《神学导论》（*Introductio ad theologiam*）。此乃"神学"作为基督教思想体系之名称的正式亮相。这比柏拉图提出"神学"已经晚了 1400 多年。而且，阿伯拉尔的《神学导论》一书起初还受到 1121 年苏瓦松会议和 1140 年桑城会议的谴责，其著述曾一度遭到焚毁；只是在其弟子们的坚持下，以及吉尔伯特（Gilbert de la Porree，约 1080—1154）和雨格（Hugues de St‐Victor，？—1142）等人的推动下，"神学"这一术语才逐渐被教会接受，最终成为基督教信仰之思想学说体系的专称。而此前曾被使用的术语如"神圣教义"（sacra doctrina）、"信仰教义"（doctrina fidei）、"圣典"（sacra pagina）等则在基督教思想理论的常用术语中淡化退隐。从欧洲中世纪后期始，"神学"正式作为基督教信仰体系的专用术语，并突出其"神圣启示""圣经传统"以及"三位一体"神论等特点。由此可见，"神学"作为基督教思想体系的专称迄今不足千年。

基督教思想成为西方社会文化最主要的世界观，且获得官方扶植、社会认同的主流意识形态地位则为欧洲中世纪以来的发展。对此，恩格斯曾分析说："中世纪完全是从野蛮状态发展而来的。它把古代文明、古代哲学、政治和法学一扫而光，以便一切都从头做起。它从没落了的古代世界接受的唯一事物就是基督教和一些残破不全而且丧失文明的城市。"这样，"神学在知识活动的整个领域的这种至高无上的权威，同时也是教会在当时封建统治下万流归宗的地位的必然结果。"[①]此后，在西方社会的转型发展中，都展现出基督教的积极参与甚至非常重要的作

---

① 《马克思恩格斯文集》（第 2 卷），人民出版社 2009 年版，第 235 页。

用，从而也使基督教思想在其社会文化及意识形态上的主要作用及引领之位得以保留，并且扩散到世界的广大地区。所以，对基督教思想的研究对于我们放眼看世界，尤其是深入了解研究西方社会文化，有着特别重要的意义。

　　本卷将分为上下两编来探究基督教思想及其历史发展演变。上编为"古代与中世纪基督教思想"，下编为"近代与现代基督教思想"。鉴于笔者已经撰写和出版过《当代西方新教神学》《当代西方天主教神学》和《当代亚非拉美神学》等专著，故本卷现代基督教思想内容部分仅收入曾以论文或论谈形式发表过的文章，而不再对之加以全面性的详述。

上编 古代与中世纪基督教思想

第一章

教父哲学初探

基督教思想体系发轫于基督教最早期发展的"教父哲学"(Patristic Philosophy),亦称"教父学"(Patristics)。所谓"教父"(Patres Ecclesiae)本意指"教会的父老",实际上代表着基督教教会早期著作家。按时期可以分为使徒教父、尼西亚教父、后期教父等;按其著述内容可以分为护教教父、史学教父、哲学教父等;而按其地域分布及其著述的语言特色则可分为希腊教父、拉丁教父、科普特教父、叙利亚教父、亚美尼亚教父等。

"使徒教父"(Apostolic Fathers)不一定就是使徒本人,但他们是与最后的基督教使徒同时代的人物,且留下了基督教思想史上最早的著述。这些使徒教父及其著述包括《使徒信经》(*The Apostles' Creed*)、《十二使徒遗训》(*The Didache*)、"托名《巴拿巴书》"(The So-called *Epistle of Barnabas*)、罗马的克雷芒(St. Clement of Rome,?—约97)的《致哥林多人书》(*Letter to the Corinthians*)、安提阿的依纳爵(St. Ignatius of Antioch,约35—约107)的《致以弗所人书》(*Epistle to the Ephesians*)、《致梅涅西亚人书》(*Epistle to the Magnesians*)、《致车勒斯人书》(*Epistle to the Trallians*)等书信,士每拿的波利卡普(St. Polycarp of Smyrna,约69—约155)的《致腓立比人书》(*Epistle to the Philippians*)、希拉波利的帕皮亚(Papias of Hierapolis,约60—130)的《耶稣言论注疏》(*Sayings of the Lord*),以及《赫马的牧者》(*The*

Shepherd of Hermas)等。

这里，我们将重点研究希腊教父和拉丁教父的思想，其最重要的文献是19世纪法国学者米涅（Jacques – Paul Migne, 1800—1875）编辑出版的《教父著作全集》（Patrologiae Cursus Completus），分为《希腊教父全集》（Patrologia Graeca，简称PG）161卷和《拉丁教父全集》（Patrologia Latina，简称PL）221卷。

一　希腊教父

希腊教父指基督教早期东派教会中用希腊语写作的教父，最早的希腊护教教父包括查斯丁（Justinus，约100—约165）、塔提安（Tatianus，约120—约175）、伊里奈乌（Irenaeus，约130—约200）等。尼西亚会议前希腊教父有亚历山大里亚的克雷芒（Clemens Alexandrinus，约150—约215）和奥利金（Origenes，约185—约254）等，尼西亚会议后希腊教父有大巴西勒（Basilius Magnus，约330—379）、尼斯的格列高利（Gregorius Nyssenus，约335—约395）和纳西盎的格列高利（Gregorius Nazianzenus，329—390）等。大巴西勒、纳西盎的格列高利、约翰·克里索斯托（Joannes Chrysostom，约347—407）和亚大纳西（Athanasius，约295—373）被誉为希腊教父之"四大博士"；而较晚的希腊教父还包括大马士革的约翰（Johannes Damaszenus，约675—749）和佛提乌（Photius，810—约895）等人。这里，就查斯丁、伊里奈乌、亚历山大里亚的克雷芒、奥利金、亚大纳西、纳西盎的格列高利、大巴西勒、尼斯的格列高利、约翰·克里索斯托和大马士革的约翰等人的思想加以探究。

1. 查斯丁

基督教思想的萌芽可以追溯到其"新约时期"的早期神学家保罗（Paulos）和罗马的克雷芒，查斯丁虽然不是最早的护教教父，却被视为"基督教哲学"体系最早的开创者，德尔图良（Tertullianus）称其为"哲学家和殉教者"。①其在基督教思想史上最重要的作用是出面撰文捍卫基督教信仰，故而也是最早的护教论者。

查斯丁约于公元2世纪初出生在纳布勒（今希腊内亚波利斯），其父母为非基督徒，全家大概是以希腊殖民者身份而移居巴勒斯坦的撒马利亚。查斯丁早年研习过哲学，其成年时在以弗所皈依基督教，随后以教授哲学为名来传播基督教信仰。他至少先后两次去罗马传教，在第二次到罗马时还建有一所学校。查斯丁在斯多葛派思想家罗马皇帝马可·奥勒留（Mark Aurel）执政时期，被其城市执政官路斯提库斯（Rusticus）约于165年前后判处死刑，成为基督教殉教者。基督教会以4月14日为查斯丁纪念日。

作为护教者，查斯丁主要是针对当时罗马帝国知识界对于基督教的诽谤、攻击而撰文回应。罗马帝国知识界尤其是其哲学家对其社会中新兴的基督教展开了批判指责，其批评者包括马可·奥勒留的老师西尔塔的福罗恩托（Fronto von Cirta）、修辞学家撒摩萨塔的鲁齐安（Luzian von Samosata）、柏拉图哲学家凯尔苏（Celsus）、新柏拉图主义者波斐留斯（Porphyrius）等人。为此，查斯丁先后撰写了8部护教著作来回应和反驳。这些著述得以保留下来的有3部，包括两篇《护教文》（Apologien）和一篇针对犹太教拉比特里风（Tarphon）的辩论文章《与特里风谈话录》（Dialogue with Trypho）。

在其护教回应中，查斯丁主要是从哲学和宗教这两个层面来阐述其观点。在哲学方面，他先后探究过斯多葛哲学、亚里士多德哲学的逍遥学派，以及毕达哥拉斯哲学，最后将其兴趣转向柏拉图主义。他虽然曾对柏拉图的哲学有所满意，但在总体上对希腊哲学感到失落和失望，认为希腊哲学并不能够回答终极问题。他对柏拉图哲学的关注，在于其有关存有非物体的实在即抽象理念这一学说及其思辨，这种思路使他认为能够很快窥见上帝，因为"上帝就是永远并且以同样的方式保持为同

---

① 参见［法］博讷（Philotheus Böhner）、［法］吉尔松（Etienne Gilson）著《基督教哲学：从其起源到尼古拉》，李秋零译，香港，道风书社2011年版，第17页。

样的东西的那种事物,他是其他存在者存在的原因",而阐明这一奥秘则本应该"就是柏拉图哲学的目的"。①查斯丁希望能够找到一种使人幸福的哲学,认为"哲学就是关于存在的知识和对真理的认识。而幸福则是对这种知识和智慧的酬报"。不过,希腊罗马哲学家却让查斯丁大为失望,因为通过接触使他感到这些"哲学家们没有关于上帝的知识,也从未看到过或听到过上帝",故而不可能"达到关于上帝的一种正确的思想或者一种真正的陈述",其结论是"真理根本不在这些人那里"。②

在宗教方面,查斯丁在回应特里风时强调,耶稣通过与"异邦人"的"新约"已经远远超越了以前与犹太人所立的"旧约",所以,犹太教和基督教的经典都见证了耶稣既是犹太教信仰传统所指的救主"弥赛亚",也是上帝自我启示所先在的"逻各斯"。③这样,人们在基督教中不仅发现了真哲学,而且也找到了远比犹太教优越的真宗教。在与罗马哲学家及犹太教思想家的辩论中,查斯丁改造了传统上对"哲学"的认知,指出基督教所提出并得以解决的问题与以往希腊智慧所提出的问题其实是相同的,基督徒在此乃与哲学家共同以类似的方式来寻找上帝以及灵魂与上帝的统一;不过,以希腊哲学的调和态势来设定宗教的目标,这就给哲学本身提出了其无法解答的问题,因为宗教追求乃超越了人类理性的能力。于此,哲学必须作出选择:要么设定哲学的自我目标,按其标准而可以达到,但这就不是宗教的目标;要么哲学亦有宗教的目标,从而超越其自然哲学之界,这就是接受基督教,并保住其"哲学"的名分。查斯丁在此突出了基督教可以履行哲学"把我们引向上帝并支配着我们"的许诺,并明确提出了"基督教哲学"的概念,认为基督教乃真正的哲学。因此,查斯丁宣称基督教会给人带来真理与

---

① [法]博讷、[法]吉尔松著:《基督教哲学:从其起源到尼古拉》,李秋零译,香港,道风书社2011年版,第19页。

② 同上。

③ 参见丹尼尔·帕特(Daniel Patte)编《剑桥基督教辞典》(*The Cambridge Dictionary of Christianity*, Cambridge University Press, New York, 2010),第680页。

恩典，其宗教信仰使哲学理性得以为真理而运用。他号召人们去阅读《圣经》，由此"可为你敞开光明之门"。

查斯丁作为最早的护教论者，意识到不可能，也不应该对希腊哲学加以简单谴责和完全遗弃；他指出异教哲学中也有神圣"逻各斯"的参与，只不过不太完善而已。这种包容之态也使查斯丁成为基督教人道主义的创建者。他并不排拒哲学，而是要把基督教视为哲学的故乡；他表明了对哲学家的尊重和爱护，但也指明真正的哲学应该像基督教那样要超越其纯粹的理性，从而达到向更高境界的升华。

2. 伊里奈乌

伊里奈乌约于公元130年前后出生在小亚细亚的士每拿（今土耳其境内），早年曾师从使徒教父波利卡普，约160年到里昂担任教士，约177—178年任里昂主教，此间曾去维埃纳和罗马参与教会事务，并与罗马主教（教宗）维克托一世有书信来往。在190—191年教会关于复活节日期的规定上，他希望东西方教会相互尊重，但主张采用西部教会的规定。伊里奈乌约于200年去世，其主要著作为《反异端论》（*Adversus Haereses*）五卷。

《反异端论》的主要思想是要反驳基督教内部诺斯替派的相关论点，旨在"揭露和批驳伪知识"。当时在高卢等地曾流行诺斯替派主要代表瓦伦廷（Valentinus, ?—161）的异端思想，他根据新柏拉图主义"流溢"说的思想而认为从神那儿流溢出了三十余种"移涌"（Aeons，意指"中间体"），最终汇聚为"普累若玛"（Pleroma，意指"总汇团"），由此而影响世界及人类。而人则可被分为三类：第一类为属灵的人，因本性为善而必定得救，耶稣基督乃全善之神，但也只能救渡这些本性为善之人，他们可从耶稣基督那儿得到真知"诺斯"（gnosis）而获救升天。第二类为犹太教和基督教的信奉者，他们虽然可以通过信仰和善功而得救，却不能获得"诺斯"，故其解脱只是中等的。第三类人为属肉体的，会与物质世界一同毁灭而不能得救。为此，伊里奈乌在《反异端论》卷一批驳了瓦伦廷的错误思想，并分析了其错误之源，指出其脱离了《圣经》正信而到古代星相说的谬论中找寻依据，故而陷入一元论和泛神论,在其错误中难以自拔。

从《反异端论》的卷二开始,伊里奈乌进而从哲学层面展开阐述,以驳斥错谬,论证真信。在其卷三中,伊里奈乌正面论述了基督教的"信德准则":"一、信德的泉源,经典的正确注释,需要一个真理的坚决准则。""二、这个信条公式的拟定与诠释之权,操在教会手里。她拥有圣神,借以没有错误地保管和宣传宗教真理:'哪儿有教会,那儿就有天主之神;哪儿有天主之神,那儿就有教会和一切恩宠;因为圣神就是真理'。""三、教会真正的训导,是由现任神长发出的;他们所训导的,是他们通过继承不断的传统,从宗徒得来的。教会真正的训导,是一切母教会的训导。它们的继承者主教的名录,是斑斑可考的。信德准则,实在就是现在教会生活的训导当局。""四、……那么,最后和最简便的准则,就是罗马教会的训导。"[①]

由此可见,伊里奈乌以其著述而对基督教思想体系作出了最早的系统阐释,其中教会论中影响基督教传统最大的有两点,一是形成了"教会之外无拯救"的思想萌芽,二是强调了罗马教会及其神长的权威性,故被视为天主教教宗制的最早思想根源。

3. 亚历山大里亚的克雷芒

亚历山大里亚的克雷芒是奥利金的老师,约150年出生于雅典一个非基督教家庭,也有人认为其出生地在亚历山大城。他早年皈依基督教后曾游学希腊、意大利南部、小亚细亚和巴勒斯坦,约180年到亚历山大城,拜师成为潘代努(Pantaenus,？—约190)的学生。潘代努由此前的斯多葛派哲学家而转变为基督教思想家,据传在游历东方如印度等地后到亚历山大城担任该城基督教教理学校校长,该校乃基督教历史上最早的学术机构,反映出"希腊化时代"东西文化的交汇。潘代努去世后亚历山大里亚的克雷芒接任该校负责人,直至202年罗马皇帝塞凡鲁斯(Septimius Severus)迫害基督徒时期才离开埃及前往卡帕多金(今土耳其境内)等地传教,约于215年前后在当地去世。其主要著作

---

① 引自甘兰著《教父学大纲》(上),吴应枫译,上智编译馆2007年版,第139页。

包括《劝勉希腊人》（Cohortatio ad Gentes，英译 Exhortation to the Greeks）、《教育者》（Paedagogus，英译 The Tutor）和《札记》（Stromata，英译 Miscellanies）等。

面对哲学与基督教信仰之间的张力，亚历山大里亚的克雷芒提出了其哲学合法性的构想。一般基督徒会认为哲学对于信教者来说乃是多余的，甚至有害于信仰的持守，因为仅靠信仰就可使信徒得到永恒的救渡。但他指出，哲学本身是好的，乃为上帝所愿，哲学理性的运用只会给人们的得救带来益处，因此哲学对于基督徒而言有其价值。"由于哲学造就出有道德的人，它与恶的确是毫无关系。归根结底，它只能来自上帝，而上帝所行也只能是善。凡是来自上帝的，都是为善被赐给、为善被接受的。而事实上，恶人并不研究哲学。"[①] 这里，他显然赞同并发挥了查斯丁的思想，承认犹太教传统的摩西律法与希腊哲学都有着救世史之作用。鉴于其对真理合一源头的肯定，他于此而将希腊哲学与基督教信仰相提并论。

不过，亚历山大里亚的克雷芒强调，只有能够引导人们归向基督的学问才是哲学，因此真正的哲学正是基督教本身，是其对上帝的信仰。"万物之王就是上帝，他是有关万事万物之真理的尺度。正如被衡量的事物是依靠衡量才被理解的一样，真理也是靠上帝的洞察才被衡量和理解的。"[②]所以，希腊哲学只有移植到基督教教义之中才真正有效用。他呼吁道："啊，哲学，请你赶快让他们来到我面前，不单是柏拉图一个人，还有其他许多人，他们也凭自己的灵感掌握了真理，认为只有唯一真正的上帝才是神。"[③]至于哲学的意义，一是起着引领人们皈依基督的开路作用，二是可以使已经皈依基督的人们有能力捍卫其信仰，所以，信仰的智慧需要哲学的洞见，而信仰与哲学的结合是完全可能。然而，

---

① 引自［法］博讷、［法］吉尔松著《基督教哲学：从其起源到尼古拉》，李秋零译，香港，道风书社 2011 年版，第 26 页。

② ［古希腊］克莱门：《劝勉希腊人》，王来法译，香港，卓越书楼 1995 年版，第 103 页。

③ 同上书，第 104 页。

这种调和哲学与基督教的做法也不是没有问题的，如现代基督教史家哈纳克（Harnack）就曾批评说："克莱门从根本上改造了基督教的传统，使之成为一种具有希腊化特征的宗教哲学。"①

4. 奥利金

奥利金是希腊教父哲学中亚历山大里亚学派的著名代表，其研究和教学活动曾使亚历山大城基督教教理学校的发展达到鼎盛。他约于185年出生在埃及亚历山大城的基督教家庭，其父雷奥尼达（Leonidas）是修辞学教师，但他更多受到家乡教理学校教师亚历山大里亚的克雷芒和当地主教德美特里（Demetrius）影响。奥利金青年时期因受《圣经》经文"并有为天国的缘故自阉的"②之说而也自阉，奉行清贫、禁欲的生活。他的父亲因信仰而于202年前后被捕殉难，家产被抄，他不得不靠讲课为生，并接替亚历山大里亚的克雷芒担任其教理学校的教职及负责人达十年之久。在罗马皇帝安东尼迫害基督徒期间，他曾一度离开家乡及其教理学校，游历罗马、希腊、巴勒斯坦、阿拉伯半岛等地。他在萨卡斯（Ammonios Sakkas）的哲学学校时曾与新柏拉图主义哲学家普罗提诺（Plotinos）同学，获得许多希腊哲学知识。他在罗马访问了最早的教会，深化了其教义理解，而他在去希腊途中被耶路撒冷主教亚历山大和凯撒里亚主教特奥克提斯特祝圣为神父。但其返回家乡后被当地主教德美特里免去神职，因其不允许让被阉之人祝圣神职。此后奥利金离开故乡去巴勒斯坦，在凯撒里亚建立起学校和图书馆，并从事理论创作活动。在罗马皇帝戴修斯（Decius）迫害基督教时期，奥利金曾被捕受刑，出狱后约于254年在推罗去世。奥利金一生著述甚丰，据传至少有上百部著作，但多已失散，其影响较大的著述包括《论首要原理》（*De Principiis*）和《驳凯尔苏》（*Contra Celsum*）等。

---

① 引自［法］博讷、［法］吉尔松著《基督教哲学：从其起源到尼古拉》，李秋零译，第35页。

② 《新约·马太福音》第19章第12节。

奥利金以《论首要原理》四卷来阐述其基本思想,其中第一卷论及"上帝",他探究了上帝的唯一性、超越性、全知全能性以及非物质性和精神性,强调其具有三个神的位格,由此来阐述"三位一体"的教义。在他看来,上帝并不是习惯上所理解的人格化的耶和华,而乃万物的永恒始基,其典型特点即完满的"一"。这种无限之"一",是人的理智所无法想象和把握的,因为"根据严格的真理,神是不可理解的,并且也是无法衡量的。因为关于神,不管我们能够获得什么样的知识,我们都必须相信,他比我们所能达到的对他的任何认识都要伟大得多,优秀得多"[①]。所以,用"一"来表达就是想相应地说明其完美和完满。"作为万物的起源的神,不能被看作是一种合成的存在,免得叫人以为在太初以前就存在着组成万物的基本元素,这些元素所组成的事物不管是什么,必都是合成的。"[②]既然作为整体,这个"三一"故以"一"为基点而不可分。"这个'一'包含着圣父、圣子、圣灵这三者。圣父不断地生出圣子(逻各斯),圣子在基督耶稣身上取得肉身。但圣父之产生圣子,并不是把圣子分离出去,而是像太阳不断地放射光芒一样,圣子永恒地与圣父同在。同时,逻各斯又是上帝所创造的一切灵魂的原型,在这些灵魂中,圣灵是最高者。……由于圣子和圣灵都是直接产生于圣父,不能与圣父分离。圣父、圣子、圣灵在本体上是统一的,都属于上帝同一个神体。"[③]显然,奥利金不得不借助于希腊哲学来阐述其神论,为了论证上帝之"一",他运用了希腊哲学概念的"单子";为了说明圣子、圣灵与圣父不可分割的密切关联,他选择了希腊哲学思想的"逻各斯"来维护其一体。于此,他自己甚至都不得不承认乃是"根据逻各斯……进行哲学思维"[④]。奥利金以此而尝试上帝与世界的关

[①] 奥利金:《论首要原理》,石敏敏译,香港,道风书社2002年版,第22页。
[②] 同上书,第24页。
[③] 引自苗力田、李毓章主编《西方哲学史新编》(修订本),人民出版社2015年版,第177页。
[④] 参见[法]博讷、[法]吉尔松著《基督教哲学:从其起源到尼古拉》,李秋零译,第40页。

联，强调上帝乃超越精神与存在的绝对统一，同时又是创造万物之主。上帝作为精神与存在的彼岸之神而超出了人的观察和认识。但上帝作为造物之主则又无所不在、包罗万象。而信仰者敬神认主就需靠"逻各斯"所具有的神奇作用，一方面"逻各斯"在永恒之中与圣父同在，同为世界的创造者；另一方面"逻各斯"又是上帝与世界之间的中介，世人在信仰中所遇见的耶稣基督即"逻各斯"的人格化——道成肉身，圣灵也同样体现出"逻各斯"所蕴含的上帝本质。这样，基督教信仰的奥秘遂由希腊哲学的"逻各斯"理解来得到解读。在此，基督教哲学中"信仰以求理解"的思路已经始见端倪。

《论首要原理》的第二卷则论及宇宙，其中包括对世界本质的理解等内容。奥利金认为应该从"精神实质"上来理解"创世"，故此所要讨论的问题就包括"关于世界的开端和结局，关于神在开端和结局之间所作的诸种安排，以及在创世之前，或者在末世之后人所预料要发生的事"①。按其思维逻辑，理解宇宙可以从三个层面入手：第一个层面是从上帝作为宇宙的本原和创造者来理解，"这个世界的纷繁复杂是由神创造的"，而创造世界的"这个神是良善的、公义的，是最公正的"。②因此，世界的统一性乃是在于上帝的创造。"神凭着他那不可言喻的智慧之能，要转变并复兴万物，使它们无论以什么方式被造，都归向一个有用的目标；为要顾全万物的共同利益，他又召唤那些智力结构大相径庭的受造物，叫它们采取一致的劳作和目标，使它们虽受制于不同的动机，却能促成这大同世界的到来，甚至它们复杂不一的灵魂，也都趋向同样完美的目标。"③ 第二个层面是从被造的灵性世界来理解，这里所指即天使、魔鬼和人的灵魂存在。奥利金认为，"一切生物中都有灵魂"，并且"相信和主张圣天使和天国的其他掌权者都有灵魂"，而所谓"灵魂就是这样一种理性地'可感

---

① 奥利金：《论首要原理》，石敏敏译，香港，道风书社2002年版，第79页。
② 同上书，第133页。
③ 同上书，第80页。

觉、能动活'的实体"。①虽然灵魂会表示出其与神界的相应关联,但灵魂在此却也反映出神性的下降,"灵魂确乎是从原有的神圣的温暖状态变成了现在的冷淡状态",因此,奥利金并没有对灵魂给予过高的评价,而是指出,"《圣经》中提到灵魂时,常伴随着指责性的话语,……神把可指责之事与灵魂相联系,却从来不提灵魂有什么值得赞美的地方"。②在他看来,灵魂代表着灵性的一种堕落之状,却也有希望使其得以回升。"当悟性从它原来的状态和威严中堕落,它就变成或者被称为灵魂;若是它能够修复、改正自己,仍然可以回到从前那种悟性状态。"③第三个层面则是从被造的物质世界来理解,这里遂反映出奥利金对世界的认识:"我们所称的世界万物,包括在诸天之上的,在诸天之中的,在地上的,或者在那些称为较低地带的,或者任何存在的地方,以及其中的居住者。这一切的总和,就被称为世界。"④这一世界在其理解中乃一种多样性的存在,它反映出其脱离神性的堕落,却并不可能彻底摆脱神性之掌控。"这个丰富多彩、变化无穷的世界不仅包括理性本性和神圣本性,由各种各样的物体构成,而且还包括不说话的动物、野兽或家畜,有天上的飞鸟,和水中的一切生物。"这一世界还"包括诸种空间,即天或者诸天、地、水,以及弥漫于天地之间,被称为以太的空间,还有土地生产出来的或者产生于土地的事物"。⑤在此,奥利金把世界的多样性与上帝的统一性加以对照,指出:"世界存在的原因便是这种多样性,……使世界变得如此丰富多彩的,除了那些脱离神所创造的原始的合一与和谐的堕落者(它们原本就是在这种和谐中受造于神的)的各种各样的活动和背离之外,我们还能设想什么其他原因呢?这些堕落者被驱逐出那个良善之境,由于不

---

① 奥利金:《论首要原理》,石敏敏译,香港,道风书社2002年版,第121、123—124页。
② 同上书,第126—127页。
③ 同上书,第127页。
④ 同上书,第131页。
⑤ 同上书,第79页。

同的动机和欲望，被导向各种各样的方向，转变成各种各样不同的思想。"[1]另外，不仅包括上述空间意义上的世界存在，奥利金还从时间意义上探索了世界的存在，询问了这一世界的开端、终结，以及其之前和之后的世界存在等可能或未知的情况。"在这个现存的世界之前，是否存在过其他世界；如果是，那么它是否与这个世界类似，或者有些不同，或者更加低级"；或许这一世界来自对另一世界终结之后的接续，"这个世界从那个末日获得了开端"，而当这个世界也"出现了万物的结局，是否为了那些需要纠正和提高的人，又会出现另一个世界，不管这另一个世界是类似于这个现存的世界，还是比这个世界更好，或者是更坏，不管随这个世界到来的是什么样的世界，它将会持续多久；是否将有一个时候，全无世界存在，或者是否曾经有一个时候，根本没有世界存在；或者是否从前和将来都有许多个世界存在；或者是否将出现相互类似的世界，在每一方面都彼此相同，毫无区别"。[2]尽管奥利金对世界的认知有其神性之维，其对世界的上述之问却也显示出其思想的开放性和开拓性。

此外，奥利金在《论首要原理》的第三、第四卷还论及自由意志、《圣经》启示等基本教义神学的问题。他探讨了人与上帝的关系，人的犯罪和得救，人的自由与上帝的公正，俗世与人为敌的力量，以及上帝给人之世界带来的启示和教育等问题。在他看来，《圣经》乃代表着上帝的启示，《圣经》的神启性使人因接受其教诲而能够获得救渡，这里即体现出圣灵的感动。总之，奥利金"生活在希腊哲学和文化的氛围之中"，其对基督教思想的解读自然受到相应的影响，故也被其教内人士批评和否定；不过，他的理论著述也反映出其尝试构设基督教思想体系之"大全"的计划，为后人提供了"一部经院哲学式的大全"的雏形。因此，"他的学说对希腊教父哲学的继续发展产生了决定性的影响，甚至或直接或间接地影响到早期经院哲学"；"在思辨能力上，没

---

[1] 奥利金:《论首要原理》，石敏敏译，香港，道风书社2002年版，第79—80页。
[2] 同上书，第85—86页。

有一位希腊教父能够望他的项背。他的精神总是生动地对当时的问题开放。他为古代的精神财富所充实，简直是喷发出思想。奥利金播下了大量的种子。……在当时就已经结出了果实"。①

5. 亚大纳西

亚大纳西约于 295 年出生在埃及亚历山大城的非基督教家庭，但他很早就不顾家庭反对而皈依了基督教，学习基督教教理，从 313 年至 328 年在当地教会担任亚历山大主教的秘书工作，于 319 年成为该城教会的执事，并在 325 年作为亚历山大主教的助手参加了尼西亚会议。其一生主要经历与教会反对阿里乌（Arius，约 250—336）异端、捍卫"三位一体"教义的斗争相关联。阿里乌自 313 年在亚历山大教区任神职，其间因反对"三位一体"教义、主张圣子不是上帝、不与圣父同性、同体而引起教会内部混乱，在尼西亚会议之前就被亚历山大主教革除教籍，在尼西亚会议又被定为异端而遭流放。但由于罗马皇帝的干涉及其观点的变动，以及其他主教的不同态度，亚大纳西本人也深深卷入了这一教义及政治之争的旋涡。他于 328 年接任亚历山大主教一职，并因为坚持"三位一体"教义而先后于 335—337 年、339—346 年、356—362 年、362—363 年、365—366 年共五次遭到流放。但随着"三位一体"教义被教会所确立，亚大纳西的正统派地位也被认可。他于 373 年 5 月 2 日去世，一生写有大量著述，包括《反异教论》（*Oratio contra gentes*）、《论道成肉身》（*De incarnatione*）、《反阿里乌谈话录》（*Orationes contra Arianos*）、《论三位一体与圣灵》（*Liber de Trinitate et de Spiritu Sancto*）和《圣安东尼传》（*Vita Antonii*）等。

亚大纳西的思想主要是坚持信守"三位一体"正统教义，强调上帝只有一个，但有圣父、圣子、圣灵这三个"位格"；其中圣子虽然由圣父所生，却非被圣父所创造，因此圣子与圣父乃同性、同体。所以，这三个"位格"乃"本质相同"而非"本质相似"。在理解"三位一

---

① 引自［法］博讷、［法］吉尔松著《基督教哲学：从其起源到尼古拉》，李秋零译，第 60—61 页。

体"信仰上,他主张理性向信仰让步,认为这种信仰的奥秘是理性思辨所不可能达到的。神性领域不同于对普通事物的理解,这种"圣三"之中就存在着一种奥妙的性体统一,对这一奥迹不可简单地用哲学理性来比附,而只能是一种"认信"。此外,亚大纳西还非常推崇"神修"生活,故而把安东尼的苦修实践视为基督徒人生的典范和榜样。在教会传统中,亚大纳西已成为"三位一体"正统派的象征表述。

6. 纳西盎的格列高利

纳西盎的格列高利与大巴西勒和尼斯的格列高利一起被视为"卡帕多奇亚的希腊三教父",他约于329年出生在卡帕多奇亚(今土耳其境内)西南部的纳西盎阿里安士城,其父曾任当地基督教会的主教。他早年求学于该撒利亚、亚历山大城、雅典等地,并曾在雅典讲授雄辩术,357年回到家乡过研习和隐修生活,于362年被其父祝圣为神父,372年升任萨西默主教,374年调任纳西盎主教,379年调往君士坦丁堡任职,381年参加君士坦丁堡公会议,并一度担任君士坦丁堡主教,但不久辞去该职位而回去继续担任纳西盎主教,于383年又辞掉该主教职位而回到家乡埋头著述和灵修,于390年去世,其纪念节日为5月9日。纳西盎的格列高利有"雄辩家和隐修者"之称,其主要著作包括《神学演讲》(Theological Orations)、《教义诗歌》(Dogmatic Poems)等,并曾与大巴西勒合编《奥利金著作选录》(Philocalia)。

纳西盎的格列高利也是以研究"三位一体"问题为主,他强调上帝的不可知性,认为不可能用言辞来表述上帝的本性,更不可能靠哲学理性来认识上帝。因此,不能给上帝任何定义,而只能从与之相关的否定规定来表达,由此形成对上帝的"否定认识",这就形成基督教思想中所谓"否定神学"的最初表达。不过,他并没有彻底放弃对上帝实存的认识,而是从"存在"意义上来探究上帝,主张"存在就是上帝的名",即从"存在的无限性"来理解上帝是"无限的存在",从"存在的永恒性"来体悟上帝是"永恒的存在"。这里,他宣称上帝是非空间的,也是非时间的,上帝"之所以是永恒,乃是因为他既不是时间,也不是时间的部分,也不可度量"。①

就"存在"之意义而言,纳西盎的格列高利认为上帝有两个名称,即"存在"(on)和"存有"(ousia);从"存在"上除了强调其"无限性"和"永恒性"之外则无可奉告,而从"存有"上则可从《圣经》所揭示的"自有永有者"来揣摩,当摩西问及神名时得到的回答即"我是我所是"(I am What I am),② 由此而说明了上帝的无限、永恒、绝对、不变性。上帝自身包括了整个存在,无始无终可言。"准确地说,存有(ousia)专属于上帝,完全属于他,……应当说,他没有过去或将来。"所以,上帝好似"存有的大海,无限又无际",其名根本不可定义。③这种思想为强调希腊哲学的古代希腊教父增加了不少新的元素,从而超越其理性思辨之限而富有了神秘想象的内容,尤其是对此后亚略巴古人丢尼修(Dionysius Areopagita,约6世纪)等人的"否定神学"进路提供了重要启迪。

7. 大巴西勒

大巴西勒约于330年出生在卡帕多奇亚(今土耳其境内)的该撒利亚,全家都为虔诚的基督徒。他早年曾在君士坦丁堡和雅典等地求学,涉猎修辞、医学、哲学等,357年回到家乡,不久就放弃教职和财产到叙利亚、巴勒斯坦和埃及等地拜访基督教禁欲隐修者,并在回返后建立伊利河岸荒野中的隐修院,制定隐修规则。他于370年担任该撒利亚主教,曾参与反对阿里乌异端的神学论辩。他于379年去世,主要著作包括《论六天创世》(*Hexaemeron*)、《论圣灵》(*De Spiritu Sancto*,英译 *On the Holy Spirit*)、《论禁欲》(*Ascetica*)和《驳优诺米》(*Against Eunomius*)等,并与纳西盎的格列高利一道合编《奥利金著作选录》(*Philocalia*)。

---

① [法]博讷、[法]吉尔松著:《基督教哲学:从其起源到尼古拉》,李秋零译,第68页。

② 《旧约·出埃及记》第3章第14节。

③ 以上引自赵敦华《基督教哲学1500年》,人民出版社1994年版,第132—133页。

大巴西勒在捍卫"三位一体"教义中主要是强调上帝的三个位格同属于一个神性本体,突出其"同一实体"(homoousions)的意义。因为按照优诺米的观点,圣父"非生"而圣子"被生",故而圣父与圣子不可能属于同一本体。而大巴西勒则指出"非生"与"被生"都不代表上帝的实质,其"实质"(ousia)需要从其"是"来理解,圣父与圣子的实质正是统一于其"所是"(to einai),所以其本质相同,实体唯一。此外,大巴西勒在《论六天创世》中也论及其对世界的理解,认为世界是由上帝所创造,创世者上帝本身乃永恒的、无时间的,其创世行动自身也是无时间的,但受造的世界却因其有受造的开端而具有时间性,乃时间中的创造,换言之,时间正是随着世界而出现的。在此,大巴西勒也承认了世界的物质性,指出构成世界的有火、水、气、土四元素,因此对世界具有一种自然观的理解。不过,他仍认为基督教的学说必须位于物理学这种自然科学知识之上,故而曾获得"天国的代言人"之称。

8. 尼斯的格列高利

尼斯的格列高利据传为大巴西勒的弟弟,约于335年出生,早年受其兄影响而接受基督教教育、服务于教会事务,但后来一度脱离教会而结婚从业,当上了修辞教师。他不久又回归宗教生活,并入修道院隐修,于371年出任尼斯城主教。他亦投身于反对阿里乌派的论争,为此曾因皇帝瓦伦斯(Valens)支持异端而于376年被免职,但在瓦伦斯死后他得以于378年返回家乡复职,随后于381年参加了君士坦丁堡公会会议。他约于395年去世,其著述甚丰,主要著作包括《论教义大纲》(*Oratio catechetica magna*)、《关于灵魂及复活的对话》(*De anima et resurrectione dialogus*)、《论人的创造》(*De hominis opificio*)、《护教布道文》(*Explication apologetica in Hexaemeron*)、《论摩西生平》(*De vita Moysis*)、《论皮索尼萨》(*De Pythonissa*)、《论童贞》(*De virgintate*)、《诗篇诠释》(*In Psalmos inscriptiones*)、《传道书诠释》(*In Ecclesiasten*)、《雅歌注解》(*Commentarius in canticum canticorum*)、《致阿德拉比乌斯:我们不应说有三位神》(*Ad Adlabium quod non sint tres dii*)、

《致辛普利库斯：论神圣信仰》（*Ad Simplicium de fide sancta*）、《论基督宗教》（*De instituto Christiano*）、《神秘神学》（*Mystike theologia*）、《论至福》（*De beatitudinibus*）、《驳优诺米》（*Adversus Eunomium*）、《驳阿波利那乌》（*Adversus Apollinarem*）、《反异端》（*Antirrheticus*）、《圣马可利奈传》（*Vita S. Macrinae*）等。

尼斯的格列高利被古代教会誉为"维护正统教义的柱石"，除了对"三位一体"教义的捍卫及诠释，其主要理论建树在于其对"人"的理解，由此创立起最早的基督教人类学雏形。在他看来，人是上帝的肖像，人处于纯精神世界与物体世界之间，其经历了初始期根据上帝的形象而受造，但因犯原罪而堕落，以及存有通过悔罪、信奉耶稣基督而返回上帝的可能。基于这一定位，人的本质即灵肉之共存者，于此而使人成为自然和精神之间的桥梁。人在世界存在中是其最高等级的存在，其独特性就在于其精神与肉体的结合，而其中的奥秘就在于人的灵魂之特质。灵魂在人这儿得以实现与肉体的奇特结合，就像"努斯"（Nous）那样居住在肉体之中、不与肉体分离，且充满肉体。他对此指出，灵魂即"一个被创造的、有生命的、理性的实体，它赋予有机的、有感觉能力的物体以生命和感知的能力"，"灵魂是生成事物的实体，是生命实体，是理智实体，通过自身把生命的潜能和感性投射入有器官和感觉的肉体，一直到这些承受者显现出坚定的本性"。[①]他根据基督教信仰来理解灵魂，表达了人的本性虽由肉体与灵魂共构、却乃唯一和统一的存在，而人的肉体通过上帝的拯救能得以重新复活的基督教信念。

9. 约翰·克里索斯托

约翰·克里索斯托有"金口约翰"和"感恩博士"之称，约347年出生于安提阿（今土耳其安塔基亚），其父为罗马帝国军官。他从小受到良好教育，曾研习修辞学、哲学和法学，因口才极佳而被誉为"金口"。他在370年前后皈依基督教，先曾选择过隐修生活，后经其

---

① 引自［法］博讷、［法］吉尔松著《基督教哲学：从其起源到尼古拉》，李秋零译，第76页。

母劝告而改为跟随安提阿主教麦里修（Meletius）从事教务工作。其母去世后，他还是入山中隐修六年，并在狄奥多洛斯（Diodorus）指导下研习神学，在380年返回故乡后担任教会执事，386年升任神父（一说"监事"），397年曾被东罗马皇帝选为君士坦丁堡主教，但因卷入反圣像崇拜风波而于403年遭到流放，于407年死于黑海之滨。其一生著述颇多，包括《讲道集》（Homilies）、《论祭司》（De Sacerdotio）、《创世记诠注》（In Genesin）、《诗篇诠注》（In Psalmos）、《以赛亚书诠注》（In Isaiam）、《马太福音诠注》（In Matthaeum）、《约翰福音诠注》（In Joannem）、《保罗书信诠注》（In epistolas S. Pauli）、《论雕像》（De Statuis）、《论欧特洛比乌斯》（In Eutropium）、《论不可理解性》（De incomprehensibili）、《反犹太人》（Adversus Judaeos）、《论傲慢自负与儿童教育》（De inani gloria et de liberis educandis）等。

约翰·克里索斯托虽然善于雄辩，却不是严格意义上的思想家，而乃充满激情、广有影响的布道家，他的理论创见主要在于基督教伦理领域和教会论范围，他希望把祈祷的虔诚精神、隐修的生活标准在基督徒家庭中推广，认为家庭就是体现基督教善工的理想场所；其研究的重点是教会及其圣事，注重于实践神学。至于比较抽象、思辨的哲学，也并不是让人脱离凡尘来苦思冥想，其功效则在于社会现实生活中的彰显。为此，他强调，"哲学并不要求人们遁隐于深山荒郊内，相反地，应当利用信德与内修，把哲学从荒野里叫回都市"。[①]这一思想后来给宗教改革后耶稣会的创立及其神修原则的奠立带来了重要启迪，而与宗教改革中产生的基督新教加尔文"入世禁欲"的主张亦有异曲同工之效。

10. 大马士革的约翰

大马士革的约翰代表着古代希腊教父哲学的终结，其思想建树不多，因为他把主要精力放在收集学术资料、编辑整理所得文献和创立相关的理论体系之上，故有"综合大师"之称。大马士革的约翰约于675

[①] 引自甘兰著《教父学大纲》（上），吴应枫译，上智编译馆2007年版，第437页。

年出生在大马士革的一个基督教家庭,约 705 年前后出家隐修,成为耶路撒冷圣撒巴斯隐修院的神职人员,师从耶路撒冷宗主教约翰四世,曾参与东方教会关于圣像之争。他于 749 年 12 月 24 日去世,其主要著作包括《知识的源泉》(*Fons scientiae*)和《神圣金句合观》(*Sacra Parallela*)等,在 9 世纪时曾获得"流金者"(Chrysorrghoas)之称。

大马士革的约翰的代表著作《知识的源泉》是基督教神学思想集大成之作,故而也有"智慧之源"(Fount of Wisdom)的称呼。这部著作有 68 章的篇幅,分为三大部分,即论"哲学"(包括《哲学之首》Capita philosophica 等)、"异端"(包括《论异端》De Haeresibus 等)和"正统信仰"(包括《对正信的详述》Expositio accurata fidei orthodoxae 等),此外还包括《论辩证法》(*De Dialectica*)、《论逻辑》(*De Logica*)、《两个意志、一个实体》(*De duabus Voluntatibus et una Hypostasi*)、《基本教义》(*Elementarium Dogmatum*)、《论颂歌》(*De Hymno Trisagion*)和《论正信》(*De Fide Orthodoxa*)等专论。在对"三位一体"教义的理解中,他特别突出"互居相融"(perichoresis)这一概念,以便解释"三一"之神位格间的能动及合一关系。"'perichoresis'一词源自'chora',意指'空间'或'位置',也可能来自'chorein',有'包含承载''挪出位置'或'向前进发'之意。这个概念描述了神圣位格关系间的静态和动态的两个方面,……从静态的意义而言,'互居相融'描述一位格处于其他位格之内,占据同一的空间,并以自己的存在充满其他位格,故称为'互居'。从动态的角度而言,它描述一个位格与其他位格如何相互穿透和渗入,构成一个永恒的接连及契合的过程,而这过程正是内存于神圣三位格之中的,故我们认为用'相融''相摄'或'相贯'等均可以表达出上述含义。"[①]显然,大马士革的约翰意识到,说清"三位一体"教义的关键在于如何理解这为"三"的"位格"(hypostasis)问题,必须让人们信服这"三位格"的融通"一体"。同样,他在这一努力中也解决了希腊哲学如何向基督教思想

[①] 引自许志伟《基督教神学思想导论》,中国社会科学出版社 2001 年版,第 98 页。

的融通问题,"借助于他,希腊思想财富的大河流入了经院哲学"。①

二 拉丁教父

拉丁教父指古代基督教西派教会中用拉丁文写作的教父,其最早的拉丁教父也是护教教父,如在2世纪下半叶出现在北非等地的德尔图良(Tertullianus,约160—约225)、菲力斯(Minucius Felix,2世纪下半叶?)、阿诺比乌(Arnobius,约236—约330)、拉克坦西(Lactantius,约240—约325)等人。据传菲力斯所著《屋塔维》(*Octavius*)是最早的拉丁教父护教文献,阿诺比乌则著有《致异邦人》(*Adversus Nationes*)等。此后比较有影响的主要为有拉丁教父"四大博士"之称的安布罗斯(Ambrosius,约339—397)、哲罗姆(Jerome,约347—420)、奥古斯丁(Aurelius Augustinus,354—430)和格列高利一世(Gregorius I,约540—604)。在此将论及德尔图良、拉克坦西、安布罗斯、哲罗姆和格列高利一世的思想。对奥古斯丁则另有专论。

1. 德尔图良

德尔图良约于150—160年出生在北非迦太基城(今突尼斯城),其父为罗马帝国驻北非的殖民军军官,故其早年曾嘲笑过基督徒,结过婚并以世俗生活为乐。他受过良好的教育,精通希腊文、拉丁文,研习过哲学、法学和医学,后受基督徒的感染而于185年皈依基督教,曾担任教会执事。但他不满当地正统教会的世俗化发展而于205年前后转而参加了坚持虔修生活、严守斋戒的孟他努派(Montanists)异端。他约于225年去世,留下大量著述,包括《护教篇》(*Apologeticus*)、《论对异端者的规定》(*De Praescriptione haereticorum*)、《论灵魂》(*De anima*)、《致斯卡普拉》(*Ad Scapulam*)、《反帕克西亚》(*Adversus Praxean*)、《反马西翁主义》(*Adversus Marcionem*)、《反犹太人》(*Adversus*

---

① 见[法]博讷、[法]吉尔松著《基督教哲学:从其起源到尼古拉》,李秋零译,第106页。

Judaeos)等,被视为"第一个拉丁教父"。

德尔图良是基督教教义神学体系的最早奠基者,他在《反帕克西亚》著述中最早提及了基督教思想最为关键的"三位一体"(Trinitas)神学术语,后被基督教思想界所广泛采用。德尔图良开辟了基督教信仰以求理解的认知之途,认为基督教学说反映的是一种客观真理,而不是可以逐渐进步的主观认信的真理,因此信仰必须被作为客观事实来接受。这里,信仰与哲学形成了区别。哲学家的研究是把其研究作为自己的生存方式,而没有考虑要达到什么目的,反映的是以研究本身为目标的"求知欲",而信仰则是以一种"必须"的绝对命令来要求人们去寻找,并坚信"寻找,就寻见"。[①]德尔图良在此采取了"唯信"的极端态度,认为人们一旦找到基督信仰就不可以再信仰任何别的东西,而信仰的规范则是其必须遵守的唯一规范。因此,他强调"归根结底无知要更好。不要知道你不该知道的东西,因为你该知道的你已知道",除此之外都是"虚荣的好奇","对于信仰的规范来说,什么也不知道就是知道一切"。显然,德尔图良在此表露出了一种宗教愚昧主义,"断然拒绝了信仰借助哲学有一种内在发展的思想"。[②]

德尔图良有一段名言常被人引用,并被人视为是其"正因为荒谬,我才相信"(credo quia absurdum)的典型表述:"上帝的儿子死了,正因为这是荒谬的,所以是绝对可信的;他被埋葬后又复活了,正因为这是不可能的,所以是确定无疑的。"[③]这种拒绝理性、拒绝哲学思考的极端做法也使德尔图良的思想陷入绝境。尽管西方一些思想家替德尔图良辩解说,其思想只不过是强调信仰必定有人们看不透、理性无法企及的奥秘而已,否则就不是信仰而成为一般的知识了,却也无法避免德尔图良由此所造成的信仰与理性、宗教与哲学之间的强大张力和相互排拒,

---

① 《圣经新约·马太福音》第 7 章第 7 节。
② 见[法]博讷、[法]吉尔松著《基督教哲学:从其起源到尼古拉》,李秋零译,第 111 页。
③ 同上书,第 112 页。

其后果是在基督教思想发展中形成了信仰而后理解或信仰无须理解的唯信主义极端思潮。

作为最早的拉丁护教教父，德尔图良的历史地位在于其处于罗马帝国反对基督教的强大社会文化氛围中而敢于挺身而出、坚决捍卫基督教信仰，而且尽量对之加以冷静的解说，试图说服罗马社会能够包容并接纳基督教信仰。他在这种解释中向罗马帝国的执政者们如此论述了基督教信仰："我们是一个以共同的宗教信仰、统一的教规和一种共同盼望的纽带紧密结合起来的团体。我们以集会和聚会的形式聚在一起，集中力量向上帝献上祈祷。……我们也为皇帝们，他们的大臣以及所有在位者，为世界的幸福、为全面和平以及末日终结的延迟到来祈祷。如果遇到某个时期的特点需要向基督徒进行预告或者加以提醒，我们就聚在一起恭读《圣经》……通过圣言都可以鼓舞我们的希望，使我们的信心更加坚定；而且通过重温上帝的诫命也可以巩固我们的善行。"[①]正是通过德尔图良等早期基督教教父们的努力，才使古代罗马社会逐渐理解、同情，并最终吸纳了基督教信仰。

2. 拉克坦西

拉克坦西为尼西亚公会议之前的最后一位拉丁护教神父，约于240年出生在北非，原名斐尔弥安（Caecilius Firmianus），故其全名亦被写为 Lucius Caecilius Firmianus Lactantius。他早年曾跟随阿诺比乌（Arnobius）学习修辞，后亦成为修辞学教师，因广有名气而曾被罗马皇帝戴克里先（Diocletianus）聘请到小亚细亚尼科美底亚（今土耳其伊兹密尔）教授文学，但其讲学生涯并不理想，故而放弃教职专事写作，此间皈依基督教，并在戴克里先迫害基督徒时转入隐居生活。313年后他受聘于君士坦丁大帝，为皇子克律西普（Crispus）之师，随之定居特里夫斯（今德国境内），约于325年在该地去世。拉克坦西为多产作家，著有《神圣原理》（*Divinae Institutiones*）、《神圣原理概要》（*Epitome Divinarum Institutionum*）、《论迫害者之死》（*De Mortibus Perse-*

[①] ［古罗马］德尔图良：《护教篇》，涂世华译，上海三联书店2007年版，第68页。

cutorum)、《论神的创造》(De Opificio Dei)、《论神的愤怒》(De Ira Dei)以及《凤凰之颂》(De Ave Phoenice)等。

拉克坦西继承了罗马哲学家和修辞大师西塞罗(Cicero)的写作风格,体现出"富有尊严的、优雅的、表述清晰的"文风;[①]其著作反映出罗马帝国从戴克里先至君士坦丁大帝统治时期基督教思想的发展,以及基督徒在遭受"大迫害"时的思想回应。因此,他对基督教教义思想的阐述在很大程度上也是针对当时"异教"思想家的诘难和批评,故而在正面阐述基督教信仰时也对"异教"信仰及哲学有着相应批判,所以具有"护教"意义。他承认希腊罗马哲学所取得的成就,但是批评这些哲学不懂宗教,故此缺乏信仰的高度,无法影响普罗大众。在他看来,希腊哲学传统虽然强调要爱智慧,却使智慧与宗教脱节,而正是基督教信仰才使这种智慧与宗教有机结合,达到一种整全之境。不过,拉克坦西本人对基督教教义的理解也有问题,他受其二元论世界观的影响,在阐述上帝的奥迹时仅突出圣父圣子二位,因此与"三位一体"的正统教义理解显然有别,结果也受到基督教会内部的批评。

3. 安布罗斯

安布罗斯一生颇具传奇色彩,在基督教发展史上起过许多开创作用,而且还是引领奥古斯丁皈依基督教信仰的关键人物,故经常被人们论及。他约于339年出生在特里夫斯(今德国境内),其父为罗马帝国驻高卢总督,父亲死后随母亲回到罗马,早年曾学习文学和法学,并以律师为业,后来转而从政,于374年被任命为上意大利的帝国执政官,据传在去米兰就任之前曾获意大利总督普洛布斯(Probus)具有预言之意的赠言:"去吧,不要当一名法官,而要当一名主教。"他来到米兰不久,当地主教奥克森修就去世了,随之教会内部在主教人选上发生分歧,社会出现骚乱动向;而当安布罗斯来到教堂平息事端之际,突然有孩童高叫"安布罗斯当主教",结果在场各派人士将之作为神意而共同

[①] 参见王晓朝《教父学研究:文化视野下的教父哲学》,河北大学出版社2003年版,第82页。

拥戴，其实当时安布罗斯甚至还不是基督徒。[①] 这样，他在七天后受洗入教，并于 374 年 12 月 7 日直接担任米兰主教。他担任主教后身体力行捐出全部财产，自甘贫苦、奉行禁欲主义生活，潜心于教会事务，且充分体现出其政治睿智和管理才干。他曾任罗马皇帝瓦伦丁尼二世（Valentinianus Ⅱ）和狄奥多西一世（Theodosius I）的顾问，对朝政影响颇大；正是在安布罗斯的劝说下，狄奥多西一世才多次颁布法令支持基督教，并于 392 年正式定基督教为罗马帝国国教。安布罗斯支持尼西亚公会议的决议，反对阿里乌派的观点，并在与阿里乌派论争中反对罗马帝国皇帝的干涉，宣称教会独立于政府，皇帝不应该凌驾于教会之上，而应在教会之中。这些思想直接影响到此后西欧中世纪的政教关系，安布罗斯也被主张教权主义的教会人士称为"主教之主教"。安布罗斯于 397 年 4 月 4 日在米兰去世，其纪念节日为 12 月 7 日。安布罗斯一生著述甚丰，主要包括《万有的永恒建立者，创造一切之神》（Aeterne rerum conditor, Deus creator omnium）、《论奥迹》（De mysteriis）、《论潜能》（De paenitentia）、《论忠诚》（De fide）、《关于忠诚的说明》（Expositio fidei）、《论圣灵》（De Spiritu Sancto）、《论圣餐与道成肉身》（De incarnationis dominicae sacramento）、《论六天创世》（Hexaemeron）、《论天堂》（De Paradiso）、《论该隐和亚伯》（De Cain et Abel）、《论挪亚与方舟》（De Noe et arca）、《论亚伯拉罕》（De Abraham）、《论以撒与灵魂》（De Isaac et anima）、《论雅各与幸福生活》（De Jacob et vita beata）、《论族祖约瑟》（De Joseph patriarcha）、《论族祖》（De Patriarchis）、《论托比亚》（De Tobia）、《诗篇诠注》（Psalms）、《路加福音诠注》（Commentary on St. Luke's Gospel）、《论神父的职责》（De officiis Ministrorum）、《论贞女》（De Virginibus）、《论贞洁》（De Virginitate）、《论圣洁的规则与永久的童贞女圣玛利亚》（De Institutione Virginis et sanctae Mariae virginitate perpetua）、《对贞洁者的劝慰》（Exhortatio Vir-

---

[①] 参见王晓朝《教父学研究：文化视野下的教父哲学》，河北大学出版社 2003 年版，第 116 页。

ginitatis）等。

安布罗斯的思想学说以研究圣经学和伦理学为主，他在圣经研究领域是著名的注疏家，在伦理研究上则结合了基督教的神修思想。此外，他在教会论上则还特别关注到教会与国家的关系，主张教会独立于国家的权威之外，并对此提出了三原则：一是教会之内的领域不属于国家，教会应该自由，他认为"如果教会，在代表人，在司牧，在圣统制方面，不脱离皇帝的保护，政权的牵制，这种自由是不可能实现的"；为此，"他为教会要求教会权益（Jus ecclesiasticum），司祭权益（Jus sacerdotale）"。[①]二是为教会提供伦理的保障，教会不仅在纯宗教问题上，而且在伦理问题上也应该有效运用"神圣的绝罚武器"来对付皇帝，这就是指教会可以用另一种权力作为伦理的约束而行使对皇帝的间接权威；于此，安布罗斯留下了一句名言："皇帝在教会内，不在教会上"（Imperator enim intra Ecclesiam, non supra Ecclesiamest）。[②]三是教会有权受到国家的保护，而国家则不可拒绝照顾教会，但国家没有责任照顾其他宗教。显然，安布罗斯的上述三原则乃是中世纪教权至上论的萌芽。

但在教会本身，安布罗斯则要求教会的统一，他在此所指明的就是要捍卫罗马教宗的权威，认为教会的"圣而公"乃来源于圣彼得的宗座之位，所以教会应该统一于罗马宗座、服从于罗马教宗。其思想对天主教强调教宗的权威和对罗马宗座的绝对服从产生了巨大影响，这也是后来发展出的"教宗永无谬误"之观点的教会论及政治论雏形。正是在这一意义上，西方天主教会对安布罗斯赞不绝口，指出"米兰主教的思想结晶，到现在照耀着圣而公教会。历代的教宗，尤奉以为圭臬"[③]。

4. 哲罗姆

哲罗姆的全名为 Sophronius Eusebius Hieronymus，中文名来自其英

[①] 引自甘兰著《教父学大纲》（上），吴应枫译，上智编译馆 2007 年版，第 476 页。
[②] 同上书，第 477 页。
[③] 同上书，第 478 页。

文名 Jerome 的音译,他是历史上第一部统一的《圣经》拉丁文译本即《通俗拉丁文本圣经》(Vulgata)的编纂者。哲罗姆约于 347 年出生在达玛提亚的斯特利顿城(今斯洛文尼亚境内),大概在 359 年赴罗马求学,师从语法学家多纳图(Aelius Donatus),其间受基督教影响而于 366 年前后经教宗利拜尔(Liberius)施洗入教。他在皈依后曾去特里尔学习希伯来文、希腊文,以及神学和《圣经》,并在阿奎利亚、色雷斯、加拉太、卡帕多奇亚、安提阿、叙利亚等地体验隐修生活,于 379 年在安提阿祝圣为神父,随之到君士坦丁堡参与纳西盎的格列高利校译和注释《圣经》的工作,于 381 年参加君士坦丁堡公会议。从 382 年至 385 年,哲罗姆受命而在罗马为编订一部统一的《圣经》拉丁文译本而做准备,亦曾担任教宗达马苏一世(Damasus I)的教务秘书工作,385 年后他定居伯利恒,负责当地的男修道院隐修工作,并潜心于《圣经》拉丁文的翻译及编辑工作,于 405 年完成《通俗拉丁文本圣经》(Vulgata),从而使之成为此后天主教最权威的拉丁文本《圣经》。他于 420 年 9 月 30 日在伯利恒去世,这一天也成为其纪念节日。除了用拉丁文翻译《圣经》之外,哲罗姆还有其他研究领域的大量著述,如其《杰出人物传》(De viris illustribus)描写了 135 位教会思想家,故有"第一部教父学"之称,其他著作还包括《布道文》(Homilies)、《希伯来文的创世记》(Quaestiones Hebraicae in Genesim)、《希伯来书诠注》(Liber de nominibus Hebraicis)、《保罗传》(Vita Pauli Monachi)、《马拉基传》(Vita Malchi)、《反赫尔维丢》(Adversus Helvidium)、《反约维尼亚》(Contra Jovinianum)、《反维吉兰修》(Contra Vigilantium)、《反裴拉鸠之对话》(Dialogus adversus Pelagianos),以及《反耶路撒冷的约翰》(Against John of Jerusalem)和《反鲁菲努斯护教书》(Apology against Rufinus)等;他还有多篇《信札》(Epistolae)(约 150 封)留世。此外,哲罗姆还翻译了不少他人著作,包括《奥利金布道书》(Origen's Homilies)、《奥利金论首要原理》(Origen's De Principiis)、《亚历山大里亚的塞奥菲鲁的教牧书》(Paschal Letters of Theophilus of Alexandria)和《狄杜谟斯的论圣灵》(Didymus' De Spiritu Sancto)等。

哲罗姆虽然以其主要精力投入《圣经》的拉丁文翻译之中，却也直接或间接地卷入当时的教会及神学纷争之中，他曾比较推崇奥利金的思想，但后来与之亦有分歧；他曾与奥古斯丁走得较近，但也在神修、家庭和婚姻等问题上产生了不同看法。他在神恩与人的自由意志关系上更倾向于神恩圣宠在人之得救上的关键作用，他还特别强调圣母玛利亚始终都具有其"童贞女"的性质。此外，他在伯利恒时也曾与耶路撒冷的教职人员产生过严重分歧与冲突，在与耶路撒冷的约翰和鲁菲努斯的争辩中，他曾公开宣称他自己"不再是奥利金主义者了"。所以，基督教历史学家对其性格多有颇为鲜明的描述，指出哲罗姆"怀着一种夸张的倾向，讽刺的本色，感伤的情思"，认为他的性格"是有弱点的，桀骜、忿怒、旁人为他的仇敌"，但也肯定"他以文章的艺术，辞令的丰富，行文的别致，天才的生动，独树一帜。……雄辩家重视的任何艺术，职业作家的任何工具都掌握在他手中"，而且，"他有他出等的德行：耿直、忠义、克苦、神贫、热爱圣经、发奋求学、拥护正统道理、巩固传统信德、攻击异端、专务神修、孝爱圣母、埋头工作，为教会学者树模范，并且留下了最有价值的著作"。[1]

5. 格列高利一世

格列高利一世有"大格列高利"（Gregorius Magnus）之称，约540年出生在罗马元老院贵族家庭，早年曾研习法学，为罗马法律学家，571年曾担任罗马执政官，皈依基督教后入本笃会修道，后担任隐修院院长；曾卖掉家产，修建7所隐修院，其中6所在西西里，1所在罗马；在教宗本笃一世（Benedictus I）时被任命为枢机监事一职，579—585年曾担任教宗佩拉吉二世（Pelagius II）驻君士坦丁堡代表。他于590年9月3日当选为教宗，为修道士担任教宗的第一人。在其担任教宗期间，他于595年利用伦巴德人入侵意大利北部之机而获取了罗马城的统治权，使罗马教廷管辖区扩大到意大利中部和西西里等地，从而粗具此后中世纪教宗国之雏形；而且他还派遣修道士到西班牙、高卢、不

---

[1] 引自甘兰著《教父学大纲》（上），吴应枫译，上智编译馆2007年版，第511页。

列颠、爱尔兰,以及北非等地传教和修建隐修院,扩大罗马教会的影响;他允许教会建立农庄、出租土地、经商创业,以增强教会经济实力。此外,在东西教会的权力之争中,他极力削弱东罗马帝国首都君士坦丁堡大主教的势力和职权,并自称为众主教之首的"天主的众仆之仆"(Servus Servorum Dei)。他强调严格的隐修规则,整顿神职纪律,完善教会礼仪,曾制定出"格列高利颂歌谱"(chant Gregorian),至今仍在天主教弥撒礼仪中通用。他于 604 年 3 月 12 日去世,此日故也是其纪念节日。其主要著作包括《布道文》(Homilies)、《书信集》(Registrum Epistolarum)、《教牧规则》(Liber Regulae Pastoralis)、《对话录》(Dialogi)、《约伯记注解》(Exposition in librum Job)、《雅歌注解》(Expositiones in Canticum Canticorum)等。

格列高利一世为后期拉丁教父,其时代已经进入欧洲中世纪的早期阶段,因此他主要旨在教会的重建及其在中世纪社会中影响的扩大。其思想深受奥古斯丁神学的影响,但其自己的阐释则以圣经神学和伦理神学为主,强调《圣经》的字面意义,重视其寓意之诠释,对悔罪、炼狱、神修、圣礼等都有其教义理解上的专门说明。此外,他还特别突出神秘神修中灵魂本身对"天主的追求",认为"灵魂本身的认识,尤其是基督人性的认识,引人灵认识天主的性体",他称此为"爬登瞻祷之山",指出"这种瞻祷式的默想""可以升向天主",以其"瞻祷的智慧"而获得一种在精神方面的新的"神识"(Intelligence Spirituelle)。[①]

自欧洲中世纪始,基督教早期的教父哲学遂逐渐结束其历史使命。在基督教开始统领欧洲社会,影响甚至主导欧洲政治的情况下,其更为完备,且更加权威的思想体系便应运而生,这就使基督教思想发展进入了其一统天下、万流归宗的"经院哲学"的时代。

[①] 参见 [法] 甘兰著《教父学大纲》(下),吴应枫译,上智编译馆 2007 年版,第 211 页。

第二章

奥古斯丁的思想研究

奥雷勒·奥古斯丁（Aurelius Augustinus，354—430）的时代，正值古代罗马帝国发展的晚期。这个跨越欧、亚、非三洲鼎盛至极的庞大帝国已夕阳西下，显露颓景。奥古斯丁一生经历了这一动荡时代的各种思想、文化和信仰的撞击，目睹了罗马帝国的衰落。沧海横流，时代交接，使奥古斯丁四方求索，承上启下，成为当时西方不同哲学、宗教因素的集大成者，代表着拉丁教父所取得的最高成就。作为早期基督教最杰出的教父，奥古斯丁体现出其基督教神学研究的深度。他融早期基督教教父们的各种学说于一身，创立了体态完备的教父学，为基督教哲学的初步确立提供了体系、模式，给基督教思想的总体发展奠定了基础。作为西方古代、中世纪交接之际最著名的哲学家，奥古斯丁则站立在上承古希腊罗马、下导中世纪欧洲的高处。他通过新柏拉图主义而将古希腊哲学与基督教信仰综合为一体，完成了西方古代思想史上"知""行""信"三阶段的过渡和融合，达到了理论与实践的并重、哲学与神学的统一，从而在很大程度上决定了西欧中世纪哲学发展的方向和特色。

综观西方思想史的发展，我们可以说，奥古斯丁的思想代表着西方古代哲学的终结和中世纪哲学的开始。他的著述和学说起了承前启后的作用，使西欧古代与中世纪思想有机相连。当然，在这种连接中，奥古斯丁显示了自己的批判和创新精神。他的思想虽然仍在一定程度上反映出古希腊罗马哲学的余晖，但在整体上却已顺利完成了西方古典哲学在基督教哲学中的消融和扬弃。面对一个行将来临的时代，奥古斯丁的神学理论和哲学体系为即将展现的西欧中世纪哲学的发展准备了新的历史起点，故有"恩典博士"（Doctor gratiae，亦译"恩宠博士"）之称和"西方的导师"之誉。从这种意义上来看，奥古斯丁的学说构成了欧洲中世纪这一漫长思想发展之途的第一个里程碑。而鉴于西方真正成熟的思想文化体系乃在中世纪得以奠立，因此也可以说奥古斯丁是"第一位西方的思想家"。

一　生平与著作

（一）奥古斯丁的生平

354年11月13日，奥古斯丁生于古罗马帝国北非行省努米丁的一个小镇塔加斯特（今阿尔及利亚的苏克阿赫腊斯城）。其父帕特里齐（Patricius）为该镇的市政官员，稍有财产和社会地位，最初信仰古代罗马的传统宗教，只是晚年才与基督教会接近，在其去世（371）前不久得以受洗入教。奥古斯丁的母亲莫尼卡（Monica）则是一个虔诚的基督徒，曾对他产生一定影响。但在当时，基督教被确立为合法宗教的时间不长，传统信仰仍有一定的势力和影响。按照当地从父习俗，奥古斯丁出生时并没有受洗入教。作为罗马公民，其父鼓励他发奋求学、谋取功名。在这种世风的熏染下，青少年时期的奥古斯丁在性格上就已形成了当地布匿人的激情、希腊化时代的精神和罗马人的意志。

7岁时，奥古斯丁在当地入启蒙小学，学习拉丁文和初等算术。他12岁时去临近的马道拉上文法学校，学习文法、诗歌和历史等。他对拉丁文潜心钻研，颇有造诣，而对希腊文则兴趣不大，无所建树。由于当时社会风气的败坏，年仅15岁的奥古斯丁便堕入放荡不羁的生活。他沉溺于酒色、不能自拔，早熟的他情窦初开而整天陶醉于谈情说爱之中，向往着花前月下之景。而拉丁文学中有关爱情的风流诗篇，也就成为他满足其情欲的精神食粮。他16岁中学毕业后因家境困难而辍学一年,17岁时其父去世,但他在亲戚们的资助下仍得以去迦太基的修辞学校继续深造。迦太基为当时罗马帝国非洲行省的首府,其民风的腐败堕落尤为显著。他一去迦太基就找到一位当地女子私下同居,不到18岁时就生下一子,取名阿迪奥达特(Adeodat),意为"神赐"。奥古斯丁在迦太基主要是攻读修辞学和哲学。他最初的兴趣在于拉丁文法和文学,重点研究拉丁语经典作家的作品,如拉丁诗人维吉尔的诗篇、著名演说家西塞罗的政治和哲学著作等。奥古斯丁在此求学的目的就是追求功名利禄,而成为修辞学家、掌握雄辩之术则是当时成名成家、进入上流社会的最好途径和最佳选择。

受西塞罗的启发,奥古斯丁开始对哲学产生好奇和兴趣。这一求知上的重大转变是他在373年读到西塞罗的一部已经佚失的著作《荷尔顿西乌斯》(*Hortensius*)时开始的。西塞罗在此书中指出了从政治雄辩达到哲学沉思的途径,认为哲学的意境能使人生具有价值,让人在面临死亡时亦能从容安详,而哲学的探讨则能为灵魂的飞翔指引方向,从而使人走出迷津,获得一种可以进入永恒的灵性升华。哲学中对真善美问题的苦求深究,激起了奥古斯丁对探求智慧和研究哲学的兴趣。尤其是使奥古斯丁兴奋和乐意的是,西塞罗并不推荐某一种具体的哲学流派,而是强调普遍意义上对哲学和智慧的求索。这使奥古斯丁认识到,不应该仅仅了解这个或那个学派的智慧,而是"智慧"本身;所谓"爱智"即指用满腔热情去爱慕、理解和把握它,用全身力量和全部生命去拥抱它、享有它。他后来在其《忏悔录》中曾回忆说,"我所以爱那一篇劝谕的文章,是因为它激励我,燃起我的热焰,使我爱好、追求、获致并坚持智慧本身,而不是某宗某派的学说。"[①]故此,应集思广益、集哲学之大成来寻求智慧、发现真理。于是,奥古斯丁把追求真理视为最幸福的生活,认为谁获得了真理,谁也就得到了幸福,因为真理与幸福乃是融为一体、不可分割的。这样,奥古斯丁把对真理的询问和思考与人生

---

① [古罗马]奥古斯丁:《忏悔录》,周士良译,商务印书馆1981年版,第40页。

的意义及其生命内在的意志力结合起来,从而开创了一种从认识论与生存论上共同探求的独特方法,亦达到了一种不同凡响的效果。对真理的求索,曾使奥古斯丁在其早期生涯中也一度对基督教产生兴趣,他为西塞罗的著作中没有论及基督而感到遗憾和失望,从而开始钻研基督教的《圣经》。但当时受西塞罗文风的巨大影响,奥古斯丁认为《圣经》的词语平淡无奇,没有文采、没有魅力,觉得其文笔没有西塞罗那样典雅、流畅,其表述也找不到华丽的辞藻和精心的构设,而其风格也缺乏审美情趣。因此,他与《圣经》智慧失之交臂,不再去深入钻研在《圣经》那貌似平淡之词语下所蕴含的深刻哲理和灵性奥义,反而认为它与西塞罗的著作相比价值不大,结果放弃了在这一邈古超伦之灵性世界的探索。

在这信仰选择的十字路口,奥古斯丁遇上了当时传入非洲不久的摩尼教。摩尼教那时被人们视为从波斯传入罗马帝国的一种基督教异端,而摩尼教本身也自称它超过释迦牟尼和耶稣基督的学说,是受神明直接启发而创立起来的。按照摩尼教的说法,神明是光,即一种崇高的形体;而人的灵魂只不过是这种神光的零星小点、被流放在可见的形体之中。因此,摩尼教宣称自己的学说与基督教相比,乃是一种更高级、更具启蒙性质的思想,而且是仅以理性为依据的基督教精神的升华形式,即其升级之版。摩尼教也声称自己在"追求真理",并在这种"追求"中提倡自由研讨的精神,无视教会的权威。这样,奥古斯丁深受摩尼教基本思想的影响,相信宇宙的二元对立,即光明与黑暗、善与恶、神与物的抗衡。他认为,基督作为救世主体现了一种世界灵魂,而不是某一人格。世人因为受到宇宙这两种基本因素的支配而摆脱不了恶的纠缠和束缚。恶乃一种实体,而不是自我意志的行为;恶会取消人的自由而使之服从客观存在的恶之原则。由此,奥古斯丁用摩尼教关于恶的学说来排除自己对恶的疑问,为自己的沉沦和堕落辩解,以便推卸自身应负的道德责任。所以,奥古斯丁参加了摩尼教,信奉其学说达九年之久。他的不少朋友也追随他加入摩尼教,故此奥古斯丁在后来的忏悔中曾称自己是被引诱者和引诱者、受骗人和骗子,"自惑惑人,自欺欺人"。①

奥古斯丁于374年结束学业回到故乡,成为当地的一名修辞学教师。但不到一年,他就转到迦太基任教,直至383年。在这段时间内,他对摩尼教逐渐产生了怀疑,认为它不过是一种偏重幻想的神学主张和屈从世俗的唯物倾向,因而与自己所要追求的那种严谨的哲学和神圣的真理相距太远。而且,他发现摩尼教的宇宙观和天文学自相矛盾,其需求与真实之间、理论与实践之间也不相符合。摩尼教认为天体分为善、恶两组,彼此对立斗争,而自然科学意义上的天文学只知道包摄整个天体的唯一规律和统一秩序,并不存在二元对立。奥古斯丁这时意识到这种科学的天文观更加符合理性的要求,而摩尼教的解释却漏洞百出。383年,被人称为博学多闻、智识精深的摩尼教主教孚斯德来迦太基访问。奥古斯丁在与孚斯德交谈中发现他不仅不能完满解答有关善恶的问题,而且还暴露了其学识修养上的浅陋。例如,孚斯德对西塞罗的论说和塞涅卡的著作知之甚微,甚至还缺乏必要的文法知识。这使奥古斯丁大失所望,并彻底动摇了他对摩尼教的信仰。当时的摩尼教徒被划分为三个等级,初级为"属物者",指其信者尚未超脱物之羁绊;中级为"属心者",其信者为初悟教义的"听道友";而高级才为"属灵者",即蒙拣选的"选民",是摩尼教的核心教徒。而奥古斯丁的摩尼教信仰只是处于"听道者"的居中阶段,故而也容易从摩尼教中得以解脱。

放弃摩尼教的学说后,奥古斯丁开始涉猎古希腊哲学。他早年曾听人推崇亚里士多德的《范畴篇》,但阅读之后却感到亚里士多德的实体理论并无深奥之处。由于找不到令人确信的真理,奥古斯丁有着绝望之感,随之一头钻进学园派的怀疑论哲学之中。"依照一般人所理解的'学园派'的原则,我对一切怀疑,在一切之中飘摇不定。"②在他看来,放弃一切确定的认识乃是更为可行的求知途径,只有不作任何判断,才能获得灵魂的安宁。苏格拉底"我知我不知"的格言被学园派在此明

---

① [古罗马]奥古斯丁:《忏悔录》,周士良译,商务印书馆1981年版,第51页。
② 同上书,第89页。

显抬高和强调，因而给奥古斯丁留下深刻印象。对摩尼教求知理论的幻灭和失望，也使奥古斯丁感到应对认识的可能性加以普遍的怀疑。既然难以获得确实可靠的认识作为立足之地，那么也就只能投入无穷无尽的摸索、探求之中。但是，怀疑论所主张的不确定性和或然性并没有真正使奥古斯丁获得心灵的平静。因怀疑派对自身思维和认识方法的怀疑与批判，使他感到难觅任何智慧之光，而是陷入怀疑的一片黑暗之中。这种哲学只能让人更加失望和沮丧，从而会彻底放弃对真理的追求。对学园派的怀疑和反思，坚定了奥古斯丁对探索真理的决心和信心。他认为，真理并不仅仅为纯理论的思辨，而也与整个人生的实践相关。他不再怀疑真理的确实存在，而是觉得通往真理的道路尚不为人类理性所领悟和认知，还有待于超然的智慧之光来驱散迷雾、指破迷津。

奥古斯丁于383年曾在罗马任教，随之于384年去了米兰，并在米兰得以读到"一些由希腊文译成拉丁文的柏拉图派的著作"①。其中即包括新柏拉图主义普罗提诺等人的著作。可以说，正是柏拉图的相关学说，给奥古斯丁最终走向基督教疏清了道路，使他认识到，除了肉体之外，尚有一个理念世界的存在，世界源自至高之道，即非肉身的上帝。他说："我在这些著作中读到了以下这些话，虽则文字不同，而意义无别，并且提供了种种论证：'在元始已有道，道与天主同在，道就是天主；这道于元始即与天主同在，万物由此而成，没有他，便没有受造；凡受造的，在他之内具有生命，这生命是人的光；这光在黑暗中照耀，黑暗却没有胜过他'；人的灵魂，虽则'为光作证，但灵魂不是光'，道，亦即天主自己，才是'普照一切入世之人的真光，他已在世界上，世界本是借他造成的，但世界不认识他'。"②奥古斯丁在读了柏拉图学派的著作之后，开始尝试在物质世界之外找寻真理，即从"受造之物"超越来辨识"形而上的神性"。③

---

① ［古罗马］奥古斯丁：《忏悔录》，周士良译，商务印书馆1981年版，第123页。
② 同上。
③ 同上书，第133页。

米兰的经历代表着奥古斯丁在信仰上的最根本转变，在此期间他经常去听米兰主教安布罗斯的讲道及各种演讲，被其思想所深深打动，这使其经历了内心中的根本变革，导致其更主动地朝基督教信仰接近。自386年起，奥古斯丁会同一些朋友来到米兰郊区的加西加科庄园进行静修反省，阅读《圣经》特别是《新约》中保罗的论述，准备接受基督教信仰。这年8月底的一天，奥古斯丁及其朋友们接待了一位来自非洲的同乡，听完其介绍非洲隐修院修士的情况后异常激动，随之回到其刚刚阅读《圣经》的地方"带着满腹辛酸痛苦不止"，突然他听见从邻近屋中传来一个孩童反复唱颂的声音"拿着，读吧！拿着，读吧！"于是他随意打开《新约》中使徒书信的一页，读着最先看到的一章"不可耽于酒食，不可溺于淫荡，不可趋于竞争嫉妒，应被服主耶稣基督，勿使纵恣于肉体的嗜欲"。此即保罗所写《罗马书》第13章第13节，奥古斯丁说，"我读完这一节，顿觉有一道恬静的光射到心中，溃散了阴霾笼罩的疑阵"。[①]奥古斯丁随后把自己这段奇特的经历告诉其虔信基督教的母亲，使她"喜形于色"、乐得"手舞足蹈"。之后他在短短几个月的时间内写出了大量赞美基督教信仰的论著，并于387年复活节与其儿子一道在米兰接受安布罗斯主教的洗礼，正式皈依基督教信仰。

信仰基督教后，奥古斯丁隐修三年，随之于391年回到北非传教，他将家产分给穷人，并在自己家里推动修道生活，由此构成奥古斯丁修会之源。奥古斯丁于391年被祝圣为神父，395年升任希波教区主教。其后半生撰写了大量著作，为基督教信仰辩护，驳斥各种异端思想，解释基督教信仰与社会发展的关系，成为基督教思想史上的一代大师。奥古斯丁晚年目睹了汪达尔人的入侵和围城，在希波沦陷之前，于430年8月28日去世。

（二）奥古斯丁的著作

奥古斯丁一生著述甚丰，写作范围广泛，论及的内容极多。其中最

---

① ［古罗马］奥古斯丁：《忏悔录》，周士良译，商务印书馆1981年版，第158页。

为有名、影响最大的为其《忏悔录》《论三位一体》和《上帝之城》这三部著作，有"神学三部曲"之称。大体来看，可以对其著作加以如下分类。

1. 自传类著作

《忏悔录》（*Confessiones*），写于399—400年前后，其书名亦被称为"敬神自白"。共13卷，其内容可以分为三个部分：第一部分（1—9卷）叙述了奥古斯丁皈依基督教之前的生平，第二部分（10卷）描述了他在此写作阶段的心灵状况，第三部分（11—13卷）为其皈依基督教后从上帝创世等方面来赞美上帝。因此，此书有着双重意义，一方面是袒露忏悔人因意志软弱而犯下的罪过，为本书的"自白"之自传性意义；另一方面则是赞美上帝的意志和慈善，为本书"敬神"之神学性意义。此书被视为西方"自传"体著作之源。

《独语录》（*Soliloquia*），写于386—387年前后。分为2卷，为奥古斯丁的独白，故有此名。此书以充满激情的祷告开始，其内容涉及人的认识、智慧的特点以及真理问题。奥古斯丁于此从考虑智慧、真理等具有的永恒意义，而思考着应该有其永恒的承受者指逻辑关联，故而推出灵魂不朽的问题。

《订正》（*Retractationes*），写于426—427年前后。分为2卷，为奥古斯丁对自己的著作生涯所做的批评性回顾，修改过往之错，解释其产生的原因。奥古斯丁在此论及自己所写的92部著作，包括其232卷的内容。

2. 哲学类著作

《论美与适宜》（*De pulchro et apto*），写于380年前后。

《驳学园派》（*Contra Academicos*），写于386年秋季左右。分为3卷，为对学园派怀疑主义思想的驳斥。奥古斯丁在第1卷中阐述了智慧的概念，在第2卷中描述了学园派的有关论说，在第3卷中对学园派的相关理论加以批驳和纠正。

《论幸福生活》（*De beata vita*），写于386年。本书所叙述的谈话取自奥古斯丁在其生日之前（11月12日）与人交谈的内容，与其当时撰写《驳学园派》所思考的问题相关,论述了有三种人在其生命的海洋中扬帆前行之经历,指出他们在通往其理想的港湾之航程中,时时处处都会受到暗礁和风暴的威胁。他为此强调,幸福只能是通过上帝的智慧,以及与上帝的结合统一才能真正找到。

《论秩序》(De ordine),写于386年。分为2卷,其内容也是奥古斯丁在写作《驳学园派》时期的谈话,而且奥古斯丁的母亲莫尼卡也参与了这次谈话。其所谈内容主要是讨论"恶"的问题,探究恶究竟从何而来,询问上帝的意志作为"天命"是否涉及万事万物等。

《论音乐》(De musica),写于387—390年,一说391年写于北非。分为6卷,此书内容本来是奥古斯丁计划所写的一部综合性大作《各科全书》(Disciplinarum libri)中的一部分,旨在将此巨著作为一部文学艺术领域的百科全书。在此之前,奥古斯丁已经完成了《论文法》(De Grammatica)一书,可惜此书已于426年佚失,仅有断简残篇留世。《论音乐》的内容主要是介绍写作韵律和诗文的技巧,但其最后部分也阐述了韵律和数字如何可以引导人们走向永恒,因而也涉及哲学问题。

《论辩证法》(De Dialectica),写于387年前后,但对其真实性有争议。

《论灵魂不朽》(De immortalitate animae),写于387年前后。奥古斯丁写此书乃出于其在米兰时的需要,其内容乃为《独语录》所涉及主题的继续,但在没有经他允许的情况下被公开发表。为此,他在后来所写的《订正》中说明了他当时在写作中尚未弄清的问题,也对其书内容不够完善的地方加以更正和修订。

《论灵魂的分量》(De quantitate anima),约388年写于罗马。内容论及灵魂的起源、本质及其非物质性,分析了灵魂与肉体及爱的关系,其重点是突出灵魂的非物质性。

《论异议》(De diversis quaestionibus 83),写于388年前后,涉及83个不同问题。

《论导师》(De Magistro),写于389年。这是奥古斯丁与其当时16

岁的儿子的谈话，论及语言的作用问题，重点是论述基督乃真正的导师。

3. 论辩类著作

（1）反驳摩尼教的著作

《论公教道德和摩尼教道德》（*De moribus ecclesiae catholicae et de moribus Manichaeorum*），写于387—389年。

《论信仰之用》（*De utilitate credendi*），写于391年前后。

《驳佛图纳的摩尼教》（*Contra Fortunatum Manichaeum*），写于392年前后。

《驳摩尼教论灵魂二元》（*De duabus animabus contra Manichaeos*），写于392年前后。

《驳摩尼教徒阿迪曼》（*Contra Adimantum manichaei discipulum*），写于393—396年。

《驳摩尼教基本教义书信》（*Contra epistolam Manichaeorum quam vocant fundamenti*），写于397年前后。

《驳佛利科的摩尼教》（*Contra Felicem Manichaeum*），写于398年前后。

《论道德之本性》（*De natura boni*），写于399年前后。

《驳孚斯德的摩尼教》（*Contra Faustum Manichaeum*），写于400年前后。

《驳瑟孔丁》（*Contra Secundinum*），写于405年前后。

《致俄罗修，驳普里西利安派和奥利金派》（*Ad Orosium contra priscillianistas et origenistas*），写于415年前后。

《驳律法书和先知书的反对者》（*Contra adversarium Legis et Prophetarum*），写于420年前后。

（2）反驳多纳图派的著作

《论诗篇并驳多纳图派》（*Psalmus contra partem Donati*），写于393—396年。

《驳帕门尼亚书信》（*Contra epistolam Parmeniani*），写于400年

前后。

《论洗礼并驳多纳图派》（*De baptismo contra Donatistas*），写于400年前后。

《驳多纳图派佩提利安的信》（*Contra litteras Petiliani donatistae*），写于400—403年。

《致公教徒信驳多纳图派》（*Ad catholicos epistola contra donatistas*），写于402—405年。

《驳普雷斯孔文法》（*Contra Presconium grammaticum*），写于406年前后。

《论唯一洗礼并驳佩提利安，致康士坦丁》（*De unico baptismo contra Petilianum ad Constantinum*），写于410年前后。

《与多纳图派会议纪要》（*Breviculus collationis cum donatistis*），写于411年前后。

《会后致多纳图派》（*Ad donatistas post collationem*），写于411年前后。

《向凯撒利亚信众的讲道》（*Sermo ad Caesareensis Ecclesiae plebem Emerito praesente habitus*），写于418年前后。

《与多纳图派主教艾米利会晤记录》（*De gestis cum Emerito Caesareensi donatistarum episcopo*），写于418年前后。

《驳多纳图派主教高顿提》（*Contra Gaudentium donatistarum episcopum*），写于420年前后。

（3）反驳裴拉鸠派的著作

《论功过与赦免及论婴儿受洗》（*De peccatorum meritis et remissione et de baptismo parvulorum*），写于412年前后。

《论精神与学识》（*De Spiritu et littera*），写于412年前后。

《论自然与恩典并驳裴拉鸠》（*De natura et gratia contra Pelagium*），写于415年前后。

《论人之正义完善》（*De perfectione justitiae hominis*），写于415年前后。

《论裴拉鸠行动》（De gestis Pelagium），写于 417 年前后。

《论基督恩典及论原罪》（De gratia Christi et de peccato originali），写于 418 年前后。

《驳裴拉鸠派的两封信，致罗马主教卜尼法斯》（Contra duas epistolas pelagianorum ad Bonifacium romanae Ecclesiae episcopum），写于 420 年前后。

《驳裴拉鸠异端辩护者尤利安》（Contra Julianum haeresis pelagianae defensorum），写于 421 年前后。

《论恩典与自由意志》（De gratia et libero arbitrio），写于 426—427 年。

《论惩罚与恩典》（De correptione et gratia ad eumdem Valentium et cum illo monachos adrumetinos），写于 427 年前后。

《论持之以恒的奉献》（De dono perseverantiae ad Prosperum et Hilarium），写于 428—429 年前后。

《论神圣预定》（De praedestinatione sanctorum），写于 429 年前后。

《未完成之作并驳尤利安》（Opus imperfectum contra Julianum），写于 428—430 年。

（4）反驳阿里乌派的著作

《驳阿里乌派讲道》（Contra sermonen arianorum），写于 418 年前后。

《与阿里乌派主教马克西明的会议》（Collatio cum Maximino arianorum episcopo），写于 428 年前后。

《驳阿里乌派主教马克西明异端》（Contra Maximinum haereticum arianorum episcopum），写于 428 年前后。

4. 解经类著作

《论创世并驳摩尼教》（De Genesi contra Manichaeos），写于 388—389 年。

《创世记诠释未完稿》（De genesi ad litteram liber imperfectus），写于 393—394 年。

《诗篇解释》（Enarrationes in Psalmos），写于 392—418 年。

《论登山宝训》（*De sermone Domini in monte*），写于 393—394 年。

《〈罗马书〉章句评注》（*Expositio quarumdam propositionum ex epistola ad Romanos*），写于 394—395 年。

《〈罗马书〉评注未完稿》（*Epistolae ad Romanos inchoata*），写于 394—395 年。

《〈加拉太书〉评注》（*Epistolae ad Galatas expositionis*），写于 394—395 年。

《〈约伯记〉笔记》（*Annotationum in Job*），写于 397—400 年。

《论福音书之和谐》（*De consensu Evangelistarum*），写于 400 年前后。

《福音书的问题》（*Quaestionum Evangeliorum*），写于 400 年前后。

《论创世及十二书文献》（*De Genesi ad litteram libri* XII），写于 401—415 年。

《约翰福音研讨》（*In Ioannis Evangelium tractatus*），写于 413—418 年。

《〈约翰壹书〉评注》（*In epistolam Joannis ad Parthos*），写于 416 年前后。

《圣经前七书的谈话》（*Locutionum in Heptateuchum*），写于 419 年前后。

《圣经前七书的问题》（*Quaestionum in Heptateuchum*），写于 419 年前后。

《圣经之镜》（*De scriptura sacra speculum*），写作年代不详。

5. 教义神学类著作

《论自由意志》（*De libero arbitrio*），写于 388—395 年，于罗马开始，在北非完成。分为 3 卷，涉及内容包括恶的起源、自由意志，以及询问上帝明明预见到世人会滥用自由却为什么仍然赐予人自由等问题。

《论信仰与象征》（*De fide et symbolo*），写于 393 年前后。

《论基督徒之奋争》（*De agone christiano*），写于 396 年前后。

《致辛普里西安，不同问题之答》（*De diversis quaestionibus ad Sim-*

plicianum），写于 396—397 年。

《论基督教教义》（*De doctrina Christiana*），写于 396—427 年，主要内容为基督教解经和证道的基本理论。

《论三位一体》（*De Trinitate*），写于 399—419 年。分为 15 卷，为奥古斯丁的教义学代表著作，前 7 卷是根据《圣经》信仰传统来解释三位一体的学说，涉及启示与理性的关系问题，并重点论及语言和逻辑问题；后 8 卷是基于奥古斯丁对人之个我及其内在心理的理解来加以阐述，亦论及灵魂、象征、心智、人之形象等基本问题，以一种独特的内在性思考来探究三位一体的奥秘。此书亦被视为西方论及"心理"学问题的著作之开端。

《论初级教义问答》（*De catechizandis rudibus*），写于 400 年前后。

《论信未见之事》（*De fide rerum invisibilium*），写于 400 年前后。

《论魔鬼的神化》（*De divinatione daemonum*），写于 406 年前后。

《论信仰与事功》（*De fide et operibus*），写于 413 年前后。

《论灵魂及其起源》（*De anima et ejus origine*），写于 420 年前后。

《论杜尔西提八问》（*De octo Dulcitii quaestionibus*），写于 421 年前后。

《劳伦提乌教义手册或论信、望、爱》（*Enchiridion ad Laurentium seu liber de fide, spe et caritate*），写于 423—424 年。

6. 道德神学类著作

《论谎言》（*De mendacio*），写于 395 年前后。

《论节制》（*De continentia*），写于 395 年前后。

《论联婚之美德》（*De bono coniugali*），写于 401 年前后。

《论贞洁之神圣》（*De sancta virginitate*），写于 401 年前后。

《论修道之业绩》（*De opere monachorum*），写于 401 年前后。

《论孀居之善》（*De bono viduitatis seu epistola ad Julianam viduam*），写于 414 年前后。

《论忍耐》（*De patientia*），写于 418 年前后。

《论婚姻与贪欲，致瓦莱里伯爵》（*De nuptiis et concupiscentia ad*

Valerium comitem），写于 419 年前后。

《论通奸》(*De conjugiis adulterinis ad Pollentium*），写于 419 年前后。

《驳斥谎言》(*Contra mendacium ad Consentium*），写于 420 年前后。

《论死前之救治》(*De cura pro mortuis gerenda*），写于 424—425 年。

7. 护教类著作

《论真宗教》(*De vera religione*），写于 389—391 年。这是奥古斯丁针对摩尼教而提出的对基督教信仰的护卫，强调基督教才是唯一真正的宗教，故而也是对奥古斯丁的哲学及神学思想的初步阐述。

《反异教徒六问题》(*Six quaestiones contra paganos*），写于 408—409 年。

《上帝之城》(*De civitate Dei*），写于 413—426 年。分为 22 卷，副标题即"驳异教徒"，是奥古斯丁最著名的护教著作。该书写作的起因是 410 年阿拉利克（Alarich）带领哥特人攻陷罗马，而这一被古代罗马帝国视为其荣耀的"永恒之城"被攻占，导致一些罗马的"异教徒"及其理论家指责基督徒应为罗马帝国的衰落负责，认为这是罗马帝国皈依基督教的结果；为此，奥古斯丁写下这部大作，全面系统地为基督教信仰辩护，强调罗马城的陷落并非基督教的过错，而异教的神祇也从来就没有保护过罗马人。全书分为五大部分，前两大部分的 10 卷直接驳斥"异教徒"对基督教的攻击，其中第一部分的 1—5 卷论及"异教神祇与俗世的幸福"，第二部分的 6—10 卷则阐述"异教神祇与来世的幸福"；第三部分 11—14 卷论及"上帝之城"与"世俗之城"的起源，涉及创世、自由意志、原罪、善恶、两种不同之爱等神学问题；第四部分 15—18 卷从《圣经》神学的视角阐释"两座城"的发展；第五部分 19—22 卷则论及末日审判、世俗之城的终结和上帝之城的永福。因此，这部著作是古代罗马时期最系统地对基督教信仰的捍卫和最全面地对基督教教义的阐释，其内容涉及历史哲学、历史神学诸问题，故而也被视为西方思想史上的第一部"历史哲学"的名著。

《驳犹太人》(*Tractatus adversus judaeos*），写于 428 年前后。

《论异端》(*De haeresibus*），写于 428 年前后。

8. 其他书信文集类

《书信集》（*Epistulae*），写于386—430年。

《布道集》（*Sermones*），写于392—430年。

《致马克洛比书信108》（*Epistola 108 ad Macrobium*），写于410年前后。

《致迪欧斯科鲁斯书信118》（*Epistola 118 ad Dioscorum*），写于410年前后。

《致康森提乌斯书信120》（*Epistola 120 ad Consentius*），写作年代不详。

《致保林书信186》（*Epistola 186 ad Paulinum*），写于417年前后。

《致尤利安娜书信188》（*Epistola 188 ad Julianam*），写于417—418年。

《致罗马长老西斯特书信194》（*Epistola 194 ad Sixtum romanum presbyterum*），写于418年前后。

《致迦太基的维达利书信217》（*Epistola 217 ad Vitalem carthaginensem*），写于427年前后。

二　思想与学说

（一）奥古斯丁思想的发展轨迹

奥古斯丁所留存的著作绝大部分都是他皈依基督教之后所写，因此387年是其人生的转折点，此后其理论著述也明显增多。此间他对基督教的认知不断加深，也开始逐渐反思和修正其皈依之初的思想。396年，他在与米兰主教的思想交流中就曾表示要重新思考并修改其386—396年这十年所发表的著作。在427年其完成的著作《订正》中，就明确有着自我批评，并对自己一生所写的92部著作加以反思和必要的订正。所以，了解其自我反思和批评对于我们客观、准确把握奥古斯丁的思想极为重要。尤其是研究其晚期著述，可以了解到奥古斯丁对自己一生思想学说的总结性概括，以及对其思想发展之最后阶段的剖析和展示。可以说，梳理好奥古斯丁的理论著作，有助于我们追踪到其思想发展演变的轨迹。

与其前后著述相对比，奥古斯丁在理论上的重大突破是基于其对基督教恩典学说的理解及把握。他意识到其早期著作中明显缺乏对恩典的正确理解和真正把握。正是基督教的"恩典"理论可以使基督徒得以真正解脱和超脱。所谓"恩典"之立足，乃在于其"神论"而非"人论"，因为"恩典"乃在于将之视为其全能上帝不可被预测的行为，故有其超脱或超越之境界。神的恩典与人的拣选密切关联，而这种拣选恰恰就不能依赖于世人有限的道德行为。按照奥古斯丁最初的理解，人有其自由意志，人的信仰也是这种自由意志指导下的自由选择，因而并不依赖"恩典"，可以与"恩典"无关。只是随着他对基督教信仰的理解加深，才意识到这种"恩典"的独特意义和重大作用。人的自由意志可以让人选择恶，从而导致人走向犯罪，所以若无"恩典"的作用，人则难以获得拯救。

在哲学与基督教信仰的关系上，奥古斯丁最初是由柏拉图哲学而走向宗教，因此他有过对哲学思想的过于依赖，并曾根据柏拉图的哲学理念来理解基督教信仰所指之天国，即认为存在一个超越感觉和思想的、与物质世界对立的另一个理念世界。但他后来也反思自己对这些哲学家的评价过高，意识到仅靠哲学思辨很难悟透基督教信仰的奥迹。于是，他在这种自我反省中清理了摩尼教、西塞罗、学园派怀疑论等思潮对自己的不利影响和认知误导，在其信仰选择上不再过于侧重哲学思辨及其理性逻辑，而更多强调信仰的特点，要求自己更好地把握基督教的信仰特性。他为此宣称，人的幸福并不是靠"根据精神"来获得，而是要"依从上帝"来达到。所以，人不可能靠哲学理性和自由意志来把握自己的命运，而只有从上帝那儿才能获得其永恒的拯救；世界的秩序应该是上帝统摄万物的新秩序。不过，奥古斯丁并没有完全放弃哲学理性的意义，因为其最初对基督教信仰的接受就是借助于新柏拉图主义，其对真理之真实性存在的理解也是基于新柏拉图主义所论述的那种理念世界。这种理性与信仰的结合，在奥古斯丁思想上就达至了一种哲学与宗教的共存。

可以说，奥古斯丁接受基督教信仰是以哲学为媒介，他因此而把基督教视为一种教育的方式，其借助于哲学的方法而使人们得以在感观世界内窥探自己内在的思索，通过理智和道德而实现人的理念世界与神圣精神的可能链接。这里，古代哲学思想为奥古斯丁的信仰之旅起到了最初的台阶作用。例如，他通过西塞罗关于智慧乃认识神圣及人类事物之途的启发，意识到这种作为自然认识和作为伦理化之政治生活的理性形式应该在基督教的理智生活中得以实现。这是因为，这一智慧不仅可以使人类与上帝在思想精神层面上结合，而且也可以通过耶稣即其可见的人格存在或在教会中的存在来在现实机构及人之生活中得以实现。所以说，这种智慧表达出的崇高理想乃普泛性地向所有人敞开，人们借此或是可以直接通过其理智—意志之升华而达到神性智慧，或是间接通过人的意志对不可见之精神世界的追求，以一种象征性、关联性的方式来实现。奥古斯丁在此把耶稣基督理解为神的智慧、正义的象征，认为人们可以通过对基督的理智性追求和权威性连接而获得一种神性意义的参与，实现人类生活的真正意义。而基于新柏拉图主义哲学的理解，奥古斯丁则从至高无上之"道"来领悟神的智慧，"太初有道"，其乃本来意义上的生命和确实存在的真实，人的感觉世界不过是其映象；但人与这种"道"却有着非同一般的关系，因为人的"思想"可以悟道，"思想"即对事物基本结构永恒不变之整体的动态性理解，由此而构成相应的"观念"。根据新柏拉图主义的"流溢"论等表达，"道"来自神的"太一"或"善"本身，其在不断的流溢之过程中首先构成"逻各斯"，然后构成推动一切的"世界灵魂"，最后则成为自然万物，尤其是人类的存在。正因为如此，人则可以通过其灵性理解和正确的生活方式而回归其万物之源。

其实，基督教早期的教父哲学就深受新柏拉图主义的影响。早在奥古斯丁之前，如奥利金、安布罗斯等人就已经接受了新柏拉图主义的上帝创世说，以及理性回归万物之源的"善"这种伦理说教。而奥古斯丁本人在386年前后亦曾深入钻研新柏拉图主义的学说，获得很大启发。借助于新柏拉图主义，他开始区分开感观世界和理念世界，意识到只有理念世界才会涉及真理。而且，正是通过新柏拉图主义者普罗提诺的思想，奥古斯丁才彻底摆脱了摩尼教的影响，意识到其二元论思想的荒谬，而同时也认识到感官所触及的现实世界也并非人类的最终归宿。在对希腊哲学之"逻各斯"观念的体悟中，奥古斯丁好像找到了在感观世界与神圣天国的绝对对立之间另辟蹊径的阶梯。此外，新柏拉图主义也给奥古斯丁解释善与恶的存在提供了启迪。在其理解中，人不能否认恶在现实世界中的存在，但恶并非世界存在的基础，恶不是实体性的，而只是实体中的某种"缺乏"或"朽坏"，恶正是这种"缺乏"，是"被剥夺的存在"；因此，善恶之比，恰如绘画中光亮与阴影的色调之比，恶就如画中的黑暗部分，阴影即光亮的缺乏，而艺术家要想构设一幅完美的图画，则必须保留这种阴影的存在，因为其光、暗对照才能实现其整个画面的和谐、完整、美妙。显然，这种思想虽然没有排除恶的问题，却明确突出善先于恶，指明善乃是本质和实体，而恶并无实体之在，仅乃善之实体的"朽坏"和"缺乏"。奥古斯丁并没有回避善恶二元的问题，而只是在克服其二元论的解读之际，也尝试确立一元论的学说。但其对人性"恶"的存在之体悟，却有助于对基督教关于"原罪"之教义的理解和说明，更启发了后世关于"存在"性质及其意义的思考。

通过柏拉图的《巴门尼德》中对"一"的理解，普罗提诺关于"太一"的观念，并结合犹太教和基督教信仰传统中的绝对"一神论"思想，奥古斯丁强调"上帝"只能为"一"，而且必然为"善"；他进而通过新柏拉图主义的"流溢"说而将这一绝对存在、彼岸世界与现实世界相关联，通过这种关联则可以使精神性的"上帝"、灵魂虽非物质却可被理解。这样，奥古斯丁在皈依基督教之际，其思想中已经具有了上帝与灵魂的非物质性、宇宙秩序的绝对性、"恶"乃"善之缺乏"等观念；他巧妙地接受了古希腊罗马哲学的遗产，并努力将之移植于基督教信仰之中。在此，他比较典型地把斯多亚哲学与新柏拉图哲学有机地糅在一起，形成了世界源自神的理念，只有这种理念才是永恒的、真实的，而感观世界则是暂时的、虚假的、非真实的存在；而人若能体悟这种理念、放弃世俗的满足、以其理性精神来观察真实、发现真理，就能找到人生的真正幸福。在基督教信仰中，《约翰福音》所论及的"太初有道"及其对

"道"的理解，却也不排拒新柏拉图主义对理念、对逻各斯、对上帝的理解。于是，奥古斯丁在此就达成了基督教信仰与古代希罗文明一种文化意义上的有机融合。

396年之后，奥古斯丁的思想完成其华丽转身，从对古希腊罗马哲学的应用而转向对基督教信仰深层次的阐发。在其后期思想的发展中，奥古斯丁更加强调基督教信仰的"恩典"学说，随之，他以对"三位一体"的阐述，以及对"上帝之城"的描写，奠立了其具有正统教义神学体系意义的思想学说。

奥古斯丁对"恩典"意义的强调，使之颠覆了自己以往对人的自由意志的看法。按照这种"恩典"学说，人们不可能通过自己的理性沉思和道德意志获得恩典，既然是恩典，故乃一种神圣的赐予。这一立论遭到当时基督教思想家裴拉鸠（Pelagius，约360—约430）的强烈反对，他指责奥古斯丁的想法摧毁了人的自由意志，故而又退回到了摩尼教的二元论窠臼之中。在裴拉鸠看来，人按照上帝的形象所造，因而人生来本无罪恶，亚当的犯罪是其滥用自由意志的个人行为，与整个人类并无关系；正因为人有自由意志，故其行善或行恶都由其个人负责，因此其行善行恶都取决于个人，其能否获救也由个人的行为来决定，并不需要，亦不来自上帝的恩典；而基督的行为也不过是为人类行善作出了表率，并不代表对众人的救渡；所以，人必须对自己负责，而人本身也有能力避免犯罪。对此，奥古斯丁针锋相对；坚持只有上帝才能给人以恩典，而上帝的拣选和施与恩典全凭上帝自己的意愿；这里，上帝的正义是世人所不能理解的，人类在此不可指责上帝，也不能怀疑其决定是否符合正义。那么，人如何能够找到上帝之在、体悟上帝的旨意呢？奥古斯丁从这里就由哲学转向宗教了。他指出，人想体悟上帝之在，其前提和条件就是回到《圣经》，在《圣经》文献中可以获得启示，窥见上帝救世的秘密。从此，《圣经》的权威在奥古斯丁这里取代了哲学理性的权威，他表示人们关于上帝的所思所言都必须接受《圣经》的检验，而哲学沉思并不能确定《圣经》的内容，这一面对上帝的内容对于哲学理性而言乃一种奥秘。在放弃人的自由意志之权威后，他突出并强调了上帝意志的绝对权威。人的真实存在及其幸福全依赖于上帝的意志，人的世界存在由此失去了与创立幸福之间的直接关联；幸福虽乃人类追求的目标，其实现却完全取决于上帝的意志，而并不在于世人的哲学理解和道德实践。上帝的意志决定一切，而理性则只有某种假设的作用，并不真正可靠。

"三位一体"思想是基督教神学中最难解说的，但这也是基督教教义中最为关键、最具特色之处。据传奥古斯丁在构思其《论三位一体》著作时曾在海边散步，看见一个小孩在沙滩上挖洞，于是好奇地问孩子挖洞干什么，孩子回答要把海水都灌入洞中；这一回答使奥古斯丁恍然大悟，意识到自己要讲清楚"三位一体"的奥义就如同这个孩子想要把海水都灌入洞中那样幼稚。尽管如此，奥古斯丁还是努力完成了这部神学奇著。他解释说，之所以要写这部著作，就是针对"用有形之物来设想上帝""用属灵的受造者如灵魂来想象上帝""以及既不用有形之物，也不用属灵的受造者来设想上帝，但仍对上帝抱有错见的"三种人，表明自己"执笔是为了反对那些不屑于从信仰出发，反因不合理地、被误导了地溺爱理性而深陷虚幻的人的诡辩"。其中第一种人"试图将他们所观察到的关于物体的东西运用到非物质的、属灵的事上，他们把通过身体感官经验到的或凭着自然人的理智、生活实践和技巧习得的东西当作标准，来衡量属灵的事"；第二种人"在思考上帝时，将人类精神的本性和情绪归到上帝身上，这样，他们的上帝概念就是错误的"；第三种人则"努力想爬到势有改变的受造宇宙的上面，将他们的思想升高到不变的实体即上帝那里"。奥古斯丁感叹这些人"与真理相距太远，以致无论是在物体世界里，还是在受造的灵界，还是在创造主本身之内，都不能找到什么是与他们的概念相符的。"[①]一种神性本质在三个位格之中，这种"三位"而"一体"的上帝概念自4世纪以来成为基督教信仰的正统教义，获得其最为权威的地位。从此，解

[①] 引自［古罗马］奥古斯丁《论三位一体》，周伟驰译，上海人民出版社2005年版，第27—28页。

释、论说"三位一体"教义就成为其神学家的首要任务，也是一项非常艰巨的理论构建使命。奥古斯丁将基督教信仰与古希腊哲学因素相结合，由浅入深地尝试对之加以解读。其最初的进路是把人的精神作为对"三位一体"最初形象的反映来思考。他曾指出，通过对自我的研究而会认识到，我们只是自我本身，因为在我们的精神生活中亦有三种可以区分的时刻不可分割地交替出现，例如人的认识及其意愿就具有这种统一性：我们认识在于我们愿意认识；我们愿意则只有当我们认识时才能体现这种愿意；因此，在我们的任何认识及其意愿之前，则已经有了一种先验性的存在，即我们会在哪儿、有哪种认识及其意愿的存在。可以说，这三种状况乃是一体而不可分割的。尽管"三位一体"有其奥义，奥古斯丁在其具体分析中仍然表达了其思辨性哲学兴趣，进行了一种具有其逻辑关联的哲学分析。在他看来，虽然上帝与精神仍有其根本不同，却也不绝对对立，其"相似性"使之可以得以相应地证实，而其依据则是《圣经》中所言，人是根据"上帝的形象"所创造。

在奥古斯丁的晚期，因为社会政治的需要而使其思想亦具有政治哲学和历史哲学的意向，这在其巨著《上帝之城》中得到最为典型的体现。在此期间，奥古斯丁将人类团体描述为"法"的团体或"国家"性质的团体。与"世俗之城"相对应，"上帝之城"则旨在对人类终极目标的正确选择。这种救恩则在于上帝的拣选，当恩典确定给谁，谁就能成为上帝之国（上帝之城）的成员。世上只有少数人才会得到拣选和救渡，而大多数人则可能遭到遗弃，而这正是罗马帝国之以强权之国所存在者。当然，这两个国度（两座城）起初乃交织在一起让人选择，二者都与历史密切相关，在历史中发展演变，直至上帝之国的最后胜利，由此代表着历史的终结。这里，奥古斯丁发展出一种历史神学，其在更广远的视域中也被视为一种历史哲学。就基督教教会传统而言，奥古斯丁则把上帝之国（城）与不可见的（无形的）教会相等同。奥古斯丁以此表达了其护教的意愿，并以一种历史时间与上帝永恒的比较来补充其在《忏悔录》中关于时间的概说。不过，奥古斯丁认为可见的教会尚不是"上帝之城",因为世间教会存在着与世俗国家的政治关系,所以尚需静观其变。此外,《上帝之城》代表着奥古斯丁神学思想的成熟,其内容不仅是一种历史哲学和政治伦理学的阐释,而且还是对人生意义的沉思;奥古斯丁于此还以一种超越的意义来思考,认为这种意义并不在世俗之此岸,而必须在信仰之彼岸来寻找,世俗的一切则都低于这种彼岸的意义。这样,奥古斯丁以此则标明、或者说彰显出神圣与世俗的区别。

(二) 奥古斯丁的理论学说

1. 真理与上帝

(1) 论真理

奥古斯丁早年曾努力找寻真理,但在四处碰壁、久觅未见的处境中因受摩尼教和学园派怀疑论思想的影响而开始怀疑是否确有真理存在。不过,奥古斯丁最终也没有放弃对真理的找寻。至于有无绝对真理的存在,首先需要确定其认知主体是否真正存在。在此,奥古斯丁没有如古代哲学家那样从世人并不确切的超越性真理出发来确认,而是从人类意识本身是否乃确切之真实出发。这样,奥古斯丁接续了苏格拉底"我知我无知"的"主体"认知,成为在笛卡尔喊出那句"我思故我在"的名言之前、在那客体思维的慢慢长夜中的流星一闪。的确,人们会对其意识所触及的彼岸性产生怀疑,但是,怀疑之人却无法怀疑其怀疑本身。"肯定没有人怀疑他生活、记忆、理解、意愿、思想、认识和判断。至少,如果他怀疑,他就生活着;如果他怀疑,他就记得他为何正在怀疑;如果他怀疑,他就懂得他正怀疑;如果他怀疑,他就有意志要确定;如果他怀疑,他就思想;如果他怀疑,他就知道他还不知道;如果他怀疑,他就判断自己不应匆忙地同意。你可以对任何别的东西加以怀疑,但对这些你却不应有怀疑;如果它们是不确定的,你就不能怀疑任何东西。"①此即奥古斯丁"我疑故我在"的典型表达。于此,他给自

---

① [古罗马]奥古斯丁:《论三位一体》第10卷第14节,周伟驰译,上海人民出版社2005年版,第275页。

己找到了其认识之所以可能的一个坚实可靠的基点。在这些真理面前,则可确信而不必怀疑。至于如果有人疑问,万一出错了该怎么办?奥古斯丁回答说:"好吧,如果我错,我就存在。因为一个人如果不存在,他绝对不可能犯错。因此,如果我犯错,我就存在了。这是因为如果我犯错,我就存在,因此我根本不可能弄错我存在这件事。因为如果我弄错了,那么我的存在就是确定的事。而且还因为,如果我可能出错,那我就一定是那个出错的人,所以呢,就我知道我存在这一点,我绝对不会弄错。以此推论,在我知道自己知道这一点上我也没有弄错。这是因为,正如我知道自己存在一样,我也知道自己知道。"①这样,奥古斯丁发现了认识真理的新路径,即从外在客体之不确定认知转向内在主体的确切认知。正是从认识到人的主体意识可以真实存在这一真理,奥古斯丁克服了其本有的怀疑主义;因为对自我意识的真实存在,人们已经没有什么好继续争辩的了。

奥古斯丁根据对自我意识的确切理解来确证真理的存在,就真理自身的概念而言,真理必须乃始终为必然的和永恒的。不过,对真理的界定只有在一定可行的范围内才会有效,因为其必须对应符合理想而普遍可能的相关范畴。例如,在十进位中的算数,其正确及普遍有效性就在这种算数公式之内。所以,真理的概念在此可以对比数学方式来理解。"即便数字本身由感官感知,感觉经验也不能感知数之间的关系和数的运算。后者是没有变化,永远如此的,如 $7 + 3 = 10$"。② 至于真理的来源,奥古斯丁认为并不在于对实体世界的感官经验,因为实体世界乃变动不居,恰如赫拉克利特所言,人不可能两次进入同一条河流。奥古斯丁非常赞同这一强调"一切皆流,无物常住"的辩证思考。而且,在他看来,人的灵魂在感知事物时也必须依靠自身的某些先验性范畴,借

---

① [古罗马]奥古斯丁:《上帝之城》第 11 卷第 26 章,庄陶、陈维振译,复旦大学出版社 2011 年版,第 185 页。

② 周伟驰:《记忆与光照——奥古斯丁神哲学研究》,社会科学文献出版社 2001 年版,第 31 页。

此才能去感知、把握外在事物。这里,心灵必须"认识你自己","一个不知道自己的心灵怎能知道自己正在知某个别的东西呢?并不是它认识到另有一心在知,而是它自己在知"。[①]显然,心灵在其感知中是主动的而并不被动,这说明其自身就为感性生活提供了规则和观念,以作为其衡量和检验事物的标准。但这类观念是具有先验性的,如"统一"的观念被世人所常用,以便以此来获得感性检验;而这种"统一"观却并不是从感性世界中抽象出来的,因为物质世界乃纷繁多样,而且其中每一实体都无限可分,故而不可能提供这种真正意义上的"统一性"。尽管如此,人们仍会需要有对于"一"的认识。若无"一",则也难以对"多"进行感知和思考。奥古斯丁为此指明,尽管感性经验有其重要性,但对于真理的必然性和永恒有效性的确定是不可能来自人的感觉的。

既然不能从物质实体来外求真理,于是奥古斯丁强调回到自己来内求,宣称可以在人类精神之中找到这种真理之源。这种精神性使人的内在中蛰居着真理,而要真正理解这种"精神"则需悟透人之理智并超越自我,因为理智并不创造真理,只是可以发现真理。所谓"精神"虽有人之内在性的表象,却并不依属自身而始终与一种更高的存在相关联。理智能把握真理,但真理并不归属于理智。这里,奥古斯丁表示精神乃来自一种超自然的光照,而其光耀则源于上帝,正是这种光照把真理昭示给精神。为此,奥古斯丁推出其"光照"学说。这种思考无疑受到《圣经》的启迪和对柏拉图相关理论的思考。《圣经》称上帝为"光",其光照亮了每个世人;而人乃按照上帝的形象所造,既然上帝是光,那么人也可被视为受造之光,因此也就可以认识理念世界,以及与之关联的尘世。人本身具有上帝的光照,只是因为被尘世所埋而不再显现,却仍有其潜在,可以拂去尘土使之由隐藏变彰显,由遗忘而得以回忆起来。同理,柏拉图也曾把"善"的观念比作"太阳",说它使一

---

① [古罗马] 奥古斯丁:《论三位一体》第 10 卷第 5 节,周伟驰译,上海人民出版社 2005 年版,第 267 页。

切真理得以清楚可见；而新柏拉图主义者普罗提诺也有着光的"流溢"理论；这些"光"的理论肯定也对奥古斯丁有着明显启发，就如同柏拉图从各种具体之善的存在中窥测到善本身之存在那样，也使奥古斯丁按此推理从不完善中看到完善，从只占用部分真理的个别真理而推测到绝对真理的存在。所谓"光"按其本质显然并不属于人类的精神，而乃源自一种更深邃的本真，即上帝的精神。奥古斯丁依此而认为，人们借助于这种光耀而来与世界相遇，以此来观察、思考和理解这个世界。显然，奥古斯丁在此也利用了柏拉图关于重新记忆的思维模式，并尝试与《圣经》信仰的光照论相结合，为此他指出上帝之光早已存在于人类精神的记忆之中，"就所有受造光而言，其记忆（潜意识）中都已有了相……上帝把相像'月印万川'一样向记忆开放，这可称为'记忆之光'，不管人是背着光还是向着光，都有此光照"。"所有的受造光由于天赋有相的记忆，故可能顺其自然地将这些相运用于物质世界，即受造光具有主动性，可按'智'来行'识'。"[1]而且，凭借记忆的力量，"我现在记得我从前曾经记忆过，而将来能想起我现在的记忆"，[2]一旦人的精神重新记忆起、领悟到这种神圣之光，一切就会豁然开朗。

  至于上帝之光的照耀意义，奥古斯丁也有着各种解释。一方面，他从本体论意义上认为人的理性借此光照能够直接洞察上帝精神中的绝对理念，由此而达到一种必然的、不变的和永恒的真理。但如果能够这样直截了当，那么就没有必要推行对上帝的证明，而奥古斯丁却认为对上帝的证明还是必要的。实际上，若从本体直观出发，那么感性认识则是多余的。在此，奥古斯丁仍保留有一定的余地。他认为人的精神仍然不能完全洞察上帝那儿的一切事物，也不可能根本悟透其永恒之源，因为这种对上帝的直观并不属于此岸性的，而乃彼岸性的目标。在今世此岸中，只有在极为罕见的少数特殊情况下，才可能如摩西或保罗那样与上

---

[1] 周伟驰：《记忆与光照——奥古斯丁神哲学研究》，社会科学文献出版社2001年版，第58页。

[2] [古罗马] 奥古斯丁：《忏悔录》，周士良译，商务印书馆1981年版，第197页。

帝神秘相遇。另一方面，奥古斯丁把上帝之光理解为能动性理智作用，人类理智通过逻辑推理可以追溯到神圣理智，如通过推断出包摄一切、在一切中发挥作用的"第一因"那样而找到精神真理之源。在此，人们则会认为真理具有一种判断性特征，其本质在于人们的解释应与事物对象本身相符合，此即所谓"逻辑真理"。不过，从根本上来看，奥古斯丁选择更多地放弃这种自下而上、由人达神的"逻辑真理"。他强调，人在认识真理上所能起的作用乃微乎其微，实质上一切都仰仗上帝，其真实的逻辑进路应该是从上帝到世人、从上至下、从抽象到具体、从精神到物质。其结论是，所谓真理，即这种绝对的理念，其理性的、观念的、永恒的基础则为真理本有的本质；既然这种观念乃为上帝的观念，那么上帝本身就是真理，此即本体论所言"真理即是那本是"，即上帝精神的原初模式，上帝正是那"在真理中存在者"。

（2）论上帝

奥古斯丁对上帝的理解与其真理观直接有关，他确信上帝存在，并主张对上帝存在加以相应的证明。这里，他一方面注重《圣经》传统对上帝的信仰，但另一方面也注重对上帝之在加以哲理意义的论证说明。而且，他更是从"三位一体"的正统教义意义上对之加以阐明。在奥古斯丁论证上帝的构思中，亦充分体现出其理论乃集古代教父哲学之大成，由此而开始奠立基督教的哲学理论体系。奥古斯丁在这种体系中重点论述作为最终实在的上帝之神性及其存在。他综合各种上帝论的言述而认为应从上帝不变、永恒、创造、仁爱、全能、全善等性质来阐述上帝之在，并进而强调上帝作为最终实在但没有形体，乃是体现真理之"精神"。在神人关系上，他则突出上帝给人赐予认识真理的光照、带来了希望和幸福。在其《忏悔录》中，奥古斯丁对上帝的理解有着如下比较集中的阐述："至高、至美、至能、无所不能、至仁、至义、至隐、无往而不在，至美、至坚、至定、但又无从执持，不变而变化一切，无新无故而更新一切；……行而不息，晏然常寂，总持万机，而一无所需；负荷一切，充裕一切，维护一切，创造一切，养育一切，改进一切，虽万物皆备，而仍不弃置。你爱而不偏，嫉而不愤，悔而不怨，蕴怒而仍安；

你改变工程,但不更动计划;你采纳所获而未有所失;你从不匮乏,但因所获而欢乐……"①用这种直接表达,奥古斯丁觉得即使说得再多仍有意犹未尽之感。而论及有限之人对无限上帝的理解,奥古斯丁则也关注间接论证法以及相关的逻辑推论。从总体来看,他主要是从上帝的存在与本质这两个方面阐述了超越与实在、思想与信仰的辩证关系。

奥古斯丁确信上帝的存在,而且试图从哲学理性上来努力对之加以说明,为此,他推出了上帝存在之"精神证明法",并借助于类比、对照等来加以全面说明。在他看来,人类在其灵魂——精神的生活行为中,在思想、情感和意愿中都会发现永恒、不变、必然和绝对的真理;尽管人们可能会忽略它、错过它,甚至反对它,但它却仍然存在于人的精神之中。如果从其实质来看,上帝存在这种真理并不是简单地立于时空之中、体现在短暂易逝的人世之间;相反,它使一种截然不同的、超人类的、超时代的存在与世人相遇,此即一种神圣的降临。而从现实世界的具体存在来看,人们也可借助于一切非完善的事物而接触到完善之物,借助于相对之物而触及绝对之物,借助于人类自然而达到绝对超然。这是基于哲学逻辑的间接推断,也就是说,人们在真实的世界这里同样可能碰到上帝。奥古斯丁所坚持的信仰逻辑是,上帝作为完善者而为人所知,没有完善,则无法想象不完善;因此,上帝乃一切真理、价值和基础的原初真理、原初之善和原初基础。"太初有道",上帝即一切之原端。

当然,奥古斯丁还结合基督教的神哲学理论进而尝试更为系统、更加综合的神论体系建构。上帝在此并不只是被理解为真理的第一原因,从而可用因果律来推断;相反,人们在真理本身之中已经体验到上帝,正如在某一善事上就能把握到善一样。虽然人们在此没有获得上帝的一切实在,但已从一点上确确实实地触及了上帝。换言之,这种证明乃是从那自我存在、永恒不变、并超越人之理性的真理出发来获得上帝存在的证明,即从关于自存自在之真理的思想而最终认识到上帝的存在,这

---

① [古罗马] 奥古斯丁:《忏悔录》,周士良译,商务印书馆1981年版,第5—6页。

一真理即"我们的上帝"。所以说，人们虽然只能接触到具体的善行，却可以从这种实在之善中意识到善本身的存在。人们不可能获得有关上帝的一切实在，由此却仍能确确实实地触及上帝本身。除了从精神真理、认识论上证明上帝存在的方法，奥古斯丁还运用了目的论、心理论和道德论等方法来证明。可以说，奥古斯丁与古代希腊罗马哲学家都以不同的方式来推动了上帝存在的证明，逐渐形成了西方"神证"的这种理论传统，其证明即一种间接认识法或类比推导法，而且是宗教与哲学的方法相提并论、相得益彰、异曲同工、殊途同归，并在中世纪欧洲蔚为大观、完成使命。在这种意义上，奥古斯丁承认对上帝的认识乃是"对不可知的认知"，但恰如古代希腊哲学先贤那样，人们正是在深感自己无知的基础上仍然可以意识到上帝的存在。

至于上帝本质的理解问题，奥古斯丁认为，这是世人无法企及的问题，无限上帝对于我们有限的理智来说是无法把握的；"我们的思想不足以达到其对象，不能如其所是地领会他"；如果能被理解及界定，则肯定不是基督信仰所追寻的上帝。"所以，若我们能够，便该把上帝理解为善而无质、大而无量、创造而无需要或必然、统辖而无地位、持有万物却不占有、遍在却无空间、永存却无时间、本身不变却造出了可变之物、无所遭受。谁这样思考上帝，虽然也许还不能发现上帝为何，却至少可虔诚地护卫自己的信仰，不把上帝想成上帝所非之物。"[①]人之有限性决定了人若无信仰则找不到上帝，根本就无法对之开始思考和分析。所以，证明上帝乃一种信仰之旅，信仰在先，思想随后；信仰找寻，理智发现；按照这种思维套路，人们乃是"在信仰中思想，在思想中信仰"。奥古斯丁基于基督教信仰的这种上帝观既防止了新柏拉图主义的流溢泛神论，又强调了《圣经》传统所宣示的上帝之神秘智慧，它使以往的哲学思辨得到了信仰意义上的深化，达到了宗教与哲学联合的初步结果。从奥古斯丁开始，欧洲中世纪哲学就走上了这种论证上帝

[①] [古罗马]奥古斯丁：《论三位一体》第5卷第1、2节，周伟驰译，上海人民出版社2005年版，第159—160页。

存在的宗教哲学之途,即成为基督教的哲学,而且,确切来讲,这种哲学已经隶属于基督教神学,成为"神学的婢女"。

既然是关于基督教信仰的上帝论,奥古斯丁故而专门阐述了其教义意义上居于首位的"三位一体"的上帝观,并强调其"父、子、灵的合一与平等由《圣经》得到证明"。于此,"大公教会中新旧两约的注释者(他们在我们之前讨论过三位一体),都按照《圣经》教导说,在一个实体的不可分离的平等中展现了一种统一,因此没有三个神而只有一个神;尽管事实上父生了子,因此父不是子,子是由父所生,因此子不是父;而圣灵既不是父也不是子,而只是父和子的灵,他本身是与父和子同等的,属于三位的合一体"。"然而并非三位……而只是子一位由童贞女马利亚所生,在本丢彼拉多手下被钉在十字架上,葬了,第三天复活,升天。也并非三位而只是圣灵一位像鸽子在耶稣受洗时降在他身上,……也不是三位而只是父一位,当子受约翰的洗,又当三个门徒同他在山上,从天上说'你是我的儿子'……虽然如此,父、子、灵既是分不开的,他们的工作也就是不能分开的了。这也是我的信仰,因为这是大公教会的信仰。"①这里,奥古斯丁特别强调了基督教所论"三位"之上帝的"统一"和"唯一"。上帝的无限完善、永恒存在,首先就体现在其乃"存在"(ousia)本身。一切在上帝之中者皆为存在,其存在即上帝作为"本善"、作为世界"本原"之"在"。这种"在"即乃"三位一体"之"体",为本体之"是"(essentia),即《圣经》中所言"自有永有"之"是"(esse)。②这一"是"乃圣父、圣子、圣灵所共享,为其共在之"一体"。正是在"三位一体"上帝之论证中,奥古斯丁推动了《圣经》传统与希罗哲学的有机结合。

此外,在奥古斯丁的理解中,基督教的上帝通过圣父、圣子、圣灵"三位一体"的表述而说明其亦为"人格化"的上帝。在古希腊哲学

---

① [古罗马]奥古斯丁:《论三位一体》第5卷第1、2节,周伟驰译,上海人民出版社2005年版,第33页。

② 《圣经旧约:出埃及记》第3章第14节:直译"我是那我是"(I am What I am)。

中，无论是柏拉图的理念观，还是普罗提诺的"流溢说"，其所追求、论证的都不是一个人格化的上帝。其所凸显的参与上帝之在或是为超越性绝对理念之分殊，或是乃流溢性泛神论之一体，故而都不是奥古斯丁所追求的理想表达。从上帝与世界的关联，奥古斯丁既突出了一切外在于上帝的存在都有着对上帝原型在精神意义上的映象和摹写，也强调了人乃根据上帝"形象"所造之意蕴。因此，奥古斯丁更意欲和活生生、人格化的上帝相遇，此乃"道成肉身"之缘。于此，奥古斯丁亦借用对人本身的理解来比喻这种神之"三一"奥秘，他以人的"生命"为其"一"，而以人的"存在、认识和意志"为其"三"，此"三"统一于生命之"一"。"我所说的三个方面是：存在、认识和意志。我存在，我认识，我愿意：我是有意识、有意志；我意识到我存在和我有意志；我也愿意我存在和认识。""生命在这三方面是多么纯一而不可分割：一个生命，一个思想，一个本体；不可分割却又截然分清。"① 这种思想与其坚持活生生的、人格化的灵魂观相吻合。在他看来，整体而真实的精神始终就是活生生的精神。故其观察世界的方式不是基于与精神相异的非理性，而是注意其与"逻各斯"的接近，尤其在其构成灵魂之鲜活生命的意义上如此。这样，不仅"太初有道"，而且"天下有道"，"道"行天下，"道"通千古。"道"成了肉身而与世界不可分割地关联，"圣子降临"而成为世人的"救主"。于是，奥古斯丁发现了基督教上帝观中所具有的这种灵魂生活的积极参与，以及与那必然、永恒、不变之上帝真理的关联，意识到活生生的灵魂正是信仰之人通往活生生的上帝之路。故此，我们遂可透彻理解奥古斯丁在其"敬神自白"中对上帝所言："你幽邃沉潜""你是我灵魂的生命"；② "天主却是你生命的生命"，③ "你在我身内，我驰骛于身外"，"我在身外找寻你"；④

---

① ［古罗马］奥古斯丁：《忏悔录》，周士良译，商务印书馆1981年版，第295页。
② 同上书，第43页。
③ 同上书，第191页。
④ 同上书，第209页。

"除了在你怀中我为我的灵魂不能找到一个安稳的境地:只有在你怀中,我能收摄放失的我,使我丝毫不离开你"。①

2. 时间与创世

(1) 论时间

奥古斯丁在其对基督教的创世论之诠释中涉及了时间的问题,其对时间故有其独立思考,触及"时间最初是怎样产生的"、这一世界"之前"及"以后"、时间与永恒的关系等问题。于此,奥古斯丁形成了对其时间哲学的构设。这一关涉时间之问,他在《忏悔录》中就已提出:"时间究竟是什么?谁能轻易概括地说明它?谁对此有明确的概念,能用言语表达出来?……我们谈到时间,当然了解,听别人谈到时间,我们也领会。"不过,若细究时间,则谁也说不清了。"没有人问我,我倒清楚,有人问我,我想说明,便茫然不解了。"在一般对时间的描述中,通常会以"过去""现在"和"将来"加以对应和说明。"我敢自信地说,我知道如果没有过去的事物,则没有过去的时间;没有来到的事物,也没有将来的时间,并且如果什么也不存在,则也没有现在的时间。"在此,奥古斯丁亦想到以"永恒"来与"时间"相对应:"既然过去已经不在,将来尚未来到,则过去和将来这两个时间怎样存在呢?现在如果永久是现在,便没有时间,而是永恒。"②显然,奥古斯丁并非抽象地来谈论时间,而是有着其信仰的考量。这里,他将时间问题转化为神学问题来加以思考。

在奥古斯丁对时间的理解中,大致有着两种进路:一是把时间作为"客观时间"来界定,这种时间即有着"开端"的时间,可以从其过去、现在和未来这三种时态来说明,由此推测到时间之"始终"。而按此理解,则时间是受造的,有其局限性和"前后"之边际。这里,他认为时间是由上帝所创造,而且与上帝"创造天地"直接有关,即随着天地的创造就有了时间。二是把时间视为"主观时间"来理解,时

---

① [古罗马]奥古斯丁:《忏悔录》,周士良译,商务印书馆1981年版,第227页。
② 同上书,第242页。

间在此即被视为"心灵的伸展"(distentio animi),而其把时间作为心灵的伸展则以心灵的当下性来涵容过去与现在,即一种思的记忆(过去)与期望(将来),这种说法显然更是一种信仰的表达。

无论是"客观时间"还是"主观时间",都有着与"永恒"的对应。奥古斯丁认为是上帝创造了时间,但上帝却不为其所造时间所限,因为上帝的禀性乃"永恒",在上帝之处没有过去、现在与将来这三段时态或时限,而乃持"永远的现在"。为此,人们"力求领略永恒的意义";那么,什么是"永恒"呢?奥古斯丁对之给出了自己的理解:"永恒却没有过去,整个只有现在,而时间不能整个是现在,他们可以看到一切过去都被将来所驱除,一切将来又随过去而过去,而一切过去和将来却出自永远的现在。谁能把定人的思想,使它驻足谛观无古往无今来的永恒怎样屹立着调遣将来和过去的时间?"①我国研究奥古斯丁的青年学者吴飞在其专著中把奥古斯丁的这段话视为"一个在时间中思考和言说的灵魂与一个永恒的智慧之间的对话"②,可以说是对奥古斯丁之神学思维淋漓尽致的展示。宗教中有许多"独白""独语录",看似是自说自话,其实这些独白、自白者并不"孤独",而是有着更广阔寓意,更深刻蕴涵的"对话",其对话的对象也当然乃超凡脱俗、非同一般,故而有"天言""神言"之喻,属"天学""神学"之归。宗教思想的深邃往往就体现于此,故不可简单地将之视为"痴人说梦"来轻易地加以摈斥而已。

奥古斯丁的时间论与基督教的创世论有着密切关联。时间的提出是与世界的创造同步的,按照《圣经》之说,上帝"在元始创造了天地",这"元始""太初"乃"虚无"之态,即虚空无时,时空的创造乃上帝在"无中生有",天地因受造而存在、发展、变化,时间因受造而有始、有序、伸延。上帝"不在宇宙之中创造宇宙,因为在造成宇

---

① [古罗马]奥古斯丁:《忏悔录》,周士良译,商务印书馆1981年版,第240页。
② 吴飞:《心灵秩序与世界历史:奥古斯丁对西方古典文明的终结》,生活·读书·新知三联书店2013年版,第38页。

宙之前，还没有创造宇宙的场所"①。因此，奥古斯丁认为那种"天主创造天地前在做什么"之提问本身就是非常荒谬的，因为上帝既然"是一切时间的创造者"，那么在其"未造时间之前"就"没有时间，便没有'那时候'"；也就是说，上帝"丝毫没有无为的时间"，时间既然为上帝所创造，便没有分秒时间能和上帝同属永恒，永恒乃"常在不变，而时间如果常在便不是时间了"。②对于上帝的永恒性及其与时间的根本区别，奥古斯丁曾如此表达说："你也不在时间上超越时间：否则你不能超越一切时间了。你是在永永现在的永恒高峰上超越一切过去，也超越一切将来，因为将来的，来到后即成过去；'你永不改变，你的岁月没有穷尽'。你的岁月无往无来，我们的岁月往过来续，来者都来。你的岁月全部屹立着绝不过去，不为将来者推排而去，而我们的岁月过去便了。你是'千年如一日'，你的日子，没有每天，只有今天，因为你的今天既不递嬗与明天，也不继承着昨天。你的今天即是永恒。你生了同属永恒的一位，你对他说：'我今日生你'。你创造了一切时间，你在一切时间之前，而不是在某一时间中没有时间。"③这是奥古斯丁对时间与永恒之别的最基本理解，也充分体现出西方文化中"二元分殊"的基调。永恒与时间截然不同，有着根本区别；上帝作为永恒可以创造、介入时间，而时间却因其相对性而与永恒绝对无缘。在奥古斯丁晚期的著作中，他亦坚持着这一观点，正如其在《上帝之城》中所言："时间和永恒之间的区别标志是，前者的存在有赖于运动和变化，而后者则全无变化。……既然上帝是时间的创造者和统治者，而在他的永恒之中又绝对没有变化，我想不出我们有什么理由说上帝是在一段时间的流逝后创造了世界，除非我们还承认在创世之前存在过某种生灵，其运动能够标识时间的流程。""所以毫无疑问，世界不是在时间

---

① ［古罗马］奥古斯丁：《忏悔录》，周士良译，商务印书馆1981年版，第234、235页。

② 同上书，第240—242页。

③ 同上书，第241页。

中而是同时间一起被创造的。因为在时间中被造的东西是在某一时间之前和另一时间之后被造的，即，在一个过去时间之后和一个将来时间之前。但是，既然还没有任何东西被创造出来，时间也无从根据其运动和变化被测量，在上帝创世之前是绝不可能有什么过去时间的。"①

至于在"三位一体"上帝论中圣子"被生"与时间是什么关系，奥古斯丁也做了相应的解释，认为圣子与圣父同在，共享永恒，故而也不是在时间内"受造"。"你的独子是在一切时间之前，超越一切时间，常在不变，与你同是永恒"。②这里，奥古斯丁联想到"道成肉身"之说而与"太初有道"结合而论。《圣经新约：约翰福音》开宗明义之言"太初有道，道与上帝同在，道就是上帝。这道太初与上帝同在"（第1章第1—2节），这使"道"可与圣子相关联。"道"不仅以成为"肉身"的形式而作为圣子耶稣基督"降生"，而且在太初就以"圣言"的形式参与上帝的创世。"天主，你在'元始'之中，在你的'道'之中，在你的圣子之中，在你的德能、智慧、真理之中，奇妙地说话、并奇妙地工作。""因此你一言而万物资始，你是用你的'道'——言语——创造万有。"③本来，时间问题乃科学、哲学必须面对和探究的问题，但自古代教父起，这也成为基督教神学的最基本问题，从奥利金到奥古斯丁，都对时间有着深刻的思考。其实，就"客观时间"而言，此乃极为复杂的问题，迄今人类都还没有得到关于时间、世界之源的最满意答案。

而奥古斯丁所论及的"主观时间"则与其对"心灵的伸展"，以及对"灵魂""精神"的理解相关联。这里，奥古斯丁在思考这种"主观"意义上的"时间"观时，很自然就考虑到了时间问题与灵魂观念的关系。受普罗提诺思想的影响，奥古斯丁把时间从人之主体意义上视

---

① ［古罗马］奥古斯丁：《上帝之城》11卷6章，庄陶、陈维振译，复旦大学出版社2011年版，第162—163页。

② ［古罗马］奥古斯丁：《忏悔录》，周士良译，商务印书馆1981年版，第124页。

③ 同上书，第238、236页。

为其灵魂的运动,"时间是每个精神被造物的灵魂的运动",[①]这样灵魂不仅与人的心灵有关,使时间成为灵魂的延展或心灵的伸展,而且还可以作为精神存在来与永恒沟通,参与或分享上帝的永恒。这种关联显然可以追溯到普罗提诺的"流溢说",他认为存在乃涵括三个本体的存在,作为万物之源的太一乃第一本体,从太一中流溢出来的最高存在和理智为第二本体,而由此流溢得来的世界灵魂即第三本体,正是有了作为世界灵魂的第三本体,故可获得众多的个体灵魂。超然与实在的逻辑关联及其环节在此乃清晰可辨,一目了然。在世界的本原及其创造上,中西思想文化的思考有着惊人的相似,其宗教观念亦可有趣比较。古希腊罗马哲学从第一本体推出第二、第三本体,然后导致众多个体灵魂的诞生;基督教信仰强调上帝之本原,由其而推至"太初有道",后又随着"道成肉身"而与芸芸众生、普罗大众关联起来;甚至"一体"之神而有"三位"。而中国道家则在其《道德经》中也简明扼要地宣称:"道生一,一生二,二生三,三生万物。"(42章)人类思想的原初智慧在此看似乃殊途同归。

从主体时间观上,奥古斯丁非常看重灵魂的作用。这里,灵魂、智慧、永恒遂成为其思想之用的关键词。他指出,"道,亦即天主",而且"是由天主生的",并随着"道成为肉身,寓居于我们中间"。于是,既然"道""与你同是永恒,灵魂必须饫受其丰满,然后能致幸福;必须分享这常在的智慧而自新,然后能有智慧"。[②]尽管奥古斯丁意识到上帝永恒的独特性及唯一性,"懂得你是在一切时间之前,是一切时间的永恒创造者;任何时间,任何受造之物,即使能超越时间,也不能和你同属永恒",却以其神秘主义的信仰方式和普罗提诺哲学的理解方式来表示"我将坚定地站立在你天主之中"。[③]在普罗提诺看来,个体灵魂即属于世界灵魂的一部分。"世界灵魂本来是一体的,并不存在个体的

---

① 吴飞:《心灵秩序与世界历史:奥古斯丁对西方古典文明的终结》,第39—40页。
② [古罗马]奥古斯丁:《忏悔录》,周士良译,商务印书馆1981年版,第124页。
③ 同上书,第257页。

灵魂，也不存在时间。灵魂作为第三本体，虽然弱于太一和理智，仍然不是在时间中变动的。但当灵魂中的一部分因为不满足于现状，想要控制自己，它就堕落了，于是产生了运动，运动就带来了变化，这样就有了时间。因此，时间的产生、堕落、个体灵魂的创造是在同一个瞬间发生的。但另一方面，普罗提诺又认为，个体灵魂的运动是某种环形运动，即它们虽然脱离了永恒的神，但最后必然回归到神；因此，时间虽然从脱离永恒开始，但最后必将回归到永恒。正是在这个意义上，时间是对永恒的模仿，甚至可以说，时间'只是永恒以另一种方式存在于一切拥有同一形式的存在者中'。"[1]正是顺着普罗提诺的这一思路，奥古斯丁亦完成了对西方思维中这种"二元分殊"之极端的突破，达成时间与永恒的某种统一。恰如潜心研究奥古斯丁的我国学者周伟驰所言，"奥古斯丁像他的先驱，同样主张时间是心灵的'diastasis'（希腊文，'伸展'）的柏罗丁（即'普罗提诺'——引者注）一样，也认为有一个世界灵魂或普遍灵魂（大写的Soul），这个灵魂保证了个人心灵的伸展并不是主观的、个人的，而是普遍的"。[2]不过，这种将时间的主观性理解也转为客观的、普遍的时间观只是欲盖弥彰而已。当然，奥古斯丁在此乃选用了基督教信仰的表述，即通过神人之间的"中介者"基督来打破神人之隔而"进入永恒"、分享永恒。在这种信仰中，"'你的右手收纳我'，置我于恩主、人子、介乎至一的你和芸芸众生之间的中间者——各个方面和各种方式的中间者——耶稣基督之中，使'他把握我，我也把握他'，使我摆脱旧时一切，束身皈向至一的你，使我忘却过去种种，不为将来而将逝的一切所束缚，只着眼于目前种种，不驰骛与外物，而'专心致志，追随上天召我的恩命'，那时我将'听到称颂之声'，瞻仰你无未来无过去的快乐"。[3]

---

[1] 吴飞：《心灵秩序与世界历史：奥古斯丁对西方古典文明的终结》，第37—38页。
[2] 周伟驰：《记忆与光照——奥古斯丁神哲学研究》，社会科学文献出版社2001年版，第181页。
[3] ［古罗马］奥古斯丁：《忏悔录》，周士良译，商务印书馆1981年版，第256页。

除了通过信仰而在时间观上打破主观、客观之分，消解时间与永恒之间的张力，奥古斯丁还在概念上将客观时间之过去、现在、将来转化为人之主观上的记忆、注意和期望，即成为主观精神上之心灵的伸展。他宣称，"我以为时间不过是伸展，但是什么东西的伸展呢？我不知道，但如不是思想的伸展，则更奇怪了"。①这样，时间上过去、现在和未来这三种形态，却成了人之心灵延展的三个阶段："这是由于人的思想（心灵——引者注）工作有三个阶段，即：期望、注意与记忆。所期望的东西，通过注意，进入记忆。谁否定将来尚未存在？但对将来的期望已经存在心中。谁否定过去已不存在？但过去的记忆还存在心中。谁否定现在没有长度，只是疾驰而去的点滴？但注意能持续下去，将来通过注意走向过去。"②通过奥古斯丁的这种解释，时间在心灵之中得以体现、达其统一，并类似永恒。而按照这种思维模式，主体与客体、时间与永恒都只有在信仰中才能实现，或回归其原本之"一"。

（2）论创世

奥古斯丁对基督教创世论的理解与其对于时间的观念密切有关。如前所述，他认为上帝创世给了世界，以及时间一个开端，创世之际乃上帝在永恒之中所为，即外于时间、从虚无中创世。世界的创造这一问题在西方文化中有两种类型的答案：一种是新柏拉图主义如普罗提诺那样的"流溢"说之创世，而按照这种创世说的逻辑推论，其流溢所产生的有限之物和变化之物也理应归于原初之太一即上帝的本质。另一种则是基督教关于上帝在太初从虚无中创世的说法，因为基督教认为并无永恒的物质，上帝只可能从虚无中创世，由此迎来世界、开启时间。在奥古斯丁对创世的理解中，这两种因素都起到相应的作用。

那么，上帝为什么要创世呢？奥古斯丁根据《圣经：创世记》中常用的"上帝看着是好的"这句话而解释说，创世即出于上帝之善。

---

① ［古罗马］奥古斯丁：《忏悔录》，周士良译，商务印书馆1981年版，第253页。周士良在此所译乃"思想的伸展"，而周伟驰、吴飞则主张将之译为"心灵的伸展"。

② 同上书，第255页。

"没有比上帝更高超的造物主了,也没有比道更有效的艺术了,而某种好的东西要被创造出来的最好理由就是因为创造这一切的造物主是善的。甚至柏拉图都说,创造世界的最好理由是,好的东西应该由一个善的上帝来创造。""因此,上帝的善就可以解释创世的善了。而无论从哲学还是信仰方面考虑,这都是合理而充分的解释。"①这里,奥古斯丁为基督教的创世论涂上了一层伦理的色彩。

创世与时间同步,上帝创造了变化不定的世界,同时也就开启了变化延展的时间。人们也恰好是根据世界中万物的变化来经历时间、观察时间和度量时间。而且,这种具有典型意义的变化还体现出物质中的形相变化。奥古斯丁指出,上帝"从空虚中创造了近乎空虚的、未具形相的物质,又用这物质创造了世界,创造了我们人的子孙们所赞叹的千奇万妙";上帝"以形相赋予最先创造的原始物质而造成'地'和'海'上面的天";进而又"从那个混沌空虚的地,从那个不具形相的地,近乎空虚的东西,……创造了这个变化不定的世界所赖以存在而又不真实存在的万物"。②因此,世界是物质的,但这个物质世界也是有限的。而在物质中所创造的一切则都可以归属于变化的范畴、过程的范畴,即时间的范畴。"在这个变化不定的世界中,表现出万物的可变性,我们便从而能觉察时间和度量时间,因为时间的形成是由于事物的变化,形相的迁转"。③时间与受造故而乃为同一事物的两面。时间仅仅体现为变化,而如果运动和变化乃随创世而开始,则说明世界与时间是同时被造的。

既然是存于这一受造的世界,我们世人因而与具有神性意义的永恒相隔绝。"不仅我们的身体,而且我们可变的灵,都是如此;因为凡经历改变的,都不得称为永恒的。所以我们既是必改变的,就是与永恒

---

① [古罗马] 奥古斯丁:《上帝之城》11卷21、22章,庄陶、陈维振译,复旦大学出版社2011年版,第178页。
② [古罗马] 奥古斯丁:《忏悔录》,周士良译,商务印书馆1981年版,第263—264页。
③ 同上书,第264页。

相离的。"不过，奥古斯丁在这种看似绝望之境中又峰回路转地表明，只要信靠"道成肉身"之降临，则可水穷云起、柳暗花明。"我们也不能从有始的情形过渡到永恒之事，除非永恒者与我们相联合，降入我们的有始处境，为我们提供进入他的永恒的桥梁。"为此，"真理随着信仰而来的时候，永恒也同样地随着必朽而来。当我们获得了那向信的人所应许的永生，我们的信仰就会变成真理，……当我们的信仰因得见而成为真理时，我们的有死性就会被转变成牢固的永恒性"。①创世意味着有限存在的开始，但也代表着救恩历史的展开，所以，奥古斯丁表示有始有限的世界可以凭借信仰而过渡到得救和永生，这样上帝的创世也就体现出其真实的意义。

由创世而开始的世界在奥古斯丁的理解中包含有三种因素，即物质、时间和永恒的形相。关于时间和永恒，前面已经多有阐述。这里重点探究奥古斯丁对于物质的认知。在他看来，物质为一切受造之在的实体，其基本特点就在于其可变性。"由于这可变性，物体从过去的那样，成为现在的这样"；但是，"物体从这一种形相进入另一种形相的过程不是通过绝对的空虚，而是通过某一种未具形相的原质"。"一切能变化的事物，所以能接受各种形相，因而能形成各种事物，是由于它们的可变性。"②不过，奥古斯丁认为这种物质存有的实在性不应简单加以否定，因为存在本身就有其意义，而且其"可变性究竟是什么"也值得探究，"是精神，还是物质，抑或是精神或物质的一种状态？假使能够说：'非虚无的虚无'，或'存在的虚无'，则我将这样说了；但无论如何，它总是有此存在，才能取得可见的和复杂的形相"。③其实，奥古斯丁这种对物质的认识以及对物质与精神关系的探询，即使从现代科学对物质及精神世界的认识上来看都是非常深刻

---

① 以上引自［古罗马］奥古斯丁《论三位一体》第4卷第24节，周伟驰译，上海人民出版社2005年版，第147页。
② ［古罗马］奥古斯丁：《忏悔录》，周士良译，商务印书馆1981年版，第262页。
③ 同上。

的。"非虚无的虚无"或"存在的虚无"之探，都可给我们带来许多思考。

世界精神与上帝精神的关系，世界存在与上帝创世的意义，这些都是基督教所思考的重要问题。虽然西方思想有着"二元分殊"的基本思维模式，却也没有将此岸与彼岸、时间与永恒、世界与上帝完全绝对、截然地分开。世界留有上帝的映象，人类本为上帝的形象，所以彼此之间仍存有复杂的关联。尽管奥古斯丁也承认，只有在上帝精神中的原型才是本来意义上和完完全全的真理与真实，然而映象终归也是映象，这种映象多少有其真实性，只不过会有其质量上和程度上的差异而已。在奥古斯丁的理解中，物质虽然"几乎为无"（prope nihil），却仍为存在。这里反映出奥古斯丁对柏拉图哲学关于理念才是唯一真实之学说的关注，也说明其注意到基督教信仰中对上帝造物的尊重。此外，奥古斯丁在其思考中也有着对亚里士多德及其逍遥学派的实在观，以及斯多亚哲学关于真实的概念等理论的观照。这对于此后形成欧洲中世纪的实在论十分重要。物质是从虚无中造出，故而几乎为虚无却仍乃存在；其本来是无形相的，但未具形相的物质之使命就是要展示出形相。这在奥古斯丁看来正是体现出上帝创世的奇迹。于此，他所强调的不再是柏拉图哲学中理念之广延的思想，而主张对亚里士多德关于纯粹潜能的学说加以独辟蹊径的运用。由此，奥古斯丁对物质的理解有其更多的蕴涵，其中不仅有包括自然万物的物体物质，同样也有如天使一类的精神物质之存在。

受西方思想传统中强调精神理念的影响，奥古斯丁认为物质世界发展过程中最为重要的因素乃其形相。这种形相观贯穿于奥古斯丁的整个认识论及其形而上学体系之中，他因此而特别突出观念的优先性，觉得观念才是事物的基本形式和其永恒不变的本质，而这种观念本身以其精神性则不属于受造，因此能在上帝精神中以相同的方式来存在和作为。观念本身既然不会产生也不会消失，那么其他一切生生灭灭之物则可以之为模式而得以构造。一切受造之物都需要形式和质料，虽然人们可以想象质料没有形式之存在，但实际上质料从来就不可能没有形式而存在。在这种思维传统中，显然"精神变物质"是先有且占有上风的。很清楚，在奥古斯丁的思想中，受造之在存有的方式和种类正是其形相；他甚至认为，世人也是以一种"神圣的先验"（praeconceptio divina）为其存在的依据。人类作为整体以其类存在而获得其观念，这种观念乃人类团体在时空中具体存在之依；人类团体即世界整体的部分，作为世界精神而为上帝所造。奥古斯丁的思考中虽也触及个人，但更多的是以人类整体的世界存在来论及其与永恒真理即上帝的关系。

此外，奥古斯丁还认为，世界被造后，物质的存在形式各异。本来，物质的形相乃外于时间，然而它们是在创世中同时构成，因此其先后性也只有在时间创造之后才有可能。他对《圣经》中上帝六天创世有其自己的解读和形象性理解，并认为在创世时物质形相的构成是各不相同的，有些形相乃在创世时一次性地得到其最终的形相，如天、苍穹、地球、海、空气、火以及人类灵魂等；但有些形相却是在其发展过程中逐渐构成的，且有着发展变化，如生物、人类的肉体等。这里，他觉得形相显然还有着孕育、发展或展开的能力，即可在时间的伸延过程中逐渐展开其潜能和形相，而这种形相及其能力则正是体现了上帝的智慧和全能，世界也只有在上帝之道的指引及掌控中才有其存在和生命。在此，奥古斯丁思想中的一个重要亮点，就是表明世界是发展变化的，这种发展变化的辩证意义为此后西方关于世界精神与绝对精神的辩证关系、物质世界与人类历史辩证发展的思想理论等，都提供了非常重要的启发和启蒙。

3. 灵魂与实体

奥古斯丁对灵魂问题有其独特的探讨，他为此曾宣称自己只想知道的问题就是"上帝和灵魂"。其把握灵魂的方式乃是通过其内心的洞察和一种灵性意义上的内省，于此他深受奥利金思想的影响，即认为灵魂在肉体中的生活及存在乃受到了监禁和束缚。在对灵魂的探究中，奥古斯丁的思想显示出空前的活跃，其对人之灵性冲动和内心活动既有体现出审美艺术性的生动描述，也有对人类心理变化及其能力的细腻剖析。他把灵魂视为人的生命和智慧，其中既闪现出精神的火花，亦有着境界的升华，相信对之深入探究则可体悟到人生的灵性意义和精神真谛。为此，他从科学、哲学和心理学等层面比较系统地对灵魂的本质、其来源及其延续，以及其与肉体的关系等进行了研究和论述。

奥古斯丁承认，灵魂与肉体有其统一性。但这种统一并非由两种实体综合在一起而构成一个新实体那么简单，实际上，灵魂与肉体的统一就在于灵魂占有着肉体，对之加以运用和支配。在此，灵魂是某种富有理性的实体，而其存在就是为了控制肉体；人在实质上本来也就是灵魂之在，肉体对之而言本无同样的意义。所以，奥古斯丁把人视为一种具有理性的灵魂，人的肉身存在也只是灵魂使用着一个短暂易逝、束于尘世的肉体。而且，灵魂不仅与这种肉体的局部有关，而且还关涉物质整体，二者之间构成了一种"鲜活的张力"（intensio vitalis）。在此，奥古斯丁强调灵魂也是实体，自我意识乃客观存在；人的自我意识与灵魂有关联，而这种自我意识所反映的即自我的现实性，自我有其独立性和延续性，其自我意识表达的并非梦幻，而乃真实；这种真实对于意识是极为直接而明确的。奥古斯丁在肯定自我意识的真实存在时有句名言，即如果我知道我有错误，故我存在。意识的独立性使自我与其行为亦有区别，自我因此并不等同于其行为所属的某物，人意识到其所犯错误而知其自我存在，但此错误并不等同于存在本身。自我占有着相关行为，但并不因此而就等同于这种行为本身。自我不是这些行为的聚合，却可对这些行为加以调节和指导，自我可以对之占有、把握和指导，却不是其本身。例如，人之自我都有记忆、思维和爱，这三种特性都属于自我，但并不等同于自我，自我可以通过回忆而作为自我记忆者，可以通过理智而作为自我思想者，也可通过爱情而作为自我热爱者，但自我虽然拥有或占有它们，却不是记忆、理智和爱本身。"所以这些人类意识通过它自身、或通过身体感官、或通过别人的见证感知而知的东西，都堆放在记忆的仓库里"，可以"用所有这三样东西来记忆、理解并爱的是我——我既非记忆亦非理解亦非爱,而是拥有它们"。①不过,自我通过所有这些行为却仍保持为同一自我。这些行为存在于我,为我服务,却不是我本身,而且也不能代表我的心灵、灵魂。

对此,奥古斯丁还特别以记忆来加以说明:"我到达了记忆的领域、记忆的殿廷,那里是官觉对一切事物所感受而进献的无数影像的府库。凡官觉所感受的,经过思想的增、损、润饰后,未被遗忘所吸收掩埋的,都庋藏在其中,作为储备。"对此,周伟驰曾评价说:"由于'记忆'蕴含了一切真理之相和后天获得的感性形象(images),'记忆'在奥古斯丁那里的功能与唯识宗之'藏'相似,包括了潜意识和意识的内容与活动,绝非心理学上的'记忆'所能涵括。"②这一"藏"之功能巨大,可为自我所恣意而为。"我置身其间,可以随意征调各式影像","但所感觉的事物本身并不入内,庋藏的仅是事物的影像,供思想回忆时应用";"这一切都在我身内、在记忆的大厦中进行的。那里,除了遗忘之外,天地海洋与宇宙之间所能感觉的一切都听我指挥。那里,我和我自己对晤,回忆我过去某时某地的所作所为以及当时的心情。那里,可以复查我亲身经历或他人转告的一切;从同一庋藏中,我把亲身体验到的或根据体验而推定的事物形象,加以组合,或和过去联系,或计划将来的行动、遭遇和希望,而且不论瞻前顾后,都和在目前一样"。一旦需要,"我说到的各式影像便从记忆的庋藏中应声而至"。③由此可见,记忆与自我的关系是何等的密切,其所能起到的作用是何等的巨大。奥古斯丁承认记忆的巨大作用,感慨"记忆的力量真伟大,它的深邃,它的千变万化,真使人望而生畏",甚至"记忆又拥有我内

---

① [古罗马]奥古斯丁:《论三位一体》,周伟驰译,上海人民出版社2005年版,第422、440页。

② 周伟驰:《记忆与光照——奥古斯丁神哲学研究》,社会科学文献出版社2001年版,第5页。

③ [古罗马]奥古斯丁:《忏悔录》,周士良译,商务印书馆1981年版,第192—193页。

心的情感";①尽管如此,奥古斯丁仍指明了记忆与心灵的根本不同:记忆虽强大、可起到重要作用,"但方式是依照记忆的性质,和心灵受情感冲动时迥乎不同"。②可以说,心灵乃本体,而记忆则为工具,心灵起着本体的掌控作用,而记忆则发挥了工具的应用作用。"所有论列,都得之于记忆,取之于记忆,但我回想这些情感时,内心绝不感受情绪的冲动。这些情感,在我回忆之前,已经在我心中,因此我能凭借回忆而取出应用。"③

不过,由于记忆的作用太重大了,所以奥古斯丁有时也把记忆与心灵相等同,他自己就曾感到"奇怪的是记忆就是心灵本身",④惊叹"但这就是我的心灵,就是我自己"!⑤也有相关研究者认为奥古斯丁其实也把记忆与灵魂相等同。周伟驰亦说,"这是就其极而言","在奥古斯丁那里,'记忆'实与'心灵'无异"。⑥但这与上面所言纯工具性记忆之区别,则在于此"记忆"所藏乃涵括人之自我具有的"上帝记忆",而其开启就需要得到上帝的"光照"来达到超越和升华。对此,奥古斯丁也清楚地表达说:"我将超越我本身名为记忆的这股力量,我将超越它而飞向你、温柔的光明。……你高高在上照临着我,我将凭借我的心神,上升到你身边,我将超越我身上名为记忆的这股力量,愿意从你可接触的一面到达你左右,愿意从你可攀附的一面投入你的怀抱。飞禽走兽也有记忆,否则它们找不到巢穴,做不出习惯的动作,因为没有记忆,便没有习惯。我将超越记忆而达到你天主,达到使我不同于走兽,使我比飞禽更聪明地到天主那里。我将超越记忆而寻获你。"⑦从根本而

---

① [古罗马]奥古斯丁:《忏悔录》,周士良译,商务印书馆1981年版,第201、197页。
② 同上书,第197页。
③ 同上书,第198页。
④ 同上书,第197—198页。
⑤ 同上书,第201页。
⑥ 周伟驰:《记忆与光照——奥古斯丁神哲学研究》,社会科学文献出版社2001年版,第5页。
⑦ [古罗马]奥古斯丁:《忏悔录》,周士良译,商务印书馆1981年版,第201页。

言，奥古斯丁还是希望将记忆与心灵、灵魂相区分；因为记忆有其依附性，而灵魂则是具有独立性的实体。在描述记忆时，奥古斯丁虽然不为心理表述所限，却也确实曾以心理上的细微区别及微妙之处来展示意识之流的多种多样、异彩纷呈。其所要清晰表达的，乃是灵魂自我不受任何意识内容及其变化的影响，旨在彰显灵魂的实体性；所谓实体在此即指那种独立的、始终不变的真实存在。

奥古斯丁关于灵魂同样需要说明的，则是精神之实体性乃具有非物质性，灵魂就是非物质性存在的实体。人之心灵行为并不具有空间之广延，而一切物体则都具有其高度、宽度、深度、广度等伸展，故与心灵的延展本质有别。根据这种理解，与有限和生死关联的肉身相比，奥古斯丁相信灵魂不朽，而人类精神同样也是永恒的，因为灵魂和人类精神都与永恒不变的真理直接相关，具有终极意义。灵魂虽然依据其活动、行为而好像是存在于时间之中，但灵魂按其本质特性却归属于一个无时限的世界，与真理有着密不可分的联结，因而理应超越时空存在。于是，奥古斯丁将灵魂与上帝相关联，认为上帝就统治着灵魂，而且乃直接在灵魂之中，由此体现出上帝的幽邃沉潜和深蕴内在。灵魂的独特正是在于上帝培育了灵魂，乃灵魂之源及其生命所在。"我的灵魂，我告诉你，你是高出一筹，你给肉体生命，使肉体生活，而没有一种物质能对另一种物质起这种作用；但天主却是你生命的生命。"奥古斯丁在此把上帝视为"我心灵的光明、灵魂的粮食、孕育我精神思想的力量"。[①]

不过，奥古斯丁在论述灵魂问题时也遇到不少很难透彻讲清楚的难题。例如，灵魂虽然说是永在而不朽，但其究竟是与上帝同在，还是在上帝创世时受造？对此，他的解说颇有模糊或语焉不详之处。如果按照新柏拉图哲学的流溢之说，个体灵魂来自世界灵魂的流溢，往上追溯则可以说灵魂本来乃是上帝神性之流溢，那么就应该是与上帝一体。但奥古斯丁并不确认这一说法，反而曾认为灵魂也必然是受造的，并形成其

[①] ［古罗马］奥古斯丁：《忏悔录》，周士良译，商务印书馆1981年版，第191、16页。

与肉体的结合，由此则与人类个我有着内在关联，并使人类可以接近上帝。"人的灵魂并不是上帝所是，但可以肯定，在上帝所造的所有事物中没有任何东西比它离上帝更近。"①但若如此从其受造、与上帝本质有别来认为，则会动摇灵魂永恒及灵魂不朽之论。例如，奥古斯丁曾猜测灵魂的源出，还分析过"关于灵魂的来源有四种意见：一是说它由生殖而来；二是说它在每人出生时新受造；三是说它先天生存于别处而由上帝差遣到出生的人身体里；四是说它自动进入人的身体里"。②对这些说法他也表示不知道正确与否。他还明确有着对灵魂比较负面的评价，指出"那些把灵魂的本性赞美为最高的善并且把肉体的本性谴责为恶的人，都是'属肉体的'人；因为，无论对灵魂的热爱还是对肉体的仇恨，都源自于人的虚荣而不是上帝的真理"；"任何人都没有理由说，我们灵魂中一切罪恶和堕落的情感，都植根于我们肉体的身躯……这种不祥的和有害的渴望，根本不是从肉体里产生的，所以它能够驱使那个已经完全摆脱了一切肉体疾病、完全独立于任何种类的肉体而生存的灵魂，去追求肉体中的存在"。奥古斯丁在此的结论是："灵魂并不仅仅由于肉体而受到欲望、恐惧、欢乐、悲哀的驱动，灵魂也可以因为涌动在灵魂之中的同样的情感而骚动不安。"③在奥古斯丁的思想中，这一灵魂之论的张力一直存在。

4. 道德与幸福

（1）道德原则

奥古斯丁的道德论及其幸福观是其人论的重要表达，道德在人类社会实践中呈现，但其道德原则却具有超越性而不被时空所限。在他看来，上帝精神中的永恒理念既是认识和存在的基础，也理所当然是道德

---

① ［古罗马］奥古斯丁：《论灵魂的分量》，中文引自［法］博讷、［法］吉尔松《基督教哲学：从其起源到尼古拉》，李秋零译，第140页。

② ［古罗马］奥古斯丁：《恩典与自由》，奥古斯丁著作翻译小组译，江西人民出版社2008年版，第135页。

③ 以上引自［古罗马］奥古斯丁《上帝之城》，庄陶、陈维振译，复旦大学出版社2011年版，第248—249页。

的基础。道德律故为永恒法则，源自上帝的创世计划或绝对意志，以此确保对自然秩序的维系。道德原则从其永恒法则的概念来理解，就是指对人类而言确保其完善的秩序从任何方面来看都符合正确、公平的共有原则。其范围包括三大领域，即物体世界的自然存在，逻辑规范的理想存在，以及自觉意识的道德存在，其中乃以道德规则为永恒法则，普遍有效、包摄整体，具有终极意义。这一永恒法则是最为理想的维系整体秩序的道德原则，包括对自然秩序、社会秩序提供保障的"自然法则""世界法则"都以之为指归。奥古斯丁认为，道德原则作为永恒法则，其内容及实质乃与上帝的本质、上帝的智慧相一致，而上帝正是这种道德之善的终极原则。所以他为此宣称，上帝乃至善，一切善都只因上帝而为善；上帝乃绝对真理，一切真理只因遵循上帝而为真理；上帝乃绝对之在，一切存在也只因上帝而存在。这样，永恒原则乃体现出上帝的智慧和意志，依此至高智慧和绝对意志而确定了"摩西十诫"之古代道德原则、"爱神与邻人"的基督教道德原则，使其成为指导人生与社会的绝对命令。人们在这种道德原则及其相关戒律中认识到上帝的智慧和意志，体悟到上帝不变之本质，并以此确保社会及宗教道德的建立和奉行。

  以这种道德原则，奥古斯丁指出了上帝的意志对于人们具体的道德行为及公众生活所具有的本质意义，在其看来，过道德生活即追求一种神圣生活，表达了对上帝的向往。按照普罗提诺的思想，人以灵魂为其主要特征，而灵魂以理智为方向，不仅体现出思想，而且还表达了意愿，思想与智慧有关，而意愿则与意志相连。而奥古斯丁据此就更加强调意志的意义及作用，并在其"人格"概念中也更加突出这种意愿在存在之中的应用。对他而言，道德确为意志，但他更愿意将之表达为：道德是爱，道德就是体现出了爱。于此，道德意志也有了绝对性。不过，意志乃涉及整个人的存在，它触动人的道德、影响人的情感，其情况也颇为复杂，并非始终正确，而需要正确引导。这里，奥古斯丁亦有具体分析："人的意志是最重要的。如果它被错误地引导，情感就是反常的；如果它被正确地引导，情感就不仅无害，而甚至值得赞赏。在所有这些情感中都有意志；情感其实只不过是意志的倾向。因为，欲望和欢乐不是别的什么，它们就是意志同我们渴望之物之间的和谐，而恐惧和悲哀就是意志同我们厌恶之物之间的分歧。"①当然，奥古斯丁更倾向于意志喻指整个道德之人，意志体现出爱；而这种爱的体现在于对上帝的信仰和依属，上述道德原则的核心就在于这种爱之彰显，此即道德的灵魂所在。"随从上帝生活的人，一定是一个热爱善，因此仇恨恶的人。因为没有人是本性上恶的，人总是因为某种缺陷才是恶的，所以，那个随从上帝生活的人是因为恶人的缘故，他的恨才是完美的。他并不因为一个人的堕落而恨那个人，同时也不因为那个人而喜欢堕落，所以他该恨的是罪，但该爱的是那个罪人。因为，一旦堕落得到救治，那么所剩下的就是该爱的，而不是该恨的。"②因此，只有爱才是最根本的，意志归根结底就应该体现爱。不过，这种意志和爱也并非随心所欲的，不存在所谓纯粹的情感论。奥古斯丁认为这种爱体现出心灵的逻辑，指明人之内心有着自己的法规，即在人的意志中本来就有着善的法规，"这爱本身就是对秩序的爱，爱其所爱就是好的，正如我们按照自己的德性生活就会活得好。在我看来，对德性的简明而真正的定义就是：爱而有序"。③ 因此，人心向善就如物体归向其"自然之处"那样。"我的重量即是我的爱。爱带我到哪里，我便到哪里。……良好的意志把我们安置在哪里，我们只求永远定居在哪里，别无其他愿望。"④这种爱乃正义之爱，反映出良好的意志，而这一意志则有其内在的规则和秩序，并非率性而为，漫无目标。"我们在良好的意愿中享受和平。物体靠本身的重量移向合适的地方。重量不一定向下，而是向合适的地方。火上炎，石下堕。二者各受本身重量的推动，各从其所。"显然，奥古斯丁

---

① 以上引自［古罗马］奥古斯丁《上帝之城》，庄陶、陈维振译，复旦大学出版社2011年版，第249页。

② 同上。

③ ［古罗马］奥古斯丁：《上帝之城：驳异教徒》（中），吴飞译，上海三联书店2008年版，第262页。

④ ［古罗马］奥古斯丁：《忏悔录》，周士良译，商务印书馆1981年版，第294页。

所指这种意志及爱是神圣意志和神圣之爱,是"爱把我们送到这安宅之中",而"'圣神'是你的恩宠:在这恩宠之中我们憩息,我们享受你,而我们的憩息即是我们的安宅"。① 既然一切人世之爱都以上帝之爱为依据,那么奥古斯丁所给予的答案,即爱乃先验性的价值建构。这种爱不是实践理性之爱,而是与纯粹理智珠联璧合、相得益彰;恰如世人在达到智慧之前,就已有一种对在我们精神之中的智慧之认识;爱、善、智慧都是具有超验性的绝对命令、绝对意志,均有着同一目标和指归。因此,人的理性和意志并非必然要走非此即彼的极端,而乃殊途同归,代表着一个统一整体的不同意向或分工。所以,奥古斯丁认为在情感中有理智,在理智中有情感,爱具有认识的因素而并不排拒认知。"永恒的真理,真正的爱,可爱的永恒",都基于上帝的光照;而其三者的关系是:"谁认识真理,即认识这光;谁认识这光,也就认识永恒。惟有爱能认识它。"②

(2)"恶"与"罪"

既然道德原则具有绝对命令一般的权威,那为什么还会有恶、罪的出现呢?这是基督教神学中一直未能达到理想解决的问题。为此,基督教思想中有着专门的"神正论"(theodicea,亦译"神义论"),即针对"恶的难题"来作答,企图说明全知、全能、全善的上帝为什么会允许恶的存在。在奥古斯丁面对这一问题时,他从两个方面作出了回答。

一是从"恶是善的缺乏"来作答。这里,奥古斯丁深受新柏拉图主义的影响。究其根源,则可追溯到创世论中对上帝"从虚无中创造"之深刻蕴涵的理解和发掘。"虚无"不是存在,也不是被造之世界,但"虚无"本身则意味着"缺乏""不在场",从而与"存有""在场"相对立。当然,若按现代科学的理解,尚可解释为"物质"(存在)与"暗物质"(负存在≈不存在)的对立统一;而按中国古代智慧也可用"阳""阴"对立共构来说明。在奥古斯丁的话语体系中,"虚无"即

---

① [古罗马]奥古斯丁:《忏悔录》,周士良译,商务印书馆1981年版,第294页。
② 同上书,第126页。

为"缺乏"就与完美对立,从而与"恶"关联,这是其本体论意义上的不足;而世界及世人从"虚无"中所造,则不是来自上帝的元素,其与"虚无"的创造关系遂使之与"恶"有缘,这是其创造论意义上的不足。上帝创造的一切都是"善"的,那么"恶"只能是"善"的"缺乏"或"不在场",但这不足可以反衬出神创世界之完美,故为其构设了一种张力和辩证存在。在这一思考中,奥古斯丁内心充满着激烈的思想斗争,故而曾饱受心灵的煎熬。他以此来提出问题:"我探求恶的来源时,……我在探求中就没有看出恶";因为"天主所愿的是善,天主就是善的本体,而朽坏便不是善"。[1]顺着这一思路由上帝之处询问恶的来源则会走入绝境,进入出不来的死胡同。"恶原来在哪里?从哪里来的?怎样钻进来的?恶的根荄、恶的种子在哪里?……既然美善的天主创造了一切美善,恶又从哪里来呢?当然受造物的善,次于至善的天主,但造物者与受造物都是善的,则恶却从哪里来的呢?是否创造时,用了坏的质料,给予定型组织时,还遗留着不可能转化为善的部分?但这为了什么?既然天主是全能,为何不能把它整个转变过来,不遗留丝毫的恶?最后,天主为何愿意从此创造万物,而不用他的全能把它消灭净尽呢?是否这原质能违反天主的意愿而存在?如果这原质是永恒的,为何天主任凭它先在以前无垠的时间中存在着,然后以此创造万物?如果天主是突然间愿意有所作为,那么既是全能,为何不把它消灭而仅仅保留着整个的、真正的、至高的、无限的善?如果天主是美善,必须创造一些善的东西,那么为何不销毁坏的质料,另造好的质料,然后再以此创造万物?如果天主必须应用不受他创造的质料,然后能创造好的东西,那么天主不是全能了!"[2]这些问题让他百思不得其解,而且内心因此也非常害怕。所以,以此诘问在其信仰中根本就不能走通。

既然不能对创造者责问,那么奥古斯丁就反过来面对受造者。在此,他终于找到了解决问题的通途。受造物既然是从"虚无"而来,

---

[1] [古罗马]奥古斯丁:《忏悔录》,周士良译,商务印书馆1981年版,第117页。
[2] 同上书,第118页。

故而有其本源性的"缺陷",它们虽为受造之善,但并非上帝之至善,因此就会有朽坏的可能。"我们的初祖在作出恶行为之前,他们一定已经堕落了,这样他们才会犯下偷吃禁果的罪。因为'恶果'只能来自'恶树'。树木变成邪恶的事是违反其自然本性的,因为能够造成这种情况的只有意志的缺陷,而那是反自然的。但是,要注意,这种由于缺陷引发的恶化只可能发生在从虚无中创造出来的自然物身上。简言之,一个自然物之为自然物是因为它是上帝创造的,但是一个自然物从理想的存在状态堕落是因为它是从虚无中被造的。"①

受造之物一旦由"善"而朽坏,就会从"好"而变为"坏",从"善"而转成"恶";所以,"恶"即"善"的"缺乏",是由"善"而出现的"朽坏"。奥古斯丁对之如此表明说:"我已清楚看出,一切可以朽坏的东西,都是'善'的;唯有'至善',不能朽坏,也唯有'善'的东西,才能朽坏,因为如果是至善,则是不能朽坏,但如果没有丝毫'善'的成分,便也没有可以朽坏之处。因为朽坏是一种损害,假使不与善为敌,则亦不成其为害了。因此,或以为朽坏并非有害的,这违背事实;或以为一切事物的朽坏,是在砍削善的成分:这是确无可疑的事实。如果一物丧失了所有的'善',便不再存在。因为如果依然存在的话,则不能再朽坏,这样,不是比以前更善吗?若说一物丧失了所有的善,因之进而至于更善,则还有什么比这论点更荒谬呢?因此,任何事物丧失了所有的善,便不再存在。事物如果存在,自有其善的成分。因此,凡存在的事物,都是善的;至于'恶',我所追究其来源的恶,并不是实体;因为如是实体,即是善;如果不能朽坏的实体,则是至善;如是能朽坏的实体,则必是善的,否则便不能朽坏。"②"我探究恶究竟是什么,我发现恶并非实体,而是败坏的意志叛离了最高的本

---

① [古罗马]奥古斯丁:《上帝之城》,庄陶、陈维振译,复旦大学出版社2011年版,第254页。

② [古罗马]奥古斯丁:《忏悔录》,周士良译,第127—128页。

体，即是叛离了你天主，而自趋于下流。"①这里，奥古斯丁对"恶"的解释大致包括如下几层内容：其一，"恶"不是实体，故而与"虚无""非存在"有关，其本原即"虚无"；其二，"恶"来自"善"的丧失、缺乏，是实体的朽坏；其三，"至善"不会朽坏，可能朽坏的只是受造实体的有限之善，即一般之善；其四，实体如果还仍存在就还没有丧失所有的善，如果事物丧失了所有的善则不再存在，也不再是实体；这样，能朽坏的实体本为善的，但朽坏就是正在失去善；而被朽坏的实体若还存在则意味着其还存有善，故也保留着可以得救的希望；其五，"恶"的根本原因是败坏的意志对最高本体即上帝的叛离，因此变"恶"为"趋于下流"，而"得救"获"善"则乃升华。此外，为了从"神正论"上说明世界有"恶"的理由，奥古斯丁还从阴影与光亮之鲜明对比和得以衬托来喻指世界的完美："当你观察到它们之中的不同，看到有些比别的亮时，若你想要消除其中一些暗的或把它们变得跟亮的一样亮，那么你就错了。相反，如果你用整体的完美来观照它们，就会看出，这些亮度上的差别令宇宙的存在更为完美。伟大的事物若不是与不那么伟大的事物一同存在，后者若是被排除了出去，那么宇宙就不会完美了。"②这样，奥古斯丁也对"恶"的出现给出了一个看似合理，且不会影响上帝的至善和完美的理由："我认识到，清楚认识到你所创造的一切，都是好的，而且没有一个实体不是你创造的。可是你所创造的万物，并非都是相同的，因此万物分别看，都是好的，而总的看来，则更为美好，因为我们的天主所创造的，'一切都很美好'。"③

二是从"人的意志之罪"来作答，因为人在受造时已被赐予意志自由。如前所述，奥古斯丁已经意识到人的作恶犯罪与其意志直接有关："我发现恶并非实体，而是败坏的意志叛离了最高的本体，即是叛

---

① ［古罗马］奥古斯丁：《忏悔录》，周士良译，第130页。
② 周伟驰：《奥古斯丁的基督教思想》，中国社会科学出版社2005年版，第194页。
③ ［古罗马］奥古斯丁：《忏悔录》，周士良译，商务印书馆1981年版，第128页。

离了你天主。"① 如果人只能选择善，那么就说明人的意志已被限定而没有自由；人可以任意选善择恶才是其真正的自由。在奥古斯丁看来，人确实获得了意志自由，但人却以其自由意志而选择了恶，即以其意志而叛离上帝导致堕落；此即人的原罪，因此，任何罪恶都是意志之罪。人的原罪从表面看是人类始祖经不起诱惑而偷吃禁果，因其自由意志选择背离上帝而失去永生；但从深层来看则反映出人的心灵之内在冲突。

由于人以其自由意志而从上帝的意志转离，故而产生罪恶之后果。随此而来的是人之性情与欲望的出现，人之死亡的产生，以及人性的分裂与悖谬。这里，奥古斯丁强调了意志在为恶犯罪上起着关键作用："上帝制造了正直的人，因此那人有好的意志。没有好的意志，就不是正直的。所以好的意志是上帝的作品；而人是由此造的。最初的坏的意志（人的一切坏的作品都由此而来），是从上帝的作品的缺失，成为人自己的作品（而不是另外一件作品），于是就有了坏的作品，因为这是按照自己的，而不是按照上帝的。坏的意志或有坏的意志的人就是那棵坏树，从中结出了坏的作品和坏的果子。坏的意志并不依照自然，而是违背自然的，因为这是罪过。但它毕竟还从属于那有了罪过的自然，因为只有在自然中才能存在；但它只能存在于上帝无中生有造的自然。"② 由此而论，意志犯罪在先，其罪恶行为则随其后；没有坏的意志在先，就不可能有坏的行为发生。"暗中的毁灭"要先于"明处的毁灭"，在犯罪行为发生之前，人的心灵就已经堕落、已经犯罪了，恰如《圣经》之言"凡看见妇女就动淫念的，这人心里已经与她犯奸淫了"。③ 所以，奥古斯丁指出，"在上帝的国中，更大的正义是不在心里奸淫"。④

意志之罪，乃世人一切之罪的根源及原端，它导致了人的堕落、分裂和死亡。尽管如此，奥古斯丁认为这种意志所反映的人心之挣扎还是

---

① ［古罗马］奥古斯丁：《忏悔录》，周士良译，商务印书馆1981年版，第130页。
② ［古罗马］奥古斯丁：《上帝之城：驳异教徒》（中），吴飞译，上海三联书店2008年版，第204—205页。
③ 《新约·马太福音》第5章第28节。
④ 引自吴飞《心灵秩序与世界历史：奥古斯丁对西方古典文明的终结》，第156页。

有得救的希望的，只要努力克服意志的错误之念而不使之铸成行为之大错，还是可以得到宽恕，使之得以赦罪的。"不可否认的是，心灵若只是耽乐于考虑不法行为，即没有在实际上作出来而只是持有它们，并对之呵护有加，这乃是罪，因为在它们进到意识里时，意识本来是可以马上扔掉它们的。不过，与它决定将这不法的想法用行动予以完成相比，这仍然算是小罪。所以我们要为有这样的思想请求赦免。"①

在讨论"恶"与"罪"这类问题时，奥古斯丁形成了其对"原罪"的最初理解，并逐渐发展出基督教教义神学中的"原罪论"。据传奥古斯丁最早在其《致辛普里西安，不同问题之答》（写于396—397年）中提出了"原罪"（peccatum originale）这一术语。在基督教对人的理解中，这一教义可以说举足轻重，并导致其与基督教思想中的创世论、人性论、预定论、自由论、恩典论、救赎论等理论学说的复杂关联。

（3）论幸福

"恶"与"罪"给人带来的是痛苦与死亡，这是人的道德原则所要求加以避免的。因此，人的道德生活真正应该追求的则是"善"和"爱"，而道德生活的灵魂也就在于"爱"，这是人生所要追求的最终目标，也是人之辉煌的顶峰。这对于奥古斯丁来说就是通常所言的幸福。在他看来，表现为道德之洞观的是意志和爱，如果人们的生命以爱及其渴望为目标，那么其终结则会是在幸福中获得安宁和满足。不过，幸福并非思想中的思想，而是当意志与其目标达到一致时所获得的爱之充实。这里，他强调爱优先于理智，同样，幸福的观念也在智慧之前而存在；爱与至善乃体现出绝对价值，故与幸福内在关联。"就万人都追求有福的生命而言，他们没有错误。然而，任何人一旦不遵循那引到有福生命之道，虽然他说他所愿的只是福，他还是错了。因为错误乃是由于我们追求一个并不能引我们到所要去的地方之目标而来。一个人在生命

---

① ［古罗马］奥古斯丁：《论三位一体》，周伟驰译，上海人民出版社2005年版，第323页。

之道上愈是错误，就愈不聪明，因为他远离了真理，而这真理乃是使他能分辨并把握至高之善的。一个人一旦追求并获得了至高之善，便是有福的，而这乃是我们大家所渴望的。"①在这种幸福论中，从人之向善而可体悟其绝对价值及意义。在此，善并不依赖于任何喜爱之倾向，而人的喜爱却会被善所吸引。只有以这种善为引导的喜爱才能达到幸福，而仅从人的主观喜爱来寻找幸福则只会收获不幸和失望。所以说，选择善是一种聪明，由此才可能得到幸福。"正如我们都同意我们要有福，照样我们也都同意我们要聪明，因为没有聪明，就不能有福。一个人不能算为有福，除非他有至高之善，这善是在我们称为智慧的真理里分辨并把握的。因此，正如在我们有福以前，有福的观念已印在我们心中，我们因这观念而知道并自信地说，我们要有福"。②在其看来，幸福与至善关联，而且其观念乃有其先验性。

　　显然，奥古斯丁对幸福乃是一种信仰的审视，由此而与其道德观密切关联。对此，在其思想的表露中常见幸福与"真理""智慧""至善""爱"等关键词的密不可分，而这些表述最终又导向对上帝的信仰这一共同指归。他说："我怎样寻求幸福生活呢？在我尚未说，在我不得不说：'够了，幸福在此'之前，我还没有得到幸福。"虽然人们对幸福的理解不同，但大家都"愿意幸福"，这种意愿反映了人之向往在精神、意志上的统一性，也说明了幸福观念的先验性。"不是人人希望幸福，没有一人不想幸福吗？人们抱有这个希望之前，先从哪里知道的呢？人们爱上幸福之前，先在哪里见过幸福？的确，我们有这幸福；但用什么方式占有的？那我不知道了。一种方式是享受了幸福生活而幸福，一种是拥有幸福的希望而幸福。后者的拥有幸福希望当然不如前者的实际享受幸福，但比了既不享受到也不抱希望的人高出一筹；他们的愿意享福是确无可疑的，因此他们也多少拥有这幸福，否则不会愿意享

---

① ［古罗马］奥古斯丁：《恩典与自由》，奥古斯丁著作翻译小组译，江西人民出版社2008年版，第67页。
② 同上。

福的。"①虽然很难真正说清楚"幸福"的概念，而却仅以"幸福"本身作为明确的概念之表达就让人人都愿意幸福。"人人知道幸福，如果能用一种共同的语言问他们是否愿意幸福，每一个人都毫不犹豫地回答说：'愿意'。"所以，"幸福的概念使我们爱幸福，使我们希望获得幸福，享受幸福"。②"我们每一人都愿享幸福。如果对它没有明确的概念，我们不会有如此肯定的愿望。"③或许，有人会把"快乐"等同于幸福，但这种快乐之状却颇为复杂，既有精神的快乐，也有肉体的快乐。而"'由于肉体与精神相争，精神与肉体相争，以致不能做愿意做的事'，遂退而求其次，满足于力所能及的；对于力所不能的，他们的意志不够坚强，不足以化不可能为可能"。④或许，有人会以"真理"之名来理解快乐，"谁也希望幸福，谁也希望唯一的真正幸福，谁也希望来自真理的快乐"，而"幸福只是来自真理的快乐"；不过，人的有限性和盲目性同样会使之在真理的理解上出现偏离，其"原因是人们的爱真理，是要把所爱的其他事物作为真理，进而因其他事物而仇恨真理了"。⑤ 于是，这种对真理的个我偏爱性使其对真理产生误解和误读，他们只爱"真理的光辉"，"却不爱真理的谴责"；只是当真理彰显他们自身时，他们才爱真理；而一旦真理揭露他们本身并对其加以谴责，他们则会仇恨真理。由此，他们得不到真正的真理，也就没有真正的快乐和幸福。

对于找寻幸福的结局，奥古斯丁因此总结说，人们只有"对一切真理之源的唯一真理坦坦荡荡，不置任何障碍，便能享受幸福了"。⑥而这就是以爱上帝作为"真正的幸福"，"谁不愿以你为乐，也就是不要

---

① ［古罗马］奥古斯丁：《忏悔录》，周士良译，商务印书馆1981年版，第203—204页。
② 同上书，第204页。
③ 同上书，第205页。
④ 同上书，第206页。
⑤ 同上书，第206—207页。
⑥ 同上书，第207页。

幸福"。①因此，奥古斯丁宣称，"我寻求你天主时，是在寻求幸福的生命"。②

5. 恩典与自由

既然人的自由意志选择了"恶"与"罪"，那么靠自身则已经不可能获得根本的救渡；为此，奥古斯丁在其思想中比较突出恩典的意义和作用，以作为对人之自由意志犯罪后的重要补救。针对早期教会比较流行的上帝的恩宠只是给了少数蒙拣选者这种"预定论"的说法，他则有自己的领悟和解读。一方面，他承认上帝的恩典确实特别惠顾那些为信仰而殉道者，他们是"选民中的选民"；而另一方面，他仍指明上帝的恩典按其本质而具有普遍性，没有一个人类群体是不被上帝恩典所触及的。所以，上帝的恩典既在殉道者身上显现，同样也会在普通基督徒身上显示，这种恩典会向我们每一个人敞开。"在恩典与预定之间只有这个差别：预定是恩典的准备，而恩典是赐予本身"；"上帝的善的预定，正如我们上面所说，乃是恩典的准备；恩典则是那一预定的效果"。③其实，这种预定在他的理解中就是对基督教信仰的皈依，此皈依即标志着人生的一种根本改变，从上帝的拯救而言则是蒙上帝的恩宠所得到的拣选。

在对恩典的理解中，主张人有自由意志、人为善信主基本上都靠自己的意志来决断的裴拉鸠派持有一种"外在恩典"的解说，即相信上帝已通过给人以自由意志、给教会留下《圣经》和律法告诫、给世人送来道成肉身的圣子基督而早已准备好了恩典，这些都是现成的、外在已备的恩典，故而无须再自我内求或找寻。但奥古斯丁认为，仅靠这些外在的恩典还远远不够，而真正能够起关键作用的则应该是上帝在人们内心的作用，即其内在恩典的发挥，"因为你们立志行事，都是上帝在

---

① ［古罗马］奥古斯丁：《忏悔录》，周士良译，商务印书馆1981年版，第206页。
② 同上书，第203页。
③ 周伟驰：《奥古斯丁的基督教思想》，中国社会科学出版社2005年版，第233页。

你们心里运行，为要成就他的美意。"①与律法等外在恩典相比，他指出："'律法的总结就是基督，使凡信他的都得着义。'可见上帝的义不是在乎律法上的诫命，因为那只能叫人惧怕，乃是在乎那由基督的恩典而来的拯救和帮助；而对律法的畏惧，只不过好像畏惧训蒙的师傅一样，要把人引到基督的恩典。"②因此，真正的恩典乃上帝道成肉身而达成的内在恩典，是上帝使人心得到内在而根本性的改变，从而让人恢复善念，获得行善的能力。

就人的自由而言，人的确在创世之初本来是有从善避恶的自由的，这原初的自由当然应该也使人具有"可以不犯罪"的能力，但因为人滥用了其自由意志而选择了犯罪、违背上帝的旨意，故而使其受造的本性为罪所败坏，从此失去了其自我得救的能力及可能。亚当的自由被错用，结果其后人就不再有亚当原初的那种自由，而处于无知、无能而无奈的窘境。这样，人的"堕落"就像一道无情的分水岭而把"堕落前的自由"与"堕落后的自由"相分隔。不过，也有人对之辩解说，如果上帝不给人以自由意志，人也就不会犯罪了，所以，上帝就不应该让人因有自由意志而承担其可能犯罪堕落的风险。对于上帝给人自由意志究竟应不应该，奥古斯丁如此回答说："我们不得因罪恶借自由意志而发生，便假定说，上帝给了人自由意志，是为叫他犯罪。人缺少自由意志，不能过正直的生活，这就是神给人自由意志的充分理由。"自由意志体现了上帝的公义，"假若人没有意志的自由选择，那么，怎能有赏善罚恶以维系公义的善产生出来呢？""假若人没有自由意志，惩罚和赏赐就算不得公义了。但是惩罚和赏赐，都必须按公义，因是从上帝而来的一件善事。所以上帝给人自由意志，乃是对的。"③自由意志从外在恩典的意义上而言是上帝公义的展现，而从内在恩典的角度来看则应该是体现出上帝

---

① 《圣经新约：腓立比书》第2章第13节。

② ［古罗马］奥古斯丁：《恩典与自由》，奥古斯丁著作翻译小组译，江西人民出版社2008年版，第159页。

③ 同上书，第44页。

所赐予的善。"自由意志——人们没有它就不能生活正直——必须是上帝所赐予的一种善,而且你必须承认,我们与其说,将它赐予人的上帝,不当将它赐下来,毋宁说,将它误用的人,应该被定罪。"①

由于人的犯罪,使人的"自由"和"本性"都发生了质变,形成天壤之别。奥古斯丁说:"我们也用'本性'一词来指人人所同有的本性,即人最初受造时天真无罪的景况。我们也用本性一词来指始祖定罪后,我们生来所具有的败坏、无知以及肉体的奴役。"在人类始祖堕落后,"至高的创造主上帝,已经公义地宣布,我们应当从始祖承受无知、无能和死亡,因为他们犯罪陷入了错误、痛苦和死亡中"。②所以,当这种堕落发生之后,人的自由则成为虚无的自由、虚假的自由、空洞的自由、无益的自由,即只不过是被罪所奴役的自由。

但在奥古斯丁看来,世人其实还有另一种自由,这就是信仰的自由,而这种自由才是始祖堕落之后人应该选择的"真正的自由"。当然,这一自由的前提是上帝的大爱和对世人的拯救,此即上帝的恩典。他对此解释说,始祖犯罪而使人陷入痛苦和死亡,"这是公义的刑罚,在人之始初显明出来,而蒙怜悯的拯救,在以后的时候再显明出来"。③这一显现即上帝以道成肉身降临人世而实行的拯救。"因此上帝的道——万物都是借着他造的,而天使的一切快乐也都是由他而来——向我们的不快乐伸出怜悯的手,以致道成了肉身,住在我们中间";"上帝的道,上帝的独生子,既取了人性,就将那常常被置于其律法之下的魔鬼制服在人底下"。④这样,世人则可在道成肉身的基督信仰中重新获得真正的自由。

6. 天国与人世

410年,作为帝国首都的罗马城被哥特人所攻占并摧毁,受到强烈

---

① [古罗马]奥古斯丁:《恩典与自由》,奥古斯丁著作翻译小组译,江西人民出版社2008年版,第86页。

② 同上书,第132、133页。

③ 同上书,第133页。

④ 同上书,第116、117页。

心灵震撼的罗马人把这一灾难归咎于罗马帝国改信基督教所致，为此奥古斯丁写了《上帝之城：驳异教徒》来为基督教信仰辩护。他为这部巨著先后花费了 14 年时间，并在其中将其关于基督教思想的理论思考置入关于社会实践的构设，从而形成其理论体系中的社会哲学、政治哲学和历史哲学。对于这部著作的主旨及其意义，著名中世纪哲学研究者吉尔松（Etienne Gilson）曾如此评论说，"《上帝之城》不仅是圣奥古斯丁的杰作之一，而且同《忏悔录》一样，在世界所有文献中占有经典地位。要分析这部巨著的内容几乎是不可能的，因为，尽管全书有一种整体规划，但其风格的鲜明特点却是很多离题的发挥"，而其主题的历史重要性，则是"在奥古斯丁关于一个普世宗教社会的理念里，我们可以找到今天萦绕在许多人头脑中那个关于全球社会的理想的起源"；基于这一思考，吉尔松指出："我们当代人渴望的是各族人民的大团结：一个世界。他们是相当正确的。他们致力于建立的普世社会，是以政治和世俗社会为目标的。在这一点上，他们也是正确的。也许他们最严重的错误是，他们想象，在缺少普世宗教社会的条件下，有可能建立一个普世的、纯粹自然的人类社会。这是因为，只有这种普世的宗教社会，才能够在接受一个超自然的真理并且在热爱同一个超自然的善的过程中，把全人类团结在一起。"[①]奥古斯丁以其宗教信仰而构设的"上帝之城"提出了一个人类信仰之普世社会的愿景，这其实也是"大同世界""全球一体化"及"人类共同体"的另一种版本。不过，以何种信仰或理想作为人类社会"统一"的底版，千年以来就从来没有达成过共识。基督教以其"普世教会"或"普世宗教"之名而向世界传播了两千多年，其信仰者也达到了人类人口的近三分之一，但仍没能建成其"基督王国"。自 19 世纪末世界各种宗教建立"宗教议会"，试图形成世界宗教共同体；然而，尽管世界宗教的信仰者今天已经达到人类人口总数的约 80%，世界仍然四分五裂，而这一百多年来宗教之间的

[①] ［古罗马］奥古斯丁：《上帝之城》，庄陶、陈维振译，复旦大学出版社 2011 年版，"序言"第 1 页。

矛盾冲突亦有增无减。随着当前"全球化"努力的逐渐破灭，反而离"把全人类团结在一起"这一美好目标越来越远。如果奥古斯丁真有灵感知，则不知该做何种感叹了！

（1）"城"（国）之起源

上帝之"城"或上帝之"国"在西方古代文化中有着比较近似的理解，因为古希腊的"城邦国家"实际上曾体现出"城"与"国"的等同，在其发展中亦有从"城"之"本"到"国"之"体"的意义发展或扩展。在此，"城"与"国"乃为人类的群体组织，即一定的人类团体；若按其自然属性来看，其人民就是具有理性本质的群体通过其目的及意愿上的和睦一致而联合起来，故而其实质上则都指相关的政治和社会实体。将众人团结在一起的是其意志，但不是其各个主体的权力意志及其随心所欲，它必须是大家统一公认的意志。此外，这些人类群体是根据理性、遵循客观秩序来建立其政治理念和社会体系，形成相应的道德律法和历史哲学。如果有人类群体不顾正义和公道而一味追求强权，那就与强盗匪帮毫无区别。

而奥古斯丁在此对"城"之用则是来自《圣经》的启发，他说："我一直在使用的'上帝之城'这个词，是以《圣经》为佐证的。《圣经》的神性权威使它高居于所有其他人的作品之上，并且影响了各种形式的人类才智——这种权威所依靠的，不是某种人类智力的偶然冲动，而是神道的安排。"① 具体而言，他是引用了《圣经旧约：诗篇》的相关内容，如"有一道河，这河的分汊，使上帝的城欢喜。这城就是至高者居住的圣所。上帝在其中，城必不动摇；到天一亮，上帝必帮助这城"。（《诗篇》第 46 章第 4—5 节）"耶和华本为大，在我们上帝的城中，在他的圣山上，该受大赞美。锡安山，大君王的城，在北面居高华美，为全地所喜悦。"（《诗篇》第 48 章第 1—2 节）"我们在万军之耶和华的城中，就是我们上帝的城中所看见的，正如我们所听见的。上

---

① ［古罗马］奥古斯丁：《上帝之城》，庄陶、陈维振译，复旦大学出版社 2011 年版，第 156 页。

帝必坚立这城，直到永远。"(《诗篇》第48章第8节)"上帝的城啊，有荣耀的事乃指着你说的。"(《诗篇》第87章第3节)

(2) 上帝之城与俗世之城

在基督教信仰中本来也有"上帝之城"与"魔鬼之城"的对比，其开端即善恶天使的分离，这两种天使的对立直接影响人类始祖，恶天使即为魔鬼，其引诱始祖犯罪而导致人的堕落，人类历史故而从一开始就与罪恶相关联。这样，奥古斯丁认为由此而有两座城存在，人类自此亦分裂为向善或为恶两大阵营。与"上帝之城"(Civitas Dei)相对立而存的即"俗世之城"(civitas terrena，其中文有多种译法，如"人间之城""人世之城""世人之城""世俗之城""地上之城"等)。奥古斯丁指出，正是通过这些《圣经》篇章，"我们认识到上帝之城的存在：她的缔造者激发了我们，使我们渴望成为这座城的公民。那些俗世之城的居民以为他们的神祇胜过这座圣城的缔造者，而没有认识到上帝是众神之神。当然，这些众神并不包括那些虚假、邪恶、傲慢的神祇。……上帝之城是那些恭敬和圣洁的神祇之城，这些神祇可服从和崇拜一个上帝，而不需要许多其他神祇服从和崇拜他们自己"。[①]

洞观整个世界历史的发展演变，奥古斯丁指出，人类的社会结构出现了两极分化，要么倾心于上帝之城，要么偏向于俗世之城。但两者的区别并非直接指教会与世俗国家之间的区别，而是指相关人类团体究竟是遵循上帝的意志，还是反对其意志；究竟是具有秩序的团体，还是一片混乱的团体；究竟是有美好理想的团体，还是贪婪肆意的团体。奥古斯丁说："我把人分成了两类，一类是按照人自身生活的，另一类是按照上帝生活的；我们把这比喻为两个城，就是两种人的集团，其中一个注定要永远与上帝一起为王，另一个则要永远与魔鬼一起接受惩罚。"[②]

[①] [古罗马]奥古斯丁：《上帝之城》，庄陶、陈维振译，复旦大学出版社2011年版，第156—157页。

[②] [古罗马]奥古斯丁：《上帝之城：驳异教徒》(中)，吴飞译，上海三联书店2008年版，第228页。

不过，问题并非如此简单，人很难轻易地、明确地被归入这两个截然不同之城。人既非天使，亦非魔鬼，而是"一半天使、一半魔鬼"，向善为恶的能力都已具备，处于善恶两级之间。其善的能力在于人乃"按着上帝的形象"所造，故人的这一天性并没有彻底泯灭；而其恶的可能则是因为人有"原罪"，即没有按照上帝的意志行事，而是背叛了上帝，听从了魔鬼的引诱，故此陷入罪恶与死亡之中。所以，人的走向及其归属仍是非常模糊的。本来，"上帝之城"这一表述在基督教信仰传统中是可以直接指"天国"或"天堂"的，意为上帝的精神世界；而在奥古斯丁此书的喻指中却没有如此明确，虽然基督教会可被说成"上帝之城"的象征和在世界中的表现，但教会于此并没有直接等同于"上帝之城"，更不用说喻指"天国"或"天堂"。奥古斯丁认为教会同样也与"俗世之城"有着关联，教会根据自己的属世行为既可以站在正义一边，从而对"俗世之城"加以引导和影响，使之迈向"上帝之城"，也可能站在其反面，与"俗世"同流合污，从而出现教会本身的腐败和堕落。而对于世俗国家来说，也同样有着上述两种根本不同的选择。所以，最初对人而论，"上帝之城"与"俗世之城"的区分是很模糊的，其向何处发展在于人的选择，在于其心灵的斗争，也在于其爱憎的取舍；但在此起决定作用的，则是上帝的指引、信仰的力量。"因此，我们看到，从两种不同的爱中，产生了两种不同的社会。俗世社会从那种敢于蔑视上帝的自私的爱中萌发，而圣徒的社会却植根于献身于上帝的爱。简言之，后者依靠耶和华，而前一方却吹嘘她能够自己生存。人之城追求人的赞词，而另一座城以在良知中听见上帝声音为其荣誉高度。"① 也正因为人对不同之"城"的选择，也使之最终有着不同的命运，择善之人入"上帝之国"而永世长存，为恶之人则与"俗世之城"一道永远受苦。

---

① ［古罗马］奥古斯丁：《上帝之城》，庄陶、陈维振译，复旦大学出版社 2011 年版，第 265—266 页。

(3) 历史的意义

反思人类历史，奥古斯丁在此有许多历史哲学意义上的思考。在他看来，世界历史的意义就在于"上帝之城"与"俗世之城"之间的矛盾和斗争，这种博弈乃复杂惨烈，使人类历史惊心动魄。而且，仅就"俗世之城"来看，也并非与"上帝之城"绝对无缘。所谓"俗世之城"或许也是根据相应的人世秩序而建立起来的，其作为一种巨大而完备的社会组织机构也可以创造出许多成就，但问题的关键是创造这些成就的目的何在。如果这种人间机构的目的是自己或其团体的私利，囿于人世财富的聚集和挥霍，即只是为了自我及其利益集团的享受和快乐，而没有超越的审视来将之用于身在人世却渴望彼岸的更高目标，那么它就只可能固定于"俗世之城"，从根本上乃混迹于一种毫无秩序的混乱之中，其人世的任何价值也不过为幻觉和假象，没有实质意义。追溯历史，从古代社会、古希腊城邦国家到罗马帝国的兴衰，都可以洞见善之力量与恶之势力的搏斗。因此，奥古斯丁以其犀利的眼光来审视历史变迁，对古代历史文化加以批判，他让人不要被像罗马城那样表面的辉煌及其所炫耀的成就所迷惑，指出俗世的一切都不过是过眼烟云、瞬息即逝，并无任何永恒的价值和意义。世界历史中这种善与恶、光明与黑暗之争，无论采取什么形式、无论多么曲折复杂，最终必然是"俗世之城"的衰落、灭亡，而"上帝之城"则势必取得最终胜利；因为至善永恒不朽，胜利与荣耀必然归于上帝。

但在对现实社会即包括"俗世之城"的历史审视、洞观中，奥古斯丁也保留了其冷静的头脑，体现出其政治睿智。在他眼里，"俗世之城"也并非铁板一块，上帝的意志和至善也一定会对之产生影响，如果"俗世之城"能在地上教会的指引下以"上帝之城"为典范，走上奔向天国的"天路历程"，那么这种"俗世之城"就可被看作向"上帝之城"的过渡。其实，基督教会虽然在其理念上是属于"上帝之城"的，但其存在形式及其组织机构却与"俗世之城"的国家机构和社会组织模式无异，从而也仍属于"俗世之城"的范畴。所以说，基督教会是"存在于这个世界，但不属于这个世界"。而在其现实社会生存中，则需对现实世界所发生的事情作出冷静分析。比如，奥古斯丁分析了战争与和平的关系，表现出其在政治哲学上的成熟。他指出世界上出现的战争现象并不都意味着人类对和平的彻底放弃，相反而往往是为了实现和平却不得不走向战争、采用战争手段。"任何研究过历史和人性的人都会赞同我的这个看法：凡是人心，无不渴望快乐和平安。我们只要想想那些一心要发动战争的人。他们所想要的就是胜利，也就是说，他们的战斗只是通向荣誉和和平的桥梁。胜利的根本目的就在于迫使敌对者屈服，而做到了这一点，和平就接踵而至了。因此，和平是进行战争的目的；甚至对于像统治者和将领那样喜欢运用军事才能的人，这种说法也是成立的。""因此，人类从战争中希望得到的，是它的和平结局。即使在进行战争的时候，每个人想要的都是和平，然而在缔结和平的时候没有人想要战争。"①这样，他从一种政治考量的视角对"俗世之城"也有相应的辩解，其理解已超出一般哲学家或神学家的认知；他强调人世社会虽有为恶的种种作为，却仍保留有向善之心，故而对人世仍不能舍弃而必须拯救。所以，教会在俗世的存在有着双重意义，一是仍反映其在人间地上的局限性，需要按照上帝的旨意不断追求公平和正义，以止于至善；二是代表着"上帝之城"在世上的存在和对俗世的指引，以起到信仰指引和救治的作用。就此而论，教会在本质上则要高于世俗社会和国家，其虽存在于现世，但其存在的质量却与俗世本质有别。"现在的教会也是基督的王国和天上的王国。他的圣徒即使现在也和基督一同为王。"②只有信靠上帝，皈依基督教才可成为不朽者，永享"上帝之城"所带来的平安和永福。这里，他所理解的"上帝之城"

---

① [古罗马]奥古斯丁：《上帝之城》，庄陶、陈维振译，复旦大学出版社2011年版，第382页。

② [古罗马]奥古斯丁：《上帝之城：驳异教徒》（下），吴飞译，上海三联书店2009年版，第187页。

也就是由遵从上帝旨意和永恒秩序的人类所构成，他们并不追求或享受俗世外在的东西，而是信靠上帝、遵循上帝的意志，生活在一种理想的神圣秩序之中，借此使世界和人类都能找到永恒的平安，得以栖息在上帝的福佑之中。"上帝之城的至善就是永恒和完美的和平，不是必朽者在生死之间经历的转瞬即逝的和平，而是不朽者栖居其间，不必遭受任何灾难的和平。"[①]其实，从柏拉图的"理想国"到奥古斯丁希望通过"上帝之城"而通达的"天国"，都不过是人们的一种理想或"幻想"而已，无论是哲学家理想所求的，还是神学家希望所至的这种"国度"，都只可能在人的思想精神之"彼岸"来实现，而并无在人间得以真正实行的可能。

奥古斯丁以其信仰的"自白"和神思的睿智奠定了基督教思想体系的基础，也为西方中世纪的思想文化体系准备了基本框架，提供了最初的雏形和发展的思路。他上承古希腊罗马，下导中世纪欧洲，在对西方思想文化的传承上所具有的历史意义和作用，恰如中国孔子编写"四书""五经"而在中华文明承上启下上所起到的历史意义和作用。其理论的基本逻辑进路是一种信仰逻辑、神学思辨，所强调的是"信仰在先，理解随至"。因此，奥古斯丁经常引用《圣经》中的一句话来梳理自己的思路："除非你信仰，否则无法理解"（Nisi credideritis, non intelligetis）。[②]他后来在《约翰福音研讨》（写于413—418年）中更是直接提出了"信仰为了理解"（crede ut intelligas）这一基本原则，[③] 从而使基督教思想家大多选择了"信仰以求理解"的定向思维及研究进路。从奥古斯丁的思想体系中，我们可以大致了解基督教乃至整个西方神哲学及其思想精神探究的基本思路，以及其问题意识、致知

---

① ［古罗马］奥古斯丁：《上帝之城：驳异教徒》（下），吴飞译，上海三联书店2009年版，第156页。

② 此话出自《旧约·以赛亚书》第7章第9节。现在一般汉译为"你们若是不信，定然不得立稳"。

③ 参见叶秀山、傅乐安编《西方著名哲学家评传》（第二卷），山东人民出版社1984年版，第336页。

取向和话语体系的主要范畴及模式。所以说，若想了解整个西方思想文化和精神信仰的发展，则不可能绕过奥古斯丁这一对西方文化具有奠基意义的里程碑人物。

第三章

鲍埃蒂的思想研究

一　引论

鲍埃蒂（Boethius，全名为 Anicius Manlius Severinus Boethius，约 480—524，也有"波爱修斯"等汉译名）被称为"最后的罗马人"或"罗马的最后一位哲学家，经院哲学的第一人"（洛伦佐·瓦拉之言）。他生活在罗马帝国后期和中世纪早期的欧洲历史转型阶段，他的主要影响是留下了其著名的绝笔之作《哲学的慰藉》（5卷）（*De consolatione philosophiae*，写于 523—524 年），故其死后留有"西方之父"的尊称。

欧洲中世纪并非一种全新的开始，而与在古罗马时期走向鼎盛的欧洲古代有着千丝万缕的联系，尤其是与罗马帝国后期基督教的兴盛密不可分。信奉基督教的罗马帝国在很大程度上为中世纪提供了生活模式和思维方式，从这种意义上来说，基督教思想家奥古斯丁、鲍埃蒂和亚略巴古人丢尼修（Dionysius Areopagita，约 6 世纪人）的著作及思想为欧洲古代过渡到中世纪起了承前启后的作用，成为沟通这两个时代的思想桥梁。他们的著作一方面标志着古代欧洲哲学发展上所达到的高度，另一方面则非常关键地为欧洲中世纪哲学的发展构成了新的历史起点。这些思想家活动的时间范围大致就在 4 世纪末至 6 世纪初，而他们的思想正是在西欧政治、社会、经济和文化发展由古代转向中世纪这一历史过渡时期展开的。其思想精神的特点一方面反映出古希腊罗马哲学之落日余晖，另一方面则标志着他们已经完成了西方古典哲学在基督教哲学中的消融和扬弃。细读他们的作品会特别感到，新老时代的变换和交接对于身临其境的他们会在其思想体系中那么自然而不露痕迹，让人们也很难察觉这一历史的"倏忽"之变。

像鲍埃蒂这样的思想家们经历了古罗马帝国的衰亡，其著述中会充满这一方面的描述和感触。自324年以来，君士坦丁大帝迁都东罗马君士坦丁堡，从而导致了罗马帝国东西两部的逐渐分离。这种分离尤其在4世纪末开始显露出其政治、文化上的特征：在文化上，西罗马人对古希腊语言逐渐生疏，拉丁化的西欧开始崛起，其在思想观念上也终于向古典的希腊哲学和科学这一母体告别，而原来那种希腊教父与拉丁教父在思想精神上交互对应、相得益彰的局面也转变而为各自一边倒的倾向，其思想的沟通基本中断，东西方之分始见端倪。在政治上，东罗马帝国当时尚保持着昔日的辉煌与荣耀，其城市的繁荣发展、贸易的四通八达、贫富之间区别的保留，使其一切仍显示出其有条不紊、从容不迫之态。但对比之下，西罗马帝国则江河日下、颓势已现，其城邦失去了以往的魅力，社会分化日趋剧烈，中央政府鞭长莫及，权力逐渐落入地方政权和当地显贵手里，这样立法、税收、地方防卫和治安也都成为地方之事；地方贵族、地主在中央权力被削弱的情况下不断夺取新的地产并将之连成一片，导致城市的衰败与农庄的发展逆向而行，形成西欧古代晚期的文明特色：这标志着欧洲封建时代已悄然来临。与之有着鲜明对比的，则是西罗马国家的农业收入下降，种植面积减少，原来的奴隶社会面临解体。为了支撑其臃肿的官僚机构和应付其不断增长的军事负担，统治阶级只能靠苛捐杂税、巧取豪夺来维系，其结果是整个社会生活的监督管理加强、官僚机构化加剧，社会矛盾更为突出，其紧张关系使一些社会行业不得不自我联合以求自救，如手工业就像种族制那样形成其组织系统，成为世袭的职业，人们以此来防止在动荡不安的时期冒险迁徙和外流。西欧整个社会都因这种局面而陷入一种僵化，个人的生活方式以其地方化生存而被固定起来，而此时也只有当隐士、神职人员或四处演说者才能摆脱这种僵死的生活模式。所以，自我确定和通过自我行动而达到的内在幸福论这种哲学观点也只能在这类生活方式中才得以表达，曾有的那种宏观叙述，大气磅礴之海阔天空，指点江山般的哲学意境已如凤毛麟角，现实哲学思考面对世风也只能表达个人听天由命的思想或与社会活动保持距离的超脱态度。所以，这一时期的哲学只能作为神职人员的自我理解或演说家的外在装饰而得以继续留存。哲学家虽很不甘心却也无奈，这也在鲍埃蒂的思想中有着明显的流露，他虽然不是一个典型的神学家，却深受当时基督教信仰和哲学传统的影响。不过，当时的哲学意蕴已与其古代传统相距甚远，它实际上停止了与古代平民实践有关的标尺性作用，以及自身突出理性志趣的辩证发展。过去作为理性而彰显的内容，于此已被教义立场所取代。西罗马社会的动荡不安，直接干扰了其哲学家的思绪，原先的理性自我意识与现实历史中非理性的发展形成鲜明对照。人们颇为绝望地感到，要想达到理性的自由和真正的生活，似乎只有静心地等待彼岸之变。

西罗马帝国漫长的边境日益频繁地遭到外族入境的威胁，帝国政治、军事的无力使其顾此失彼、节节败退，昔日皇帝的神威也黯然失色。各个被压迫民族奋起反抗，曾被不屑一顾的"蛮族"破城夺地、势不可当；随着西罗马帝国军事上的失利，也进一步导致其政治、社会和经济状况的恶化，最后是整个西罗马帝国的崩溃，而取代其统治的哥特人等"蛮族"却尚未有作为统治者的充分文化准备，故此对待"有文化的""罗马人"，对待基督教信仰亦有着极为复杂的矛盾心理。而鲍埃蒂就恰巧处于这种风口浪尖上，其命运既是种悲剧，也是一种必然。因此，在这种历史情况下，倘若哲学思想还要对古代的世界观和哲学加以批判，那么其在现实危机和不安的处境中也只能倾向于鼓吹一种在彼岸世界的良心、价值和正义生活。哲学家们在现实中的哲学思辨，乃是为其心目中的这一理想世界而做准备，所以当时的基督教思想也体现出其对古代的理解和对现实的认识。

说鲍埃蒂是第一位"经院哲学家"其实并不确切，因为这一哲学在鲍埃蒂所处的时代仅在萌生，而未成形。所谓"经院哲学"（Scholasticus，亦被汉译为"士林哲学"等）来自"学校"（schola）之语源，其本意的确是指负责一个学校的主人，或是一位有文化教养的人；而在广义上则将这一名称也应用于任何有学问的人或教授；不过，随着欧洲中世纪教育的发展，则一般把"经院哲学"理解为"中世纪在学校中教授的哲学"，即"学校中的产物"。在当时，"学校"被用来表明最高的教育，而且主要是指哲学和神学这两门"完善知识教育"的学科。但在中世纪的后期，音乐家、天文学家等学者也像哲学家和神学家那样被称为"经院哲学家"。追溯其历史，将"中世纪哲学"与"经院哲学"相等同乃源自其时代结束后的欧洲文艺复兴时期。研究中世纪哲学的著名学者德·伍尔夫（Maurice de Wulf）曾分析说，"经院哲学"本身的含义包括：（1）在其语源学定义上乃与"学校"有关，为在学校中教授的哲学；（2）基于其哲学的体系化及其教授的方法而界定；（3）与宗教和神学密切相关，此即其宗教定性；（4）与中世纪文明的其他因素如宫廷学校、教会及修道院等相关；（5）与古代哲学和教父哲学传统有关联。[①]于此，他还认为中世纪有一种与"经院神学"（Scholastic Theology）相区别的"经院哲学"（Scholastic Philosophy），其持有共同的"经院哲学遗产"（Scholastic Patrimony），与中世纪的文化艺术发展有着密切关系。当然，就其理论体系而论，很难将"经院神学"与"经院哲学"加以明确区分，因为二者有着不可分割的关联。但在文艺复兴之后及随之出现的宗教改革时期，"中世纪"和"经院"均有了贬低之意，"经院"不再单指以往的"职业"（在学校任教）蕴涵，而被赋予意识形态上的意义，即成为宗教改革家对中世纪主流思想体系的蔑视之称，在此，"经院的"（scholastic）因而被视为与"诡辩的"（sophist 或指"灵智的"）表述同义。"经院的"也被看作在学校"口述"的教学，而随着欧洲印刷术的发现及其推行，经院哲学也就寿

[①] 参见比利时学者德·伍尔夫著《中世纪哲学史》，（Maurice de Wulf, *History of Mediaeval Philosophy*, Vol. I, English translation by Ernest C. Messenger, Thomas Nelson and Sons Ltd., London, 1951）第 5—6 页。

终正寝了。由此而论，把鲍埃蒂视为"经院哲学的第一人"，主要是根据其思想体系与整个欧洲中世纪哲学的关联，而并非他发明了在中世纪"学校"中的哲学教学及研究。

二 生平与著述

鲍埃蒂约于480年在罗马出生，早年家境不错，为当地豪门望族。他曾先后在罗马、雅典、亚历山大城等地求学，对古希腊罗马文化亦有较好的把握；其父曾于487年任罗马执政官，在当地颇有影响；但其父母早逝，尤其是他490年失去父亲，因而自幼获得罗马上层及罗马教会的照顾，特别是被罗马元老院的西马库斯（Symmachus）收养，成年后还成为西马库斯的女婿；他本人于510年担任了罗马执政官一职，一度成为当时统治者东哥特王狄奥多里克（Theoderich）的好友和近臣，并作为其宫廷教师而留居王宫。他的两个儿子也曾于522年一同被推选为执政官。他本人甚至于522年9月担任了类似首相的首席行政官（Magister officiorum）高位，但这一从政之途使之最终走上了不归之路，他的好运不长，在从政后不久就于523年8月被以图谋不轨之罪而打入死狱，在被监禁一年之后于524年10月23日被处死。

面对突然降临的祸变，鲍埃蒂利用生命的最后一刻在被囚禁的巴维亚砖塔中奋笔疾书，以充满哀情的悲歌反思人生命运，又以哲学的慰藉来淡看其种种苦难，并最终凭借信仰的追求而达到自我的超脱和心境的超越。其哲学之思则使他历久不朽；这部在囹圄之中写成的鲍埃蒂遗训，以《哲学的慰藉》之名而成为其最为著名、最具代表性的著作，而其表达出的那种颇具悲怆之感的哲思及其内蕴的超然之慰，对人心有着极大的震撼。这部著作后来被西方史学大家吉朋誉为"黄金宝典"，历代为人们所翻阅、所思索，在西方历史上留下了许多名家对其命运及警言的回应和感叹。

历史的巨变或转折曾使不少人获得一展宏图、抒其壮志的机遇，但也给许多人带来人生苦短，难展宏图的遭遇。其时运及命运的不定，使动荡时代的哲人多有感叹。在从西罗马帝国到中古欧洲的转型时期，不少政治家和哲学家都曾有过这种跌宕起伏的经历，甚至有人惨遭厄运、抱恨而终，而鲍埃蒂就是其中最典型的人物。现实的悲剧和命运的磨难使人不可能在其生存的社会中寻求"外在超越"，鲍埃蒂于是转向自我，以其信仰和哲理共构的慰藉来疏导自己的倾诉、抚平心灵的伤痛，达到从容面对苦难和不幸的"内在超越"。

秉承古希腊罗马哲学家主张"从政"的遗风，鲍埃蒂居于高位后一方面试图在政治上有所作为，希望以推行民主自由来限制国王专权，另一方面又想保持其学者风范，因此坚持著书立说，驰骋于思想领域。除了《哲学的慰藉》，他还写有或翻译编辑了如下著作。

1. 神学类

《论三位一体是一个上帝》（*Quomodo trinitas unus Deus*），亦称《论圣三位一体》（*De sancta Trinitate*），约写于520年。

《谈圣父、圣子和圣灵是否实质上可以指称上帝》（*Utrum Pater et Filius et Spiritus Sanctus de Divinitate Substantialiter Praedicentur*），约写于520年。

《实体如何因存在而善，而不因实体性之善为善》（*Quomodo Substantiae in eo quod sint, Bonae sint, cum non sint substantialia bona*），亦称《论七公理》（*Liber de Hebdomadibus*）约写于520年。

《论公教信仰》（*De fide catholica*），约写于520年。

《驳优迪克和聂斯托利》（*Contra Eutychen et Nestorium*），约写于520年。

上述著作中有一些也被收入其《神学论文集》（*Opuscula sacra*）中。

2. 哲学类

《波菲利〈引论〉注释》（*Isagogen Porphyrii Commentorum Editio prima et secunda*），为其译作及两篇注释，写于509年前后。

《亚里士多德〈范畴篇〉注释四书》（*Categorias Aristotelis libri IV*），为其译作及注释，写于510年前后。

《亚里士多德〈解释篇〉注释二书》（*Librum Aristotelis De Interpretatione*），为其译作及注释，写作年代不详。

《范畴三段论导论》（*Introductio ad syllogismos categoricos*），亦称《先宾位词》（*Antepraedicamenta*），写于 512—513 年。

《范畴三段论》（*De categoricis syllogismis*），写于 512—513 年。

《假言三段论》（*De hypotheticis syllogismis*），写于 514 年前后。

《论划分》（*De divisione*），写于 514 年前后。

《关于论题之区分》（*De differentiis topicis*），4 卷，写于 515 年前后。

《前分析篇》（*Analytica priora*），写作年代不详。

《后分析篇》（*Analytica posteriora*），写作年代不详。

上述著作中有一些也被收入其《哲学论文集》（*Opuscula philosophiae*）中。

此外，有些被归入鲍埃蒂著作内的作品被疑为他人所作，例如：

《论定义》（*Liber de definitione*），可能作者是维克多里努（Marius Victorinus）。

《论统一》（*De unitate*），可能作者是贡蒂萨利努（Dominicus Gundissalinus）。

《论学校分科》（*De disciplina scholarium*），被认为是 12—13 世纪的匿名之作。

《论圆与方》（*De quadratura circuli*），作者不详。

3. "四艺"（Quadrivium）类

《论算术原理》（*Institutio arithmetica*），2 卷，写于 507 年之前。

《论音乐原理》（*Institutio musica*），5 卷，写于 507 年之前。

《论几何学原理》（*Institutio geometrica*），原作已佚失。

《论天文学原理》（*Institutio astronomica*），原作已佚失。

鲍埃蒂曾想将柏拉图和亚里士多德的著作译为拉丁文面世，但是没有完成。

三 基本思想理论

在其诸多思想贡献中,鲍埃蒂的著作反映出其基督教信仰的两大主题,即"受难"与"超越"。耶稣被钉十字架的受难成了基督教传统中神秘而神圣的象征,其哲人亦将生活中的苦难和折磨视为对这种受难的现实感受及感悟,由此以之作为对其信仰的考验和对其意志的砥砺,从而形成善于在苦中求乐的精神和漠视人生磨难的风格。这一传统成为西方文化中理想人格的基本素质之一,并且在中古、近代西方"苦行""禁欲"的社会人生中得到折射。这种文化底蕴与中国社会生活中所提倡的"吃苦耐劳""吃得苦中苦,方为人上人"的功利思考迥异,也与其"苦其心志,劳其筋骨,饿其体肤,空乏其身"而等天"降大任"、归于"正命"的孟子之道不同。所谓"受难"实际上乃默认了现实生活中的"失败""挫折"和"非命",并使其承受者获得一种信仰意义上的安慰和解脱。在此,哲学就是思想者超越其现实窘境和自我苦难的心灵栖息地。

当他身陷囹圄时,对"受难"这一主题有着特别直接和深刻的体悟。他痛定思痛,[①]"独自沉思这些事情,并且决定把我的苦衷书写出来"。他在其《哲学的慰藉》卷首有一篇悲歌,生动描述了其当时的心境:"往昔我曾满怀豪情地吟诗高歌,如今却要愁肠寸断地倾诉哀情。愁容满面的诗神萦绕在我脑际,驱使我双颊挂满了真情的泪珠。""生活甜美之时我但求远离死亡,到痛不欲生时才渴望以死解脱。可惜死亡不理会困苦者的哀求,它不屑于把哭泣的眼睛闭上。"[②]这种求死不得的绝境,使他更为坚定地转向信仰,由此他沉醉于超越之冥想,而不再沉迷于个人命运之得失。

[①] [古罗马]波爱修斯:《神学论文集 哲学的慰藉》,荣震华译,商务印书馆2012年版,第78页。

[②] 同上书,第77—78页。

起初，在其"受难"处境的思考中，他也自然地流露出如约伯那样的哀怨。"我现在看到的是，行恶的乌合之众却在欢天喜地，放任自流的人在策划如何去诬告别人，而善良的人们却俯倒在地，唯恐遭遇像我一样的危险，淫邪者们可以肆无忌惮地为非作歹；但清白无辜的人们却不但丧失了任何的安全，而且还没有任何声辩的可能。""我现在已经一贫如洗，尊严丧尽，名誉扫地，为要行善却受到了惩罚。"①于是，他像抱怨苍天无眼那样向上帝发问："一切无不是你宝座的号令？又为何让捉摸不定的机缘如此擅自地玩忽万物？原本应该加诸罪人的种种惩罚却为何降临无辜？但如今那至尊的高位，却将最大的恩典赐给无赖，听任那些邪恶的恶徒，肆意作践众多善良的人们；伦理道德躲在黑暗里，正义者无辜地遭受着毁谤。行欺诈作伪证的邪徒，却没有因其恶行而蒙羞辱，皆因为他们大权在握，他们尽可以随时为所欲为去左右那君王的心意，去操作受万民敬畏的君王。"②为此，他几近绝望地呼喊："祈求在天上的你明察秋毫，平息这些凶恶的风暴，愿你那些治理天上的条法，也运用到我们的地上。"③显然，在这种绝境中，鲍埃蒂也多少表露其对上帝的怀疑，"因为按常规，上帝总是奖善罚恶，但有时却会反过来使善良蒙难，邪恶昌盛"。④这已不是对"神正论"的怀疑，而是直接对上帝的诘难了。其实，上帝本来就是思者冥思苦想之鹄的或苦者解脱痛楚之期盼，这种希望一旦落空，出现怀疑或失落也是非常自然的。

在百思不得其解的窘境中，鲍埃蒂回到哲学，寻求其哲学的慰藉。"这样一来，我的悲哀就消解了，我重新又恢复了理智，我认清了是谁拯救了我；……我发觉，是那从我年轻时开始使我一直在其中得到培育

---

① ［古罗马］波爱修斯：《神学论文集 哲学的慰藉》，荣震华译，商务印书馆2012年版，第90页。
② 同上书，第91—92页。
③ 同上书，第92页。
④ 同上书，第180—181页。

的哲学";①"仪态高雅而神情凝重的哲学女神,用她柔和而甜美的歌声"② 而使他回归理性的审视,冷静地对待其受难和厄运。

鲍埃蒂所追求的"超越",则是从审视真正的最高福善来探究幸福的意义,对世人的名利之恋、成功与否加以信仰上的哲理剖析。这样,他就超越了一般性善、正义的认知,意识到"厄运却会使人们回归真正的善良"③。哲学使人处事不惊,会冷静地面对自我所遭遇的一切;但只有信仰才能使人大彻大悟,向死而生,超越自我,在苦难和绝境中获得精神上的解脱,甚至还可以享受到一种得到救渡的幸福和欢乐。这就是宗教中所谓灵魂得救之意蕴。虽然鲍埃蒂自我分析的路径是哲学的、逻辑的,却以其信奉的宇宙最高主宰即神圣上帝作为其终极之维。他为此而有一种重新发现真理的反思和渴求,"亲爱的父啊,让我的心灵飞升到你神圣的宝座旁,让我得以目睹恩典之源泉和你的光芒,为的是使我的灵魂如此可以清晰地见到你,恳求你去掉压在我身上的沉重负担,求你把你那最明亮的光芒也照耀到我们,一切虔信你的信徒唯有从你那里得到宁静和平安,能见到你的光芒才是他们的最终目的,你是他们的创始者和引导者,也是他们的归宿和道路"。④于是,他就解脱了一切小道理的困扰,在原来百思不得其解之处豁然开朗。在他看来,享受真正的幸福并不是在人生存的有限时空和短暂年华,也不在事业有成、官居高位;尘世的幸福和成功乃过眼烟云,不足挂齿;但体悟最高幸福却需要现实人生的参照,以及对之玩味和深思;从这一意义上,人生苦难则是一种资本、一种经验,为人探究幸福的超越意义提供了借鉴或启迪。享受生活的喜剧诚然能给人带来愉悦,但它不免浮浅、轻微,而缺少悲剧的深刻、没有其刻骨铭心、感人肺腑的魅力。"一生处变不惊的能者,必能压服倨傲的命运;不管遇上幸运或厄运,

---

① [古罗马]波爱修斯:《神学论文集 哲学的慰藉》,荣震华译,商务印书馆 2012 年版,第 82 页。
② 同上书,第 164 页。
③ 同上书,第 123 页。
④ 同上书,第 146—147 页。

自能悠闲地从容不迫。"① 显然，鲍埃蒂所理解的这种"超越"并非功利层面的，却会坦诚面对现实，它不追求"遁世"的解脱，亦非不食人间烟火的虚幻，而是从正确对待人生命运上达到人的气质、心境上的升华，使生活中的"悲剧"成为信仰中的"圣剧"和精神得救的"喜剧"。于是，在其现实命运的绝境中，鲍埃蒂最终想到的是飞翔和升腾："我乘着矫捷的翅膀凌空飞翔，高飞的心灵就此厌恶这茫茫大地，……终于到达万里星空中的太阳神境，……得入座荣光交辉之绝高顶峰。"② 可以说，鲍埃蒂在其生命将终结之际，其所得到的慰藉表面看似乃哲学的慰藉，而实质上则是信仰的慰藉，他是靠基督教信仰而克服了对死亡的恐惧，达到了其精神得救的超越。所以，他在《哲学的慰藉》收笔之语不是哲学理性的表白，而乃精神获救的寄托："有那么一位上帝，他注视着万事，预见到万事，上帝永恒而又时时亲临地视察着万事，与我们未来行为的性质相一致，安排好奖善罚恶。我们寄希望于上帝或是向他祈祷绝不会是徒劳无用的；因为只要我们好好地这样去做，就像我们应该做的那样，我们是绝不会白费力气，一无所获的。为此，你该去恶从善，拥抱德性，谦卑地从地上向你那至高无上的君王祈祷。"③

在基本神学问题上，鲍埃蒂坚持基督教"三位一体"的正统信仰和体现"大公教会"特色的正统教会，以便在信仰上反对异端邪说，在教会组织建构上反对异端教派。对于"大公教会"的正统性和权威性，他指出："许多人都是虔诚地信奉基督教的；然而，令人信服且唯一令人信服的信仰形式，就是被称为'公教'（catholica, universalis）的信仰，公教的各条教规以及为它树立威信的各部教义，无不具有普世性质，而且，使这些教规和教义得以表明的礼拜仪式，现在已经遍及整

---

① [古罗马]波爱修斯：《神学论文集 哲学的慰藉》，荣震华译，商务印书馆2012年版，第83—84页。
② 同上书，第165页。
③ 同上书，第214—215页。

个世界。"①只是在基督教成为罗马帝国的国教以后,教会统一信仰、清除异端的任务才逐渐得以凸显。面对各种异端思潮及其教派组织的涌现,鲍埃蒂表达了其维护"公教"正统的明确态度。至于"三位一体"上帝的信仰,鲍埃蒂也坚决捍卫其正统性和不可动摇性。他亦曾如此评述过:"罗马天主教有关三位一体的信条,如下所述:圣父是上帝,圣子是上帝,圣灵是上帝。所以,圣父、圣子和圣灵,是同一个上帝,而不是三个上帝。这样的三位一体,其原则就在于没有任何差异。"② 他强调这一正统教义的最基本之点,就是坚持"单数"的"三位一体",而坚决反对对此加以"复数"的理解。如果"将这三位一体中的三位,按各自的品位加以划分,从而使其割裂开来,成为复数的三位一体",那就是异端邪说,"因为,复数的实质,就是'另外还有'",③ 从而有悖于对唯一上帝的信仰。在人类构建的科学体系中,鲍埃蒂认为只有神学才体现出其真正的智慧。他指出:"思辨科学可以分成三大类:自然学、数学和神学。"其中"自然学所研究的是运动,它不是抽象的或可独立的";"数学并不研究运动,但也不是抽象的";"神学也不研究运动,但却是抽象的和可独立的";"所以,在自然学中,我们运用的是一些推理式的概念;在数学中,我们运用的是一些有理论依据的概念;而在神学中,我们运用的才是智慧的概念"。④由此可见,欧洲中世纪发展出来的理论思辨,乃是哲学的理智与宗教的神智之结合共构,其中并出现了哲学让位给神学的这种很具典型意义的嬗变。

此外,在欧洲中世纪哲学的发展中,鲍埃蒂还较早地提出了"共相"问题,讨论种与属这一抽象与实在的关系,由此开始了对古罗马时代与中世纪的跨越,带来了中世纪哲学对"共相"即"一般"之本质的深入思考。在此,他对"种"和"属"的存在形式提出了三个问

---

① [古罗马]波爱修斯:《神学论文集 哲学的慰藉》,荣震华译,商务印书馆2012年版,第12页。
② 同上书,第12—13页。
③ 同上书,第13页。
④ 同上书,第14—15页。

题，一是它们究竟是独立于人之心灵而存在，还是仅存在于人的思想中；二是如果它们乃独立的真实存在，那么是否为有形的存在；三是它们究竟存在于个别的物体之中，还是脱离物体而独立存在。而在其回答中，他认为"种"和"属"的存在是"多"而不是"一"，但其作为观念形态具有普遍性和客观性，而之所以能够形成"种"和"属"的思想，则在于对其反映众多个体之"相似性"的收集。"这个相似性被心灵思索并真正地知觉到，从而造成了'属'；进而当思考这些不同的'属'的相似性（它不能在这些'属'之外或者在这些个别的'属'之外存在）时，就形成了'种'。所以，'种'和'属'是在个体之中，但他们都被思考为共相，并且'属'必须被看作不外是把个体中的众多的实质上相似性集合起来的思想。而'种'则是集合'属'的相似性的思想。"[①]显然，其观点主要体现为后来被视为中世纪经院哲学中"唯名论"的那些思维特征。鲍埃蒂这种研究的意义，就在于"他的工作构成了经院哲学中唯名论和唯实论斗争的外部导火线。或者说，他把古希腊哲学思想的斗争中有关一般和个别问题的不同观点加以综合，并提出自己的见解，传递到了中世纪经院哲学家们的手里"[②]。仅就这一贡献而言，鲍埃蒂则无愧于"罗马的最后一位哲学家，经院哲学的第一人"之称。

（原载卓新平著《西哲剪影》，中国社会科学出版社2011年版，本文有较大增补。）

[①] 北京大学哲学系编译：《西方哲学原著选读》（上卷），商务印书馆1981年版，第232—233页。

[②] 叶秀山、傅乐安编：《西方著名哲学家评传》（第二卷），山东人民出版社1984年版，第366页。

第四章

埃里金纳的思想研究

欧洲中世纪思想文化的重建，始于8世纪的"加洛林文化复兴"（亦称"加洛林王朝文化复兴"）。"加洛林"指法兰克王查理大帝（拉丁文Carolous Magnus），其奠立的王朝习称"加洛林"（Carolous）王朝。查理大帝因为800年率军南下，帮助教宗利奥三世在罗马恢复教宗之位而被其加冕封为"罗马人皇帝"，从而使其法兰克王国发展为"神圣罗马帝国"。它的特点是以兴办教育、复兴文化的努力来"走出黑暗时期"，在被政治动荡所摧毁的欧洲废墟上开始文化重建。在这一具有浓厚基督教色彩的"文化复兴"中，其一大特点就是兴办学校，发展教育，并把西方古代教育中的文法、修辞和逻辑这"三艺"（Trivium）结合中世纪初期基督教教育推行的算术、几何、音乐、天文这"四艺"（Quadrivium）而发展出的"七艺"（Septem Artes Liberales）作为其世俗和宗教教育的基础，在其宫廷学校和修院学校中推广、应用。这样，中世纪欧洲文化得以重建。而在这一重建过程中，埃里金纳是一个关键人物。

约翰·司各脱·埃里金纳（Johannes Scotus Eriugena，约810—877），意指"苏格兰人约翰"，"苏格兰人"在9世纪指爱尔兰的居民。他约于810年出生在爱尔兰，845年来到西法兰克，任教于当地宫廷学校。埃里金纳属于第二代加洛林学者，即被查理大帝之孙秃头查理请来办学授课，担任其宫廷学院首席教授达25年。他才思敏捷，在机智中不乏幽默。据传秃头查理有一次在宴会上想戏弄坐在对面的埃里金纳，提出一个辞韵双关的问题："苏格兰人（SCOT）与酒鬼（SOT）之间何以区别？"埃里金纳不动声色，机敏而简练地回答："这张餐桌。"这使得查理既非常尴尬却又不好动怒。不甘心的皇帝还想再次试探，在一次请埃里金纳与两位神父吃饭时让埃里金纳把盘里的两条大鱼和一条小鱼分一下。埃里金纳从容地将两条大鱼放在自己的盘子里，仅将一条小鱼放在两位神父的面前。两位神父抱怨分配不公，查理让他解释。埃里金纳非常"谦卑"地指着自己说："这里是一个小的，加上两个大的（指自己盘中的两条大鱼）"；又指着那两个神父和其面前的小鱼说："这里也是两个大的和一个小的"，"所以分配是完全公正和平等的。"一席话让皇帝和两位神父哑言。但埃里金纳一生也受到查理的保护，当其著作被教皇尼古拉一世谴责时，他仍能安然无恙，得以继续其学术教育事业。当查理877年去世后，埃里金纳亦突然消失，不再见于任何历史记载，从而留下种种猜测。

埃里金纳的主要著作有两部，其中《论神的预定》（*De divinis Praedestination*）写于851年，乃应兰斯大主教辛克马（Hinkmar）的请求所写，旨在批判当时哥特沙勒克（Gottschalk）关于双重预定论等异端思想，不料埃里金纳的这部著作本身也在855年瓦朗谢宗教会议上遭到谴责。《论自然的区分》（*De divisione naturae*）为5卷对话，写于866年，为其代表性著作。其中第1卷讨论作为最高创造之因的上帝，第2卷讨论理念问题，第3、第4卷讨论受造之物，第4、第5卷涉及万物之复归等问题，而第5卷的最后则讨论事物的终极目标。此外，埃里金纳还对鲍埃蒂、亚略巴古人丢尼修等人的著作有着译介和解说，也对《圣经新约：约翰福音》等写过评注。

埃里金纳的思想特点是通过新柏拉图主义和东方流传的"流溢说"而创立了其神秘主义哲学。他认为神与宇宙同一，宇宙存在于神、神亦存在于宇宙之中，故而有泛神论色彩。在自然与神的关系上，他宣称有四类存在：第一为创造而非被创造者，第二为被造者同时也创造，第三为被造者而不创造，第四为既不创造也非被造者，其中第一乃作为万物根源的"神",第二乃神性"逻各斯",第三为宇宙存在,第四又是作为万物终极目的之"神"。而在人与神的关系上,他则强调人是一个小宇宙,包含有整个宇宙的本质及其丰富体现;而人的灵魂只是神的某种独特体现,灵魂所涵括的感觉、智慧和理性,正是三位一体在人里面的反映,从而肯定了人的神圣意义,即能体现神的本质。至于对神的认识,埃里金纳则采取了"否定神学"的观点,认为只能推论性地认识神,而不能去具体说明、界定神;人们只能说"神"不是什么,而不可以说"神"是什么,神的本质是无法被认知的"永恒奥秘"。显然,埃里金纳的这种思想深受东方教会神秘主义思想家亚略巴古人丢尼修(习称"伪丢尼修",亦译"雅典大法官狄奥尼修斯")的影响。鉴于认识上帝和解释神学上的种种困难,这个"伪丢尼修"提出了间接论述上帝的方法,建立起一种独辟蹊径的奥秘神学,后来亦有人将之视为"否定神学"较早且相对系统的表达。他认为,上帝作为至高存在、作为生命及一切之根源和始因,远远超出了受造之人的认识范围及能力。人因而不可能直接讨论上帝的本体和本性,对之加以哲学理性推断上任何肯定或否定的评说。这里,上帝对人而言乃是"隐匿之神",是一种不可思议的"奥秘",人为此只能感到"神之幽深、黑暗"而无法作出任何实质性判断。所以,人最多也只能在认识到其"不知"的前提下以相关方式来间接地推论上帝的存在、类比性地理解上帝的本质,并经过自我灵修而使人自身达到神化,以便实现在超出理性认知的神秘意境之中来领悟上帝、与神合一。埃里金纳在查理请求下曾将此丢尼修的著作从希腊文译为拉丁文,并发现此乃托名著作,故称其为《伪丢尼修著作》,书中内容包括《天阶体系》(De caelesti hierarchia)、《教阶体制》(De ecclesiastica hierarchia)、《论神名》(De divinis nominibus)、《神秘神学》(De mystica theologia) 等,并有多篇附录。这部书被埃里金纳译成拉丁文后迅速传开,"几乎就像《圣经》一样",对西方思想文化、神学哲学产生了广远影响。从此,否定神学在中世纪思想发展中占有重要地位,并成为基督教神秘主义的独特表述。

在其思想发展中,埃里金纳通过翻译伪丢尼修的著作而接触新柏拉图主义的基本思想，尤其是突出了一种神秘主义和泛神论的自然世界及其上帝之理解。基督教思想传统在对上帝的论证中大致分为"肯定神学"和"否定神学"两大趋向，"肯定神学"主张对神性加以理性论证，如把上帝说成太一、至善、永恒等，认为可以通过"象征的知识"而获得对神性的认知和理解；而"否定神学"则认为绝对不可能从"是"的视角来认识上帝、论证上帝，而只可从其对立面来说上帝"不是"什么。这样，埃里金纳接受了这种"否定神学"的观点，对神性本身持一种神秘主义的态度，而只是从上帝的造物"自然"那儿去探究。但在其对"自然"的探讨和理解中，却实际上暗含了埃里金纳对上帝的体悟和认知。

既然是神秘主义的认识进路，埃里金纳对上帝和自然就持一种宏观、模糊的整体论把握。但与一般神秘主义所不同的，则是埃里金纳对之仍然进行了理性的分析和认知。在他看来，"上帝就是全体，全体就是上帝"，而以上帝为本源、归宿、实质和中心的统一整体就是"自然"，自然即人之"心灵所能了解的或者超越心灵力量所能及的全部事物"。[①]因此，了解自然实质上也就是了解自然从上帝起源及其最终回归上帝的过程。自然作为这种整体乃涵括有实在及潜在之全体，实在即已展现的存在，而潜在则乃尚为潜隐的不存在。也就是说，物质世界按其"质"而可被视为存在或不存在。"凡是根据在时间和空间里产生出来被形成了的物质原因本身而被认识的，习惯上称之为存在；反之，凡是仍然内含于自然深处，尚未成为被形成的物质，或者还不在时间和空间里，并且还没有由于某种机会成为可见的，正是这样，习惯上才称之为不存在。"[②]这里，已经展露出对中世纪哲学所讨论的一些基本问题的关注，触及对形式与质料、潜能与实在的初步认知。

---

① 叶秀山、傅乐安编：《西方著名哲学家评传》（第二卷），山东人民出版社1984年版，第405页。

② 北京大学哲学系编译：《西方哲学原著选读》（上卷），商务印书馆1981年版，第238页。

在对自然的认识中，埃里金纳承认了理性的作用及意义。感觉只能抓住表面，而理性才能洞观本质。所以，"只有凭纯思维认识的，才是真正的存在。相反，那些通过产生、通过物质在时间和空间中的运动而延伸或收缩从而变化着、凝聚着或分解着的东西，只能说实际是不存在，这种看法适用于能够发生、也能够消灭的一切形体。"[①]其对理性能力的肯定和强调，从思想认知和学科立足上有力推动了中世纪学科体系的发展和科学方法的运用，开创了从逻辑学到辩证法的拓展进路。在他看来，理性具有两种能力，一是"智慧"（sapientia），二是"科学"（scientia）。其中，智慧"是理智借以思考上帝以及在道中所包含的永恒理念的能力；因此，智慧在本质上是沉思的神学"；而科学则"是思辨理智在思考被创造的事物来自最高原因'理念'的起源以及它们被划分为种和属的时候，借以着手理解它们的本性的能力"。[②]正是这种理性之用，哲学的意义得以肯定和凸显。而在埃里金纳眼中，这种哲学与神学是密不可分的；恰恰基于这种理解，中世纪经院哲学实际上等同于基督教的神学体系。埃里金纳认为这种哲学的方法按其研究对象的分类可以包括神学、科学和伦理学这三大学科体系，"这样，哲学不仅关注一个服从变化的本性，而且也关注没有变化的本性，不仅关注与一个形体相结合的本性，而且也关注没有形体的本性，不仅关注在空间和时间中实存的本性，而且也关注超越空间和时间的、不可分解的、通过其自己的单纯性而聚合的本性"。[③]

由于埃里金纳在中世纪基督教信仰中重提理性的重要性，主张哲学与宗教同一，认为信仰可以转变为知识，因此较为系统地开创了欧洲中世纪哲学认知之途，其探讨被黑格尔誉为"真正哲学性的"。其综合之举也使信仰得以理性的论证，而理性则有力捍卫了信仰的存在意义。在

---

① 北京大学哲学系编译：《西方哲学原著选读》（上卷），商务印书馆1981年版，第239页。

② [法]博讷、[法]吉尔松著：《基督教哲学：从其起源到尼古拉》，李秋零译，香港，道风书社2011年版，第197页。

③ 同上。

西方思想史上，埃里金纳作为中世纪早期的宫廷教授和有系统著述的思想家，也曾被人称为"第一个经院哲学家"或"中世纪哲学之父"，甚至有"中世纪哲学的查理大帝"之誉。

（原载卓新平著《西哲剪影》，中国社会科学出版社2011年版，本文有补充。）

第五章

阿伯拉尔的思想研究

　　阿伯拉尔（Pierre Abelard, 1079—1142）是欧洲中世纪思想史上具有传奇色彩的思想家。他 1079 年生于法国南特巴莱镇的一个骑士家庭，为求学而放弃了骑士封号和长子继承权，先后拜师于洛色林（Roscelin）、香浦的威廉（Wilhmelm von Champeaux）和拉昂的安瑟伦（Anselmus Laudunensis），但因不满意这些老师的观点而于 1101 年起在默伦、科尔贝、巴黎等地办校授课，结果学生云集，声名鹊起。1117 年阿伯拉尔成为巴黎高级教士富尔贝尔的外甥女海洛伊丝（Heloise）的私人教师，不久两人坠入爱河，生下一个男孩，并秘密结婚。当阿伯拉尔返回巴黎执教，将海洛伊丝留在阿根杜修院后，富尔贝尔以为他对这一婚姻反悔，急怒之下派人将阿伯拉尔阉割。于是，阿伯拉尔成为圣丹尼斯修院修士，海洛伊丝亦正式做了修女。但两人仍保持着坚贞的爱情，并通书信联络。阿伯拉尔从此集中于神学研究和教学，著述甚丰，并有许多学生慕名前来求教。但其学术观点却颇遭非议，并多次受到谴责，被判为异端。尤其是其《论神圣整体和三位一体》等书于 1121 年被苏瓦松宗教会议作为异端而遭禁。在其著作被焚毁、生命受到威胁的情况下，阿伯拉尔曾多次出走，隐居到不同的修院之中，在其不幸的经历中，他于 1135 年写出了具有自传意义的《苦难史》。此书经过辗转相传，亦被海洛伊丝所读到。他于 1136 年后曾一度重返巴黎，但因为其学说于 1141 年又遭桑斯宗教会议的谴责而退居克吕尼修院，最后于

1142年在圣马塞修院去世，被安葬在圣灵堂。1164年海洛伊丝去世后亦被安葬于此。阿伯拉尔在西方有着广远影响，其墓志铭上对之乃有"高卢的苏格拉底""敏锐的天才"之誉。而他与海洛伊丝的爱情故事亦广为流传，在法国大革命爆发后，原来的墓地被毁，他俩的遗骸于1817年被移至巴黎拉雪兹神父公墓合葬，包括美国电影《天堂窃情》在内的许多文艺创作更是不断地生动再现其历史身影。

阿伯拉尔的著述范围较广，在世界学术界和基督教思想界都颇有影响，其写作包括如下一些领域。

1. 逻辑学著作

《小引论》（*Introductiones parvulorum*，亦译为《小评注》或《细物导论》）。

《辩证法》（*Dialectica*）［其中由三部分构成，包括《逻辑学（进展）》（*Logica "Ingredientibus"*），《逻辑学（我们的追求）》（*Logica "Nostrorum Petitioni Sociorum"*），以及未完成的《辩证法》（*Dialectica*）］。

2. 神学著作

《论神圣整体和三位一体》（*De unitate et trinitate divina*）。

《基督教神学》（*Theologia christiana*）共5卷。

《神学》（*Theologia "Summi boni"*），后因印刷错误而亦被误称为《神学导论》（*Introductio in Theologiam*）。

《是与否》（*Sic et non*）。

3. 伦理学著作

《伦理学或认识你自己》（*Ethica seu Scito teipsum*）。

以及自传著作《苦难史》（*Historia calamitatum*）等。

作为一名经院哲学家和神学家，阿伯拉尔的精神追求使他成为中世纪"唯名论"哲学的重要奠基人。他认为"一般"或"共相"不是独立存在的"实物"，而只是一个"名字"或"称呼"，由此反对安瑟伦的"唯实论"。但他也不同意洛色林等人的极端唯名论观点，而主张"共相"仍存在于人的心中，是人用来表示许多事物相似性和共同性的概念。其理论故有"概念论"之称。在他看来,如果一个"名称"所标志的具体事物已不再存在,该"名"则失去其作为事物的具体性质和客观作用,但在人的思想理智中仍保持着其意义;假若所有的具体"玫瑰"都不存在了,而"玫瑰"之"名"却仍在人们思想中保持着其含义。受其启发,当代作家埃科用《玫瑰之名》作为其小说标题,表示对早已逝去的中世纪社会之回顾和追寻。

阿伯拉尔还在《是与否》中列举了158条命题的"是"与"否"两种意见,由此说明在信仰中理性推断的意义。此书从而成为其"辩证神学"的名著。此外,他在《神学》中反驳安瑟伦"信仰以达理解"的观点,认为应走"理解而后信仰"之途。在他看来,理性对于信仰是很有贡献的,若无理性的工作则不可能有信仰的存在。因为信仰问题的权威并不在教父手中,尤其是当不同的教父对之发生争议,一个说"是",另一个说"否"之际,就需要理性的判断和裁决。理性可以对相互矛盾的说法质疑,并以这种怀疑而"导向对信仰真理一种更好的论证",因此理性可以借助这种怀疑来作出不断深入的追问,"借助怀疑我们达到研究;借助研究我们获得真理;因为真理自身就是:研究吧,你们将有发现;敲门吧,门将为你们开"。[1]如果不坚持,甚至不允许对信仰加以理性的思考,则很难使人们真正信服并自觉皈依信仰;而且,如果没有理性的这种教育和护教功能,也很难真正驳斥异端、捍卫信仰。所以,阿伯拉尔坚决把理性视为确保信仰的前导。这种对理性认识、对逻辑推理的强调,使其思想特色在向构筑一种思辨神学体系的方向发展。为此,研究中世纪思想的学者对他有着如此的评价:"可以说中世纪的亚里士多德主义是随着阿伯拉尔开始的,因为随着他,开始有了对亚里士多德逻辑学的一种新的和认真的兴趣。"[2]而"逻辑学"在中世纪早期则正是"辩证法"即辩证思维的代名词。

---

[1] [法]博讷、[法]吉尔松著:《基督教哲学:从其起源到尼古拉》,李秋零译,第265页。

[2] 同上书,第271页。

值得特别指出的是，阿伯拉尔在中世纪率先将柏拉图所使用的"神学"术语用作"对全部基督教义作逻辑性及辩证式的探讨"之意，从而使"神学"真正具有了"基督教"理论体系的含义。其"神学"和"基督教神学"之用都具有开创性意义。但这比柏拉图提出"神学"已经晚了1400多年。而且，阿伯拉尔的《神学》一书起初还受到1121年苏瓦松会议和1141年桑斯城会议的谴责，其著述一度遭到焚毁，只是在其弟子们的坚持下，以及吉尔伯特（Gilbert de la Porree）和雨格（Hugues de St-Victor）等人的继续推动下，"神学"这一术语才逐渐被教会所接受，最终成为基督教信仰之思想学说体系的专称，并沿用至今。而在阿伯拉尔最早对基督教神学的使用中，就持有一种非常开放的态度，他认为非基督徒也不可被截然排除在上帝之国以外；其实，在他们对自然的普遍认识中虽然没有获得超自然的启示，却仍然分享到了自然的启示，而对自然的理性启示则可以其连续性而进一步引导人们获得信仰启示，从而也可以分享到一种普遍的救渡。对这种思想的发掘，也使人们把阿伯拉尔视为早在中世纪就开始出现的"基督教人文主义者"。所以，基督教神学研究从一开始也就有比较开阔、丰厚的蕴涵。对于这种"神学"术语发展的曲折历程，我们也应该有着清醒的认知。

阿伯拉尔不仅是一个思维严谨的精神哲学家，而且也是情感丰富、敢爱敢为的独行者。他在内心中不顾中世纪教士独身、不许结婚的传统束缚而大胆追求爱情，并为之付出了成为传统保守主义和专制主义牺牲品的惨重代价。而海洛伊丝则为了纯真的爱情宁愿放弃婚姻，为使阿伯拉尔继续走其教士兼神学家的道路而不损害其在道义上的名声，她表示自愿为阿伯拉尔的"情人"而不是"夫人"，其追求的是"自由奉献的爱"、而不是"强制性的婚姻枷锁"，以忠实于其"爱中应无我"的理想。当读到阿伯拉尔的《苦难史》后，她主动恢复了与他的书信往来，从而留下了两人情意缠绵的情书，并由此形成中世纪"亲吻神学"之说。如海洛伊丝在信中写道："上帝可以作证，在我生命途程的每一阶段，我最大的要求是不伤害你。在我心中，让你满意比让上帝满意占据更重要的位置。我当修女并非出于对上帝之爱，而是听从你的要求。你瞧，我是多么不幸啊！因为没有谁的生活像我这么凄惨。""命运也让我分享你的荣耀，你毁灭了，这荣耀也随之而去。命运给予我的太多太多，有幸福也有灾难。为了增加我的爱的苦痛，它首先让我享尽爱的幸福。"[①]而阿伯拉尔在其信中也如此表白说："我们两人在基督身上合而为一，……我要重复我的表白，我只是你的仆人，就像从前我是你的主人一样；然而，我更是在精神之爱中属于你，而不是怀着恐惧听命于你。因此，我坚信你代我作的祈祷，主将会听取你的祈祷，赐予我他根据我的祈祷而不愿赐予我的东西。"[②]其实他们两人当时的处境是很绝望的，其寄托只能是在其信仰之中。在西方思想史上，从苏格拉底开始，不少知识分子的命运实际上非常悲惨，但正是在其人生悲剧中，其对生命的体悟才更加深刻，其对现实中的绝望越大，则其对彼岸超脱的渴望也就越强，尽管理性不时会把他们拉回现实之中，但这种现实之惨不忍睹和毫无希望则又会逼迫他们最终转向离开现实的超越之维。彼岸、来世、救渡虽然看不见、摸不着、说不清，却总会给陷入现实绝望之境的人一条出路、一种期望，即凭借一种冥冥之中的"神爱"来保留其对现实的正视、对人间之爱的面对；哪怕只是一种幻想，也会带给他们暂时忘掉痛苦或刻意回避的欢愉和沉醉。这样，其情感经历也就打开了人们了解中古修道男女"神观"与"爱观"复杂交织之场景的窗口。正是彻底认识到现实的残忍，才会使他们义无反顾地投身于那种帮助他们超越自我、超越命运、超越现实的信仰之中。

（原载卓新平著《西哲剪影》，中国社会科学出版社2011年版，本文有补充。）

---

① ［法］阿伯拉尔等著：《亲吻神学——中世纪修道院情书选》，李承言译，香港，卓越书楼1996年版，第70—71、68页。

② 同上书，第78—79页。

第六章

安瑟伦的思想研究

信仰与理性的关系在宗教中既颇受关注，亦多有争议，理性的意义和其局限是基督教思辨中常触及的问题。因此，宗教理性主义和宗教神秘主义各自所代表的思维方式作为两条相互交织、此起彼伏的主线而在基督教思想史上延伸。在欧洲中世纪这段历程中，安瑟伦（Anselm of Canterbury，约1033—1109）以首先凸显理性的意义及其在基督教信仰中的独特运用而引人注目，其思想亦成为中世纪系统经院哲学之探的起点。"经院哲学"亦称"士林哲学"，本指在学校中教授的学问，这种用法源自"加洛林文化复兴"时期兴办的宫廷学院和教会学院，后来专指中世纪基督教学校中讲解并流传的神哲学思潮。其特点即以理性形式、通过推断来论证基督信仰，因而在其思辨性体系中乃有着唯名与实在、共相与个别、理性与信仰等关系之争，形成相应的两大派别。安瑟伦在中世纪经院哲学的构建中起着很大的作用，从其对上帝存在的理性、逻辑证明开始，经院哲学由此逐渐走向成熟和鼎盛。为此，历史上有人也把安瑟伦称为"奥古斯丁第二"，以及"最后一位教父和第一位经院哲学家"，甚至有"经院哲学之父"的殊荣。

安瑟伦约1033年出生于意大利北部奥斯塔城的一个贵族家庭，父母都有伦巴第血统，其母去世后因与父亲不和而于1056年离开家乡，在勃艮第和法兰西求学，后于1059年入诺曼底贝克修院学校，成为早期经院哲学实在论者兰弗朗克（Lanfrank，1005—1089）的学生，1060

年入本笃会，1063 年任贝克修院副院长，1073 年任其院长，1078 年首访英国坎特伯雷，看望时任坎特伯雷大主教的兰弗朗克，于 1093 年接替其老师而担任英国坎特伯雷大主教，因与英王威廉二世（Wilhelm II Rufus）和亨利一世（Heinrich I）争夺主教叙任权而发生多次冲突，先后两次遭到英王的驱逐，于 1106 年与英王达成妥协后回到坎特伯雷。安瑟伦于 1109 年 4 月 21 日在坎特伯雷去世，死后于 1494 年被祝圣，1720 年被教宗克雷芒十一世（Clemens XI）宣布为"教会的导师"，其纪念节日为 4 月 21 日。

安瑟伦曾在贝克等修院学校讲学三十多年，一生著述甚丰，其主要著作包括：

《祈祷与沉思集》（*Meditationes*），始写于 1070 年后。

《独白篇》（*Monologium*），亦称《关于三位一体本质的独白》（*De divinitatis essentia Monologium*），写于 1076 年前后，其内容为讨论上帝的存在、上帝的属性，以及三位一体的神圣。

《证道篇》（*Proslogion*），亦称《关于上帝存在的证道》（*Proslogion, seu alloguium de Dei existentia*），写于 1077—1078 年，其内容包括上帝存在的三段论证明，也被视为本体论的上帝存在证明。

《护教篇，驳高尼罗为愚人辩》（*Liber apologeticus contra Gaunilonem respondentem pro insipienti*），回应高尼罗对《证道篇》中关于上帝存在证明的指责，写作年代不详。

《论真理》（*Dialogus de veritate*），亦称《关于真理的对话》，写作年代不详。

《论意志》（*Liber de voluntate*），写作年代不详。

《论选择自由》（*Dialogus de Libero arbitrio*），亦称《关于自由意志的对话》，写作年代不详。

《论语法》（*Dialogus de Grammatico*），亦称《关于文法的对话》，写作年代不详。

《论三位一体信仰和道成肉身》（*De fide Trinitatis et de incarnatione Verbi*），写于 1092—1094 年。

《上帝为何降世为人》（*Cur Deus homo*），写于 1094—1098 年。

《论童贞感孕和原罪》（*De conceptu virginali et de originali peccato*），写作年代不详。

《论圣灵降临》（*De processione Spiritus Sancti*），写作年代不详。

《关于无酵及发酵面饼祭献的书信》（*Epistola de sacrificio azimi et fermentati*），写作年代不详。

《关于教会圣礼的书信》（*Epistola de sacramentis ecclesiae*），写作年代不详。

《论自由抉择中先见、预定与上帝恩宠的一致》（*De concordia praescientiae, praedestinationeis et gratiae Dei cum libero arbitrio*），写作年代不详。

安瑟伦因参与了中世纪辩证神学新形式的创建、提出了论证上帝存在的"本体论证明"，对中世纪早期经院哲学的发展及其系统化起过重大作用，在基督教思想史上亦有久远影响。从其思想传承来看，安瑟伦基本上沿袭着奥古斯丁的认知思路及信仰虔诚，其并没有致力于包罗万象的庞大神学体系之构设，而是旨在解决一些具体的神学认知问题，这才是其致力于上帝存在证明的初心。

在"信仰寻求理性"还是"信仰排斥理性"之间，安瑟伦选择了前者。他虽然坚持信仰先于理性，认为"只有信仰才能理解"，从而与"理解而后信仰"的看法形成对立，却仍肯定了理性对于信仰的必要性，并强调信仰应靠理性来证明。所以，他毫不掩饰其在信仰与理性的关系中突出信仰对理性的优先地位。只有首先持有信仰，才可能有效展开形而上学之思辨。对于这一思想原则，他在《证道篇》中有着非常清楚、明确的表达："我们必须信仰，以便深入到对最高真理的理解。我们不可以首先要求洞识，以便达到真理、达到信仰真理的确切性。因为信仰比理性丰富得多。因此，我们可以从信仰的可靠性下降到洞识，但要想从洞识上升到信仰，却会是一种徒劳的努力。'因为我不是寻求理解以便我信仰，相反，我是信仰以便我理解。'"（*Neque enim quaero intelligere, ut credam, sed credo ut intelligam.*）但是，就连这个条件也已经是一个在信仰中赐予我的真理：'因为我深信，除非我信仰了，否则，我无法理解。'（Nam et hoc credo, quia nisi credidero, non intelligam.）"①

为此，他在《独白篇》和《证道篇》中都采取了以逻辑推理方式来确信上帝存在的证明。其《独白篇》的证明是基于经验论而以无数个别之善的存在来推断其共同参与的至高之善的存在，并以各个本质的存在及其等级秩序来推论最高本质的存在；这里的"至高之善"和"最高本质"即"上帝"。而其《证道篇》中的"上帝存在证明"则以"本体论证明"或"安瑟伦之理性"的名称而成为西方思想史上的著名案例，即所谓"信仰理性"的最典型表达。安瑟伦在此以形式逻辑三段论式来证明上帝的存在：其大前提是关于上帝的概念是最完美的概念；小前提则指出"完美"势必包括"存在"，否则就不完美；因此结论自然就是上帝必然存在。其实，安瑟伦所依据的"一个不可能设想有比它更伟大的东西的存在者确实存在，它不能设想为不存在"②的逻辑本身就是一种自证自明。上帝作为最完美者，其概念本身已包括存在而无须证明，这种完美就是尽善尽美，而其最高之善（summum bonum）自然涵括存在，没有存在则不算完美，故此至善与存在本身实则乃等同的、一体的。因而这一证明实际上乃同义反复、自说自话，并非从无到有、从无推新。

这种自证自明的逻辑缺陷很快就被人所发现，在安瑟伦关于上帝存在的证明推出去不久，法国基督教僧侣高尼罗（Gaunilonem）就以匿名出版的《为愚人辩》来驳斥安瑟伦的诡辩。针对安瑟伦认为当人心听到或理解到上帝的观念时上帝就已存在之高论，高尼罗打了一个非常形象的比喻，即当有人在心目中想象有一个最优美的海岛时，这个海岛

---

① 《证道篇》1；227C，引自［法］博讷、［法］吉尔松著《基督教哲学：从其起源到尼古拉》，李秋零译，第217页。

② 侯鸿勋、姚介厚编：《西方著名哲学家评传续编》（上卷），山东人民出版社1987年版，第182页。

就实际存在；因为按照安瑟伦的逻辑，这个海岛如果不存在，则不是人们观念中最优美的海岛。故此高尼罗把安瑟伦的证明等同于给傻瓜开的玩笑、让愚人做的游戏。

针对许多人对这一"证明"中"前提"已包含"结论"或"想象""概念"并不等于"真实"的种种批评、指责，安瑟伦曾反驳说，概念中的存在并不仅仅是包含在概念之内的存在或仅为一种概念，而是指向某种真实的、作为概念之前提的东西。这里，安瑟伦并不像唯名论者那样认为"概念""共相"仅仅为空"名"，"虚"而不"实"，而是坚持"概念""共相"乃有着"存在"论上的意义，即有其"真""实"的本质和蕴含。在《论真理》中，他指出有判断的真理，思想的真理、意志的真理和本质的真理这四种类型。这种"真理"即一种"正确性"，要靠精神来感知。绝对真理并不依赖于各个事物所反映的具体真理，恰恰相反，各具体真理只有在绝对真理之中才可能真实。其结论是：本质存在要早于个别存在，"共相"有其"真实"性，而不只是"声息""名称"，真理不依赖于它所借以表述的事物，而存在于上帝之中。所以，安瑟伦反驳高尼罗的批评，说他把对上帝的理解庸俗化、简单化了，因为至善绝非一般之善，存在亦非与个体的具体之在完全等同，而是高尼罗自己偷换了概念，混淆了本质不同之在。关于安瑟伦的辩论一直延续到今天，人们依然好似意犹未尽。因此，只有弄清安瑟伦的这种"真理"理解及其辩证法的思想基础，才可能体悟和评判其"上帝存在证明"的本来意义及其深刻底蕴。

尽管他的"本体论证明"屡遭批评，却被人们反复提及和讨论。尽管他在个别与一般、具体与抽象、孰早孰晚、孰先孰后的存在顺序问题上有着认识上的偏差和错误，但其关于个别真理与普遍真理、相对真理与绝对真理的关系论述上，对"共相"之"名"与"实"的理解上所表达的对规律性之客观存在的大胆推测和公开肯定，却富有哲理、给人启迪。而在当代自然科学的发现中，人们也注意到其量子微观世界的奇特现象，即物质的粒子或光波两重性，对其把握和界定的确与主体的观察和感悟相关，当人们去观察它时则会呈现出粒子之实体的存在，若没有这种观察，则可能只有无形之场、消失之波的不存在。这种存在与非存在乃与观察主体的心灵感触密切有关，故而仍可对安瑟伦的上帝证明作另外一种审视。也正是基于这种与之关联的原因，所以后世西方哲学家如笛卡尔、黑格尔等人对他能心领神会、颇为赞赏。

（原载卓新平著《西哲剪影》，中国社会科学出版社2011年版，本文有补充。）

第七章

索尔兹伯里的约翰的思想研究

在欧洲中世纪"12世纪的文化复兴"时期,已经迎来了欧洲中世纪社会文化的全面发展。当时穿行于英岛与欧陆的索尔兹伯里的约翰就不仅见证了这一复兴及发展,而且其本人就是推动并发展这种文化运动的重要思想代表,其一些现实思考甚至在一定程度上影响到欧洲近代社会思想的进程。

索尔兹伯里的约翰(John of Salisbury,约1115—1180)出生于英国的萨隆,1136年前往巴黎求学,在这一学术中心学习、生活达十二年之久,直至1148年。他曾拜阿伯拉尔等人为师,深得其思想的启迪。在欧洲中世纪经院哲学的鼎盛时期,他成为在阿伯拉尔和奥卡姆之间的重要思想传承人。1153—1154年,他曾到罗马短期逗留。1154年他返英后曾一度卷入政治,先后担任英国国王和坎特伯雷大主教的机要秘书,此间多次往返意大利,并在法国停留。后因受国王亨利二世(Heinrich Ⅱ)迫害而又来到法国,随之浪迹欧陆,并任过教皇哈德良四世(Hadrian Ⅳ)的秘书。他晚年在夏尔特定居,1176年成为夏尔特教区主教,于1180年在当地去世。他是12世纪欧洲比较早地研究亚里士多德著作的学者之一,其主要著作包括《导论或哲学学说》(*Entheticus sive de dogmate philosophorum*,写于1155年前后)、《元逻辑学》(*Metalogicus*,写于1160年前后)、《论专治君王或宫廷闲言及哲学家的探索》(*Polycraticus sive de nugis curiallum et vestigiis philosophorum*,写于

1160年前后，书中最早论及其国家学说的理论构想和政治体系，给后人带来巨大启迪）、《教宗史》（*Historia pontificalis*，写于1165年前后）等，此外还留有其书信集和有关安瑟伦及托马斯·贝克特（Thomas Becket）的评传。

在其为学和从政的生涯中，索尔兹伯里的约翰受古希腊柏拉图和亚里士多德学园教育及其在古罗马和早期基督教中的启发，故而强调一种受到"学园气质"（academicum temperamentum）的熏陶及由此而来的智慧。他认为如果不能通过信仰、理性或感官知觉来裁定的问题，则可对之持怀疑态度，并称此为"智者之怀疑"（dubitabilia sapienti）。这种怀疑和谨慎就体现出了"学园的智慧"，"我发现学园派越是更谨慎地提防鲁莽的悬崖，他们就越是更谨慎地怀疑。……因为学园派比其他人更有节制，他们担心任何人承受鲁莽定义的耻辱和堕入错误的深渊"。[①] 由此，他追求在思想探讨和社会生活中个人精神的自由，认为学园中所学的哲学伦理思想应与现实中的政治学说有机结合。在认识世界时，他持一种谨慎的态度，主张既不要盲信，也不要随便怀疑。对于确知的东西应该信守，而对于某些既不能通过信仰，又不能通过理性，更不能通过感知而决定的问题，则应该让其悬而未决，不要轻率地相信任何方式的解答。在他看来，哲人有理由对这些问题及其所谓的解答加以怀疑。这种怀疑态度乃反映出古代先哲西塞罗和奥古斯丁的"学园气质"，而其了解和分析问题的方法则正是其"学园智慧"。在宗教强调"确信"之际，他突出了"怀疑"的意义，以防止这种"确信"演变为"盲信"。

"智者的怀疑"实际上是一种作为批判的辩证法。辩证法是中世纪欧洲比较风行的论证方法，故此索尔兹伯里的约翰曾说："辩证法之于哲学，犹如动物灵魂之于身体。"[②] 但这种作为古代和中世纪研究及分析

---

① ［法］博讷、［法］吉尔松著《基督教哲学：从其起源到尼古拉》，李秋零译，第281页。

② 引自赵敦华著《基督教哲学1500年》，人民出版社1994年版，第277页。

问题之基本方法的辩证法仍应该慎用。在他看来，自我放任的辩证法只是一种形式上的科学，它并不是为自我而存在，而只是其他科学具体的工具。索尔兹伯里的约翰深刻认识到逻辑学这种纯工具性的特征，指出辩证法本身并不直接界定真理及其意义，而是用来克服思想的懒惰和随意造成的无知。辩证法作为工具学科也有其局限性，所以，它具有双刃剑的作用，即作为一种"概率"性的学科乃位于示范科学与诡辩术之间，故需谨慎用之。因此，其辩证论证的原理会关涉"可能性"与"或然性"，并将相应的"归纳"亦视为其方法。虽然有这种"或然性"，真正的哲学家仍然可以通过辩证法的逻辑推断、证明而达到对必然真理的认识。

他关注到中世纪学术界的"唯名"与"唯实"之争，指出经院哲学讨论"共相"的意义或蕴涵，就在于通过抽象和推理来达到普遍认识和本质真理，找出事物之间的内在逻辑和普遍关联。尽管在真实中只有个别事物存在，人们对其观察只能是具体的、实在的，但通过这种具体观察却可以借助辩证法意义上的类比、推断而发现其相似之处，找到其"共性"。由此而论，虽然"共相"按其形式仅仅是想象或图像，却仍然有其"真实性"或其真实的"依据"；也就是说，"共相"是通过对个别事物之间所具有的相似性的观察而保留在知性中的东西，其在真实中乃是知性所展示的样式，它通过推理、归纳而基于具体事物、却不同于具体事物；它失去了真实事物的"在"性而以抽象方式来显示，但这并不就说明它也必然会失去事物之"真"。由此，索尔兹伯里的约翰为中世纪关于"共相"的"唯名""唯实"之争进行了综合分析，指出二者都具有在认知及推论上的相对合理性。他通过其"学园"熏陶的谨慎"怀疑"而找出了一条探寻、认识真理之途径。

索尔兹伯里的约翰是西方近代政治哲学的先驱之一，但其所主张的仍然是一种宗教政治学或神权政治学。在中世纪的政教之争中，他明显地站在了教会一边，强调教权要大于王权，因为王权虽然有其世俗法的依据，但这种世俗法毕竟源自自然法，而自然法却为上帝所创立，因此万流归宗，必须回到负责解释和执行自然法的教会权威。不过，其相关的思想火花仍然给西方近代的政教分离、宗教包容等理论的萌生及发展带来过一定启迪。以往人们比较注意其"教权主义"的立场和主张，但其思想精神的深处仍然提供了不少后来人文主义的思想萌芽。

（原载卓新平著《西哲剪影》，中国社会科学出版社2011年版，本文有补充。）

第八章

大阿尔伯特的思想研究

人们习惯将德国称为"哲学的故乡",以赞誉其悠久的哲学传统。这一传统始于中世纪鼎盛时期科隆的经院哲学,其科隆学馆的创始人大阿尔伯特则以严谨的学术著述和系统的哲学思想而成为德国哲学第一人。

大阿尔伯特(Albertus Magnus)1200年生于德意志施瓦本地区的劳因根城,1222年赴意大利博洛尼亚大学求学,1223年转入帕多瓦大学,同年加入多明我会,随之被送往科隆学习神学,毕业后自1228年在德国希尔德斯海姆、弗莱堡、雷根斯堡、斯特拉斯堡等地修道院讲学,1240年去巴黎进修,1242—1248年任巴黎大学指导教师,1247年获得神学硕士学位,1248年被授予博士称号。此间托马斯·阿奎那于1245—1248年曾为其学生,并于1248年随其一道来到科隆,在其创立的学馆中求学。大阿尔伯特于1254年成为多明我会德国分会会长,1260年任雷根斯堡主教,但不久就于1262年辞职回科隆任教;1263—1264年他曾响应教宗乌尔班四世(Urban Ⅳ)的号召而在德国和波西米亚等地为十字军布道,1264—1266年他在维尔茨堡任教,1268年转至斯特拉斯堡,1269年回拒了巴黎大学聘其任教的邀请,1270年回到科隆。他因其学生阿奎那死后进入封圣程序及因此所受到的攻击而于1277年到巴黎为阿奎那的著作辩护。他于1280年11月15日在科隆去世。他博学多闻,一生涉猎许多研究领域,因其百科全书式的知识把握而被誉为"全能博士"(Doctor universalis);他于1622年被教宗格列高利十五世（Gregorius XV）"列入真福"，1931 年被教宗庇护十一世（Pius XI）封圣并誉为"教会导师"，1941 年被教宗庇护十二世（Pius XII）封为"自然研究之主保"，其纪念节日为 11 月 15 日。

哲学的工作通常为解释前人的著作、创造自己的思想体系。这在大阿尔伯特的著述中都得以体现，其作品主要分为评注和自著，包括如下内容。

1. 评注前人作品

《箴言四书注》（Sentenzenkommentar），约写于 1244—1249 年前后。

《亚里士多德哲学注疏》（Aristoteleserklaerung），写于其 1242—1248 年在巴黎任教期间及其后；所评注的亚里士多德著作包括《论灵魂》《论天》《论生灭》《自然小著作》《动物志》《伦理学》《政治学》《物理学》《后分析篇》和《形而上学》等。

《伪丢尼修注疏》（Kommentare zu den Schriften des Ps.-Dionysius），写于其 1242—1248 年在巴黎任教期间及其后。

《欧几里得几何原本定理注疏》（Kommentar zu den Elementen des Euklid），写于其 1242—1248 年在巴黎任教期间及其后。

《大小先知书注疏》（Kommentare zu den Großen und Kleinen Propheten），写于其 1242—1248 年在巴黎任教期间及其后。

《约伯记注疏》（Kommentare zu Job），写于其 1242—1248 年在巴黎任教期间及其后。

《四福音书注疏》（Kommentare zu den vier Evangelien），写于其 1242—1248 年在巴黎任教期间及其后。

2. 自著作品

《论善之本性》（De natura boni），未完成之作，写于其去巴黎之前。

《论圣礼》（De sacramentis），写于其 1240—1248 年在巴黎期间。

《论道成肉身》（De incarnatione），写于其 1240—1248 年在巴黎期间。

《论复活》（De resurrectione），写于其 1240—1248 年在巴黎期间。

《论同时受造之四要素》（De IV coaequaevis），写于其 1240—1248

年在巴黎期间。

《论人》（*De homine*），写于其 1240—1248 年在巴黎期间。

《论创世》（*De creaturis*），写于其 1240—1248 年在巴黎期间。

《论善》（*De bono*），写于其 1240—1248 年在巴黎期间。

《神学问题》（*Quaestiones theologicae*），写于其 1240—1248 年在巴黎期间。

《论动物问题》（*Quaestiones super de animalibus*），写于 1258 年前后。

《论弥撒圣礼》（*De sacrificio missae*），写于 1270 年之后。

《论主的身体》（*De corpore domini*），写于 1270 年之后。

3. 创立自己体系的著作（以"大全"冠名）

《被造物大全》（*Summa de creaturis*，亦称《巴黎大全》），书中收入了《论同时受造之四要素》和《论人》等内容，写于 1240—1248 年前后。

《哲学百科》（*philosophische Enzyklopaedie*），写于 1254—1270 年前后。

《神学大全》（*Summa theologica*），亦称《论上帝奇妙知识大全》（*Summa de mirabili scientia Dei*），写于 1270 年之后，没有完成。

这种"大全"体例和思路均对此后的阿奎那产生过巨大影响，这位大阿尔伯特的高徒正是以创造性地诠释、运用亚里士多德的思想，而撰写了《神学大全》和《哲学大全》等巨著，因此在后世留下了英名。

除上述著作之外，归入大阿尔伯特著作的还包括逻辑学范围的《论可陈述者》（*De praedicabilibus*）或称《论波斐留斯》（*Super Porphyrium*）、《论谓词》（*De praedicamentis*）、《论普瓦蒂埃的吉尔伯特之六原理》（*De sex principiis Gilberti Porretani*）、《论分析》（*De divisionibus*）、《解释篇》（*Perihermenias*）、《论三段论的范畴》（*De categoricis syllogismis*）、《前分析篇》（*Analytica priora*）、《论三段论的假设》（*De hypotheticis syllogismis*）、《后分析篇》（*Analytica posteriora*）、《论题篇》（*Topica*）和《辨谬篇》（*Elenchi*）；哲学和科学范围的《物理学》（*Libri Physicorum*）或称《论自然听觉》（*De auditu physico*）、《论生成和消

灭》（De generatione et corruptione）、《论天与世界》（De caelo et mundo）、《论处所的本质》（De natura locorum）、《论元素和行星之特性的原因》（De causis proprietatum elementorum et planetarum）、《论天象》（Meteora）、《论矿物》（De mineralibus）、《论灵魂》（De anima）、《论死与生》（De morte et vita）、《论食物》（De nutrimento）、《论睡眠与不眠》（De somno et vigilia）、《论感官与感觉》（De sensu et sensatio）、《论记忆与回忆》（De memoria et reminiscentia）、《论动物的运动》（De motibus animalium）、《论精神与灵感》（De spiritu et respiratione）、《论理智和可理解者》（De intellectu et intelligibili）、《论植物与树苗》（De vegetabilibus et plantis）、《论动物》（De animalibus），包括《论动物的各个部分》（De partibus animalium）和《论动物的繁殖》（De generatione animalium）、《论不可分割的线》（De indivisibilibus lineis）、《论前进的运动》（De motibus progressivis），或称《论前进的运动的本原》（De principiis motus progressivi）、《论时代》（De aetate）、《论灵魂的本性和起源》（De natura et origine animae）、《形而上学十三书》（Libri Metaphysicorum 13）、《论原因和普遍性的进程》（Liber de causis et processu universitatis）和《论诸神的本性》（De natura Deorum）；伦理学范围的《伦理学十书》（Libri Ethicorum 10）和《政治学八书》（Libri Politicorum 8）等[1]。

在中世纪神学的氛围中，大阿尔伯特开始为哲学的标新立异、自成体系寻找理由和出路。他从提出"自然宗教"与"启示宗教"有别为由，进而阐述理性与信仰的不同，并以理解"真理"的视域来分析神学与哲学乃各有其彼此相分的真理范围，因此指明二者研究对象迥异、研究方法不同、研究目的亦有别。他虽然承认科学性探究乃是信仰的准备和先驱，却更多地肯定了理智的分析方法，以及在对存在的研讨中对其自然因素的关注，从而达成一种有别于信仰、脱离神学的科学认知。

他在学术探究中提倡综合与包容，主张吸纳各种真理因素，并认为

---

[1] 参见［法］博讷、［法］吉尔松著《基督教哲学：从其起源到尼古拉》，李秋零译，第342页。

在古代希腊哲学、当时颇有影响的犹太教和伊斯兰教中都有着重要的真理成分，值得去花一番精力来了解、研究，以便获得有用的东西，起到充实欧洲中世纪文化、深化其整个科学体系的作用。这种思想对中世纪经院哲学以一种开放之态来接纳犹太文化和阿拉伯文化资源，由此进而重新发现古希腊思想，达到经院哲学的繁荣与鼎盛，产生过重要影响，而且对阿奎那等著名经院哲学家也有着直接的启迪。从大阿尔伯特开始，中世纪经院哲学真正走出以往封闭的认识领域，呈现出开放、交流、吸纳、融合的态势。不过，对于这些历史悠久或方兴未艾的众多学科，大阿尔伯特并没有将之模糊、混淆地来看待，而是意识到其不同特色、不同作用。对于"神学是一门与其他科学分离开的科学吗"这一问题，他回答说："人们必须承认，这门科学（神学）与其他科学在物件上，即在它就这个物件所研究的东西（事件）上，以及在证实其证明过程的原则上，是有区别的。按照其物件：在其他科学中，物件是存在或者存在的一个部分，无论它是天生的还是由我们造成的，就像阿维森纳在其形而上学开篇所说的那样。与此相反，在神学中，物件是幸福（fruibile），或者是作为标志或合乎目的的东西与幸福相关的东西。按照所研究的东西：因为在这门科学中所指明的东西，或者是一个属神的属性，或者是指向这种属性的；但在别的科学中，它是由我们或者由自然产生的存在的本质特性。按照基础：因为在这门科学中所证明的东西，是通过信仰……作为原则来证明的；但是，在别的科学中所证明的东西，是通过这样一种原则来证明的，这种原则是一个公理或者大前提"；"因此应当知道，在涉及信仰和道德的事情上要相信奥古斯丁多于相信哲学家们，……但是，如果说的是医学，我更愿意相信盖伦或者希波克拉底。而如果说的是事物的本性，我更相信亚里士多德或者其他在事物本性上有经验的人。"[①]

在关注外在客观世界的同时，大阿尔伯特还以对"灵魂"的探究

[①] ［法］博讷、［法］吉尔松著《基督教哲学：从其起源到尼古拉》，李秋零译，第346页。

而涉及人的内在及主体性问题。在他看来,"灵魂"既为一种"本是",也乃一种"使然",这种"主体""实体"与"本质"在"灵魂"上的体现说明了人所能达到的完善,同时也表明人作为实体并不是"单一"的,而有其多样性。"灵魂"作为质料与形式的统一,成为生命的动力,而在人身上则也作为"理智"来存在。所以,人的灵魂就是理智。这种"理智"有两种最基本的形式,即"能动理智"（Intellectus agens,亦译"积极理智"）和作为潜在的"可能性理智"（Intellectus possibilis）,前者作为行为的原则起着作用,如同光那样造成可见性;后者则为具有发展趋势的可能存在,具有能够被光照的可能性。

大阿尔伯特认为,"根据理智本性的能力"（secundum facultatem naturae intellectualis）可以分为四种:第一种理智是受制于时空之限的理智,第二种理智是纯粹而神圣的理智,第三种理智介乎前两种理智之间,第四种理智则为最低下的理智,几乎可被视为弱智。这些不同的理智乃反映出人们不同的天赋。

这里,他还根据"理智"的完善程度即"思辨理智"（Intellectus speculativus）的不同而将之分为"形式理智"（Intellectus formalis,指有意识形式的理智）、"有效理智"（Intellectus in effectu,亦可称为"履行理智"或"完成理智",指可能性理智受到能动理智之光照而转为行为、发挥其效果）、"原则理智"（Intellectus principiorum,指理智拥有其原则和各种类型的证明）和"工具理智"（Intellectus instrumentorum）、"成就理智"（Intellectus adeptus,亦译"获得理智",指通过研究而达到或获得"adipiscitur"自己的真正理智,为其成就及收获）、"吸纳理智"（Intellectus assimilativus,即以其努力经"有效理智"和"成就理智"而不断吸纳其完善,从而逐步向神圣理智升华）和"神圣理智"（Intellectus sanctus,即通过研究美、吸收光照、摆脱时空之物所达到的人生中的最高完善）等,所谓"神圣理智"在此指人的理智一生所能达到的完善和纯洁的最高程度。不过,在对"灵魂"的认识和对"理智"的解释上,大阿尔伯特显然也对后来神秘主义思潮的发展产生了深远影响。

大阿尔伯特把灵魂视为实体，认为灵魂乃一种精神存在者，而且具有主体的特征。"实体与形式的区别在于，它自身又是由质料和形式复合而成的。所以，如果把灵魂设想为由质料和形式复合而成的，就会是维护灵魂的实体性的最简单的方式。"① 也就是说，灵魂不只是单纯的形式，而乃物体的推动者和指引者。人的灵魂作为"据以存在者"和"存在者"之共构，是一个完全的主体。而且，灵魂还是作为整体来存在。他说："为了更精确地理解，我们必须区分整体的三个不同的概念。首先，有一个'普遍的整体'（totum universale）。在这里，人们考察的是一个共相，一个普遍概念，是各个个体包含在其中的一个整体。因此，人们也把各个个体称为个别本质（particularia），因为它们就像一个概念的各个部分。然后，有一个'整合的整体'（totum integrale），例如人的躯体，要使它安然无恙，头、双手、胸和双脚都是必要的。'能力的整体'（totum potentiale）处在上述两种整体之间。尽管灵魂也是能力的一个类概念，但人们毕竟不能像谈论灵魂那样谈论其能力。因此，'能力的整体'类似于'普遍的整体'。但另一方面，它也接近于'整合的整体'。"②灵魂作为"能力的整体"而包含有各种能力，体现出其能力的丰满。其各种能力的集合而意味着其具有最能孕育形式的特质，而且其实体并不在于其纷繁复杂，却应是删繁就简，"实体越单纯，归于它的力量就越多：因为它越单纯，就起作用越多。"③这样，灵魂所表现出的理智意蕴，就反映了一种宇宙秩序的存在。

世界的创造乃是上帝的杰作，这种秩序因而也由上帝所定。大阿尔伯特认为，上帝在其创世的元端，"同时"（coaequaevum）创造出世界的四要素，由此构成受造世界最初的四个基本元素。一是"质料"（materia prima），即不具形式的潜在，它作为构成一切生存的载体而乃

---

① ［法］博讷、［法］吉尔松著《基督教哲学：从其起源到尼古拉》，李秋零译，第 349 页。

② 同上书，第 351 页。

③ 同上书，第 353 页。

最原初的存在；二是"时间"（tempo），上帝作为"永恒"而不在时间之中，却在创世之际创造了时间，所以世界的存在与时间同步，世界是在时间中存在、运动、发展、变化；三是"太空"（cielo superiore），这一太空要超越可见的天空，其属于上帝的领域而不可观测，故有"三位一体的天"之尊称；四是"天使"（angeli），即介乎天地之间、往返天际人间的"无形实体"或"精神实体"，是作为上帝使者的复合性精神实体。这四种要素的同时受造，遂奠立了受造世界的基础。

大阿尔伯特在对哲学、神学加以区分的同时，还指出神学与其他科学也有着原理上的不同。但大阿尔伯特对之并不是简单说说而已，其论述是基于对相关学科的系统研究。但由于时代的局限及其本身认知的局限性，他对许多问题只是点到为止，并无透彻的讲解。当然，这个时代的哲学家、神学家也只能以这种认知来解释世界、认识人类自我，并以上帝作为超越之维而承认世界的有限性，以及人类的种种缺陷。尽管如此，我们也不能否认他那学术兴趣之超常浓厚，以及在逻辑学、物理学、生物学、伦理学、心智学等领域令人惊讶的广泛涉猎，所以他在其生活的时代就已获得"百科全书学者"之称，并为德国哲学此后的系统性及其辉煌发展提供了一个光荣的起点。

（原载卓新平著《西哲剪影》，中国社会科学出版社2011年版，本文有较多补充。）

第九章

波拿文都拉的思想研究

中世纪鼎盛时期的经院哲学有过双峰对峙、双雄并立，这就是波拿文都拉与托马斯·阿奎那的思想体系。波拿文都拉更多地体现柏拉图、奥古斯丁的思想精神传统，而托马斯·阿奎那则更多体现出对亚里士多德思想体系的发现及弘扬。只是后来托马斯的神哲学体系被定为天主教的官方理论，形成托马斯主义的独占鳌头，波拿文都拉才逐渐被公众遗忘，但学术界对他的重视仍持续下来。

波拿文都拉（Bonaventura）原名为费登萨的约翰（Johannes Fidanza），约1221年（另一说为1217年）出生在意大利维特尔博附近的巴格劳里镇，本为生长在医生之家，但其童年病重时却医治无效，后经圣方济各抢救才转危为安、恢复健康。方济各称他为"Bona ventura"（"好的未来"，亦译"未来之宝"），故有"波拿文都拉"之名。他于1236—1242年在巴黎求学，1242年获文学硕士之称，后于1243年入方济各会，成为哈勒斯的亚历山大（Alexander von Hales）的高足，并于1248年获圣经学士学位，1250年获箴言学士学位，1253年获神学硕士学位。他完成学业后，即在巴黎大学讲授圣经和《箴言四书》，此间与阿奎那成为同事和朋友，但因世俗学者反对修会过多占据大学教席，两人被迫离开大学讲坛。教宗亚历山大四世（Alexander Ⅳ）于1256年10月5日谴责了反对修会在大学过多任教的代表人物圣阿姆的威廉，并于10月23日要求大学授予波拿文都拉和阿奎那博士学位。两人于

1257年8月12日同时被授予博士学位和神学教授头衔,但波拿文都拉已于同年2月2日当选为方济各会总会长,故此不得不永远放弃其教学生涯,从而也使其学术探究受到相当大的影响,其学术研究在整体评价上无论是深度还是广度最后都远不如托马斯那样潜心学问所达到的成就。波拿文都拉担任该总会长职位直至1274年5月20日。1273年5月28日,他被教宗格列高利十世(Gregorius X)任命为阿尔巴诺的红衣主教,此后曾协助教宗促成了天主教与希腊正教的短暂统一,并参与筹备里昂公会议。1274年7月15日,他因病在法国里昂逝世。1482年4月14日,他被教宗西斯克特四世(Sixtus Ⅳ)封为圣徒,享有"虔诚博士"(Doctor Devotus)尊称,1587年在西斯克特五世(Sixtus V)担任教宗期间又获得"撒拉弗博士"(Doctor Seraphicus,即"六翼天使博士")称号,尊为"教会导师";其纪念节日为7月14日。波拿文都拉的代表作包括。

1. 哲学与神学方面的著作

《彼得·郎巴德的〈箴言四书〉注解》(*Commentarii in quatuor libros Sententiarum Petri Lombardi*),写于1248—1255年前后,共4卷百万余字,被视为"经院哲学鼎盛时期在内容上最有意义的箴言注释"。

《关于基督知识论辩问题集》(*Quaestiones disputate de scientia Christi*),讨论基督论问题,写作年代不详。

《论三位一体的奥秘》(*De mysterio Trinitatis*),涉及上帝证明等论题,写作年代不详。

《论福音的完美》(*De perfectione evangelica*),写于1255年前后,讨论福音问题。

《简言集》(*Breviloguium*,亦译《短论》),写于1257年前后,论及三位一体、创世、人的堕落、道成肉身、圣灵、圣事、末日审判等问题,为一部神学大纲。

《论学艺向神学的回归》(*De reductione artium ad theologia*),写作年代不详。

2. 反对阿维洛伊主义的著作

《论十戒律文集》（*Collectiones de 10 praeceptis*），写于 1267 年前后。

《论圣灵七礼文集》（*Collectiones de 7 donis Spiritus Sancti*），写于 1268 年前后。

《创世六天文集》（*Collectiones in Hexaemeron*，或 *Collationes in Hexaemeron*），写于 1273 年前后，但未完成，主要以六天创世之象征性解释来探究上帝的光照。

3. 释经学的著作

《路加福音注解》（*LK. - Kommentar*），写于 1248 年前后。

4. 研究神秘主义的著作

《心向上帝的旅程》（*Itinerarium mentis in Deum*），写于 1259 年前后，论及心灵经历六个阶段而达与神合一的神秘主义体验，尤其是强调出神状态的神秘直观，以这种神秘体验和洞见来感受超越一般认识的神圣知识，并认为此即反映了神圣光照的永恒艺术，从而使此书成为中世纪鼎盛时期的神秘主义经典之作。

《论三重路》（*De triplici via*），也称为《爱之激情》（*Incendium amoris*），写作年代不详。

《生命之树》（*Lignum vitae*），写作年代不详。

《神秘的葡萄》（*Vitis mystica*），写作年代不详。

《论撒拉弗的六翼》（*De sex alis Seraphim*），写作年代不详。

5. 论及方济各修会的著作

《为贫穷辩护》（*Apologia pauperum*），写于 1269 年前后。

《纳尔榜规章》（*Constitutiones Narbonnenses*），写于 1260 年前后。

《圣方济各大小传奇》（*Legenda maior u. 4 Legenda minor S. Francisci*），写作年代不详。

6. 讲道集

《论节制》（*De tempore*），写作年代不详。

《论神圣》（*De sanctis*），写作年代不详。

《论童贞玛利亚》（*De B. Virgine Maria*），写作年代不详。

他的其他著作汇编还包括《短文三篇》(Tria Opuscula)，收有《简言集》《心向上帝的旅程》和《论学艺向神学的回归》。方济各会于1882—1902年出版了波拿文都拉的《全集》(Doctor Seraphici S. Bonaventurae … Opera omnia)，达十卷之多。

波拿文都拉的思想代表着经院哲学中体现神秘主义的"智慧"学派，即把智慧作为哲学的目标。他与托马斯在中世纪鼎盛时期可以说是比翼双飞、双雄鼎立，在当时波拿文都拉的社会地位及教会影响甚至还大于托马斯。他们两人选择了不同的路径，代表着不同思想传统，但在传扬基督教信仰上起到了殊途同归的作用。"两个人无疑都植根于同样的信仰，都忠于同一个规范，但赋予两人著作以灵魂的精神却给他们分派了不同的和独特的轨道。圣托马斯以一种让同时代人觉得鲁莽的勇气把亚里士多德主义嵌入基督教思想世界，而圣波拿文都拉则从事着在圣奥古斯丁的精神中革新和全面体系化的尝试。"①

在波拿文都拉的思想体系中，对科学、哲学和神学有着清楚的界定。科学只是涉及受造之物，从而仅为关涉物质、实体的学问；而哲学与神学所涉及的智慧则是对上帝的直接触及和把握，乃人们在虔信中对上帝的认识和敬畏，故而以信、望、爱为基础，"它在认识中开始，在爱中结束"，由此即为对上帝的"经验认识"和"甜美体验"。这里，"智慧"(Sapientia)与"爱"(Charitas)、"平安"(Pax)、"出神"(Ecstasis)、"神魂超拔"(Excessus mentalis)之体验毫无区别，意义相同。在此，既然哲学追求这种神性智慧，那么就应顺从于神学、接受神学的指导。显然，神学乃是众多学科中最主要、最重要的。而哲学的目的则是要把人们引向上帝，因而对神学有着辅助的功能，其作用一是借助信仰来追求爱的认识，二是通过理性而达到对真理的清晰直观，三是意识到自身对神学的依属来避免犯错，四是作为神秘的阶梯而帮助人回归上帝。波拿文都拉以这种神秘主义的构思而形成自己的形而上学理

---

① [法] 博讷、[法] 吉尔松著《基督教哲学：从其起源到尼古拉》，李秋零译，第363页。

论，在他看来，"'这就是我们的整个形而上学：论流溢、论摹本、论增长，当然是被属灵的光所照耀，被带回到至高者。'流溢讨论的是通过上帝形成的世界，摹本讨论的是作为受造者的范型的时代，增长或者回归讨论的是作为被创造的精神之目标的上帝，这些精神被上帝的光所射中而返回家园"。①

在其颇有神秘主义意蕴的形而上学中，"流溢"（Emanatio）有着独特意义。对于物质世界如何被创造，波拿文都拉在此借用了源自新柏拉图主义、在中世纪被牛津学派所推动的"光的形而上学"之解释。按此理论，物质的构建乃以质料和光的形式为其本原。"光"在此既有本原之基，又是以其"光照"之辐射而形成新的形式之动力。而"光"的辐射即流溢有着普照、创新作用，却丝毫不会损伤其本身。于是，我们可以在自然世界中到处看到光源所形成的实体性辐射，并由此而实现的创造。"它一直渗透到地球最深的基础，并引导着矿物体的形成。通过其纯粹性和与使质料做好准备接受生命的精神的相似性，光的作用是肉体和灵魂之间的中间环节，促成动物的生殖，从质料的潜能中得出植物的和感性的灵魂。它一直渗透到较低的认识活动，使它们得以实现。在这个月下世界上，没有任何东西避得开光的作用。"②而在这种物质性物体之上，则是生命的存在者，其形式本就存在于质料的潜能之中。但物质本身并非具有潜能之质料，而恰恰是其结果。只有这种质料才承载着一切生命形式之源，而具有一切潜能之质料正是上帝所创造。为此，波拿文都拉强调一切自然存在者都不具有真正的创造力，甚至灵魂虽与物质世界有别，却也是受造而成，来自质料和形式的复合；而灵魂向上帝的回归，也是通过这种"光照"来实现的。因此，一切创造都来自上帝，源于上帝的神圣光照。上帝作为真理的本原，其真理之光昭示了上帝的绝对存在。"因为一切真理都要么是天生的，要么是通过那种最

---

① ［法］博讷、［法］吉尔松著《基督教哲学：从其起源到尼古拉》，李秋零译，第366页。

② 同上书，第368页。

高的光的压铸而铸造出来的；如果停止影响，它无论如何也就不再是真理。"[1]

根据基督教的理解，人是按照上帝的形象而造；那么，作为受造者范型的上帝，实质上就给人本应完美的原型启迪出"肖像"（similitudo）、"摹本"（Exemplaritas）之意蕴。因此，人之认知理念，其源泉也是上帝；上帝作为纯粹的精神和最高的真理被认识，即与这一本原性"肖像"之启示密切关联，"由于它起源自上帝，它就表达着上帝所是、所知道、所能够的一切。这就是道"。[2]波拿文都拉特别指出："道，即逻各斯，必然在自身中包含着每一个完善等级上上帝的一切可能的摹本的原则。这样一来，道就成为上帝的自我表达，成为一切事物的范型、样板。如果我们把它与一个艺术家用来想象他的未来作品的理念相比较，那么，我们就可以把道称为父的 Ars aeterna，即永恒的艺术，把它称作上帝用来创造一切事物的手段。"[3]这一永恒艺术乃所有事物之关联、其逻辑规则的来源和依赖，其作为神圣知识而反映出神圣光照。"知识的所有部门都有确定无误的规则，它们是永恒律照耀我们心灵的灯塔。心灵被照得通亮，充满着光明，可以引向对永恒之光的沉思。"[4]

这就是他对中世纪哲学与神学结合的基本理解和探究思路。在他看来，人的认识就是心灵通往神圣、朝向上帝的升华之旅，这一旅程分为六个上升阶段，亦反映出人的心灵由此所达到的六种能力，即感觉、想象、知性、理性、悟性和心灵之顶峰，在此则有着良心的闪现、获得上帝的影像。在这一旅程中，人们以其虔敬而达到超拔，从而由底部到达顶点，由外围到达核心，由短暂达到永恒。实质上，波拿文都拉是以其对基督教信仰传统及其思想渊源的理解来构建其形而上学体系的。他曾总结说："我们全部的形而上学讨论流溢、原型以及事物的终极目的，

---

[1] [法] 博讷、[法] 吉尔松著《基督教哲学：从其起源到尼古拉》，李秋零译，第376页。

[2] 同上书，第371页。

[3] 同上书，第372页。

[4] 赵敦华：《基督教哲学1500年》，人民出版社1994年版，第416页。

即，在精神之光的照耀下，返回高处。这样，你们才是真正的形而上学者。"①

对于波拿文都拉这一思想传统，赵敦华曾概括说："他所说的形而上学是柏拉图主义的原型说，新柏拉图主义的流溢说和奥古斯丁主义的光照说，这些恰恰是亚里士多德形而上学所没有的内容。"②因此，波拿文都拉选择了不同的思想传统，其对亚里士多德主义也采取了与托马斯迥异的态度。波拿文都拉尝试把理性思辨主义与宗教神秘主义相结合，其思辨的体系化并不十分成功；不过，他所描述的充满宗教激情和神秘体悟的心灵之旅却曾深深打动了但丁。故此，在其《神曲·天堂篇》中，但丁特为波拿文都拉的灵魂在天堂中留了一个位置，认为这一崇高灵魂向着神圣的升飞，就如同"罗盘中的磁针转向北极星"那样自然、必然。

（原载卓新平著《西哲剪影》，中国社会科学出版社2011年版，本文有较多补充。）

---

① 赵敦华：《基督教哲学1500年》，人民出版社1994年版，第418页。
② 同上。

第十章

托马斯·阿奎那的思想研究

经院哲学往往被误解为托马斯主义，托马斯·阿奎那（Thomas Aquinas）的哲学思想虽然不可能涵括经院哲学，却是其主要代表和重要标志。托马斯主义被视为13世纪欧洲经院哲学发展的顶峰，体现出其理论体系的成熟和基本完备，故被后人称为"永恒哲学"，他本人也被称为"哲学导师"和"经院哲学之王"。而当19世纪下半叶天主教界形成新经院哲学复兴时，亦主要反映了新托马斯主义的压倒性影响。因此，托马斯·阿奎那的思想被视为弄清楚天主教思想发展的"指路明灯"；特别是在透彻了解欧洲中世纪经院哲学体系上，则必须对托马斯·阿奎那有着深入而全面的研究。

一 引论

对于中世纪社会的定性及其评价，以及对中世纪经院哲学的评论，是西方知识界及学术界特别关心的问题，因为这涉及对其文化的自我反思，以及对其整个社会文化及思想发展的评估。而我国学术界对欧洲中世纪及其经院哲学的评说，实际上也在一定程度上受到西方学界自我评价的影响。自欧洲"文艺复兴"以来，即有西方学者把5世纪西罗马帝国的灭亡至15世纪欧洲"文艺复兴"发展之间的中世纪这千年时期称为"黑暗时代"，故有"千年黑夜"之说。"对我们而言，'中世纪'

仍有其原来的意义——由古代学术衰落到文艺复兴时期学术兴起的一千年；这是人类由希腊思想和罗马统治的高峰降落下来，再沿着现代知识的斜坡挣扎上去所经过的一个阴谷。"[1] 因此，15 世纪的人文主义者以"中世纪"来表达其对这一时代的蔑视态度。但自此在西方对之亦有着不同看法，最初是 19 世纪下半叶以来天主教内部因重新审视、评价经院哲学而出现"新经院哲学"这一复兴思潮，开始了对中世纪思想文化尤其是其哲学方面深入、系统的研究；随之在 20 世纪下半叶以来形成以美国哈佛大学艺术与科学研究院院长哈斯金斯（Charles Homer Haskins）教授等人为代表的学派对中世纪社会的重新评价。他们认为欧洲中世纪随着 9—10 世纪"加洛林王朝文化复兴"的出现，中世纪的"黑暗时代"就已结束，因此"黑夜"没有千年之久，最多延续了五百年；而接着出现的"12 世纪文化复兴"则带来了 13 世纪经院哲学的鼎盛，其思想、文化的活跃给 15 世纪的"文艺复兴"埋下了重要伏笔，提供了精神资源。因此，欧洲"文艺复兴"及其随之出现的近代发展并非凭空而来的"飞跃"发展，欧洲历史进步并非直接由古代文明而"跳跃"到其近现代发展，故而其思想文化并不可能"越过"中世纪。这就意味着，基督教思想发展与西方文明的进程实际上是一体化的，并非背西方主流文化之"道"而驰，反而是代表并彰显着西方文化的核心之"道"的；在中世纪并没有一种能与基督教文化相抗衡，而且相并立的"世俗文化"存在，所谓今天所论及的"世俗文化"在西方也主要是其近代以后的发展。所以，研究西方文明离不开对基督教思想的关注，而重新评价欧洲中世纪也已经成为 20 世纪以来西方文化思想界的认知主流。但这一发展在中国学术界则只是自"改革开放"以来才被我们逐渐察觉，从此也出现了对欧洲中世纪评价的调整，特别是对其思想文化的系统研究。

在 19 世纪出现的研究中，西方学者的研究重点即中世纪经院哲学，尤其以研究托马斯·阿奎那的思想为主。其实，"经院哲学"（Scholas-

---

[1] ［英］W. C. 丹皮尔：《科学史》，李珩译，商务印书馆 1987 年版，第 109 页。

ticus）这一术语所表达的"学校"（schola）教育及其学问在古希腊、罗马已有人关注，对相关术语之用，早在17世纪就有人展开了研究，比较著名的如特里布科维乌斯所著《论经院哲学博学者及科学使神学趋向人性化而导致其衰败》（Adam Tribbechovius: *De doctoribus scholasticis et corrupta per eos divinarum humanarumque rerum scientia*，初版：Giessae 1665年，再版：Jena 1719年）等。而在18世纪中叶，天主教官方推动经院哲学研究的意向亦始见端倪，如西班牙枢机主教博克索多（Boxadors）于1757年发函号召研究托马斯主义。"18—19世纪之交，意大利的皮亚琴察教会学院形成托马斯主义的研习中心。1824年达泽利奥（d'Azeglio，1793—1862）任罗马学院院长之职，开始推行托马斯主义的传授，曾对后来成为教皇利奥十三世的佩奇（J. Pecci）产生深刻影响。……与此同时，法国教会在抵制笛卡尔主义、德国教会在对抗古典唯心主义、比利时教会在反对本体主义的过程中，都形成了相应的新经院哲学倾向。到19世纪下半叶，天主教思想界最时髦的口号，已是'回到经院哲学''回到托马斯·阿奎那'、找回13世纪经院哲学之'黄金时代'等"；"1879年8月4日教皇利奥十三世《永恒之父》通谕的颁布，标志着重建经院哲学的这一努力得到天主教官方的认可和赞赏。……据统计，1800—1920年，研究托马斯的文献题目达2219个；至1940年，这一文献目录又增补了4764个；至1969年，其研究著述的专题总目已超过15000个。多明我会重新修订出版的《托马斯全集》至1971年业已达48卷"。[①]

而在这一领域较有影响的研究，则为中世纪研究领域四大名家的著作：包括吉尔松（Etienne Gilson，1884—1978）著《基督教哲学：从其起源到尼古拉》（与博纳合著：Etienne Gilson mit Philotheus Böhner: *Christliche Philosophie von Anfängen bis Nikolaus von Cues*，Paderborn: Schöningh，1954）、《中世纪基督教哲学史》（*History of Christian Philosophy in the Middle Ages*，London，1955）、德·伍尔夫（Maurice de Wulf）

[①] 卓新平著：《当代西方天主教神学》，上海三联书店2006年版，第18、19页。

著《新经院哲学导论》（Introduction ã la Philosophie néo – Scolastique, 1904；英译本为《新老经院哲学》Scholasticism Old and New, London, 1907）、《从托马斯·阿奎那体系所描述的中世纪哲学》（Medieval Philosophy illustrated from the system of Thomas Aquinas, 1922）、《中世纪哲学史》（History of Mediaeval Philosophy, Thomas Nelson and Sons, London, 1951），梵·斯亭贝根（Ferdinand van Steenberghen, 1904—1993）著《中世纪哲学》（Philosophie des Mittelalters, Bern, AG Verlag, 1950）、《中世纪哲学研究导论》（Introduction À L'Étude de la Philosophie Médiévale, louvain, Paris, 1974）、《13 世纪哲学运动》（The philosophical Movement in the thirteenth Century, Nelson, 1955）、《13 世纪哲学》（Die Philosophie im 13. Jahrhundert, Paderborn, F. Schöningh, 1977），格拉布曼（Martin Grabmann, 1875—1949）著《中世纪哲学对当今精神思想生活的影响》（The Influence of mediaeval Philosophy on the intellectual Life of Today, 1929）、《奥古斯丁关于信仰与认识的学说及其对中世纪思想的影响》（Augustins Lehre von Glauben und Wissen und ihr Einfluβ auf das mittelalterliche Denken, Köln, 1930）、《天主教神学史》（Geschichte der katholischen Theologie, Freiburg/B., 1933）等。

对"12 世纪文化复兴"的研究则主要是反思当时"大学教育"及相关思想文化、科学知识的发展对于中世纪社会发展，以及对 13 世纪经院哲学鼎盛的意义。其实，现在关于"中世纪"所采用的一些基本表述，大多是其思想界在近代以来的发明或运用。除了"经院哲学""中世纪"之外，"文化复兴"（或"文艺复兴"）这一表述实际上是 19 世纪瑞士文化史学家雅科布·布尔克哈特（Jacob Burckhardt）等人最早使用，尤其是布尔克哈特 1860 年出版的著作《意大利文艺复兴的文明》（Civilization of the Renaissance in Italy）影响广远。但其法文词 Renaissance 之来源则是基于被称为"艺术史之父"的 16 世纪意大利人瓦萨里（G. Vasari）于 1550 年撰写 14—16 世纪意大利艺术家评传时曾用过的"更新"（rinovare）、"再生"（rinascere, rinascita）等词，旨在与当时所论的"哥特式""拜占庭式"等艺术风格相区别。由此，强调

"文化复兴"的这些学者自称为"人文主义者",即以其"人文主义"(Humanism)来对应、批评中世纪的"僧侣主义"和"蒙昧主义"。然而,在哈斯金斯等人的研究中,则认为"文化复兴"不是迟至14世纪才出现,而是在9世纪加洛林王朝的文化建设中就已显现,特别是"12世纪的文化复兴"对欧洲中世纪的界定及其与近代欧洲发展的关联极其重要。这样就形成其对欧洲中世纪之"黑暗"的颠覆性认知。他们甚至认为"人文主义"本身也可以追溯到奥古斯丁时期基督教"人类学"的萌芽,而这种"人文"观念在14世纪文艺复兴第一位人文主义者彼特拉克(Francesco Petrarca,1304—1374)身上的体现,亦不离基督教文化传统,因为"人文"之拉丁文词根"Humus"即来自《圣经:创世记》中上帝用"泥土"造人之说"耶和华上帝用地上的尘土造人"(第2章第7节),"Humus"的原意就是"土地""土壤",故此"人文主义"依然保留了人如泥土那样微不足道之寓意,而且"谦卑"的词根同样也是这一"土地"之意。

"12世纪文化复兴"对于欧洲崛起,特别是对经院哲学的鼎盛之意义,就在于12世纪乃标志着"大学的兴起"。这对于欧洲文化及思想发展是至关重要的。哈斯金斯指出:"大学,就像大教堂和议会一样,乃是中世纪的产物。"①古希腊人和罗马人虽然曾有过较高的教育,柏拉图和亚里士多德都曾办过学园,形成了古典教育的风光,却没有建立起"大学"这样一种体制。尽管他们在法律、修辞、哲学等领域所达到的高度及取得的成就,或许中世纪及此后的发展都很难超越,但他们的根本缺陷或永久遗憾就在于他们没有能够将这种知识教育组织成为"大学"这样的永久性学习及研究机构。显然,只是到了12—13世纪,在世界上才真正出现了这种有组织的高等教育形式,即构成了各种科系和学院、制定出相应的课程安排、考试制度和学位的授予等,这些模式延续至今,仍为世界各地大学教育的最基本形式。因此,可以说现代的大

---

① [美]哈斯金斯:《大学的兴起》(Charles Homer Haskins: *The Rise of Universities*, Gordon Press, New York, 1976),第3页。

学不是雅典的遗产，而乃源自博洛尼亚和巴黎。虽然，最初中世纪的大学并无图书馆、实验室、博物馆，以及自身设立的财产基金和教学建筑，却有了保障大学顺利运转的最基本要素，这就是由其学生社团和教师团体所构成的社会教育、社会存在。哈斯金斯对之如此评论说："大学兴起的契机是求学上的伟大复兴，这一复兴并非如人们通常用这种术语所表达的那种在 14、15 世纪的复兴，而乃一次更早的复兴；它尽管有着独特意义，却不太为人所知。历史学家们现在称此为 12 世纪的文艺复兴。只要知识仍局限于中世纪早期的七艺，就不会有大学的出现；因为除了那微不足道的文法、修辞、逻辑之基础知识，以及那更为贫乏的算术、天文、几何和音乐概念之外，则再无别的可教了。这些便是当时的学习课程所能包含的一切。然而，在 1100—1200 年，各种新的知识涌进了西欧。部分是通过意大利和西西里，而更主要的是通过西班牙的阿拉伯学者。这些新的知识包括亚里士多德、欧几里得、托勒密和希腊医生们的著述，还有新的算术，以及罗马律法的有关文献，它们曾因黑暗时代而湮没无闻。"[①]那么这些新的知识所带来的变化是什么呢？哈斯金斯一针见血地指明："这种新的知识突破了大教堂和修院学校的范围，从而创立了学者们特有的职业。"[②]新模式的教育吸引了年轻人的兴趣，他们跋山涉水前来求学。这样，就在巴黎和博洛尼亚形成了前所未有的那些学术行会，即我们所理解的最早的、最好的而且迄今仍在沿用的有关大学的概念：universitas，这就是指"一个师生和学者的社会"。

由此而论，"大学"（universitas）这一术语最初乃指一个职业行会或同类人共聚的社团，因而形成了与众不同的社会生存及教育形式。哈斯金斯以意大利和法国为例介绍了中世纪欧洲大学兴起的情况：在意大利的萨莱诺和博洛尼亚都曾出现大学的雏形。萨莱诺位于那不勒斯之南，先属伦巴第，后归诺曼人管辖，它与希腊等东方地区保持着密切联

[①] ［美］哈斯金斯：《大学的兴起》（Charles Homer Haskins, *The Rise of Universities*, Gordon Press, New York, 1976），第 7—8 页。

[②] 同上书，第 8 页。

系，因而早在 11 世纪中叶就有一个医科学校存在，并在此后二百年中保持为当时欧洲最著名的医学中心，故使萨莱诺有"希泼克拉底之城"的荣称。这所医科学校在阐述古希腊医学著作、解剖学和外科学等方面都颇有建树，却在 1231 年之前默默无闻，究其原因就在于其限于单科发展，且没有形成大学当时所具有的典型社区形式。其结果，萨莱诺在医学史上很出名，而在大学教育史上则基本上没有影响。对比之下，博洛尼亚则被视为世界上的第一所大学，其特点就是形成了多学科的教学机构，尤其是成为在中世纪欧洲罗马律法得以重新发现和复兴的中心。其实，罗马法在中世纪早期并没有在西欧完全消失，它只是随着日耳曼人的入侵而影响式微，但仍与日耳曼人的法典一起在罗马人居住区作为其习惯法而得以保留，而其社会作用则逐渐消失，故此遭到人们的遗忘。在 11 世纪下半叶，欧洲社会随着贸易和城镇生活的复苏而开始了法律的复兴，此乃 12 世纪文化复兴的前兆。本来，这一复兴不一定就会始于博洛尼亚，但因其优越的地理条件即作为当时意大利各条商路的汇聚点而得天独厚，遂成为这一复兴的中心。约在 11 世纪末，博洛尼亚开始形成其法律专科学校；而在 1100 年之前，当地的教师佩波（Pepo）脱颖而出，于 1119 年就赢得了"博洛尼亚博士"（Bononia docta）的名声。而在当时的博洛尼亚和巴黎，一个出名的教师往往就会成为大学发展的开端。此后博洛尼亚又出了一位名师伊尔内里乌斯（Irnerius），他是当时中世纪欧洲最为著名的法律教师，其贡献是将罗马法律完全从修辞学之用的教材中剥离出来，从而以此使之成为一门独立学科的教材，并专门为之设立了法律课程。在 1140 年前后，博洛尼亚隐修院教会法教师格拉蒂安（Gratianus,？—约 1160）把教会历届会议和教宗的法令汇编成册，使之成为教会法规的标准文本《格拉蒂安教令集》，这样又与神学分离而形成高等教育中新的一门独立学科，并由此奠立了博洛尼亚法律学校的基础。1158 年，腓特烈皇帝正式批准博洛尼亚大学的成立，包括罗马法和教会法两大学科，随之而聚集了来自意大利各地和阿尔卑斯山之北的近百名学生，此后该校又创立了神学专业，使其基本具备了大学的格局。来自各地的学生们远离故乡、没有亲友也没有庇护，故此大家团结起来形成相互保护和支援的社团，而这些外地学生的组织便是大学模式的开端。这种行会或社团形式在当时的欧洲乃司空见惯，不足为奇，就如意大利城市中的各种商业行会那样普遍存在。因此，"大学"（universitas）一词最初就是指一般意义上的这种行会或团体，只是后来才被用为专指教师与学生的行会（universitas societas magistrorum discipulorumque）。

当时以法学研究和教育为主的博洛尼亚大学为其他同类大学的兴起开了先河，很快就影响到意大利、西班牙和法国南部法学教育的发展。蒙彼利埃和奥尔良开始有了类似办学，帕多瓦大学约1222年创立，那不勒斯大学约1224年成立。在欧洲中部及北部地区，原有的修道院学校已发展出开放性更大的大教堂学校，如在巴黎、列日、兰斯、拉昂、奥尔良和夏尔特（夏尔特尔）等地都出现了这种学校，其中以夏尔特大教堂学校尤为突出；而其拥有的教会法学者、古典文献专家和哲学教师如圣艾夫斯（St. Ives）、贝尔纳（Bernard）和蒂尔瑞（Thierry）在整个欧洲都闻名遐迩。早在991年，兰斯天主教僧侣里彻尔（Richer）就曾描述其在夏尔特大教堂学校求学的经历；而曾任夏尔特教区主教的索尔兹伯里的约翰（John of Salisbury，约1115—1180）也因其精湛的学问而在英法两国广有影响。但随着一些大教堂的最后完工，其"装饰着圣徒和国王标志"的圣地则不再成为学问的中心，如夏尔特大教堂学校就没能发展成为一所真正的大学。相反，巴黎则因其得天独厚的地理位置脱颖而出，其最有名且最有影响的则是巴黎大学的创办。除了其在欧洲中心的独特地理位置，巴黎大学的崛起一方面在于巴黎具有法国君主制国家首都的政治地位，另一方面也因为其拥有阿伯拉尔（Abelard）等杰出学者。当时还是青年学者的阿伯拉尔才华横溢、风流倜傥、思维敏捷、知识渊博，其激进的态度、无穷尽的诘问，成为年轻学生心仪的导师，因此他无论走到哪里，都会将众多学生紧紧地吸引到那里。其在巴黎任教的经历显然也扩大了巴黎在高等教育方面的知名度。早在1200年之前，巴黎已有巴黎圣母院大教堂学校、圣根尼威夫大教堂学校和圣维克多修会学校。从巴黎大学的基本构建来看，可以说这一大学实际上是圣母院大教堂学校的直接产物；那时只有该学校的校长才有颁发教学证书的权力，所以大学学位证书最早也由其授予。巴黎大学最早的校址也是在归大教堂所属的境域之内，即在巴黎圣母院附近的城岛上，而其部分师生及其他人员也就住在连接小岛和塞纳河左岸的小桥区，但在13世纪时，其师生的居住处已扩展至巴黎的整个拉丁区，并且组成了诺曼底、英格兰、高卢和皮卡尔迪这四个同乡会。在12世纪末，巴黎大学已粗具规模，1180年前后出现了相关学院，1200年因获得法王腓力二世批准其大学法规，此年故而被定为巴黎大学创办之年。早期巴黎大学在1231年时已有神学、艺术、法学（因1219年民法被禁，法学仅为教会法）和医学这四个学院，其中以索邦的罗贝尔（Robert de Sorbon，1201—1274）神父所创立的索邦神学院名望最高，因而"索邦"（Sorbonne）曾一度为巴黎大学的代称，这一年大学也取得独立法人资格，不再隶属于教会。1245年，大学主持人正式成为巴黎大学校长；1252年，巴黎大学有了自己的校印，周围所刻拉丁文即"巴黎师生行会"（Universitas Magistrorum et Scholarium Parisiensium）。至1500年，巴黎大学已有68个相关学院存在。

所以说，巴黎大学乃成为当时欧洲中北部地区创办大学的范例，而因神学有其独特地位，遂成为中世纪诸研究学科中最高的学科，有"高等科学之母"（Madame de la heute science）的声誉。由于巴黎大学在高等教育上为法国带来了殊荣，所以那一时期曾流行一句名言："意大利人有教宗，日耳曼人有皇帝，而法国人则有学问。"受巴黎大学的影响，12世纪后期英国牛津大学开始筹建，来自巴黎的神学家早在1133年就在牛津授课，1163年牛津出现师生参加的学会，至1214年牛津的学会获得教宗英诺森三世（Innocentius Ⅲ）的认可；在13世纪中叶，牛津大学成为继巴黎大学之后的又一所欧洲著名大学。为此，哈斯金斯总结说："中世纪大学……是近代精神的学校。"①

---

① 以上关于欧洲中世纪大学的内容，参考和引自［美］哈斯金斯《大学的兴起》（Charles Homer Haskins, *The Rise of Universities*, Gordon Press, New York, 1976.），第9—36页。

按照这些学者的观点,欧洲近代精神及其思想文化已在欧洲中世纪的鼎盛时期打下了基础,而其中"12 世纪文化复兴"前后发展乃至关重要,其核心要素即"大学的兴起"及大学教育之成果的扩散。对此研究的相关著作还包括哈斯金斯著《中世纪科学史研究》(Charles Homer Haskins: *Studies in the history of mediaeval science*, Cambridge, 1924),《12 世纪文化复兴》(*The Renaissance of the twelfth Century*, Cambridge, 1927,中译本《12 世纪文艺复兴》,夏继果译,上海人民出版社 2005 年版)和《中世纪文化研究》(*Studies in Medieval Culture*, Oxford, 1929),本森与康斯特布尔编《12 世纪的文化复兴及更新》(R. L. Benson, G. Constable ed. *Renaissance and Renewal in the twelfth century*, Oxford University Press, 1985),拉什达尔著《中世纪欧洲的大学》(Hastings Rashdall: *The Universities of Europe in the Middle Ages*, London, Oxford University Press, 1895),诺顿著《教育史阅读文选:中世纪大学》(A. O. Norton: *Readings in the History of Education: Mediaeval Universities*, Cambridge, Mass., 1909),佩托著《中世纪史研究指南》(L. J. Paetow: *Guide to the Study of Mediaeval History*, Berkeley, 1917),普尔著《插图本中世纪思想学问史》(R. L. Poole: *Illustrations of the History of Mediaeval Thought and Learning*, London, 1920),桑兹著《古典学问史》(Sir J. E. Sandys: *History of Classical Scholarship*, Cambridge, 1921),库尔提乌斯著《欧洲文学与拉丁中世纪》(E. R. Curtius: *Europäische Literatur und lateinisches Mittelalter*, Bern, 1948,中译本林振华译,浙江大学出版社 2017 年版),弗拉西著《中世纪哲学导论》(Kurt Flasch: *Einführung in die Philosophie des Mittelalters*, Darmstadt, 1987),德·伍尔夫著《中古哲学与文明》(Maurice de Wulf: *Philosophy and Civilization in the Middle Ages*,中译本庆泽彭译,华东师范大学出版社 2005 年版)等。

根据以上分析,我们对托马斯·阿奎那所处的时代,以及那个时代的社会特色和历史地位则有了比较清晰的认识。西方文化历史中既强调"上帝"和"权柄"的重要,也突出其"说理""讲理"的"唯理"思维传统。中世纪的经院哲学就非常典型地体现出这种"唯理"的传统,其逻辑学、辩证法、形而上学之细微、缜密,其注疏、推论、证明之烦琐、啰唆,就是要表达其"穷究其理"的意蕴。正是在这一重要的时期,托马斯·阿奎那思想的意义及其对整个西方思想发展史和社会变迁史的作用得以凸显。所以,研究托马斯·阿奎那的神学与哲学,对于我们了解整个天主教的思想理论体系,抓住欧洲神学哲学的思维特征,以及认清整个西方思想史的脉络神髓,都不可缺少。

二 生平

托马斯·阿奎那约于1224年末或1225年初出生在意大利那不勒斯的洛卡西卡城堡,其父为阿奎那伯爵兰杜尔夫(Grafen Landulf von Aquino),因其在阿奎那有领地,故使其子名有"阿奎那领地的托马斯"之意。托马斯五岁时入卡西诺修道院,在修道院院长、其伯父西尼巴尔德(Sinibald)指导下获其最初的教育,于1239年离开修院后就读于那不勒斯大学,接触到亚里士多德的哲学思想体系,1243年不顾家庭反对加入多明我会,先后在罗马和博洛尼亚求学,1244年去巴黎途中被其家里拦截,被幽禁家中达一年之久,因其意志坚决终得放行,于1245年到巴黎圣雅克修院学习神学,不久便成为大阿尔伯特的学生,并于1248年随其师到科隆就读,直至1252年赴巴黎大学神学院深造。在就读期间,由于托马斯身体肥胖和不善言谈,被同学们讽刺为"西西里哑牛",但大阿尔伯特却对这一学生评价极高,并告诉大家"这头哑牛将来会吼叫,他的吼叫声将远闻全世界"。[①]

当时巴黎流行的理论学说有三股思潮,一为作为教会传统的奥古斯丁学说,二为重被发现和引入的亚里士多德哲学,三为影响巨大的"拉丁阿威罗伊主义"(Latin Averroism)。这后一种思潮主张严格地按照阿威罗伊的立场来解释亚里士多德哲学,认为世人具有一个共同的

---

① 傅乐安:《托马斯·阿奎那基督教哲学》,上海人民出版社1990年版,第4页。

理性灵魂，这与基督教信仰所认为的各人有各自的灵魂之说相悖；此外，这一思潮还宣称哲学与理性所确认的真理可能也与信仰及其神学所认为的真理相对立。其主要代表为博埃修斯·达库斯（Boëthius Dacus）和布拉班特的西格尔（Siger de Brabant），其以自然证明得出的结论明显不同于基督教信仰的认知，但其学说却在当时的巴黎学术界形成了相当大的影响。这样，三股思潮一因执着于奥古斯丁的理论而显得保守，二因教会权威对亚里士多德哲学在态度上举棋不定，而使人们对如何解释及运用这一新的发现出现了认识模糊，而"拉丁阿威罗伊主义"则明显对教会信仰造成了伤害。托马斯理论体系的创立则正是在面对这三种思潮时所提出的全新思路和突破性探讨，他没有摒弃新发现的亚里士多德哲学，而是对之加以改造利用，以符合基督教信仰的需要。"因此，圣托马斯的世界历史性使命和业绩在于，在基督教的意义上改造不健康的、毫无关联的与神学并列的亚里士多德主义，并且通过把它净化，把它有机地纳入神学的大厦，甚至使它成为神学的可靠基础来克服它。"[①]

托马斯于1256年3月初完成学业后留校任教，与波拿文都拉成为同事，但都遭到在教区任职的教师之抵制，他们反对修士在大学任教，而要求他们退隐重返修院，故而使其一度离开大学讲坛；后因教宗亚历山大四世（Alexander Ⅳ）于同年10月23日要求大学授予他们两人博士学位，支持其在校任教，两人才于次年8月12日同时获得博士学位和神学教授头衔，从而使托马斯得以继续在大学任教。1259年他赴意大利教廷书院讲授神学，随之在意大利各地教书游学及随教宗出访达九年之久，于1259—1261年在阿那尼，1261—1264年在奥维叶托，1265—1267年在罗马，1267—1268年在维台博等地。其间他深入钻研了亚里士多德的著作，并对之写出大量注释和评论著作。1268年，他返回巴黎大学任教，并公开与"拉丁阿威罗伊主义"展开论战，因此

---

① ［法］博讷、［法］吉尔松著：《基督教哲学：从其起源到尼古拉》，李秋零译，第383页。

直接影响罗马教廷于1270年宣布阿威罗伊主义为异端。1272年，托马斯受其修会委托到那不勒斯创建多明我会总学馆，并在当地任教。1274年3月7日，他在经罗马赴里昂参加宗教会议的途中，病逝于福萨诺瓦的息斯特西安修道院。

托马斯生前并不得志，其社会地位和教会职位远低于与他同时代的波拿文都拉；但其逝世不久，基督教界就开始注意到其学术成就及其意义。在1274年5月之后，托马斯在巴黎大学就被视为"尊敬的博士托马斯修士"（doctor venerabilis frater Thomas）。后来，教宗约翰二十二世（John XXII）在打击方济各会属灵派的1323年将托马斯封为圣徒，并以3月7日为其纪念节日，从此他与波拿文都拉遂有伯仲之分；1567年，教宗庇护五世（Pius V）给予托马斯"教会圣师"之殊荣，托马斯主义亦逐渐成为天主教的主流思想体系，在16世纪的特兰托主教会议上被规定为正统学说。1879年，教宗利奥十三世（Leo XIII）颁布《永恒之父》（Aeterni Patris）通谕，使托马斯主义重被定为天主教的官方神学和哲学，而且利奥十三世还于1880年将托马斯封为"所有天主教学校的主保"。这种显赫地位，使托马斯成为欧洲经院哲学最重要的哲学家，其地位已远远超过波拿文都拉。自14世纪起，托马斯就获得了"共有博士"（Doctor communis，亦译"通传博士""全才博士"或"大众博士"）之称，而15—16世纪以来，他进而又获得了"天使博士"（Doctor Angelicus）等称号。

三 著述

托马斯是基督教思想史上最勤奋的著作家之一，他虽然英年早逝，只度过了不到50岁的人生，却留下了大量的著述，尤其在神学和哲学领域建树巨大、影响深远。其秘书雷吉纳特（Reginaldum de Piperno）自1319年开始分门别类地整理托马斯的全部论著和注释，将之陆续出版发行。作为中世纪欧洲哲学界巨擘，托马斯最出名的代表著作是其未最后完成的《神学大全》，还有一部名著则为《反异教大全》（亦称

《哲学大全》或被视为"真理大全"），其他著作可分为神学、哲学、问题论辩、对亚里士多德著作的评注、社会哲学和政治学等类，具有著述甚丰、包罗甚广的特点，后人为他整理的全集版本至少有四种，包括第一种"庇护版"（Editio Piana，1570年）和第四种"利奥版"（Editio Leonina，1882年，以后不断再版），相关权威版本已出版50余卷，超过1500万字，而且被译为多种文字，仅其《神学大全》的中译本先后就有三种，包括来华传教士利类思17世纪节译的30卷《超性学要》，最近出版的由吕穆迪神父等负责汉译的台湾多明我会译本，以及大陆由段德智主要负责的武汉大学和北京大学合译本等。此外，值得一提的托马斯文集汇编还包括曼多耐和德斯特莱兹所编《托马斯主义文集汇编》（P. Mondonnet，J. Destrez：*Bibliographie Thomiste*，*Bibliothèque Thomiste*；Le Saulchior，Kain Belgien，1921）和布尔克所编《1920—1940年托马斯主义文献汇编》（V. J. Bourke：*Thomistic Bibliography* 1920—1940，Saint Louis，1945）。托马斯的主要著作包括如下领域。

（一）在神学及哲学领域的主要代表著作

《彼得·伦巴德〈箴言录〉注疏》（*IV lib. Sententiarum*，或其全称：*Scriptum in IV libros sententiarum magistri Petri Lombardi*），写于1252—1259年前后，主要在其求学巴黎时期所撰写，分为4卷出版，约180万字，占其全部著作的八分之一。这部著作虽然为托马斯的早期著作，在天主教会中却获得极高的评价，被视为"思想深刻，论证新颖，在经院哲学中是无与伦比的论著"。教会权威机构及人士称"这部巧夺天工的著作，思想深邃，理论透彻，充沛着许多崭新的论点"，"像箴言四卷这部注疏，迄今找不到一部可以媲美，它真是空前绝后"。[①]

《反异教大全》（*Summa de veritate Catholicae fidei contra gentiles*），按其全称则为《论公教信仰真理驳异教大全》，但一般简称为《反异教大全》（*Summa Contra Gentiles*），因其内容富有哲理也被称为"哲学大

[①] 傅乐安：《托马斯·阿奎那基督教哲学》，上海人民出版社1990年版，第6页。

全"（Summa philosophica）或被视为"真理大全",写于 1259—1567 年前后,即主要写于其在奥维叶托、那不勒斯逗留期间,全书共有 4 卷,463 章,140 余万字。据传这部著作是应西班牙天主教学者雷蒙德（St. Raymond of Penafort,约 1175 之后—1275）的请求而写,旨在指导当时在西班牙摩尔人中传教的神职人员。其现代编辑出版则有：Editio Leonina, vols. VIII—XV, Rome, 1918—1930；英译本有：*On the Truth of the Catholic Faith*, tr. by A. C. Pegis et al., 5 vols., New York, 1955—1957。

《神学大全》（Summa theologiae）,写于 1266—1273 年前后,全书 160 余万字,分为 3 集,其中第 1 集写于 1266—1268 年,写作地点主要在意大利,内容有 119 题；第 2 集分为上下册,上册写于 1268—1270 年在维台博和巴黎期间,内容有 114 题,下册写于 1271—1272 年在巴黎期间,内容有 189 题；第 3 集写于 1272—1273 年,始于巴黎,在那不勒斯写至第三项"圣事"时突然中止,内容有 90 题；全书虽然没有写完,却已有 3 集、512 题、2669 条,共有近百万个论题与解答。而其秘书雷吉纳特在增补中又添入尚缺的四项"圣事",有 4 题 99 条。《神学大全》是按照当时大学教学所要求及通行的体例而编写的,书中只列题目而无章节之分,但每个题目下面则会列出许多条目,而每条的结构均为三段式,其中第一段以"或许"作为提出问题或相关命题之开端；第二段则以"但是,与此相反"之表述来引入应加以讨论的观点,并据此引经据典展开论证；第三段会用"我的解答"来阐发他本人的见解和观点,展示其理论学说,最后将以对相关疑问的批驳或澄清来结束。《神学大全》是托马斯最著名的代表作,既是其典型的神学概论,也是反映其思想体系的哲学概论,已经充分体现出其全部思想及理论体系；而且"《神学大全》在基督教史上一直被认为是最完整的著作,曾被选定为培训神职人员的主要课本。它包罗万象,被称为基督教的一部百科全书"。① 其现代编辑出版则有：Editio Leonina, vols. IV - XII,

---

① 傅乐安：《托马斯·阿奎那基督教哲学》,上海人民出版社 1990 年版,第 16—17 页。

Rome，1918—1930；重印于 Turin 1934；英译本有：*The Summa Theologica*, *tr.* by the English Dominican Fathers, 22 vols., London, 1912—1936，未完成。

（二）其他神学哲学著作

《论存在与本质》（*De ente et essentia*），写于 1252—1256 年前后在巴黎求学期间。其现代编辑出版则有：L. Baur ed., Münster, 1933；英译本有：*On Being and Essence*, tr. by A. Maurer, Toronto, 1949。

《论自然原理》（*De principiis naturae*），写于 1253—1255 年前后在巴黎求学期间。其现代编辑出版则有：J. J. Pauson ed., Fribourg, 1950；英译本有：*The Principle of Nature*, tr. by V. J. Bourke, in: The Pocket Aquinas, New York, 1960。

《论四种对比》（*De quattuor oppositis*），写于 1254—1256 年前后在巴黎求学期间。

《论证明》（*De demonstratione*），写于 1254—1256 年前后在巴黎求学期间。

《论偶然性》（*De natura accidentis*），写于 1254—1256 年前后在巴黎求学期间。

《论一般性》（*De natura generis*），写于 1254—1256 年前后在巴黎求学期间。

《论理智语词的本性》（*De natura verbi intellectus*），写于 1254—1256 年前后在巴黎求学期间。

《论神言与人言之区别》（*De differentia verbi divini et humani*），写于 1254—1256 年前后在巴黎求学期间。

《论物性》（*De natura materiae*），写于 1254—1256 年前后在巴黎求学期间。

《论现实》（*De instantibus*），写于 1254—1256 年前后在巴黎求学期间。

《论个性原则》（*De principio individuationis*），写于 1254—1256 年前

后在巴黎求学期间。

《驳对神圣宗教崇拜的攻击》（亦称《为修会辩护》）（*Contra impugnantes Dei cultum et religionem*），写于 1256 年前后在巴黎求学期间。其现代编辑出版则有：R. M. Spiazzi ed. , in：Opuscula theologica, I, Turin, 1954；英译本有：*Apology for the Religious Orders*, tr. by J. Proctor, Westminster, 1950。

《鲍埃蒂论七天》（*Super Boetium De Hebdomadibus*），写于 1257—1258 年前后在巴黎期间。

《鲍埃蒂三一论评注》（*In librum Boethii de Trinitate expositio*），写于 1258—1259 年前后在巴黎期间。其现代编辑出版则有：B. Decker, ed. Leiden, 1959；英文节译本有：*Division and Methods of the Sciences of Commentary on the De Trinitate o Boethius*, tr. by A. Maurer, Toronto, 1953。

《驳希腊人的谬误》（*Contra errores Graecorum*），写于 1263 年前后在奥维叶托期间。

《论现场买卖》（*De emptione et venditione ad tempus*），写于 1263 年前后在奥维叶托期间。

《论君主体制致塞浦路斯国王》（*De regimine principum ad regem Cypri*），写于 1265—1266 年前后在罗马期间。其现代编辑出版则有：J. Perrier ed. , Paris, 1949；英译本有：*On Kingship to the King of Cyprus*, tr. by G. B. Phelan and I. T. Eschmann, Toronto, 1949。

《丢尼修论神名评注》（*In Librum Dionysii de Divinis Nominibus*），写于 1265—1267 年前后在罗马期间。其现代编辑出版则有：C. Pera ed. , Turin, 1950；英文节译本有：*The Pocket Aquinas*, tr. by V. J. Bourke, New York, 1960。

《论犹太体制致布拉班公爵夫人》（*De regimine Judaeorum ad ducissam Brabantiae*），写于 1265—1267 年前后在罗马期间。

《神学纲要》（*Compendium theologiae*），写于 1265—1269 年前后在巴黎期间。其现代编辑出版则有：R. A. Verardo ed. , Turin, 1954；英

译本有：*Compendium of Theology*, tr. by C. Vollert, St. Louis, 1957。

《论原因》（*Liber de causis*），写于 1268 年前后在巴黎期间。

《论奥秘》（*De secreto*），写于 1269 年前后在巴黎期间。

《论自然的隐秘运行》（*De occultis operibus naturae*），写于 1269—1272 年前后在巴黎期间。

《论幸福》（*De beatitudine*），写于 1269—1272 年前后在巴黎期间。

《论占星术》（*De judiciis astrorum*），写于 1269—1272 年前后在巴黎期间。

《论理智统一性驳阿威罗伊派》（*De unitate intellectus contra Averroistas*），写于 1270 年前后在巴黎期间。其现代编辑出版则有：L. W. Keeler ed., Rome, 1936；英译本有：*The Unity of the Intellect*, tr. by Sister R. E. Brennan, St. Louis, 1946。

《论圣爱》（*De caritate*），写于 1270—1272 年前后在巴黎期间。

《论友好的规劝》（*De correctione fraterna*），写于 1270—1272 年前后在巴黎期间。

《论希望》（*De spe*），写于 1270—1272 年前后在巴黎期间。

《论独立实体或天使的本性》（*De substantiis separatis seu de angelorum natura*），写于 1271 年前后在巴黎期间。其现代编辑出版则有：F. J. Lescoe ed., West Hartford, Conn., 1962；英译本有：*Treatise on Separate Substances*, tr. by F. J. Lescoe ed., West Hartford, Conn., 1960。

《论世界永恒驳奥古斯丁学派》或称《论世界永恒驳窃窃私语者》（*De aeternitate mundi contra murmurantes*），写于 1271 年前后在巴黎期间。其现代编辑出版则有：R. M. Spiazzi ed., Turin, 1954；英译本有：*On the Eternity of the World*, tr. by C. Vollert, Milwaukee, 1965。

《论谬误》（*De fallaciis*），写于 1272—1273 年前后在那不勒斯期间。

《论道成肉身的联合》（*De unione Verbi Incarnati*），写于 1272—1273 年前后在那不勒斯期间。

《论模态命题》（*De propositionibus modalibus*），写于 1272—1273 年前后在那不勒斯期间。

《论元素的复合》（*De mixtione elementorum*），写于 1273 年前后在那不勒斯期间。

《论心灵运动》（*De motu cordis*），写于 1273 年前后在那不勒斯期间。

（三）学院辩论问题著作

《论真理问题辩论》（*Questiones disputatae de veritate*），写于 1256—1259 年前后在巴黎教学期间。其现代编辑出版则有：R. M. Spiazzi ed., Turin, 1949；英译本有：*Truth*, tr. by R. W. Mulligan et al., 3 vols., Chicago, 1952—1954。

《论自由问题辩论》（*Questiones quodlibetales*），写于 1256—1272 年前后在巴黎教学期间。其现代编辑出版则有：R. M. Spiazzi ed., Turin, 1949。

《论上帝能力问题辩论》（*Questiones disputatae de potentia Dei*），写于 1265—1268 年前后在罗马期间。其现代编辑出版则有：R. M. Spiazzi ed., Turin, 1949；英译本有：*On the Power of God*, tr. by L. Shapcote, Westminster, 1952。

《论邪恶问题辩论》（*Questiones disputatae de Malo*），写于 1266—1267 年前后在罗马期间。其现代编辑出版则有：R. M. Spiazzi ed., Turin, 1949；英译本有：*On Free Choice*, tr. by A. C. Pegis, New York, 1945。

《论受造精神体问题辩论》（*Questiones disputatae de spiritualibus creaturis*），写于 1267—1268 年前后在意大利期间。其现代编辑出版则有：L. W. Keeler ed., Rome, 1938；英译本有：*On Spiritual Cratures*, tr. by J. Wellmuth and M. Fitzpatrick, Milwaukee, 1949。

《论灵魂问题辩论》（*Questio disputata de anima*），写于 1269 年前后在巴黎任教期间。其现代编辑出版则有：R. M. Spiazzi ed., Turin, 1949；英译本有：*The Soul*, tr. by J. P. Rowan, St. Louis, 1949。

《德性总论问题答辩》（*Questiones disputatae de virtutibus in commu-*

ni），写于 1269—1272 年前后在巴黎任教期间。其现代编辑出版则有：R. M. Spiazzi ed.，Turin，1949；英译本有：The Virtues in General，tr. by J. P. Reid，Providence，R. L.，1951。

《主要德性问题辩论》（Questiones disputatae de virtutibus cardinalibus），写于 1270—1272 年前后在巴黎任教期间。

（四）亚里士多德注疏著作

《亚里士多德〈论感觉与感性事物〉注疏》（In libros de sensu et sensanto expositio），写于 1266—1272 年前后在罗马、巴黎期间。

《亚里士多德〈论灵魂〉注疏》（In libros de anima lectura），写于 1268—1270 年前后在巴黎期间。其现代编辑出版则有：R. M. Spiazzi ed.，Turin，1955；英译本有：Aristotle's De Anima with the Commentary of St. Thomas，tr. by K. Forster et al.，London，New York，1951。

《亚里士多德〈物理学〉注疏》（In VIII libros physicorum expositio），写于 1268—1270 年前后在巴黎期间。其现代编辑出版为：Vol. II of the Leonine ed. Rome，1882；英译本有：Commentary on Aristotle's Physics，tr. by R. J. Blackwell et al.，London，New Haven，1963。

《亚里士多德〈形而上学〉注疏》（In XII libros metaphysicorum expositio），写于 1268—1270 年前后在巴黎期间。其现代编辑出版则有：R. M. Spiazzi ed.，Turin，1950；英译本有：Commentary on the metaphysics of Aristotle，2 vols.，tr. by J. P. Rowan，Chicago，1961。

《亚里士多德〈后分析篇〉注疏》（In libros posteriorum analyticorum expositio），写于 1269—1272 年前后。其现代编辑出版为：Vol. I of the Leonine ed. Rome，1882；英译本有：On the Post Analytics，tr. By P. Conway，Quebec，1956。

《亚里士多德〈解释篇〉注疏》（In libros peri hermeneias expositio），写于 1269—1271 年前后在巴黎期间。其现代编辑出版为：Vol. I of the Leonine ed. Rome，1882；英译本有：Aristotle on Interpretation——Commentary by St. Thomas and Cajetan，tr. by J. Oesterle，Milwaukee，1962。

《亚里士多德〈气象学〉注疏》(In IV libros meteorologicorum expositio)，写于1269—1273年前后在巴黎、那不勒斯期间。其现代编辑出版为：Vol. Ⅲ of the Leonine ed. Rome, 1882。

《亚里士多德〈政治学〉注疏》(In libros politicorum expositio)，写于1269—1272年前后在巴黎期间。其现代编辑出版则有：R. M. Spiazzi ed., Turin, 1951；英文节译本有：Medieval Political Philosophy, New York 1963。

《亚里士多德〈尼各马可伦理学〉注疏》(In decem libros ethicorum expositio)，写于1270—1272年前后在巴黎期间。其现代编辑出版则有：R. M. Spiazzi ed., Turin, 1949；英译本有：Commentary on the Nicomachean ethics, 2 vols., tr. by C. I. Lizinger, Chicago, 1964。

《亚里士多德〈论记忆与回忆〉注疏》(In libros de memoria et reminiscentia expositio)，写于1271—1272年前后在巴黎期间。其现代编辑出版则有：R. M. Spiazzi ed., Turin, 1949。

《亚里士多德〈论天与地〉注疏》(In libros de caelo et mundo expositio)，写于1272—1273年前后在那不勒斯期间。其现代编辑出版为：Vol. Ⅲ of the Leonine ed. Rome, 1882。

《亚里士多德〈论生与灭〉注疏》(In libros de generatione et corruptione expositio)，写于1272—1273年前后在巴黎期间。其现代编辑出版为：Vol. Ⅲ of the Leonine ed. Rome, 1882。

(五) 圣经评注著作

《〈以赛亚书〉评注》(Super Isaiam)，写于1252—1256年前后。

《〈约伯记〉文献评注》(Super Iob ad litteram)，写于1263年前后。

《〈耶利米书〉评注》(Super Ieremiam)，写于1263年前后。

《〈耶利米哀歌〉评注》(Super Threnos)，写于1263年前后。

《〈四福音书〉评注》(Expositio continua super Ⅳ Evangelia，亦称Catena aurea)，写于1263年前后。

《〈马太福音〉评注》(Super Matthaeum)，写于1263年前后。

《〈马太福音〉精选》(Lectura super Matthaeum)，写于 1263—1272 年前后。

《〈约翰福音〉精选》(Lectura super Iohannem)，写于 1263—1272 年前后。

《〈保罗书信〉评注》(Super Epistolas Pauli)，写于 1263—1272 年前后。

《〈诗篇〉评注》(Super Psalmos)，写于 1272 年前后。

四 思想

托马斯思想理论的主要贡献，在于其创造性地解释和运用亚里士多德哲学，重新构建了中世纪经院哲学的大全体系，并使哲学与神学得以有机共构，相得益彰。他强调理性和认知上的整体统一，认为哲学的"理性真理"并不与神学的"启示真理"相矛盾。根据理性逻辑，他提出了被后人称为"宇宙论""目的论"的上帝存在的五种证明，即从"运动""因果关系""可能与必然""比较与等级""设计、控制与目的"来证明宇宙的有序和整全乃反映出上帝的设计和目的。在围绕"一般"或"共相"究竟为"名"还是为"实"的所谓"唯名论"和"唯实论"的争议中，托马斯的思想提供了一种具有折中或综合意义的"温和唯实论"模式，认为"一般"乃有三种存在方式，一是作为上帝创世"原型"存在于上帝理性之中，即在个别事物之"先"；二是作为事物的"形式"或"本质"而存在于个别事物之"中"；三是作为从具体事物中经过抽象而形成的"概念"，以人的思想形式而存在于个别事物之"后"。这种对个别事物之外存在的"一般"或"共相"思维，实际上对西方人的抽象、归纳、概括、提升性思维能力是一种很好的训练，也是西方自古希腊以来的"相"思维之一脉相承和发扬光大，由此为其寻找普遍规律、获得本质因素的精神求索奠定了重要的思维基础。

(一) 哲学与神学

随着亚里士多德哲学等古代思想通过阿拉伯人和犹太人等来源的翻译、介绍而被引入中世纪欧洲社会，出现了一种与基督教神学显然不同的思想体系。为此，托马斯开始思考将哲学与神学明确相分，但也与以前经院哲学家不同地进而尝试将这种"世俗哲学"（或"人文哲学"）设法融入当时作为社会主流思潮的基督教思想体系，以达到西方整个思想文化体系的一致。他认为哲学家和神学家是以不同的方式来思考受造之物，故此为之划定各自的界限、确定其不同任务。

在目标上，他认为哲学研究的是根据理性而可加分析的受造之物，而神学则是为受造之人提供其得救所必需的真理。这里，神学之"论述万物，是在这样的范围内进行的，即受造物表现了与上帝的相似，以及对受造物的错误看法必导致对上帝的错误认识。基督宗教教义和世俗哲学（philosophiae humanae）是以不同的观点看待万物的。世俗哲学以其实际所是的方式研究万物，因而不同的哲学部门就是依据不同的事物类型建立起来的。而基督宗教信仰并不思考事物所是的方式；例如，它并不是根据火的实际所是来考察火，而把火视为上帝崇高的表现，是无论如何都要指向上帝的"。"也正是由于这种原因，哲学家和信仰者（Fidelis）思考受造的不同方面。哲学家观察事物本性所固有的东西——例如，火的上升趋势；而信仰者则只观察那些与上帝有关的事物——例如，被上帝创造并隶属于上帝的事物。"[①]

在方法上，他则指出哲学研究是根据事物本身的原因来加以探究，即根据受造世界的原理来认识这一存在，而神学则是依据最初之因来进行推论，也就是说"从上帝出发"来认识世界、说明万事万物。显然，哲学与神学的探索路径即方向乃完全相反。当然，随着对亚里士多德哲学的认识，托马斯也说明了哲学中有探究"终极之因"或"第一原因"

[①] ［意］托马斯·阿奎那：《反异教大全》（第2卷），段德智等译，商务印书馆2017年版，第38页。

（始因）的"第一哲学"，故而肯定哲学中有"从受造者出发达到对上帝的认识"之努力。针对这种方式方法上的区别，他进而说明道："但是被哲学家和信仰者共同研究的有关受造物的情况，是依据不同的原则表达出来的。哲学家从事物固有的原因出发提出他的论证；而信仰者则从第一原因出发进行论证——例如，这样的理由，事物是被上帝以这种方式传递下来的，或者这有助于称颂上帝的荣耀，或者说上帝的能力是无限的。由于信仰教义论述至高无上的原因，因而它也应被称之为最高智慧；……因而，世俗哲学尊崇信仰教义为第一智慧（principali sapientia）。相应地，神圣智慧有时也会从世俗哲学的原则出发，进行论证。因为在哲学家之间，第一哲学（Prima Philosophia）也会利用各种科学学说去达到它的目的。"①

这样，虽然哲学与神学本质有别，托马斯仍然反对将二者分离，而主张哲学与神学能有最密切的合作。在他看来，既然理性本身也是上帝所造，那么依靠理性的哲学就不可能完全与神学相对立，而会与之结合，体现出上帝的启示。由于信仰与理智都与谬误迥异，因此它们在真理中乃有其一致性。"基督宗教的信仰真理（veritas fidei Christianae）超乎人类理性的能力（humanae rationis capacitatem excedat），可是，人类理性（humanae rationis）自然禀赋的真理与基督宗教信仰的真理却并不对立。因为人类理性天赋的那些东西显然也是最真实的，从而我们不能够设想这样的真理是错误的。同样，我们也不能够认为我们信仰获得的真理是错误的，因为这非常清楚是由上帝来证实的。所以，既然只有与真实相对立的东西才是虚假的，……则信仰真理不可能与人类理性自然认识到的那些原则相对立。"不过，托马斯在此并非鼓吹一种"双重真理"说，反而是要达到二者的一致，但其统一不在理性而在信仰。他强调，"关于我们自然认识的诸多原则的知识是由上帝灌输给我们的；因为上帝乃我们本性的造主。所以，这些原则也包含在上帝的智慧

---

① ［意］托马斯·阿奎那：《反异教大全》（第2卷），段德智等译，商务印书馆2017年版，第39页。

之中"。①其解决办法仍然是基督教信仰的办法，因而所谓哲学智慧仍然属于神学范畴。

托马斯在吸纳亚里士多德哲学思想时，仍然坚持信仰对于理性的必要性。所以，其思维方式不离其神学之维。他认为，首先要有信仰、要承认关于上帝的真理，然后才可能运用理性，发挥理性智慧的作用。"因此，信仰已经给予理性它用自己的手段能够得出的答案。圣托马斯自觉地接受启示的这种引导，力图在启示的指导下攀登到自己体系的高峰，逐渐地使它的帮助在哲学思维领域变得不必要。"②既然是信仰为哲学奠基，使之可以发挥作用；那么，哲学也自然会回报神学，以其理性智慧来服务并捍卫神学。通过理性来阐明信仰的合理性，其结果则是哲学与神学的殊途同归。而且，在此神学乃为主的，哲学等理性学科只是辅助性的、为神学服务的。"整个哲学几乎全都指向关于上帝的知识，这也就是讨论上帝事物的形而上学为需要研究的哲学的最后部分的缘由"③。所以，托马斯在其《神学大全》曾开门见山地表明："所谓其他科学，都是神圣理论的婢女。"④此即后来视哲学为"神学的婢女"（ancilla theologiae）之论。

（二）对上帝的理解

托马斯在其主要著作《反异教大全》和《神学大全》中都用了很大的篇幅来论证上帝的存在及其意义。不过，他在此则非常典型地走了理性论证上帝之途，旨在说明其对上帝存在的理解是一种理性的理解、理智的理解，故而不可动摇。在《反异教大全》中，托马斯对"上帝"

---

① [意] 托马斯·阿奎那：《反异教大全》（第1卷），段德智译，商务印书馆2017年版，第80页。

② [法] 博讷、[法] 吉尔松：《基督教哲学：从其起源到尼古拉》，李秋零译，第388页。

③ [意] 托马斯·阿奎那：《反异教大全》（第1卷），段德智译，商务印书馆2017年版，第69页。

④ [意] 托马斯·阿奎那：《神学大全》，I, 1, 5, 引自叶秀山、傅乐安编《西方著名哲学家评传》（第二卷），山东人民出版社1984年版，第451页。

这一神学之核心问题展开了全面论述。在其第 1 卷中，托马斯通篇的关注就是上帝问题，此卷的标题即"论上帝"。他从"上帝的存在""上帝的本质""上帝的属性""上帝的理智""上帝的意志"和"上帝的生命"这几大方面来展开阐述其对上帝的理解，其指导思想就是要说清上帝存在及其属性。第 2 卷以"论创造"为标题，其内容是分论受造万物和理智实体，而其实质则是说明作为造物主的上帝及其所造之物。第 3 卷的标题是"论运筹"，涉及受造之物及人的目的、对受造物的治理、神圣法律及其运作，其中心思想仍然是论述上帝的天命及对世界的治理。第 4 卷乃以"论救赎"为标题，但还是讨论上帝的"三位一体""道成肉身"等本质问题，由此让人遵守"圣事"规则以获得上帝的救赎和恩典，在末日审判时得到上帝的赐福而复活永生。所以说，这部被视为《哲学大全》的巨著主要讨论的还是神学中的根本问题即"上帝"问题。

  关于上帝的存在，托马斯直接指明"上帝即为存在本身"①（Deus est ipsum esse）。针对上帝的存在乃"自明"（per se notum）的而不可得到推证之观点，他借助于亚里士多德的"形而上学"而加以驳斥。尽管"上帝存在无疑是绝对自明的，因为上帝之所是即是他自己的存在"，但对于人的有限理智而言，如果没有相应的推证，"我们在心中无法设想上帝之所是，则上帝存在相对于我们而言，便依然是不可知的"②。与安瑟伦以本体论证明上帝存在的观点不同，托马斯并不认为仅以上帝的名称（nominis Deus）就能认识到上帝的存在（Deum esse）。"由于上帝这个名称所指谓的东西是由心灵设想出来的，那就不能够得出结论说，上帝现实地存在着，而只能说他仅仅存在于理智之中。由此看来，那不可设想的比其更伟大的东西也可能并不必然存在，而只能说他仅仅存在于理智之中。……因为设想某个比在现实中给定的或存在于

---

  ①　[意]托马斯·阿奎那：《反异教大全》（第 1 卷），段德智译，商务印书馆 2017 年版，第 204 页。
  ②　同上书，第 91 页。

理智之中的任何东西都更其伟大的东西存在，并不存在任何困难。"①从概念只能推论到空洞的概念而不是真实的存在，因此安瑟伦的证明不过是语义反复或逻辑重复而已。托马斯故而选择了另外的论证途径，因为在他看来，"我们的理智是不可能看到上帝本身的，除非借上帝所产生的结果才行，而这就使得我们必须借推理来认识上帝的存在"；"由于我们不可能看到上帝的本质，则我们之达到上帝存在的知识，就不是通过上帝本身，而是通过他的结果实现的"；"所以，事情便只能是这样，人是借助于我们在上帝的结果中所发现的类似性通过推理达到关于上帝的知识"。②既然人不能自然地、直接地认识上帝本身，也不可能从上帝的概念而推至上帝的存在，那么则可能，也只能间接地、借助于上帝的结果所反映出与上帝的某种类似性（similitudo ipsius）来推证上帝自身（Deus ipse）的存在。

于是，托马斯在《反异教大全》，尤其是其《神学大全》中另辟蹊径，提出了他证明上帝存在的方法，其中以其有关上帝存在的"五种证明"（五种途径）尤为出名。

第一种证明是从"运动"而推理出"第一推动者"的证明。托马斯指出，人们凭感觉就能知道世界上有事物是运动着的，那么，凡是事物的运动势必是被另一个事物所推动，实际的运动来自潜在的运动，所谓推动就是指把事物的潜能引至活动，使之由潜在变为现实。他在此以"火"为例来加以说明："例如火烧柴，就是由现实的热使潜在的热变为现实的热。火就是这样运动柴、变化柴。但是，一个事物不可能既是现实的，又是潜在的，而同时并存，相反只能在不同条件下存在。例如凡是现实的热，不能同时又是潜在的热，只能说它作为潜在的冷。"根据对火的理解，托马斯进行了其推论，"因此，如果说某事物在同一条件下既是推动又是受动，这是不可能的，或者说，既是受动又是自动，

---

① ［意］托马斯·阿奎那：《反异教大全》（第 1 卷），段德智译，商务印书馆 2017 年版，第 92 页。

② 同上书，第 93 页。

也都是不可能的。所以，凡是受动的，必为另一个所推动。因而，甲为乙所推动，乙为丙所推动，如此类推。可是又不能无限地推下去，否则就没有最初的运动了。没有始动，也就无其他运动可言。因为后者的运动必然由在先的运动所推动。……所以，最后追溯到一个非受动的第一推动者，这是必然的。它就是大家所说的上帝"。① 其实，托马斯这一思路即来自亚里士多德从运动开始而对上帝存在的证明："受到推动的每一件事物都是受到他物推动的。一些事物之处于运动状态，例如，太阳之处于运动状态，显然是由感觉判定的。所以，它是由推动它的某个别的事物推动的。而这个推动者自身无非是两种情况，它或者受到推动，或者是不受到推动。如果它不是受到推动，我们就能从中得到我们的结论，这就是，我们必须设定某个不被推动的推动者（movens immobile）。我们把这个不被推动的推动者称作上帝。如果它是受到推动的，则它就是为另一个推动者所推动的。这样，我们就必须或者进展到无限，或者我们必须达到某个不被推动的推动者。然而，要进展到无限是不可能的。因此，我们必须设定一个不被推动的第一推动者（primum movens immobile）。"② 这里，托马斯显然陷入了一种认知悖论，当然这种悖论在中西思维传统中都是存在的，即一方面设想有一种"永恒存在"如"上帝"或"道"，但另一方面却又设想这一永恒存在"创造"了"有限世界"，这就给"有限世界"设立了一个"开端"、一种"太初"，即所谓"天地之始""万物之母"。因此，凡是从"受造"而言，势必有一开端，也就有"第一推动者"。显然这只是从"有限""受造"的维度来审视的，而一旦进入"永恒"的领域，则无任何"开端""前后""被推动"可言了。所以，中外古代思想家都在这"无限与有限""永恒与时间"的认知上陷入了悖论，把二者的界限取消了，将两

---

① ［意］托马斯·阿奎那：《神学大全》，I，2，3，引自叶秀山、傅乐安编《西方著名哲学家评传》（第二卷），山东人民出版社1984年版，第458—459页。

② ［意］托马斯·阿奎那：《反异教大全》（第1卷），段德智译，商务印书馆2017年版，第98—99页。

个不同的范畴混为一谈,故才出现"不被推动"却"去推动"的"第一推动者"。其实,如果从"永恒"之维而言,则无所谓"开端""始因""第一""太初"可论;但如果从"时间"之维来论,则或是为之设定"开始"和"终结",或是亦可加以先后两向的无限推测。因此,以"无限""永恒"之维来谈论"开端""始因"只能是"信仰"的设定,然后让"哲学"去推理。这是一切中外宗教哲学的典型特点,所谓"世俗哲学"一旦越出此界,同样也就成为"宗教哲学"。由此可见,亚里士多德哲学的实质依然是宗教哲学,托马斯故而与之"心有灵犀一点通",都津津乐道于寻找"设想某个第一推动者,它不为任何外在的动力因所推动",[①] 相信"必定存在有一个绝对不被推动的独立的第一推动者(primum motorem separatum omnino immobilem),而这种推动者就是上帝"[②],因此,"上帝"遂成为这个"唯一的第一因"(unam causam primam)"第一动力因"(primam causam efficientem)之"至上的存在"[③] 的代名词。不过,若相信"永恒"而不再深究则会坠入虚无主义,失去探究宇宙奥秘的兴趣;若热衷于事物及时空链条之中的推理和穷究,却会陷入无法穷尽的窘境及苦恼之中,这正是人类哲学及科学的现状。在这一意义上,托马斯的思想贡献则在于他虽以上帝所喻指的"永恒""无限"为绝对标准,却并没有放弃对"受造"的有限世界之探究,而且以其理智推论和逻辑秩序来尽量使这一有限世界与永恒、无限相关联;这样,通过探究在时空中有广延的具体事物,且将之不断延伸推究而达到对无限存在的间接、类比、相对、有限认知。这种认知是有意义的,但人类也需要有自知之明,不要妄把自己的这种有限认知作为绝对真理来看待。由于人类存在的有限性,以及可观可知世界的具体界限,故而不能满足于自己当下所获的有限之知,必须继续不

---

① [意]托马斯·阿奎那:《反异教大全》(第1卷),段德智译,商务印书馆2017年版,第107页。

② 同上书,第111页。

③ 同上书,第112、113页。

断地探索下去。而这种无限延续因没有结点故无法加以整体把握,那么这种"整体"则只能是人类无法企及的"绝对真理""终极真理",若对之谈论则就是谈论"上帝",是宗教、信仰的语言;而想据此构建思想体系,则只能是神学的体系、宗教哲学的体系。显然,其可谈的视域是超出科学的预测、哲学的推理的,因此托马斯把哲学和一切科学学科都作为神学的"婢女",想让它们都为其服务。这种中世纪认识无限宇宙及有限世界之维,故而就在托马斯这儿成为其经院哲学的最经典表述。

说清了托马斯的第一种证明,其余四种证明的链条也就清晰可辨了,因为其思维逻辑基本上是一致的。其第二种证明是找出"第一作用因"的证明,即从事物的因果序列中推论出其"最初的作用因",而这最初的、第一的作用因就是上帝。第三种证明是从"可能性和必然性"的逻辑链条中找出"必然存在者"的证明,事物的可能性有赖于必然性,但必然性却只能是一个,即不可把事物必然存在的原因无限地推下去,而必须找到"一个自身必然的存在,它不从其他事物那里接受必然的原因,但却是其他事物的必然原因",[①] 此乃绝对的必然性,是一切事物的最后原因,故而就是上帝。第四种证明是从"事物存在的等级"及其比较出发而找到"最好而最纯粹的存在"之证明,事物的存在分有等级,故而形成区别和差距,对之加以比较鉴别,推至某一存在乃一切存在、一切美好的原因,故而可以从低至高找到"最真、最善、最崇高、因而最具有存在的事物","它对于所有的存在者来说都是存在、美善以及任何一种完善性的原因:我们称之为上帝"。[②] 第五种证明则是从"事物的治理"(rerum gubeinatione)而推论出一个治理世界、统治世界的"最高指挥者"的证明。此即所谓上帝对受造世

[①] [意]托马斯·阿奎那:《神学大全》,I,2,3,引自叶秀山、傅乐安编《西方著名哲学家评传》(第二卷),第462页。

[②] [法]博讷、[法]吉尔松著《基督教哲学:从其起源到尼古拉》,李秋零译,第390—391页。

界的"设计、控制与目的"之证明，体现出上帝对世界的管理："矛盾的和不一致的东西，是不可能总是或大体成为一个秩序的诸多部分的，除非它们都处于某个管理者的治下，因为唯有借这个管理者的管理（gubeinatione）才能够使所有事物中的每一个都趋向一个确定的目标。但是，在这个世界上，我们发现，具有各种不同本性的事物却在一个秩序下聚集到了一起；而这绝不是罕见的或偶然的，而是始终如此的或者说是大致如此的。所以，必定存在有一个存在者，这个世界就是受他的运筹（providentia）管理的。我们把这个存在者称作上帝"[1]。总而言之，托马斯的这五种上帝存在的证明有着同一的思维逻辑，即按照因果律而推论，前三种证明乃前溯"原因"，后两种证明则是后推"结果"，都是追溯初始原因和找出最终目的及结果。其中的逻辑层次、等级乃是清晰可辨的。而在其神学思考范围内，这些证明则主要体现出了神创论、神治论等内容。

托马斯的思想庞大繁杂，涉及的领域及范围非常之广，"在托马斯看来对智慧的追求是人的所有追求中最完满、最高贵、最有用也最惬意的追求；而智慧追求的最后目标则是对作为万物最高原因、第一作者和第一推动者的上帝的认识和信仰。正因为如此，他给自己规定的基本使命是'教诲人信仰上帝'（fidem humanam instruendam de Deo）"[2]；但只要抓住其思维核心这一"上帝"问题之中心及其"教诲人信仰上帝"这一研究之使命的关键所在，弄清楚其所理解的神学与哲学的关系问题，则纲举目张、一切问题都可以迎刃而解了。基于对托马斯思想的探究，我们则可对整个中世纪经院哲学窥其堂奥，甚至揭示中外宗教哲学之基本思维意向及其特征。

---

[1] ［意］托马斯·阿奎那：《反异教大全》（第1卷），段德智译，商务印书馆2017年版，第113—114页。

[2] 同上书，汉译者总序 xxiv 页。

第十一章

爱克哈特的思想研究

随着中世纪经院哲学的鼎盛和对思辨理性的推崇，欧洲思想家也开始激活另一种思路来恢复古希腊传统中新柏拉图主义和东方基督教伪狄奥尼修斯的神秘主义探究。这一进路的中世纪先驱是德国哲学家爱克哈特，在其看来，逻辑思辨并非探究真理的唯一之途；为此，他独辟蹊径、洞幽析微，以情感的内在性、思想的炽热性和体悟的透彻性来与神圣本质交往，由此探索出一条从中世纪通往近代基督教思想发展的神秘之路，这一进路在西方思想史上乃与理性推论之路并驾齐驱、相互对应，并影响到西方现代宗教精神的相关走向。

爱克哈特（Meister Johannes Eckhart）约1260年生于德国哥达附近霍赫海姆的一个贵族家庭，早年加入多明我会，然后赴巴黎大学研习神学，获得"大师"（Meister）之称，曾在巴黎、科隆等地教书。自1290年起，他先后在埃尔富特、图林根、萨克森、波希米亚等地担任多明我会分会长和地方天主教教区长，1311年担任上德意志省的教会负责人。在负责教务的同时，他创建了许多男女修道院，也常在这些修道院布道讲学，颇有影响。但其讲演并不局限于正统教义而多有发挥，不仅不是循规蹈矩、遵守教会教义和教规，并且还会时常对教宗加以讽刺，因而引起了本笃修会和方济各修会神学家的不满及反驳，其理论学说也被指责为有危险倾向。在此期间他曾在巴黎逗留，于1314年来到科隆，并在科隆当地学校担任过五年总监，但在1326年受到科隆大主教冯·维尔纳堡（Heinrich von Virneburg）的指控而于9月20日受到传讯，指责他散布错误学说。但他不服这种批判而于1326年9月26日向其修会总部申诉，并进而上诉至教宗；但其上诉在1327年1月24日被驳回，他也受到第二次传讯；而他在2月13日又进而据理力争、对指责他的条文一一加以反驳；这样，他于2月22日在当地教会高层人士的监护下被直接送到教廷当时所在地阿维尼翁，以向教宗面陈其由，由教宗亲自裁决。而在这一申诉过程中，他于1327—1328年在阿维尼翁去世。在相关历史记载中，能够说清楚的是其死于1328年4月30日之前，因为在教宗这一天给科隆大主教的信函中特别提及爱克哈特那时已经不在人间。而时任教宗约翰二十二世（John XXII）并没有就此饶过他，仍在1329年3月27日发表训谕《在主的耕地上》（In agro dominico），在爱克哈特思想学说受到指责的上百个命题中，专门对其中的28个命题加以了谴责，此后其全部著作亦彻底遭禁。

爱克哈特的著作留存不多，其思想主要体现在其《三部集》（Opus tripartitum）、《巴黎问题论辩集》（Quaestiones Parisienses）、《箴言书注疏集》（Collatio in libros sententiarum）、《演说集》（Opus sermonum），以及德文著作《称义论集》（Die Rechtfertigungsschrift）、《论属神的慰藉》（Das Buch der göttlichen Tröstung）、《论贵人》（Von dem edeln Menschen）和《讲道录》（Die Predigten）等著述中。

在中世纪的思想框架内，爱克哈特探讨了"存在"与"理智"这两大问题。对之他有一种神秘主义整体论意义上的关联，并将上帝作为二者的统一和超越。在他看来，对上帝的认知可以使这两个问题达到整合，存在与理智虽属性不同，却不截然分开。从"存在"意义上来看，上帝乃存在，如果上帝不存在则只有虚无。但以"上帝存在"为命题却是同义反复。万物存在于上帝之中，上帝包摄万物但按其本质又大于万物之存在。上帝与存在的关系可用"创世"来解释。所谓"创世"实乃"存在"之通告，而这种存在即在上帝自我中存在。"太初"有"道"则指明了"太初"乃存在的根源和开端，因此上帝并不等于存在，存在只是上帝的创造，属于被造之物。既然上帝不等同于存在，而是先于、高于存在，那么其作为存在的根源和使存在有其实在的原因则是"纯理智""纯智慧"，"因此，上帝是创造者，是不可创造的，他是理智和认识，而不是存在者或者存在（Ideo Deus, qui est creator et non creabilis, est intellectus et intelligere, et non ens vel esse.）"，① 由此遂进入关涉"理智"的问题。与存在不同，理智在此显示出其"纯粹"性或"纯洁"性。

上帝作为纯粹的理智、智慧、理解和知性，是不可究问或明确回答之"道"。如同"道可道、非常道"之理，爱克哈特在这里用摩西问上帝"你是谁"时之答来回应，展示出上帝"我是那我是"（Ego sum qui sum）（《出埃及记》第3章第14节"我是自有永有的"）的神秘性和不可悟透性，或是恰如耶稣所言"我就是道路、真理、生命"（《约翰福音》第14章第6节）。不过，上帝之"道"作为理智、观念，却开启了人的灵性与神性沟通之途。在爱克哈特对人的理解中，他运用了托马斯关于"灵魂"之说。他认为，人作为万物之灵，其灵性可以通向神性，在此意义上，人的灵性实乃神性的微弱"闪光"。这种人之灵魂对神秘之光的找寻和反映，一方面就在于灵性"闪光"可以用来体悟上帝三位一体的形象，另一方面则可以由此起到与上帝接触的作用。爱克哈特用"理智、生命、存在"来解读三位一体的三个位格，认为圣父是理智、圣子是生命、圣灵是存在，通过"圣灵"作为存在而与有限存在之人的灵性接触，从而使人的理智终于可以与神性相触，实现人与上帝的合一。

爱克哈特以"存在的纯粹性"（puritas essendi）来否定任何把上帝作为具体存在的构想。但是，如果这种"纯存在"与存在世界毫无关系，那么该如何解释上帝与其受造的世界、纯在与实在的关系呢？为此，他曾设法自圆其说地如此解释道："有一位大师说道：上帝是这样的一位存在者，没有任何东西与他相等同，以后也不会有任何东西能够

---

① 引自［法］博讷、［法］吉尔松著《基督教哲学：从其起源到尼古拉》，李秋零译，第447页。

与他相等同。可是圣约翰又说：'我们得称为上帝的儿女'（《约翰一书》第3章第1节）。而既然我们是上帝的儿女，那我们就必定与他相等同。那么，大师何以能说：上帝是这样的一位存在者，没有任何东西与他相等同呢？你们要这样来理解：为了使得这个力量不与任何东西相等同，正是为了如此，它就等同于上帝。完全就像上帝不与任何东西相等同一样，这个力量也不与任何东西相等同。你们应该知道，所有的被造物都出自于其本性而千方百计地设法与上帝相等同。如果天不是在追寻上帝或上帝的一个等同者的话，那它就绝不会运转。倘若上帝不是存在于万物之中，那么，本性就不会作出什么行为，也不会在某些事物里面去追求什么了；因为，不管你愿意不愿意，也不管你知道不知道；本性在其最内里是在努力寻求着上帝。"① 显然，这种解释既差强人意，又没有透彻说清楚。既然肯定解释及正面回应是如此费劲，他于是在这里采取了"否定神学"的认知途径，认为"按照大马士革的说法，否定在上帝里面具有肯定的极其丰满（Negationes secundum Damascenum habent in Deo superabundantiam affirmationis.）"② 正因为任何肯定的表述都会留有其局限性，故而爱克哈特采用了"否定神学"的神秘认知之途。其实，这种神秘主义实质上是已经认识到了中世纪经院哲学理性认知的局限性及其难以自圆其说的窘境，故而寻求新的路径之探索。但正是这种与众不同的全新探究预示着欧洲思想走出中世纪的摸索和努力，在这种神秘主义的微光中已在孕育新时代的晨曦。

虽然爱克哈特把上帝与人之灵性、理智、意志的接触看作一种光照和恩典，认为人之灵性被点燃的精神之爱乃恩典之爱，却暗示出上帝与万物、与人类的直接关联，从而表露出某种"泛神论"的神秘主义意向。这对此后马丁·路德的宗教改革颇有启迪，并直接引导其思考神人

---

① ［德］埃克哈特：《埃克哈特大师文集》，荣震华译，商务印书馆2003年版，第390页。

② 引自［法］博讷、［法］吉尔松著《基督教哲学：从其起源到尼古拉》，李秋零译，第447页。

直接交往、人因信称义的神学。马丁·路德在爱克哈特去世后最早站出来支持他的学说，大量引证其思想观点来为其宗教改革作思想舆论准备。故此，爱克哈特也被视为德国宗教改革的思想先驱之一而得到尊重。当然，爱克哈特的思路仍是经院哲学的，正如后人评价他是"经院哲学家的神秘主义者，而不是神秘主义的经院哲学家"。① 在重新认识中世纪思想的现代处境中，爱克哈特的理论学说在天主教会内部也得到了重新评价，天主教的教士教团大会于1980年正式为其恢复名誉，此后又成立了专门委员会从事其文献档案的整理出版工作。目前，德国已经出版了《爱克哈特大师拉丁文著作集》（*Magistri Eckardi opera latina*; editio Instituti S. Sabinae in urbe, F. Meiner, Leipzig），以及收集较全、由德国研究协会（DFG）编辑的《爱克哈特大师德文和拉丁文著作集》（*Meister Eckhart, die deutschen und lateinischen Werke*; Stuttgart - Berlin, W. Kohlhammer）等。

（原载卓新平著《西哲剪影》，中国社会科学出版社2011年版，本文有补充。）

---

① ［法］博讷、［法］吉尔松著《基督教哲学：从其起源到尼古拉》，李秋零译，第453页，本文所引翻译与此书稍有不同。

第十二章

奥卡姆的思想研究

中世纪经院哲学在达其鼎盛后亦渐趋烦琐，其论证越来越严密，其抽象归纳而来的"共相"名目也越来越繁多。本无实际存在，而抽象所为的"共相"成为哲学的主要内容，思辨走向了空洞之途。这样，经院哲学体系给人一种庞大、臃肿、过于复杂之感。这对当时欧洲思想发展逐渐产生出窒息作用，并开始妨碍其从中古往近代的过渡。为了改变被动局面，中世纪晚期经院哲学界出现了革新派，他们大胆地向这种不合理的体系开刀，以删繁就简的方式来改造经院哲学，从而为近代欧洲思想的"标新立异"打下了基础、创造了条件。其中一位杰出的革新者，就是唯名论者威廉·奥卡姆（William of Ockham）。

一 生平与著述

奥卡姆约于1285年出生在英国萨里郡的奥卡姆小镇，早年入方济各会，1306年授任副主祭神职，1309—1315年在牛津大学攻读神学，1315—1317年作为圣经学士讲授圣经，1317—1319年作为箴言学士而讲解《箴言书》。由于当时牛津大学校长鲁特雷尔（John Lutterell）指责他有"异端"嫌疑，使他虽已修完相关课程却终未获得博士学位，故在历史上只能留下"尊敬的初始者"（Inceptor venerabilis）名号。但这种"初始"在当时亦有"开创"之意，故对其哲学生涯也是一种颇为恰当的写照。1324 年他因上述指责而被召往阿维尼翁教廷受审，暂住当地方济各会修院。他与方济各会当地总管西塞纳的米歇尔（Michael von Cesena）观点相同，立场一致，后在种种高压之下两人于 1328 年 5 月 24 日晚不得不一起逃离阿维尼翁到意大利比萨，获得此时驻扎在当地的教宗政敌、神圣罗马帝国皇帝巴伐利亚的路德维希（Ludwig der Bayer）的保护。据传当时奥卡姆曾向德皇说"你用剑来保护我，我用笔来保护你"[①] 的豪言，形成反中世纪教权的独特文武联盟。1329 年奥卡姆移居德国慕尼黑，从此在德皇庇护下潜心学术。1347 年在路德维希去世后新任皇帝查理四世与罗马教廷和解，奥卡姆曾尝试与教宗和解未果，故继续留居慕尼黑，直至 1349 年死于黑死病。奥卡姆以其总结与前瞻共构的研究而为中世纪哲学的真正谢幕做好了准备。

奥卡姆的主要著述包括：

1. 神学方面的著作

《修订稿》（*Ordinatio*），亦称《箴言书注》卷一（*I Sententiarum*）。

《记录稿》（*Reportatio*），亦称《箴言书注》二至四卷（II - IV *Sententiarum*）。

《论辩七篇任选集》（*Quodlibeta Septem*）。

《论神的预定和预知及论不确定的未来》（*Tractatus de praedestinatione et de praescientia Dei et de futuris contingentibus*）。

《论祭坛圣礼》（*Tractatus de sacramento altaris*）。

《论变化问题》（*Quaestiones Variae*）。

2. 逻辑学方面的著作

《黄金阐释》（*Expositio aurea*）。

《论题索引两书》（*In duos libros Elenchorum*）。

《逻辑大全》（*Summa Logicae*），分为四部分，包括论项、论命题、论推理、论证明等内容。

《波菲利导言注释》（*Expositio in Librum Porphyrii De Praedicabili-*

[①] 叶秀山、傅乐安编：《西方著名哲学家评传》（第二卷），第 499—500 页。

bus）。

《论小逻辑》（*Tractatus Logicae Minor*）。

3. 物理学方面的著作

《物理学总汇》（*Summulae in libros Physicorum*）。

《物理学论题集》（*Quaestione super libros Physicorum*）。

《物理学阐释》（*Expositio super libros Physicorum*）。

4. 其他著作

《论教宗权力的八个问题》（*Quaestiones octo de potestate Papae*）。

《论皇帝权力和教宗权力》（*Tractatus de imperatoyum et pontificum potestate*）。

《简论专制君主》（*Breviloquium de principatu tyrannico*）。

《诸多论著》（*Opera plurima*）。

《对话集》（*Dialogus*）。

《论相继》（*De successivis*），后出现在《神学百论》（*Centiloquium theologicum*）之中，但此书多被认为是托名之作，不是源自奥卡姆本人。

现代学术界对奥卡姆著作整理出版上的系统汇编包括《威廉·奥卡姆哲学神学论著》（*Guilelmi de Ockham Opera philosophica et theologica*, Editio Instituti franciscani. St. Bonaventure New York，1967 – 1978）和《威廉·奥卡姆政治论著》 （*Guilelmi de Ockham Opera politica*, Ed. J. G. Sikes, R. F. Bennet, H. S. Offler, Manchester, 1940 – 1956）等。

二 思想学说

在奥卡姆之前，唯名论思想家罗吉尔·培根（Roger Bacon, ca., 1210—1292）和邓斯·司各脱（Johannes Duns Scotus, 1266—1308）已使这一学派达到了集大成之发展。因此，从唯名论的角度，奥卡姆则开始从神学走向哲学。他主张哲学应与神学分开，认为二者有着不同的问题意识，哲学属于知识领域，而神学则为信仰领域。对现实、具体问题的关注使他的研究逐渐从神学向哲学、逻辑学、政治学等领域扩展。其思想特点是突出具体事物，强调认识的经验基础，坚持只有直接、明确地被感知或从直接、明确的真理所引导而得到的证明，才能在哲学领域中被作为确切的知识来运用。因此，他反对把具体的、个别的、经验的实体归入一般、普遍、超验、抽象的原则。这里，"直观认识"（cognito intuition）与"抽象认识"（cognito abstractiva）有别，由于抽象认识将被认识的对象从其存在及现实中抽象出来与之剥离，故而仅靠这种抽象认识并不能使我们确知某种偶然事实的存在；而直观认识则为对某种对象的直接认知，则可被作为其明确判断的基础。这一事实的存在或不存在，在眼前、当下方能一目了然。

奥卡姆的思想越来越接近哲学对具体事物的理性分析，而与中世纪风行的神学思维渐行渐远，对之出现了潜移默化的脱离。他前所未有地强调真实的存在只能是具体的事物，而抽象、归纳、推论所得的"一般"或"共相"不是独立实体。因此，对于个别、具体事物的知识具有其优先权，感性认识先于理性认识，直观知识先于抽象知识，"凡在理智中的，无不先在感官中"。[①]（Nihil est in intellectu, quod non praefuit sub sensu.）他坚持知识的经验基础，认为知识来自感觉，其认识不是借助于一般概念的抽象认识，而是基于对个别、具体对象的认识，所谓感觉即外界事物作用于人的感官能力而引起的。与之相对应，"共相"作为象征符号是归纳许多个别事物的共同点而抽象取得的名称，因此它只会存在于人的理智之中，"只是人心中的一种思想对象"，而并无其独立存在的实体。他在此明确指出"共相"不是客观存在，无其独立实体，而只是作为一种"概念"来体现人的思想之主观性，"共相不是一个实在的东西，并非既不在灵魂中，也不在事物中，而单独有其主观存在的东西。共相是一个设想出来的东西，它在灵魂中有其客观存在"，它"乃是一个概念，这概念作为在灵魂之外的事物的符号（主观

---

① ［法］博讷、［法］吉尔松著：《基督教哲学：从其起源到尼古拉》，李秋零译，第460页。

地)存在于心灵中"。① 因此,在他看来,哲学推理体系中没有必要增加这种没有现实依存的"共相"的数目。他根据亚里士多德以来西方哲学中的"节约原理"而主张把所有不能被感官所直接感知的抽象设想统统剃光,提出"能以较少者去完成的事,若以较多者去做,便是徒劳","如无必要,勿增实体"②这一挥向中世纪经院哲学烦琐体系之刀,即著名的奥卡姆之"剃刀"(Rasiermesser)。

根据其对"共相"的思考,奥卡姆开始区分信仰与理性在人们思想中的作用问题。其思路乃是承袭司各脱"二重真理"说的继续发展,即把哲学所认知的真理与神学所捍卫的真理相分离,使之分道扬镳、各行其是。在他看来,既然经院哲学对上帝存在的各种证明都有其局限性,凭借理性仍然不能自圆其说,那么就应该明确指出对上帝本质及其存在的讨论是信仰的课题,而不是理性推论所能承担并完成的。在接受信仰的启示时就应该认识到这是一种信仰的表证,只需不问缘由地坚信而不可对之展开理性穷究,否则就会走入理性认知的死胡同而转不出来。所以,信仰应该防范这种理性证明的陷阱,再也不要去追求合理的论证神学,而必须意识到询问上帝的神学与研究物体的科学本质有别,不可相混相合。这样,奥卡姆在坚持信仰、承认启示的同时却把理性彻底解放出来,使理性在事物实际存在的领域可以尽情发挥、大有可为。既然上帝作为永恒、作为物质世界的"始因"或"第一推动力"属于信仰的范畴,那么就没有必要去费劲或者说白费气力地去证明、推论,而可以将之作为一种毫无疑问的坚信来搁置。但与此同时,奥卡姆认为物质作为实体也是永恒的,其原因和结果的链条没有止境,其始与终都可以无限延伸;因此,事物的原由"不可能无限追溯"这一经院哲学论证秩序最根本的依据就干脆被他所取消了;这样,物质世界的运动并没有作为其渊源和始基的"第一推动力"或"第一因",可以无限地推究下去。由此,在托马斯那儿止步不前之处,却被奥卡姆所突破,得以

---

① 叶秀山、傅乐安编:《西方著名哲学家评传》(第二卷),第502、505页。
② 同上书,第503页。

继续迈进。所以说，托马斯留在了中世纪思维的巅峰，而奥卡姆却越过中世纪思想这一山脉去继续遥望、探测、试步，从此得以与一批出类拔萃之辈一起使欧洲乃至整个西方思想走出中世纪、走入新时代，最终迎来了欧洲近代的新世界，在思想领域也开辟出了一片新天地。

此外，在政治关系上，奥卡姆极力主张政教分离，认为皇帝与教宗在各自领域中的权力都是自治的、独立的，但教会以其超然信仰的超脱性则只应管辖宗教领域，而不得干预政治；人间事务的管辖权属于国家，此即所谓世俗权力的合理性。这种教会与国家关系的思考，成为欧洲近代较早的国家学说萌生之前兆。其实他本人早已卷入了当时的政治冲突，特别是地方政权与罗马教权的政教冲突，而且他非常明确地站在了世俗权力一边。他力主政教之间的关系是彼此合作，互不干涉，而应共同服务于社会的福祉。对世俗权力功能及实效的深刻理解，使他偏向世俗政治一边，他甚至希望未来能产生贤明的普世君主，给世界带来幸福平安。其思想从纯神学而走向了神学政治学，而其哲学探究也表现为早期政治哲学的构建，这种现实、务实的思考曾对此后的欧洲宗教改革运动产生巨大影响，并成为西方政教分离原则的重要理论先驱。

（原载卓新平著《西哲剪影》，中国社会科学出版社2011年版，本文有较多补充。）

第十三章

库萨的尼古拉的思想研究

自苏格拉底以"我知我无知"的方式提出人之自我认识的主体思想以来，欧洲思想史上经历了长达两千年的沉寂，直至17世纪的笛卡尔才打破这一僵局，以"我思故我在"这一名言迎来了西方思想的主体时代。不过，其间也的确有为数不多的哲人间接地回应了这一主体性认知问题，其中最为关键的两人都代表着西方哲学史上具有里程碑意义的发展，起着思想进程中"分水岭"般的划时代作用。这两人一为从欧洲古代到中世纪转型时期的奥古斯丁，其打破黑夜幽静的长喊即"我疑知我在"，而另一位则是以"有学识的无知"之警句从中世纪步入欧洲近代发展的库萨的尼古拉。

一 生平与著作

库萨的尼古拉（Nicolaus Cusanus，德文为 Nikolaus von Kues, Nicolaus von Cues 或 Nicolaus von Cusa，中文译名也有"尼古拉·库萨""尼古劳斯·库萨努斯"等用法）原名为尼古拉·柯雷布斯（Nicolaus Chrypffs），于1401年出生在德国莫塞尔河畔的小镇库斯，其父为当地富有的船主，并经营渔业和葡萄种植。1413年他因与父亲争执挨打而离家出走，被曼德沙德伯爵乌利希收留后送入荷兰达文特的"共同生活兄弟会"社团，在此求学并体验一种灵性生活，接触到中世纪后期兴起的神秘主义思潮；随后他于 1416 年到海德堡大学攻读哲学，1418—1423 年在意大利帕多瓦大学学习，在其"文艺复兴"的氛围中涉猎多门学科，包括法学、文学、数学、医学、天文学、物理学等，成为当时一位"百科全书"式的人物。1423 年他在帕多瓦大学获得教会法博士学位后回到德国，故有"教令博士"（decretorum doctor）之称。但他在第一次办理诉讼事务失败之后兴趣改变，随之于 1425 年复活节期间来到科隆大学攻读神学和哲学，其间发现"君士坦丁赠礼"乃 8—9 世纪的伪作。他自 1426 年起在教宗驻德特使奥西尼枢机主教手下从事法律事务，1427 年 9 月到科布伦茨主持圣弗洛林基金会，1430 年授任神职，并成为乌利希伯爵的私人秘书。他先后于 1428 年和 1435 年两次获得去鲁汶大学任教的机会，但被其放弃。1432 年 2 月他在参加巴塞尔会议时成为西撒利尼（Cäsarini）枢机主教的谋士，从此卷入教会政治。1438 年他曾作为教廷特使被派去与东正教谈判教会重新统一问题，虽无果而归却有着宗教比较对话的收获体会；他亦被教宗作为特使派往德国纽伦堡争取帝国议会的支持，此后又多次活动于该城和美因茨、法兰克福等地，终于促成德皇与教宗于 1447—1448 年签订维也纳协议。他本人亦于 1448 年 12 月 20 日被教宗尼古拉五世（Nicholas V）任命为枢机主教，以及宗座视察员，并负责奥地利西部布利克森教区，于 1450 年 4 月 26 日就任该教区主教职位。由于其职务活动导致他与蒂罗尔大公西吉斯蒙德（Erzherzog Sigismund von Tirol）发生争执并一度被拘。这种教区政教矛盾使他感到生命受到威胁，故而不敢在其教区范围久留。1458 年 9 月 14 日他移居罗马，自 1459 年成为职位仅在教宗之下的教廷高官。1464 年 8 月 11 日他在乌姆布林的托迪去世，葬入罗马圣彼得镣铐教堂。

库萨的尼古拉思想活跃、丰富、深邃、前卫，一生著述甚丰，其主要著作包括：

《公教会的和谐》（De concordantia catholica），3 卷，写于 1432—1433 年前后。

《历书的修正》（Reparatio Kalendarii），写于 1436 年前后。

《有学识的无知》（De docta ignorantia），3 卷，于 1440 年 2 月 12 日写完。

《知识仅是猜测》（或《论猜测》）（De coniecturis），写于 1442 年或 1443 年前后。

《论隐秘的上帝》（De Deo abscondito），写于 1444—1445 年前后。

《论寻找上帝》（De quaerendo Deum），写于 1444—1445 年前后。

《论上帝之子》（De filiatione Dei），写于 1444—1445 年前后。

《论圣父之光的赐予》（De dato Patris luminum），写于 1445 年或 1446 年前后。

《关于末日的猜测》（Coniectura de ultimis diebus），写于 1446 年前后。

《论创世》（De Genesi），写于 1447 年 3 月。

《为有学识的无知辩解》（Apologia doctae ignorantiae），写于 1449 年 10 月。

《论绿宝石》（De beryllo），写于 1450 年前后。

《俗人论智慧》（Idiota de sapientia），写于 1450 年 7—8 月。

《俗人论精神》（Idiota de mente），写于 1450 年 7—8 月。

《俗人论天平试验》（Idiota de staticis experimentis），写于 1450 年 9 月。

《论上帝的观看》（De visione Dei），写于 1453 年前后。

《神学补遗》（Complementum theologicum），写于 1453 年前后。

《数学文集》（Die mathematischen Schriften），写于 1445—1459 年。

《论信仰的和平》（De pace fidei），写于 1453 年前后。

《论公平》（De aequalitate），写于 1459 年前后。

《论本原》（De principio），写于 1459 年前后。

《论潜在》（De Possest），写于 1460 年前后。

《古兰经节选》（Cribratio Alkoran），写于 1461 年前后。

《观察者的方向或论非它》（Directio speculantis seu de non aliud），写于 1461—1462 年前后。

《论智慧之探究》(*De venatione sapientiae*),写于 1462—1463 年。

《论球戏》(*De ludo globi*),写于 1462—1463 年前后。

《节录》(*Compendium*),写于 1463 年前后。

《论观看之顶峰》(*De apice theoriae*),写于 1464 年前后。

二 思想与意义

(一)"有学识的无知"

《有学识的无知》是库萨的尼古拉的代表作,其思想理论脍炙人口,成为新旧时代之交的辩证法经典,故此这部著作被译成多种文字而广泛流传。在认识论上,他受苏格拉底的启迪而看到了相对认识、间接把握的意义,苏格拉底坦然地以"我知我无知"来提出了人类"认识自己"的使命,从而预示了哲学认知应该是认识世界之客体认识与认识自我之主体认识的比翼双飞、并驾齐驱。此外,苏格拉底以这种"无知"的自悟而实际上表达了求知者的潜能即智慧。库萨的尼古拉对之心领神会,并对之加以进一步的想象和发挥,即从在承认人之"无知"的同时主张一种从有限认识无限、从相对体悟绝对的认知进路,从而体现一种"有学识的无知"(docta ignorantia)。其思路显然也受到奥古斯丁"我怀疑故我存在"的主体思维之认知线索的启迪,这种"自知之明"是古代主体思维的依稀之现,为近代笛卡尔主体思想之认识的最终朗现而铺平了道路。

这种"无知"其实并非一种茫然的无知,而乃一种深思熟虑的审视,即在洞观硕大无朋之宇宙、接触到充满无数奥秘之"超世界"、从而拥有了这种难能可贵的"学识"之后才深深意识到的"无知",故被库萨的尼古拉称为"有学识"而体悟到自我无法把握这一"真理"的"无知"。所谓"无知"是建立在深入研究、全面观察之后而得到的一种自我评估。这样,其"有学识的无知"遂被作为一种可能有效的方法来认识宇宙及其真理。他由此感到,我们关于真实世界的概念认识显然是浮于表面,在本质上缺乏深度,故乃一种模糊的认识。"因此,我们只能以一种接近的方法来接触世界和超世界的真理，因为我们依然意识到，我们凭借我们的概念不能触及终极的东西。"① 对于终极之问，有心的研究者都会感到一种无知，但这是其自觉的、有知的"无知"。为此，他对人的认识划定了界限：对于可知的世界及其事物采取理性的方法来理解，而对于"不可理解者"则只能采用"非理解的方式"来探求，此即"以非理解的方式把握不可理解者"（incomprehensibilia incomprehensibiliter amprecteri）。② 这就是库萨的尼古拉在《有学识的无知》一书结尾处对之作出的自我解释，"我在那无知的学问中受到引导，把握了那不可理解的东西；我所以能够做到这点，不是靠理解，而是靠超越于理性所能达到的那些永恒真理之上"。③

这种推理在认知意义上则基于人所具有的悟性，它超越了感性的认知及其局限。库萨的尼古拉分析说："一个人是由感性和悟性所构成的，有一种推理能力把两者联结起来。它们的次序是感性从属于理性，理性从属于悟性。悟性自身不属于时间和空间，而是全然不受它们的影响，而感性则完全依赖于时间和空间的信息。理性似乎是处于与悟性相同的水平面上，但与感性构成一个角度，使得那些在时间中的东西以及那些在时间之外的东西，可以在那里重合。"④ 比较而言，"感性知识是一种局限性的知识；感性只认识到个体，同感性知识相比较，作为认识一般的知识的悟性知识，是绝对的，并且是从特殊事物的局限性中抽象出来的"；而"人就在于他的悟性"，"所以，极大完善的人不需要在悟性中成为杰出的，而只要在悟性上成为杰出的"。⑤ 以此而论，悟性超出理性却又涵容理性，故而让人得以体悟那永恒真理。

---

① ［法］博讷、［法］吉尔松：《基督教哲学：从其起源到尼古拉》，李秋零译，第478页。

② 引自李秋零著《上帝·宇宙·人》，中国人民大学出版社1992年版，第50页。

③ ［德］库萨的尼古拉：《论有学识的无知》，尹大贻、朱新民译，商务印书馆1988年版，第166页。

④ 同上书，第137页。

⑤ 同上书，第132、133页。

(二) 上帝与宇宙

超然的上帝与人之观察可以企及的宇宙是什么关系？这是中世纪思想家都非常关注的问题。上帝的无限触及存在中的绝对之大和微乎其微的极小，二者如何在上帝这儿达到统一，也是当时人们对宏观世界与微观世界之认知的反映。针对这种观察及认识上存在的张力，库萨的尼古拉提出了其"对立统一"（coincidentia oppositorum）的思想，这是中世纪辩证法最为经典的表述。人们在观察和认识过程中发现了太多的"对立"现象，对其本质亦很难把握。于此，他的基本思路是要包容这些矛盾，而不是排斥矛盾。在他看来，一切事物的矛盾在上帝这儿就达到了"统一"，上帝正是体现出这些"矛盾对立面"（contradictoriorum）的一致，因为一切事物都在上帝之中，上帝即在一切事物之中，故而上帝就是一切事物。其"对立统一"的思想就是要指明，"上帝在万物之中，贯通于万物之中，而万物也都完全在上帝里面"。[①] 而这两个方面，"即上帝既在万物之中，万物又在上帝之中"也必须"放在一起来看"，"结合起来看"。[②] 为了表达万物在上帝中的统一和一致，库萨的尼古拉的这种认识及表述显然有着泛神论的意喻，而这种泛神论也正是在中世纪晚期的神秘主义中始见端倪。他对自己这种思路曾解释说，"在这些最深奥的问题中，我们人类智能的每一努力都应该集中于取得那种单纯性，在其中各种矛盾都可得到和解"。[③] 因此，他所阐述的上帝论遂与其宇宙论形成密切关联。

在宇宙论上，库萨的尼古拉认为宇宙是上帝的"缩影"与"复写"，上帝乃绝对极大，宇宙则为相对极大是"上帝之书"。上帝之中所蕴藏的内容展开便成为宇宙，上帝通过宇宙而显现了自我，因而间接达到了"上帝在万物中，万物在上帝中"的近代泛神论思想。在对上

[①] [德] 库萨的尼古拉：《论有学识的无知》，尹大贻、朱新民译，商务印书馆1988年版，第132页。

[②] 同上。

[③] 同上书，第166页。

帝的理解中，他回到其思路所集中的"一"，事物的"统一"和"一致"即集中体现在此"一"之上，而要说明这个"一"则可用"最大"或"极大"来表达，体现宇宙万物统一的"极大"遂与上帝的"极大"亦达至统一。在此，我们可以联想到中国道家哲学所论及的"道生一"（《道德经》第42章）之意蕴，而按照库萨的尼古拉这里的思路，则不仅道生一，而且"道"也等同于"一"。当然，在欧洲中世纪"神权时代"及"上帝的文化"之社会氛围中，他在表达中仍有收敛，故把上帝视为"绝对"极大，而与被作为"相对"极大的宇宙相区分。对于这一思维，库萨的尼古拉论述说："我认为必须确定极大或最大的确切含义。一个事物，如果没有比它更大的事物可能存在，我们就把它叫作最大或极大。但是完满只属于一个存在物，其附带的结果是：也是存在物的'一'就与极大同一了；因为如果这样的一个'一'本身在一切方面完全没有限制，那么，显然再没有什么东西处于它的对立面，因为它是绝对的极大。因此，绝对的极大是一，又是一切；因为它是极大，一切事物均在它之中。并且，由于极小同时与它重合，它又在一切事物之中，因为没有任何事物可以置于它的对立面。由于极大是绝对，它实际上是一切可能的存在物，它限制一切事物，但不受任何事物的限制。"[①] 为此，库萨的尼古拉为自己规定了探究上帝和宇宙这一具有"学识"性的任务，同时也说明在此亦是将对其实质上之"无知作为最大的学问来讨论"。

首先，库萨的尼古拉说自己"将致力于研究毫无疑义的被确信为一切民族的上帝的这个极大"，并承认"那是一种超乎理性之上的研究，而且无法沿着人类理解力的道路来进行"，故而在此不得不"只以那居于不可及的光华之中的上帝作为我的指导者"[②]。在此，他给自己留下了信仰和神学的地盘，反映出其时代及认知上的局限性。当然，这

[①] ［德］库萨的尼古拉：《论有学识的无知》，尹大贻、朱新民译，商务印书馆1988年版，第5页。

[②] 同上。

也是他从事其他研究的必要前提,故此也可能是其不得不要强调的借口或掩饰。

随之,他则会进而探究作为物质存在之极大的宇宙。"恰如我们有了绝对极大,也就是绝对实体,一切事物凭借这绝对实体才成为一切事物。所以,我们从极大才有了被称为绝对的最大效果的存在的普遍统一。因此,它的作为宇宙的存在是有限的,并且它的统一不可能是绝对的,而是一个杂多体的相对统一。虽然这个极大把一切事物都包含在它的普遍统一之中,所以来自绝对的一切事物都在这个极大之中,而它也在一切事物之中,它却还不能存在于包含它的杂多之外,因为这个限制是与它的存在不可分割地联系在一起的。"显然这里论及的"极大"已是"有限的""相对的",而"这个极大,也就是宇宙"。①

上帝与宇宙的区别,一是在于上帝是"原型",而宇宙乃其"摹本"。二是在于上帝作为"绝对的极大""单纯的极大"是永恒、无限的,不可对之加以区分;"无限到有限之间是没有级次的。……单纯的极大是不能在有较大和较小程度的地方找到的;因为这样的程度是有限的,而单纯的极大则必然是无限的";而宇宙作为"有限的""相对的"极大则会有其层级、程度上的区分,会反映出"它们属于或不属于同一个类或同一个种,或在于它们在时间、地点或影响方面是相关联或不相关联"。② 三是上帝作为"绝对真理是我们所无从掌握的","一个有限的智力不可能靠比较的方法而获致事物的绝对真理"。③ 要想在现实存在中找寻的上帝乃是"隐秘的上帝",而宇宙作为相对真理则是人们可以寻觅的上帝之"缩影"与"复写",是可以让人们通过理性来认识的。这样,库萨的尼古拉实际上是把理性送到哲学领域去认识物质宇宙,而认为理性在认识上帝方面则无能为力、无所作为。对于上帝的认

---

① [德]库萨的尼古拉:《论有学识的无知》,尹大贻、朱新民译,商务印书馆1988年版,第5—6页。
② 同上书,第7页。
③ 同上。

识,则或是通过信仰中那种不可置疑的认信和确信,或是借助于具有神秘主义色彩的"否定神学",此即"道可道,非恒道也,名可名也,非恒名也"(《道德经》第1章)的深邃蕴涵,人们可以触及的上帝只能是"隐秘的上帝""匿名的上帝"。他在此承认,"如果没有否定式神学,上帝就不是作为无限来受崇拜,而是作为被造之物来受崇拜,这就是拜偶像了"。① 这句话其实极为深刻,洞观世界宗教现象或世俗崇拜现象,一旦从无限、绝对降为有限、相对,则会充满拜偶像现象。

最后,库萨的尼古拉还表明自己的研究任务也包括意识到"另外还有一种方式去考察极大",即潜心于研究宇宙自然中有限、具体的"杂多性本身"。他还为之找到了这种研究之必要的充足理由,即与绝对、永恒之探相关联。"因为宇宙在杂多中的存在必然是有限的,所以为了发现这一个极大,我们就得研究事物的杂多性本身。宇宙就是专只在这个极大中最完全地找到了它的现实的和终极的存在。宇宙中的这个极大是与绝对结合为一的,因为绝对是一切的最终极限;由于这个同时既是相对的又是绝对的极大,是宇宙目的的最完善的实现,而且是完全超出我们所能达到的范围。"② 在库萨的尼古拉这种立足现实而不忘永恒、基于有限却放眼无限的审视中,其认知特点不仅是在打破中世纪"神本主义"客体思维的局限、意识到主体思维的价值,而且更是在潜移默化中有着整体思维的远景。西方思维的"二元分殊"故而也并非绝对的,中世纪晚期的思想家正在以一种"否定神学"或"泛神论"的方式在找寻、体悟主客体的关联、有限与无限的一致,以及相对与绝对的统一。其表述虽是"神学"的,但其实质却已有"唯物"的元素。为此,恩格斯曾经深刻指出:"唯物主义是大不列颠本土的产儿,大不列颠的经院哲学家邓斯·司各脱就曾经问过自己:'物质是否不能思维?'""为了使这种奇迹能够实现,他求助于上帝的万能,即迫使神学

---

① [德]库萨的尼古拉:《论有学识的无知》,尹大贻、朱新民译,商务印书馆1988年版,第56页。

② 同上书,第6页。

来宣讲唯物主义。此外，他还是一个唯名论者。唯名论是唯物主义的最初形式。"[①] 在思想史上，唯物、唯心的状况极为复杂，并非人们想当然的那样泾渭分明。在欧洲中世纪，不仅是唯名论，而且在泛神论、宗教神秘主义等思潮中，都已经有了唯物主义的思想萌芽。因此，恰如库萨的尼古拉所言，二者也乃"对立统一"。

（三）人的存在

在人性论上，库萨的尼古拉借助基督教信仰关于耶稣的定位来说明人的存在及其意义，指出耶稣就是在人间代表着既绝对又有限的极大，这就又提出了他关于上帝、宇宙之外的第三种维度，一是上帝绝对极大、体现神性，二是宇宙相对极大、体现实存，三是耶稣的定位；如果根据基督教"三位一体"的正统教义，耶稣与圣父一体而同具神性，乃具绝对、永恒的意义；但按照库萨的尼古拉这里的理解，耶稣也具有人性，故而就有其有限性、与神性相悖。于是，他就特别说明"另外还有一种方式去考察极大"，以便厘清"这个同时既是相对的又是绝对的极大"，也就是"按照耶稣本人的感召来做"，指明"这个极大正是承担着耶稣这个永受祝福的名字的"。[②] 通过基督论，他也把上帝论与人性论相关联。在此，他宣称人按其本质也具有神性，即可以通过认识宇宙来认识上帝，达到人的"神化"。

一方面，耶稣作为道成肉身的神子，也代表着人类的极大；其作为神圣的降临，本身就是真理，就是永恒的生命。从神学意义上来理解，库萨的尼古拉分析说："永恒的父怜悯我们的软弱无能，他要向我们展示他的儿子，那就是永恒的'道'，是他的荣耀和至善的财宝，以及他的知识和智慧的丰藏"；这位"既是神又是人的耶稣基督，是从一位永恒的父亲和一位时间性的母亲，即那最光荣的童贞女玛利亚而诞生

[①] 《马克思恩格斯文集》（第3卷），人民出版社2009年版，第502页。
[②] ［德］库萨的尼古拉：《论有学识的无知》，尹大贻、朱新民译，商务印书馆1988年版，第6页。

的；……他只有在时间中才可能成为一个由一位母亲，一位童贞女所生的人；他也只有在永恒中，才可能为圣父所生"。① 这里，通过"道成肉身"的"神话"之解，神与人之间的隔离被克服，永恒与时间之间的悖论被打破。耶稣即同存在于时间和永恒中的"神人"或"人神"。而从哲学意义上来分析，则已在"思考耶稣的问题中提供了某种类比"；在耶稣里面，"人性潜在于神性之中，因为如果不是这样它就不可能以其极大的丰盛而存在。耶稣的悟性虽然在存在中是最完善的，也只能以其位格潜在于神圣的悟性之中，而只有这种神圣的悟性才现实地是一切事物。人的悟性潜在地是万物，并且一步步地从潜在成长为行动，这样它越是成长，它的潜在性就越少。但是，极大的悟性，即在实际中是每个悟性禀赋的潜在性的充分限度，除非它也就是那万物之中的一切的上帝，不然就不可能存在。这就好像，在一个圆内画出的一个多角形是人性，而圆则是神性。如果多角形要成为极大的多角形，即再也没有比它更大的多角形可能存在了，它绝不可能还是带着那些有限的角独自存在，而只能以一个圆形形体而存在。因此，它不会有一个甚至只在悟性上可以与永恒的圆形形体分得开的，属于它自身特有的存在方式的形体"②。显然，通过耶稣这一"神人"可不断完善之喻，则人性可以上升到神性，由此发生了从量变到质变的巨变，从有限到无限的突破。但这已经不再是中世纪思维所习惯的神性辩证法，而乃一种具有人文色彩的"神性人类学"。"耶稣"之论乃东方神秘思维对西方理性思维之限的突破，故而迄今仍很难借助于哲学的语言，而只能以"神话"的语言来说明之。有限之多角形能否最终达到无限之圆的问题，这也是时空宇宙能否穷尽之问，因而一直是哲学、科学所纠结的难题，此即神学之谜，也乃人学之谜、科学之谜。

另一方面，根据《圣经：创世记》之说，人是依据"上帝的形象"

---

① [德]库萨的尼古拉：《论有学识的无知》，尹大贻、朱新民译，商务印书馆1988年版，第135、136页。

② 同上书，第133页。

所造，那么其潜质也具有"神性"。这里，库萨的尼古拉强调人即是"人形的神"（humanus deus）或"人形宇宙"（humanus cosmos），人是上帝的受造者，却也是精神世界的创造者。在此意义上，他实际上是在喻指人就是上帝，表明人具有崇高地位。人作为人形的上帝在精神层面乃上帝的摹本和缩写，若其得以"展开"就会达到"永恒"和"无限"。这种思想充分体现出了库萨的尼古拉所具有的人文主义意向及其对人的肯定。他说："我们不能否认把人称作小宇宙，即有一个灵魂的小世界。"① 他在承认上帝创造了现实世界和人类的前提下，对人在宇宙中的地位和意义有着高度评价。就其客观存在而言，人位于宇宙的核心，人是宇宙之境，反映着整个宇宙；所以，人既是上帝的摹本，也是一个小宇宙。在此，库萨的尼古拉在一定程度上触及了对宇宙的宏观及微观认识，并窥见二者之间内在的有机关联。而就其主观存在来看，人的精神同样具有意义独特的创造性；这种精神创造了理智世界和艺术世界，"精神想象自己在自身中包括了一切，纵览和把握了一切，它断定自己在一切事物中，一切都在它自己之中。以致在它之外没有任何东西能够存在，也没有任何东西能够避开它的凝视"。② 他认为，人的精神乃"以人的方式"把一切事物包容在自身之中，因而与上帝或宇宙包容万物的方式各有不同，"上帝包容万物，包容的是事物的绝对本质、真理；宇宙包容万物，包容的是事物的限定本质，即事物的现实的存在自身；而人的精神包容万物，包容的却是事物的摹本，即事物的概念"。③ 于是，库萨的尼古拉在人的存在意义上给予了人极大的价值，尤其是其对人的精神的肯定实质上也是在酝酿一种人文精神，这种精神在中世纪晚期尚为思无所依的游魂，却最终促成宗教改革家们在欧洲中古与近代之转型时期的分水岭上实现了其"人的发现"。

---

① 李秋零：《上帝·宇宙·人》，中国人民大学出版社1992年版，第173页。
② 同上书，第173—174页。
③ 同上书，第174页。

(四) 学问的意义

库萨的尼古拉以其"有学识的无知"而开始了其意义深远的思想探究,由此亦前所未有地彰显了中世纪"学问"的意义。他从神性论上用"绝对的无限""绝对的统一""绝对的极大""无限创造力""存在与认识之源"等术语来解释上帝;而告诫人因其在认识上的不足和"无知"则只能靠"神秘的仰望""心灵的体验"来弥补,从而体会到神性存在。但这些思考却进而让他发展出了有限无限、相对绝对、单一众多、极大极小的"对立统一"思想,成为当时最富有辩证法精神的创见。其宇宙无限、上帝在宇宙中体现其存在、对立面得以辩证统一的闪光思想,都远远超越了其存在的时代。可以说,库萨的尼古拉的这一思考既意识到托马斯和奥卡姆曾思考的问题,又以其理论拓展对这一难题加以其独特方式的解读即解决。托马斯体现出其"对时代精神的实质的思维",[①] 故为中世纪的哲学建构及其问题意识作出了重要贡献。但托马斯的经院哲学依附于神学,因而局限于亚里士多德的形而上学问题意识却没能走出中世纪;托马斯以对理性的穷究而使理性可以间接、有限地认识绝对真理,证明上帝的存在,故而依旧只是中世纪思想界的翘楚。而库萨的尼古拉则在不否定理性,但承认理性局限性的前提下,以更宽阔的视域、更深邃的目光来洞观整个绝对真理、上帝和宇宙的存在,并将这种看似超越性、彼岸性、永恒性、绝对性的存在与人们可以认识、企及的现实世界密切、有机、内在地相关联,从而就突破了中世纪的思维局限,朝向了一个全新的时代和世界。此外,在各宗教之间谈判、斡旋的经验亦促使他萌生了宗教比较、对话的思想,他因探究宗教神秘主义研究过伊斯兰教的《古兰经》,这些经历促使他提出了各种宗教存在都是"一种宗教的多种崇拜方式"这一意义深远的看法,从而吹响了当今宗教比较对话最早,且极为意味深长的序曲。所以,库萨的尼古拉实质性地促动了基督教理论体系从"神本"到"人本"、从"上

---

① 黑格尔之语,参见李秋零《上帝·宇宙·人》,第5页。

帝"到"宇宙"的认知转型,故而在西方思想史上起到过承前启后的历史交接及连接作用,也使他因此成为了"中世纪的最后一位哲学家,新时代的第一位哲学家"。

中世纪对于"学问"的关心和关注,真正始于欧洲大学的兴起和"12世纪文化复兴",这种学问之探在库萨的尼古拉这儿结出了中世纪最后,也最耀眼的硕果。这是对中世纪基督教会中曾有一定影响的蒙昧主义、教权主义所形成的实质性抵制和抗击,有着深刻的思想史意义。中世纪的法国人因为他们创立了巴黎大学而自我陶醉于"法国人有学问",这是当时欧洲文化上的最高评价。正是这种"学问"而给中世纪增光添彩,使之丢掉了"黑暗时代"的帽子。对此,《12世纪文艺复兴》一书的作者哈斯金斯(Charles Homer Haskins)曾颇为感叹地指出,"中世纪并非曾经想象的那样黑暗和静止,文艺复兴也不是那么光明和突然。中世纪展示着生命、色彩和变化,对知识和美好的渴望和追求,以及在艺术、文学和社会组织方面的创造性成就"。[①]

欧洲中世纪大学开始给毕业的学生授予学位,这一教育制度已被世界的大学普遍保留至今。例如,巴黎大学在粗具规模后就有规定,"每一个学者都必须具有确认的硕士学位"。一般而言,大学生通常从艺术专业开始其大学学业,这与"加洛林王朝文化复兴"时期形成的高等教育课程体系直接有关,他们大概要学六年以上才能教授相关艺术课程,而如果要教授神学则必须至少学习八年,其中应该包括五年的神学学习经历;大学生结束其艺术类基本学业后会获得"学士"(Baccalaureus)学位,此后再学两年并通过相关考试则可获得"艺术硕士"(Magister 或 Magister artium)学位。如果该学生还想在神学上深造,则还需通过三个学士学习,先获得"圣经学士"(Baccalaureus biblicus)学位,教授圣经学两年后获得"箴言学士"(Baccalaureus sententiarius)学位,然后再教两年彼得·伦巴德的《箴言集》,则可获得"完全学

[①] [美] 查尔斯·霍默·哈斯金斯:《12世纪文艺复兴》,夏继果译,上海人民出版社2005年版,"序"第1页。

士"（Baccalaureus formatus）学位；这样其就获得资格参加神学硕士研讨班，并取得"神学硕士"（Magister der Theologie 或 Magister theologiae）学位；而如果其在大学讲授神学，则可称为"现任硕士"（Magister actu regens）。① 此外，中世纪的大学为学有成就、完成学业的人士授予博士学位，并给许多学术界的杰出人士授予名誉博士称号，此后相关机构也有相应的举措，这是对其"学问"的最大赞誉。为此，库萨的尼古拉对"学问"或"学识"的执着及强调，乃标志着中世纪这一学问传统的终结，而且他还以其渊博的学问表达了他自己"有学问的无知"之谦卑，从而完成了欧洲中世纪思想发展结束时最精彩的谢幕。

在此文结束之际，作为对欧洲中世纪学问的一种独特纪念，特将笔者在研究中世纪学者时曾接触到的各种名誉博士头衔收录于此（头衔后列举曾获此头衔的人名）：②

"机敏或光照博士"（Doctor acutus sive illuminatus），弗朗西斯·马龙（Franciscus Maronis）；

"希腊阿里亚或不可辩驳博士"（Doctor alias Grecorum vel irrefragabilis，即其后所列"不可辩驳博士"），哈里斯的亚历山大（Alexander der Halis）；

"精准博士"（Doctor amenus），沃索尔·伯利（Waltherus Burley）；

"天使博士"（Doctor angelicus），托马斯·阿奎那（Thomas de Aquino）；

"简洁博士"（Doctor breviloquus），格威多（Gwido, Carmelica）；

"基督教博士，或叶茂博士"（Doctor christianissimus, folio），约翰·格尔森（Johannes Gerson）；

---

① ［法］博讷、［法］吉尔松著《基督教哲学：从其起源到尼古拉》，李秋零译，第311页。

② 此目录中大部分条目参考［德］弗朗兹·埃尔勒在德国埃尔富特大教堂图书馆发现的15世纪相关手稿而编写的《中世纪经院哲学学者的名誉头衔》（Franz Ehrle, *Die Ehrentitle der scholastischen Lehrer des Mittelalters*, Verlag der Bayerischen Akademie der Wissenschaften, München, 1919），第37页。

"推理博士"（Doctor collectivus），兰多尔夫（Landolffus）；

"共有博士"（Doctor communis，亦译"通传博士""全才博士"或"大众博士"），托马斯·阿奎那（Thomas de Aquino）；

"良知博士"（Doctor conscientiosus），哈西亚的亨里克（Henricus de Hassia）；

"谋略博士"（Doctor consiliativus），雷蒙德（Raymundus）；

"教令及司法博士"（Doctor decretalium et magister legum），博纳格拉提（Bonagratia）；

"教令博士"（decretorum doctor），库萨的尼古拉（Nicolaus Cusanus）；

"虔诚博士"（Doctor devotus），波拿文都拉（Bonaventura）；

"严峻博士"（Doctor difficilis），里帕的约翰（Johannes de Ripa, Minor）；

"推论博士"（Doctor discursivus），杜朗德尔（Durandellus）、霍尔科特（Holkot, Anglicus）；

"非凡博士"（Doctor eximius），约翰·埃尔富顿斯（Johannes Erffordensis）；

"经验博士"（Doctor expertus，或译"精英博士"），大阿尔伯特（Albertus Magnus）；

"阐释博士"（Doctor expositivus），尼古拉·葛兰姆（Nicolaus Gorram）；

"魅力博士"（Doctor extaticus），卡特豪塞尔的丢尼修（Dionysius der Kartäuser）；

"灵巧博士"（Doctor facilis），托马斯·阿根廷（Thomas de Argentina）；

"雄辩博士"（Doctor facundus），彼得·奥莱奥里（Petrus Aureoli）；

"著名博士"（Doctor famosus），伯特伦（Bertramus）；

"奠基博士"（Doctor fundatus），彼得·纳瓦拉（Petrus de Navarra）；

"恩典博士"（Doctor gratiae，亦译"恩宠博士"），奥古斯丁（Augustinus Aurelius）；

"威望博士"（Doctor gratiosus），雅可布·维特尔比（Jacobus de Viterbio）；

"等级博士"（Doctor hierarchicus），亚略巴古人丢尼修（Dionysius Areopagita）；

"光照博士"（Doctor illuminatus），迈伦的方济各（Franz von Mayronis）；

"构思博士"（Doctor informativus），雅可布·福拉津（Jacobus de Voragine）；

"天资博士"（Doctor ingeniosus），彼得·阿奎拉（Petrus de Aquila）、亨里克·赫尔沃迪（Henricus de Hervordia）；

"雅致博士"（Doctor inter omnes sequentes subtilior），杜朗多（Durandus）；

"不可辩驳博士"（Doctor irrefragabilis），哈里斯的亚历山大（Alexander von Hales）；

"慷慨博士"（Doctor largus），亨里克·奥伊塔（Henricus de Oyta）；

"反异端之锤博士"（Doctor malleus hereticorum），奥古斯丁（Episcopus Augustinus Aurelius）；

"流蜜博士"（Doctor mellifluus），伯恩哈德（Sanctus Bernhardus）；

"奇特博士"（Doctor mirabilis，或译"奇异博士"），罗吉尔·培根（Roger Bacon）；

"稳健博士"（Doctor modernissimus），彼得·堪地亚（Petrus de Candia）；

"稳健博士"（Doctor modernus），马斯留·英格亨（Marsilius de Ingehin）；

"伦理博士"（Doctor moralis），杰拉笃（Geraldus）；

"纯粹博士"（Doctor natius），海诺（Hayno, Germoti）；

"清晰博士"（Doctor planus），尼古拉·利拉（Nicolaus de Lira）；

"精致博士"（Doctor preclarus），瓦荣（Warro）；

"深邃博士"（Doctor profundus），托马斯·布拉德沃丁（Thomas Bradwardine）、雅各布斯·埃斯科洛（Jacobus de Esclo）；

"罕见博士"（Doctor rarus），赫尔维斯（Herveus）；

"可尊博士"（Doctor reverendus），亨里克·甘达沃（Henricus de Gandavo）；

"经院博士"（Doctor scolasticus），雨果·诺沃（Hugo de Novo Castro, Minor）；

"撒拉弗博士"（Doctor seraphicus，即"六翼天使博士"），波拿文都拉（Bonaventura）；

"独有博士"（Doctor singularis），威廉·奥卡姆（Wilhelmus Ockam）；

"隆重博士"（Doctor solemnis），根特的亨利（Heinrich von Gent）、戈特弗里杜斯·方蒂布斯（Gotfridus de Fontibus）；

"坚固博士"（Doctor solidus），理查德（Richardus）；

"显明博士"（Doctor spectabilis），彼得·塔兰塔西（Petrus de Tharantasia）；

"观测博士"（Doctor spectulativus），科吞（Cothon）；

"精细博士"（Doctor subtilis），邓斯·司各脱（Johannes Duns Scotus）；

"编构博士"（Doctor textualis），克莱恩克罗特（Cleynchrot, Augustinensis）；

"全能博士"（Doctor universalis），大阿尔伯特（Albertus Magnus）；

"尊敬的博士"（Doctor venerabilis），托马斯·阿奎那（Thomas de Aquino）；

"可敬博士"（Doctor venerandus），彼得·堪地亚（Petrus de Candia）；

"多言博士"(Doctor verbosus),埃吉丢·罗马(Egidius de Roma);
"吟诗博士"(Doctor versificativus),拉巴努(Rabanus)。

可见,有的著名学者在历史上甚至被赠予多个名誉博士头衔,以肯定他们在学术上的卓越贡献。此外,威廉·奥卡姆(William of Ockham)也曾获得"尊敬的初始者"(Inceptor venerabilis,有人亦将之译为"可敬博士")等头衔。[①]

[①] 参见古寒松主编《基督宗教外语——汉语神学词语汇编》,台北,辅仁神学著作编译会,光启文化事业2005年版,第297—298页。

第十四章

马丁·路德的思想研究

马丁·路德（Martin Luther）发起的宗教改革运动是欧洲走出中世纪、近代发展的最典型历史事件，不仅影响到整个欧洲，而且还由此改变了世界发展的轨迹，给人类带来了许多新的思考。这一宗教改革已经过去了500年，但今天对于正在深化社会改革的当代中国及其推进基督教中国化的中国教会，马丁·路德的革新思想仍然可以引发我们的相关反思，有助于我们厘清历史发展的路径，在错综复杂的时局中找寻正确的方向。宗教革新不是孤立的宗教运动，而有其时代关联及社会卷入。马丁·路德的宗教改革不仅促进了基督教会的发展，而且带来了社会进步，成为当时时代变革、社会转型的标志。马丁·路德针对当时教会及社会的反思和批评，也不只是神学的独语，而引起社会的共鸣。由此而论，宗教的革新与社会发展密切关联；一方面，宗教革新反映出宗教的与时俱进，甚至对社会进步起到领引作用，因而并不仅仅是宗教内部的事物，其缘起及进展都有着直接的社会原因；另一方面，宗教革新则是社会变革的反映或缩影，是时代及社会前进的标识。所以，马丁·路德的宗教改革，也为今天中国教会的革新提供了重要精神资源，为之带来宗教发展必须与社会进程同步，甚至为社会进步呐喊的深刻思想。

回溯欧洲16世纪的历史巨变，则可清楚地审视欧洲社会从中世纪转向其近代发展所经历的思想转变及其革命。这场变革虽然以"宗教改革运动"为标志，却波及政治、经济、思想、文化、语言等方面。

由此，欧洲真正结束了漫长的宗教"神权"统治时期，开始大步"走出中世纪"而迎来近代发展的曙光。而德国思想家马丁·路德则正是欧洲这一重大历史转型时期的主要代表人物。

一 马丁·路德的生平及思想

（一）马丁·路德的生平

马丁·路德于1483年11月10日出生在艾斯雷本的一个矿主家庭，1488年入曼斯弗尔特拉丁学校开始受初等教育，1497年就读于马格德堡的宗教学校，1498年转入艾森纳赫圣乔治神学院，1501年入爱尔福特大学读书，深受其艺术学院教师唯名论思想的影响，并接触到奥卡姆等人的著述及思想，于1505年1月获文科硕士（Magister artium），进而专攻法律。但因同年7月初出行时遇暴风雨并遭受电击而发誓出家修行，随之于7月17日入奥古斯丁隐修院，1507年4月3日就任神父并第一次主持弥撒，也开始在新成立的维登堡大学攻读神学，并研习亚里士多德伦理学和彼得·伦巴德的《箴言集》，于1509年获神学学士，1510年具有"完全学士"（Baccalaureus formatus）的身份，并进而获得"神学硕士"（Magister theologiae）学位。其间他在1510—1511年曾去罗马游学，被召回校后于1512年10月18日获神学博士学位；就读期间曾回爱尔福特传教，1511年获得维登堡修院院长助理位置和大学神学教席，1515年任神学教授，以讲授圣经学为主。1513年春路德在其修院钟楼书斋静读时突然顿悟到《圣经》中"义人必因信得生"的意义，史称"钟楼得道"，由此奠定了其宗教改革的基本思想。其在1513年8月至1515年复活节之间逐渐形成基督中心论的思想倾向，由此而更多地接触到神秘主义和社会革新思潮。自1516年9月起，他公开撰文批评大学教授的正统神学，并从1517年9月开始公开批评教会推崇的亚里士多德学说及经院哲学体系。

1517年10月31日路德将反对教宗特使台彻尔（J. Tetzel）为修建圣彼得大教堂而兜售赎罪券之举的《九十五条论纲》（95 *Ablaβthesen*）

张贴在维登堡教堂的大门上，从而揭开了宗教改革运动的帷幕。《论纲》引起的轩然大波使路德遭到教会的谴责，自 1518 年开始，对路德的攻击升级，至 1520 年底，德国和欧洲的一些大学如科隆大学和比利时鲁汶大学等都对路德加以公开指责，但路德的立场及主张却得到一部分德国贵族的认同。此后路德又发表了一系列批判文章，结果教宗利奥十世（Leo X）于 1520 年 6 月 15 日发布训谕对其 41 条论点逐条加以批驳。但路德亦非常强硬，在 12 月 10 日公开焚毁这一训谕，并号召德国贵族没收教会财产。于是，1521 年 1 月 3 日路德被教宗所公布的"罗马教廷训谕"（Decet Romanum Pontificem）处以绝罚。

在德国萨克逊选侯的保护下，被革出教门的路德隐居瓦尔特堡，开始用德语翻译《圣经》，于 1522 年出版其德译《新约》，1534 年译完《旧约》，出版《圣经》德译本全集。通过潜心研读及翻译《圣经》以及通过与罗马教廷等教会上层的论争，路德开始比较集中地深入思考天主教传统中所强调的"唯独圣经，唯独恩典，唯独信心"（sola scriptura, sola gratia, sola fide）这三原则，由此逐渐形成其"只靠信心成义，不靠圣事及个人努力"的基本思想，并发展出"因信称义"（Justification by faith）的神学体系，后来便使之成为了其创立的改革教派基督教新教的最基本教义。而且，他还主张采取民族语言来进行宗教礼仪，从而有力地推动了欧洲民族教会的发展。不过，路德在 1522 年德国出现农民起义运动时，却站在封建贵族一边表示坚决反对，认为其改革只能以和平方式来推行；当闵采尔（Thomas Müntzer）领导的农民起义爆发后，他更是公开谴责，并主张以武力对之镇压，这样使德国的社会改革走上了后果很糟的弯路。

1524 年路德脱离天主教修道院，并于 1525 年 6 月 13 日与修女卡塔琳娜·冯·波拉（Katharina von Bora）结婚，他们后来共生了三儿三女六个孩子，由此开了基督教新教神职人员可以结婚生子之先河。1537 年路德创立的新教各派在施玛卡尔登聚会形成联盟。1544 年路德为陶尔考的新教第一座教堂主持落成典礼。1546 年 2 月 18 日路德在艾斯雷本逝世。

(二) 马丁·路德的著述

马丁·路德著述甚丰，代表性著作包括：

《〈诗篇〉教程》（*Dictata super Psalterium*），为其 1513 年 8 月至 1515 年 10 月在大学授课时所写的教材。

《论〈罗马书〉》（*Römerbrief*），写于 1515—1516 年前后。

《论〈加拉太书〉》（*Galaterbrief*），写于 1516—1517 年前后。

《论〈希伯来书〉》（*Hebräerbrief*），写于 1517—1518 年前后。

《九十五条论纲》（95 *Ablaβthesen*），写于 1517 年。

《〈诗篇〉论注》（*Operationes in Psalmos*），写于 1518—1519 年前后。

《关于双重公义的讲道》（*Sermo de duplici iustitia*），写于 1518 年。

《论罗马教宗制驳莱比锡的著名罗马法学家》（*Von dem Papsttum zu Rom wider den hochberühmten Romanisten zu Leipzig*），写于 1520 年。

《致德意志基督教贵族的公开信》（*An den christlichen Adel deutscher Nation von des christlichen Standes Besserung*），写于 1520 年。

《教会的巴比伦之囚》（*De captivitate babylonica ecclesiae*），写于 1520 年。

《绪论》（*Praeludium*），写于 1520 年。

《论基督教徒的自由》（*Von der Freiheit eines Christenmenschen*），写于 1520 年。

《关于善工的讲道集》（*Sermo von den guten Werken*），写于 1520 年。

《文集》（*Schriftauslegung*），写于 1522 年前后。

《论世俗的权力》（*Von weltlicher Obrigkeit, wie weit man ihr Gehorsam schuldig sei*），写于 1523 年前后。

《宗教赞美诗集》（*Geistliches Gesangbüchlein*），写于 1524 年前后。

《从象征及圣礼驳天国先知》（*Wider die himmlichen Propheten von Bildern und Sakrament*），写于 1524—1525 年前后。

《斥责亦盗亦凶的农民暴动》（*Wider die räuberischen und mörderischen*

Rotten der Bauern），写于 1524—1525 年前后。

《德国弥撒》（Deutsche Messe），写于 1526 年前后。

《礼拜秩序》（Ordnung des Gottesdienst），写于 1526 年前后。

《新洗礼书》（Das Taufbüchlein aufs neue zugerichtet），写于 1526 年前后。

《论圣餐》（Vom Abendmahl Christi），写于 1528 年前后。

《教义问答大全》（Der Große Katechismus），写于 1529 年前后。

《教义问答简编》（Der Kleine Katechismus），写于 1529 年前后。

《教会讲道书》（Kirchenpostille），写于 1534 年前后。

《论三象征或基督信仰认信》（Drei Symbola oder Bekenntnis des Glaubens Christi），写于 1538 年前后。

《论大公会议与教会》（Von den Konziliis und Kirchen），写于 1539 年前后。

此外，路德还另有各种圣经评注、赞美诗和书信集传世，后人也汇编有各种《路德选集》和《路德全集》出版。

（三）马丁·路德的思想

路德发起的宗教改革运动在欧洲形成了连锁反应，使德国、瑞士和英国成为基督教改革而成的新教之三大发源地。路德改革的成果导致了德国产生新教最大的教派路德宗，并因为路德强调"因信称义"的思想而又名信义宗。路德的历史意义，就在于其发掘《圣经》资源而凸显了"因信称义"的思想。因此，有研究者认为，"路德所有的神学思想都以《圣经》的权威为先决条件，……他的神学就是试图解释《圣经》，……其神学采取的是解经学的形式"。[①] 为了打破天主教的教权统治，他强调基督教的权威只能是《圣经》和《信经》，这些已是基督教信仰传统的最经典体现，故而不再需要罗马教廷对整个基督教世

[①] ［德］保罗·阿尔托依兹：《马丁·路德的神学》（Paul Althaus, The Theology of Martin Luther），段琦、孙善玲译，译林出版社 1998 年版，第 2 页。

界的指手画脚、颐指气使。于是，欧洲中世纪千年以来所形成的基督教威权被根本动摇，由此亦带来了欧洲社会发展的一些根本转变：其政治上的转变在于欧洲大一统的宗教权威被打破，各国地方政治力量得到崛起、发展，从而形成欧洲近代地缘政治的新格局；其民族上的转变在于中世纪"宗教"统摄的意识逐渐让位于信徒所在地的国家、民族意识，由此为近代欧洲民族国家的发展在认知上铺平了道路；其思想上的转变在于以突出自我"因信称义"而使人的自我意义、自我意识和自我价值被唤醒、受到尊重，并激发了人的主观能动性，促成了欧洲思想从中古的"客体意识"往近代的"主体意识"之转型；而其宗教上的转变则在于自我"因信称义"这一"人的发现"使"神权"观念转向"人权"观念，使"神学"教条转向"人学"思想，教会由此不再被教条教规、大一统的神治权威所束缚，而是真正转向"人的社团""人的精神联盟"，使人的宗教灵性得以闪光、宗教精神达其弘扬。

这样，在宗教诉求上，人不再仰望神秘莫测、令人茫然的外在天际，而是回到了鲜活的内在个我，发现了人的内心世界之丰富、深邃和复杂。于是，宗教不再仅是外在的神性寄托，而有了更多的内在心灵安慰。人得以摆脱宗教礼仪、教规、教阶体制等繁文缛节，彻底回到自我之"信"；仅靠这种纯洁、简单之"信"就能让人在信仰上、社会上和生存上"称义"，并且"成义"。人不再是神性的奴仆而成为真正的人，"大写的人"。此外，路德以其《圣经》的德语翻译而带来了近代欧洲民族语言发展上的突破，欧洲语言文化积垢已久的"奥吉亚斯的牛圈"终于得以清扫；而其赞美诗的华丽词曲亦促成了欧洲文学艺术在近代的更新、高扬，给"新生"之人的精神气质增光添彩。路德的改革始于观念的革新、教育的革新，由此而引起了社会的变革、时代的更新。路德创立了一个时代，也代表着这个时代，其"因信称义"表明了人的生存意义及其真正实现的可能途径。

二 马丁·路德宗教改革的社会及历史影响

这一"宗教改革"虽然是基督教在欧洲近代崛起的教会"内部"革新运动，并导致了以"改革"为名称的基督教新教的诞生，但其运动的巨大社会覆盖性却也标志着欧洲历史的转型和进步，由此形成了整个西方两个不同时代的分水岭。但基督教新教的诞生绝非偶然，而正是基督教上千年发展后重大宗教改革的直接产物，故而有着对以往守旧传统的抵制和"抗议"。因此，在纪念马丁·路德宗教改革500周年的今天，是我们回顾与反思、前瞻与创见的极好时机。可以说，马丁·路德以宗教改革之壮举而给我们带来了许多思绪和启迪，成为我们审视历史、观察当下、预测未来的重要借鉴。其历史的意义，就在于这一宗教改革不仅带来了基督教这种符合时代发展、满足大众需求之新的宗教形态的应运而生，而且也反映了欧洲整体社会的巨变，随之也带来了西方社会文化告别中世纪而步入近代的进步，并使世界历史出现了质的变化，带来了真正意义上的全球史景观。新的基督教形成后，欧洲各民族的格局开始重构，地方政治革新及其自我意识的凸显亦突飞猛进，其文化形态在嬗变和升华。所以说，宗教改革并非孤立的事件，其发展不仅推动了相关宗教本身的发展完善，而且对这些地区乃至整个世界的变革演进也都有着重大影响，起了明显的推动作用。宗教改革所带来的"分"不是回到过去的封建割据，而是最早具有全球意识的地域化发展，是在审视整个大环境的情况下以宗教群体来带动相关地区及相关民族的有机重构，开启其民族或区域共同体发展的历史进程及其具有民族地域之特色的文化建构，并进而以其整体关联而在构设人类命运共同体的可能性，为之摸索、探路、积累经验、储备资料。可以说，今天西方社会的发展乃至整个人类社会的现状，都与这种宗教的革新及其影响的扩散密不可分，从此，民族与世界的复杂关联更加突出，宗教之间的面对、冲撞、对话、沟通和交融也更为频繁。

(一) 以思想革新而推动了历史发展

马丁·路德在1517年10月31日将《九十五条论纲》贴在威登堡教堂大门上，摆出了一种关于赎罪券问题展开神学论战的姿态，他起初并没有想到要创立一种新的教会，但历史却不以其意志为转移而出现全新的展开。路德推动了历史的发展，但他自己也身不由己地卷入历史洪流的滚动之中而无法自拔。神学本来基于较为抽象的理论思辨，其争论看似具有不会流俗的清高。但这种由其引发的历史之流却不再为其所掌控，马丁·路德也只能顺应历史大潮来随运而行、因势利导。他成为了历史伟人，被视为历史的推动者，其实他也只是在恰好的关键点顺应历史之运而脱颖而出，看似独占鳌头、高不可攀。这其实就是历史伟人与历史变革节点的关系奥秘。或许，没有人要人为地、主动地改变、驾驭历史，但确有人顺应了历史潮流而起到了社会转型突破之导火索的点引作用，客观上导致了历史巨变，成就了宏伟史诗。这是此人的幸运，也是历史与之结缘的福分。本来，马丁·路德只是想要"回到圣经去"，旨在精神复古，而历史的演进却使他客观上也"回到了世界"，而且不再是以往的世界，乃飞速发展的世界，不可避免地进入了剧变着的社会真实。改革家的这种"真实临在"使他们不再只是神学家、理论家，而更是政治家和社会活动家。

以马丁·路德为代表的宗教改革家在基督教神学史上写下了厚重的一笔，改变了基督教思想发展的轨迹。但其贡献远非仅此，他们给真实世界留下的更多，其导演或无意导致的社会变革也更加精彩、更引人注目。本来，马丁·路德所要反对的是中世纪教会的流俗与腐败，希望教会更为清高、更加纯洁，更有可能脱离凡俗。殊不知，这些本来的"清教徒"却肩负起了实实在在的历史使命，在真实世界中运筹、捭阖。马丁·路德在宗教改革进程中走出的关键一步，就是走出修道院而回到了真实的社会，面对着复杂而真切的世界。对此，麦格拉思（Alister McGrath）曾评论道："宗教改革运动在对待俗世秩序的态度上，见证了一个值得注意的转变。修道院式的基督教多少以鄙视的眼光来看待世界以及在其中营营役役的人。真正的基督徒会离开世界，进入一所修道院的属灵保障中。不过，对于改教家来说，一个基督徒的真正天职是在世界中服侍上帝。修道院相对于这目标是不适切的。基督徒生活的真正本分是在俗世的城镇、市集和议事堂里，而不是在修道院幽室的遗世独立中。"①这可以说与中国"大隐隐于市""大隐隐于政"之境乃异曲同工。从此，宗教虽然看似摆脱了政教合一模式的社会关联，却更实质地卷入社会历史发展的方方面面，其与社会的革新亦更趋复杂。

（二）由宗教运动而成就了社会革新

显然，马丁·路德的宗教革新不只是孤立的宗教运动，而有其时代关联及社会卷入。马丁·路德的宗教改革不仅促进了基督教会的发展，而且无论其主观意愿如何，其改革也带来了社会进步，成为当时时代变革、社会转型的标志。在这种历史及社会关联中，马丁·路德针对当时教会及社会的反思和批评，不只是神学的独语，而乃引起了社会的共鸣，就像一根火柴扔到了一堆干柴那样引起了熊熊烈火，烧掉了一个旧社会，映现了一个新时代。由此而论，宗教的革新与社会发展密切关联：一方面，宗教革新反映出宗教的与时俱进，但其"走出中世纪"之举措甚至对社会进步起到引领作用，使欧洲社会进入近现代；宗教存在反映出其社会存在，宗教的改革因而也会与社会的革新同步，并不仅仅是宗教内部的事物，其缘起及进展都有着直接的社会原因。另一方面，宗教革新则是社会变革的反映或缩影，是时代及社会前进的标识。历史因为这种宗教的革新而改写，世界为此而改观。这样，看似脱离社会、远离世俗的宗教实际上却与社会贴得很近，与现实世界有着难分难舍的关联。

基督教在历史上以其复杂的社会政治卷入之态而传入中国，其在中

---

① ［英］阿利斯特·麦格拉思：《宗教改革运动思潮》，蔡锦图、陈佐人译，中国社会科学出版社 2009 年版，第 255 页。

国的适应及发展同样需要其紧跟社会的不断革新、顺应中国国情和时代潮流。马丁·路德的象征及人格形象随着基督教也进入了中国，因此对其最初的"洋教"形象同样要体现出其革新的意志，完成其相应的使命。实际上，基督教在近代中国社会发展中也是通过其不断革新而消除所谓"洋教"的负面影响的，通过其"本色化""在地化""处境化"的不断努力而逐渐形成了"中国化"的基本格局和发展态势。这正是我们谈论基督教"中国化"的历史基础及教会传承。在这一变革进程中，我们要呼唤中国的马丁·路德挺身而出，要使宗教改革的精神在中国教会和中国社会再现。

马丁·路德的宗教革新启迪了关注社会变革、经济发展的学者们重新反思宗教与社会的关系问题。以往认为宗教对于社会只是被动地适应、消极地反抗，在历史发展中成为一种惰性的生存形态，但宗教改革让人们眼前一亮，使马克斯·韦伯等人开始关注宗教对于社会发展的积极作用，甚至其改变社会进程及形态的关键作用，故有精神力量乃起到社会经济可持续发展的"潜在"支撑作用之说。这样，人们就必须承认，宗教并不必然滞后社会发展，其推动作用也是显而易见的，而对其正视与承认，则是改变人们对宗教与社会仅有消极作用之看法的契机。这种认知对于仍然存在对宗教普遍误解的当代中国尤为重要。宗教改革以其醒目的历史标志提醒人们，如果社会停滞不前，宗教的革新力量同样也可以起到改变社会、推动历史的相应作用、引领意义。中国社会的变革绝非与宗教无关，宗教在民众中的影响已形成重要态势，无视者或忽视者会为之付出代价，而对之敌视者或打压者则是逆历史潮流而倒行逆施，可能会给我们的社会带来灾难性后果。因此，重视宗教的存在，看到宗教革新推动社会历史进程的重要作用，才是明智且顺应历史发展的正确选择。

在当代中国社会发展中，中国共产党和政府审时度势，主张积极引导宗教与中国社会主义社会相适应，并提出了我国宗教坚持"中国化"方向的明确目标。因此，宗教的革新和积极适应社会发展，也是其当代的使命及责任。可以说，完成"中国化"的历史使命，积极响应中国社会及其当代革新发展的呼召,是中国各种宗教义不容辞的神圣任务,也是其健康、良性发展,有益于社会进步的重要前提。而有着宗教改革传统、出现过马丁·路德这种历史伟人的基督教更是义不容辞。对于马丁·路德的研究可以有诸多的历史、文献、哲学探讨,但最为关键的则是对宗教革新之社会价值及意义的体认和深思,这对于整个研究甚至社会认知的改变都会起到牵一发而动全身的关键作用。为此,我们有必要回到马丁·路德,重温宗教改革的精神。马丁·路德带给我们的启迪,既是教会的历史遗产,也是我们社会的现代回应。

当然,如果回到德国历史本身,则需对马丁·路德的历史作用加以一分为二的分析。可以说,他在近代欧洲的社会转型期间,对当时欧洲尤其是德国本身的思想文化发展起了巨大的推动作用;他以宗教改革而不仅"清扫了教会这个奥吉亚斯的牛圈",同时也"清扫了德国语言这个奥吉亚斯的牛圈",创立了现代德国语言,并且为欧洲的近代革命提供了"充满胜利信心的赞美诗的词和曲";[1] 特别是他"通过翻译圣经给平民运动提供了一种强有力的武器","他在圣经译本中使公元最初几个世纪的纯朴基督教同当时已经封建化了的基督教形成鲜明的对照,他提供了一副没有层层叠叠的、人为的封建等级制度的社会图景,同正在崩溃的封建社会形成鲜明的对照"。[2] 但他对于德国本土的社会、政治发展,却有其明显的历史局限性和社会保守性,尤其是他对德国农民起义所持有的否定态度及坚决反对的行为,亦使其历史评价蒙有一定的阴影。恩格斯对此曾评价说,"路德放出的闪电引起了燎原的烈火",但当农民和平民起来革命时,他却"毫不踌躇地抛弃了运动中的下层人民,倒向了市民、贵族和诸侯一边"[3]。这种倒向市民及新兴资产阶级的表态虽然有路德本人的社会

---

[1] 《马克思恩格斯文集》(第9卷),人民出版社2009年版,第409页。
[2] 《马克思恩格斯文集》(第2卷),人民出版社2009年版,第244页。
[3] 同上书,第240—241页。

定位及历史考虑，却使其宗教改革的历史效果在德国大打折扣。这也是为什么宗教改革在德国最早发生，但德国社会的近代发展却相应滞后的一个重要原因。

（未刊稿，其中部分内容引自卓新平著《西哲剪影》，中国社会科学出版社2011年版。）

第十五章

加尔文的思想研究

16 世纪宗教改革不仅带来了新教的诞生，而且还给方兴未艾的资本主义提供了具有核心影响的伦理精神。法国人加尔文（Jean Calvin）在瑞士获得成功的改革活动使他一度成为"新教的教皇"，而其倡导的"预定学说"则给后世留下了深远的影响。

加尔文 1509 年 7 月 10 日生于法国努瓦永，幼年丧母，其父负责当地大教堂的教产管理。他于 1523 年入巴黎大学就读艺术和神学，1528—1531 年在奥尔良和布尔日法学院学习法律，就读期间与当时的人文主义思潮多有接触，受其影响颇深。在获得法学文凭后，他于 1532 年返回巴黎就读于新成立的巴黎古典学与基督教古代研究学院，研究古罗马哲学家塞涅卡（Seneca）的思想，此间亦对奥古斯丁的《上帝之城》情有独钟，曾经常引用其论述。他在这一期间开始参加法国新教改革活动，但因法国政府对新教的迫害而于 1535 年逃往瑞士巴塞尔，但在瑞士继续推行其宗教改革。1536 年，加尔文发表其神学改革的代表著作《基督教原理》（*Christianae Religionis Institutio*），随之声望大增，并于同年底应邀在日内瓦参加法雷尔（Wilhelm Farel）领导的自由市政权，成为其实际领袖。1537 年，加尔文推出其《教理问答》，以在当地居民中巩固其教义学说。1538 年，日内瓦出现的骚动使他们二人同被驱逐出日内瓦，从而隐居施特拉斯堡，在此从事教牧活动和研习《圣经》。1540 年，加尔文与一个原再洗礼派成员的遗孀伊蒂丽结婚。1541 年，他应邀重返日内瓦指导当地政教合一的共和政权,从此定居当地。加尔文在日内瓦获得了其施展宗教改革才华的机会,他让市议会通过了其撰写的《教会法令》,以自己创立的教派作为该城唯一合法的宗教。这样,日内瓦一度成为其宗教改革实践的场所。在宗教上,他废除了教会传统的主教制,以共和式的长老制来管理教会。因此,其改革教会又称为加尔文宗或长老宗。在神学上,加尔文于1551年开始推出其"预定论"思想。在政治上,加尔文以政教合一的方式管理国家,要求世人的生活符合上帝的律法,并设立了由牧师和长老组成的宗教法庭,但其排斥异己之举在1553年曾导致来到日内瓦的西班牙神学家和科学家塞尔维特被处火刑烧死。加尔文的影响后来又在英国掀起了要求"清洗"英国国教会天主教旧制的"清教"运动,并以这种运动方式开始了英国近代的资产阶级革命。在教育上,加尔文于1558年创办了日内瓦学院,主张对学生进行人文主义训练。1564年5月27日,加尔文在日内瓦病逝。

加尔文一生留下了大量的作品,在鲍姆等人编辑的《宗教改革家著作集》中,收录的加尔文著作达59卷。[1] 其内容主要包括其神学阐述、《圣经》注释、礼仪及教理问答、讲演文集以及各种书信作品等。

其主要著作是《基督教原理》(亦译《基督教要义》,*Christianae Religionis Institutio* 或 *Institutio religionis Christianae*,英译名为 *Institutes of the Christian Religion*),加尔文对这部著作先后出版了八个拉丁文版(1536年、1539年、1543年、1545年、1550年、1553年、1554年、1559年)和五个法文版(1541年、1545年、1551年、1553年、1560年),直到1559年该拉丁文版最后定版,加尔文才感到满意:"虽然我并不为付出的劳动后悔,但是直到这本著作的顺序被安排成现在这个样子,我才心满意足。"[2] 全书共4卷,其中第1卷论"认识创造天地万

---

[1] 参见 W. Baum, E. Cunitz, E. Reuss hrsg., *Corpus Reformatorum*, Braunschweig – Berlin, 1863—1900。其中第29—87卷为《加尔文全集》(Joannis Calvini Opera quae supersunt omnia)。

[2] [美]蒂莫西·乔治:《改革家的神学思想》(Timothy George, *Theology of the Reformers*, Broadman Press, 1988),王丽、孙岱君译,中国社会科学出版社2017年版,第173页。

物的上帝", 第 2 卷论 "对救赎者上帝的认识", 第 3 卷论 "领受基督之恩的方式", 第 4 卷论 "上帝邀请我们进入与基督团契的外在方式"。这部著作已经成为基督教思想史上的经典作品, 现在已被译成多种语言出版发行。

加尔文的其他著作包括:

《日内瓦教义问答》(*Genfer Katechismus*, 或 *Katechismen*), 写于 1542—1545 年前后。

《论教会秩序》(*Ordonnances Ecclésiastiques*), 写于 1561 年前后。

《新旧约圣经注释》(*Kommentare zum Alten und Neuen Testament*), 为其所有关于《圣经》注疏文章的汇集, 写作年代不详。

《书信集》(*Briefcorpus*), 写作年代不详。

《论争集》(*Streitschriften*), 写作年代不详。

《讲道集》(*Predigten*), 写作年代不详。

《神学论集》(*Theologische Traktate*), 写作年代不详。

其他著作的相关英译则包括:

《灵眠》(*Psychopannychia*), 写于 1534 年前后。

《简论主的圣餐》(*Short Treatise on the Lord's Supper*), 写于 1541 年。

《圣徒遗物单》(*An Inventory of Relics*), 写于 1543 年。

《教会改革的必要性》(*The Necessity of Reforming the Church*), 写于 1544 年。

《驳放任派》(*Against the Libertines*), 写于 1545 年。

《矫正特伦托会议》(*Antidote to the Council of Trent*), 写于 1547 年。

《论上帝永恒的预定论》(*Treatise upon the Eternal Predestination of God*), 写于 1552 年。①

对近代西方宗教和世俗社会都广有影响的, 主要是加尔文的 "预定学说"。在他看来, 基督的救赎不是为了全体世人, 而只是为了上帝所特选的 "预定" 得救者。但谁会预定得救、被上帝选召, 却是一种

---

① 参见 [美] 蒂莫西·乔治著《改革家的神学思想》, 王丽、孙岱君译, 第 175 页。

奥秘，不可窥测。不过，世人在人间的作为仍是必要的，从其成功与否之中或许甚至可以间接感觉到上帝的救渡和检选。这是因为，每个人按其本质都乃上帝的造物，因此人人都势必"与上帝发生联系"（negotium cum Deo），而由此唤起的"对神性的意识"和自我"良心"的发现及谴责，促使人在现世必须有所行为。这里，加尔文亦以体现出人文主义思想的视域来看待神与人的关系，即他不以神、人之间的无限距离来将之分开，而乃强调认识上帝实际上与认识人是相互关联的。为此，加尔文特别指出，"只有真正认识人才能真正认识上帝"，同理，也"只有真正认识上帝才能真正认识人"。[①] 这就凸显了"人"所具有的"神性"及"神的形象"之意义，明确了对人的价值及意义的肯定。

在宗教改革思潮中，路德主要强调"因信称义"而不太重视人的事工，但加尔文却觉得人的作为还是有着宗教意义的，因为这本身就启示了上帝关于"做工的人"（Opifex）之意蕴。这种相信"谋事在人、成事在天"的预定学说因而形成了加尔文派的"清廉""节欲""虔信"之精神境界和价值取向。与之相对比，路德在社会革新上仍存有相对保守的态度，而加尔文在促进欧洲社会从封建主义往资本主义转型发展上则发挥了更大的作用。

按照加尔文神学思想的教义及伦理解释，一方面，人们对社会生活的积极参与并不违背天意，"做官执政、蓄有私产、经商营利、放债取息"和担任神职一样都是"受命于上帝"，故而有其神圣意义；此即对俗世生活的"神圣化"解释。另一方面，在人世之中则要具有"入世禁欲"的精神；与中世纪的遁世苦修不同，加尔文要求世人"隐于闹市"、正面尘世的诱惑而不为所动，体现出禁欲精神的本真及其现实影响，从而以"不知疲倦地劳动"和"严格苛刻地自我克制"来达到宗教虔诚和纯洁要求。这种把命运交给上苍、只顾劳作不图享乐地来自觉、主动地在人世实行苦修和禁欲的精神，遂形成了一种独特的"新

---

① 此乃加尔文《基督教要义》第1卷第1章中第一、第二节的标题文字，参见林鸿信《加尔文神学》，台北，校园书房2004年版，第51页。

教伦理"。对于新兴的西方资本主义社会而言，加尔文的"新教伦理"后被德国社会学家韦伯（Max Weber）在其《新教伦理与资本主义精神》中加以发挥，解释为"资本主义精神"的"原型"。韦伯认为，资本主义原初的核心价值观正是这种"去神圣化"的加尔文"新教伦理"，它体现出西方社会职业精神和社会情操的宗教来源；看似平凡、世俗的辛勤劳作和节俭克制，却揭示出其实践者对冥冥之中上帝检选、恩赐和救赎的期盼、等待。韦伯对加尔文的解释在改革开放的中国也引起了热烈讨论，人们对经济发展、社会运动后面"潜在的精神力量"所起到的"看不见的手"之重要推动力量，表现出浓厚兴趣。

因此，就欧洲近代历史发展而言，加尔文宗教改革思想所起的社会作用则明显超过了路德，有着后来居上的历史意义。恩格斯曾指出："在路德失败的地方，加尔文却获得了胜利。加尔文的信条正适合当时资产阶级中最果断大胆的分子的要求。他的缩命论的学说，从宗教的角度反映了这样一件事实：在竞争的商业世界，成功或失败并不取决于一个人的活动或才智，而取决于他不能控制的各种情况。决定成败的并不是一个人的意志或行动，而是全凭未知的至高的经济力量的恩赐；……加尔文的教会体制是完全民主的、共和的；既然上帝的王国已经共和化了，人间的王国难道还能仍然听命于君王、主教和领主吗？当德国的路德教派已变成诸侯手中的驯服工具时，加尔文教派却在荷兰创立了一个共和国，并且在英国，特别是在苏格兰，创立了一些活跃的共和主义政党。"[1]可以说，加尔文的宗教改革及其教义思想乃非常实际、具体地推动了欧洲近代的资产阶级革命，有力促进了欧洲社会进入其新的发展时代。

（原载卓新平著《西哲剪影》，中国社会科学出版社2011年版，本文有补充。）

---

[1] 《马克思恩格斯文集》（第3卷），人民出版社2009年版，第511页。

下编 近代与现代基督教思想

第十六章

近现代欧洲基督教思想的发展

16世纪以后，欧洲历史进入新的阶段。资产阶级通过三次大决战，取得了反封建的最终胜利。从此，作为西方世界总的"理论"和"纲领"的基督教也进入一个新的时期，其思想体系和神学理论随之产生了重大的演变。

欧洲基督教思想的发展变化，从一个重要侧面反映了欧洲近现代社会政治、经济和意识形态的发展过程，对我们研究西方具有典型意义。在政治上，资产阶级的胜利使基督教只有依附于它方能生存和延续；在理论上，传统神学难以依然故我，必须随西方哲学的发展而加以改造和重建；在社会上，教会不能再以万流归宗、唯我独尊之势凌驾于世，因而采取调和、折中的手段来推行"普世""合一"。大体而言，16世纪为欧洲中世纪结束、资本主义时期开始的交换时代，近现代基督教思想的发展经历了由17世纪以来的理性主义到20世纪的反理性主义，由19世纪自由神学到第一次世界大战后的危机神学，由传统的客观本体论到现代的主观认识论，由人格神论、本体神论到超泛神论，由传统的系统、教义神学到现代的象征、应用神学这一系列的变化。随着基督教影响日趋式微，它的思想理论却愈益纷繁复杂。这里仅就17世纪以来欧洲基督教思想的大体发展、其主要流派和代表人物加以简单介绍，以供研究参考。

一 17世纪：理性时代的基督教

17世纪，培根、牛顿等人的自然科学理论、洛克的宗教宽容学说以及笛卡尔的唯理主义哲学，为基督教思想的变化提供了理论依据。虽然，罗马教会仍坚持其保守立场，利用耶稣会、宗教法庭来镇压思想异端，维护传统教条；新教正统派坚持宗教改革创立的教义体系，形成一种新教"经院哲学"；而以斯彭内尔（P. Spener, 1635—1705）和佛兰克（A. Francke, 1663—1727）为首的德国路德宗"虔敬派"又走向强调个人宗教经验和内心虔诚，反对把信条理性化的另一极端；在法国则有帕斯卡尔（B. Pascal, 1623—1662）的宗教神秘主义和怀疑主义，主张直观不可知论和非理性主义。但科学和哲学的发展迎来了理性的时代，在神学中占有主导地位的却是推崇理性的宗教思想，倡导理性的权威，从而兴起一种"理性神学"（Rational Theology）。

这种思潮主张用理性来解释信仰，以理性来说明人们的宗教感受和信教活动。在英国，先有"剑桥学派"出现，其主要代表为库德华兹（Cudworth, 1617—1688），著有《宇宙真正显现智慧的体系》（1678）。他们热衷于笛卡尔的著作，以唯理主义来反对经验主义、反对霍布斯的无神论和唯物主义；他们依据柏拉图主义来推崇所谓先验的范畴和普遍的理性，主张调和神学与哲学、维护启示与理性，借此反驳无神论和泛神论，保护基督教信仰。随后，又兴起了以蒂洛森（J. Tillotson, 1630—1694）为代表的"理性超自然主义"（Rational Supernaturalism），声称宗教的作用和目的为维护道德提供了神圣的依据，主张用理性来论证神启宗教的存在。

然而，17世纪最有影响的理性主义有神论则是自然神论（Deim）。它最早产生于英国，后在欧陆广为流传。自然神论认为，人类本身存有一种原初的自然宗教，它为历史上各种神启宗教奠定了基础；按照牛顿"第一推动力"和笛卡尔的设想，它承认上帝存在，认为上帝在太初创世时，就已确立"自然规律"来统治宇宙；而一旦宇宙创造出来，上帝也就不再干涉宇宙人世；人们靠理性可以认识到唯一真神，它具有抽象、超越之感，而与具体教会所坚持的宗教信仰迥然不同。自然神论也吸收了欧洲哲学中的宗教怀疑主义和宽容思想，并强调信仰宗教主要是根据理性来过德性的生活。

最早的自然神论者是赫伯特（E. Herbert, 1583—1648），被称为"自然神论之父"，著有《论真理》（*De Veritate*, 1624）。他认为，自然宗教是一切信仰的基础，各种不同的宗教都能在自然宗教观上取得一致见解；人们只要运用理性就可认识最基本的宗教观念，而迷信教义和粗俗的礼仪则会扰乱理性的认识，使人不敬真神而屈从于个人迷信。英国自然神论者还有托兰德（J. Toland, 1670—1722），著有《基督教并不神秘》（*Christianity Not Mysterious*, 1696）；丁达尔（M. Tindal, 1655—1733），著有《基督教创世时就已存在》（*Christianity as Old as the Creation*, 1730）；以及克拉克（S. Clark, 1675—1729）等人。他们的理论各有不同，最激进者是托兰德。他发展了洛克的思想，把其自然宗教、迷信与启示这三种划分限之为二，反对启示超过理性之界。他否认有任何超理性的东西存在，认为理性是确证一切的唯一标准，宗教也不例外。由于他对基督教传统教义和奇迹、启示等基本观念也加以批驳，其思想接近无神论，因而遭到英国国教会的谴责和反对。

自然神论的思想与传统神学中的救赎论、恩典论、末世论等教义大相径庭，在基督教思想中引起了巨大波动。保守派拼命维护天启宗教而反对自然神论，革新派则对其改造利用，为基督教思想的发展打开新的大门。

二 18世纪：启蒙时代的基督教

18世纪被称为启蒙运动的世纪。当时，欧陆资产阶级思想家接受了英国的思想，哲学上出现了唯理主义和经验主义相结合的局面，文化上开始了启蒙教育运动，思想上则扩大了人道主义、宗教"宽容"、政治"自由"等理论的影响。欧洲社会的动荡和政治思想上的巨变，在基督教思想中也得到了充分的体现：理性宗教在法、德等国继续发展，启蒙思想家的理论被用于论述基督教的演变。而反理性主义的浪漫派思潮则开始形成。随着历史的推移，基督教思想离中世纪曾持守的传统教义也越来越远。

自然神论在法国的主要代表和启蒙运动的重要领袖是伏尔泰（Voltaire，1694—1778）。他批判传统教会，说基督教最可笑、最荒谬、最残酷，天启宗教是无知加欺骗的产物。但他又主张信仰上帝，认为从宇宙的设计和终极因果关系上可以论证上帝的存在，而要管理社会，就必须依赖宗教。他甚至认为，坚持欧洲天启宗教还不如引入中国道法自然的"宇宙论"（universal）性质的宗教。德国自然神论者和启蒙思想家莱辛（G. Lessing，1729—1781）则从一种演化、发展的观点来看宗教。在《人类的教育》（*The Education of the Human Race*，1777）一书中，他把对个人的教育与上帝对整个人类的启示相等同，并说上帝对人的教育过程可分为三阶段。在第一阶段，是给人类始祖以一种一神的观念，但由于人坠入偶像崇拜和多神信仰，这一阶段便告终结。在第二阶段，上帝拣选了希伯来民族；此时属于人类的幼年时期，因而只能接受一种对于幼儿的教育，这就是当时的上帝观念现在看起来幼稚可笑的原因。莱辛认为，整整一千七百年来，《新约》作为人类第二阶段中一种较好的初级读本被用来教育人类。第三阶段则是新的永恒福音阶段，即人类理性的阶段。启蒙思想家的这些理论，往往被近现代基督教思想家所引证，以掩饰传统宗教神学和上帝观念上的一些荒唐表述，借助理性来更好地论述上帝存在的可靠性和确实性。

不过，理性宗教观在18世纪却受到了新的冲击。除了正统派和保守派指责它离经叛道之外，也有人认为它的理论过于抽象、过于理念化、缺乏情感和美感，无法吸引群众。因此，从卢梭（J. Rousseau，1712—1778）开始，逐渐酿成反理性主义的浪漫派思潮，以取代自然神论和理性宗教观。这种思潮在卢梭、巴特勒（J. Butler，1692—1752）、休谟（D. Hume，1711—1776）和康德（I. Kant，1724—1804）等人的思想中吸取了养分，而在19世纪施莱尔马赫（F. Schleiermacher，1768—1834）的浪漫主义神学中得到了集中体现。卢梭认为，虽然宗教真理可由理性来证明，但宗教是情感问题，植根于感情之中，并不涉及理智。在《爱弥尔》(*Émile, ou De l'éducation*, 1762) 一书中，他强调宗教信仰中感情和本能的作用，认为上帝的存在不是通过理性来理解，而是通过本能来感觉，自然赋予人良知去爱正义、去自由选择，那么人的内心就知道自然必有正义和智慧的主宰——上帝；所以，人对上帝的态度不是去理解、论证它，而是去顺从它，按其旨意来生活。他坚持宗教思想、教义和信念必须是个人经验的反映，与人的经验和道德情感密切有关，而不是依赖于理性的推论。巴特勒也指出，相信启示并不比相信自然宗教困难，人的道德是建立在感情的基石上，而不是建立在理性或天赋的是非观念上。人的良心是反省的原则，幸福和悲惨的观念对人们极为密切、至关重要，胜于秩序、美好、和谐的观念。休谟则干脆地声称，唯理论是行不通的；人们不能证明世界的存在，从而否定了唯理的宇宙论；人们不能证明心灵实体和灵魂不死，从而否定了唯理的心理学；人们不能证明上帝的本性、特性、意志和其宏大精深的计划，从而否定了唯理的神学。他认为信仰上帝不是思辨的推论的结果，而是建立在人的感情和冲动的本性上，宗教植根于意志之中。另外，人的宗教信仰不是导源于思考、好奇或对真理的爱好，而是源于"病人的梦想"，即一种变态或不幸的心理，如热衷于快乐、害怕来世悲苦、恐惧死亡或渴望报复等。这种理论对现代宗教心理学的影响极大。康德在宗教思想上则发展了一种调和说，反对理性万能的理论，并说这是休谟把他"从独断的睡梦中唤醒"。他认为，理性不能证明上帝的存在，本体论、宇宙论和物理—神学论的证明都毫无价值；"上帝""心灵"都是"自在之物"，其存在并不依赖于人们的感觉和表象，因而是不可感觉、不可表象的。但他又声称，人们通过道德律则可确知"上帝存在"和"灵魂不朽"，这些都是人心中道德律的必然含义；为了达到美德与幸福完全协调而实现最高的善，就必须信仰上帝的存在，把上帝作为道德秩序的最后根据。道德规律保证有自由、不朽和上帝，所以宗教必须建立在道德体系上。对道德命令的服从不是来自《圣经》和教会等外在的权威，而是发自内心，即来自人的道德自主性。他坚持，认识上帝是道德理性的要求，宗教信仰需要道德理性的支持，这种支撑才可以使"头上的星空"之超然审视与"心中的道德律"之内在反省有机关联，上帝的观念最初也是理性通过其道德原则才能产生的。这套理论当时被称为康德在神学上的"哥白尼革命"，并使他博得新教哲学家之称。

浪漫主义运动本是出现于1780—1830年前后的一股欧洲文艺思潮。而其与反理性主义的基督教浪漫主义神学相关联的，则主要是18世纪末英国、法国、德国的消极浪漫主义。这一思潮在天主教和新教中均有代表，并发展出传统主义和信仰主义等流派。其典型人物，在德国有哈曼（J. Hamann，1730—1788）、雅科比（F. Jacobi，1743—1819），在英国有柯勒律治（S. Coleridge，1772—1834），在法国有夏多布里昂（Chateaubriand，1768—1848）、拉门奈（Lamennais，1782—1854）和梅斯特（Mastre，1753—1821）。他们向理性主义发起反扑，认为科学理性只能囿于现象世界之内，不能证明超感觉的实体的存在。他们宣称，"我的经验就是我的证明"，上帝的存在与人性的自由是理性无法证明的，讨论信仰问题应抛弃唯理的论证而求助于个人经验、道德情感和艺术美感。为避免遁入怀疑主义的虚空，人们必须以宗教信仰作为中心和出发点。他们还把基督教作为一切人类渴求的普遍象征，要人们抵制理性的诱惑而回到信仰中去，靠神秘主义的体验和内心灵性感触而重新确立《圣经》的权威，以适应人的本性和需要。这种反理性主义的思潮为现代欧洲神学的发展设立了一块重要路标。

三 19世纪：思辨时代的基督教

欧洲自由资本主义在19世纪得到了迅猛发展，科学技术、工业经济及思想领域都呈现出新的面貌。但随着资本主义根本矛盾的不断深化，欧洲社会开始出现危机，资产阶级哲学也开始了混乱、多元的发展。继康德之后，19世纪30年代出现了以孔德（A. Comte）为代表的法、英实证主义，40年代出现了以叔本华（A. Schopenhauer）、尼采

(F. Nietzsche）为代表的德国唯意志主义，以及五六十年代丹麦基尔凯郭尔（S. Kierkegaard）的反理性主义的神秘主义的思想先驱；在19世纪70年代以后，又出现了新康德主义、马赫主义等主观唯心主义哲学流派，以及流行法国、德国的生命哲学和英国的新黑格尔派绝对唯心主义。哲学上的发展，对基督教思想产生了新的影响。施莱尔马赫的浪漫主义神学形成近现代神学的分水岭，黑格尔的思辨体系为凯尔德神学（其两兄弟 Edward Caird、John Caird 所创立的神学体系）确立了模式，杜宾根学派开始从历史学、语言学研究《圣经》，新教自由派神学随着资本主义的鼎盛而风行一时，而天主教神学中的现代派、自由派也始见端倪。它们分道扬镳，各自为现代神学的多元发展开辟了航道。

施莱尔马赫（F. Schleiermacher）反对启蒙运动的唯理主义神学论证，对传统教会的赏善罚恶之说也表非议，他还拒绝像康德那样把宗教建立在道德基础上。他认为，宗教基础不是理性，而是人的内心感情，即一种"绝对依赖的感情"（das schlechthinnige Abhängigkeitsgefühl）；神学是关于宗教感情的理论，因为上帝是不可认识的无时空性的统一体，宗教不能求助于礼拜活动或道德行为，只能基于人的内心对无限与永恒本体的意识和依赖这种虔诚的宗教感情。他在《论宗教》（*Über die Religion. Reden an die Gebildeten unter ihren Verächtern*, 1799）中提出了新的宗教观，并对西方宗教学的创立起到了相关影响。而他在《基督教的信仰》（*Der christliche Glaube*, 1822）中，则对基督教神学加以新的解释；他还阐述了对现代神学极有影响的宗教心理观和历史观，因而曾被称为新神学创建者，与加尔文（J. Calvin）、巴特（K. Barth）相提并论。

受浪漫主义神学影响，英国国教会中兴起了"牛津运动"（Oxford Movement）及随后的"安立甘公教运动"（Anglican Catholicism）。自1833年始，牛津大学纽曼（J. Newmann, 1801—1890）等人陆续在《时代书册》（*Tracts for the Times*）上撰文，号召复兴早期教会传统、改变现有礼仪，主张在罗马天主教与新教之间建立一条中间路线，因此该运动也常被称为"书册派运动"（Tractarian Movement）。它在英国国教会中造成巨大影响。后来运动分裂,纽曼改信天主教。后期安立甘公教运动在哥尔(C. Gore,1853—1932)等人带领下主编《世界之光》(*Lux Mundi*)杂志,提倡将自由派圣经批判学与天主教现代派神学,以及社会问题研究相结合,重新建立基督教信仰。

新黑格尔派神学直接继承了黑格尔(G. W. F. Hegel)绝对唯心主义体系,把他关于宗教由"自然宗教""自由宗教"发展到作为"绝对宗教"的基督教的这种宗教发展论进一步完善、系统化,建立一种思辨的宗教哲学体系。它的主要代表是英国神学家凯尔德兄弟。J. 凯尔德(J. Caird,1820—1898)著有《宗教哲学概论》(*Introduction to the Philosophy of Religion*,1880)和《基督教的基本观念》(*Fundamental Ideas of Christianity*,1899);E. 凯尔德(E. Caird,1835—1908)著有《康德哲学评述》(*A Critical Account of the Philosophy of Kant*,1877),《宗教的进化》(*The Evolution of Religion*,1893)和《希腊哲学家中的神学进展》(*The Evolution of Theology in the Greek Philosophers*,2 vols.,1904)等。他们把基督教神学与黑格尔哲学相结合,认为宗教的历史就是人类发展其理性意识的连续阶段,说它已经历了三个阶段,并且由三种不同的观念来加以统治。一是宗教意识的客体阶段,类似黑格尔所说的希腊—罗马宗教。在此阶段,人的生活和思想由客观意识来统治,因而人对自我和上帝的意识都被迫采取客体的形式。二是宗教意识的主体阶段,如犹太教后期的先知宗教。在这阶段,自我意识为主要形式,它决定对于客观事物和上帝的意识,强调道德性和主观性;只有人才被认为是根据上帝的形象所造,人的主体意识故此极为明确。三是综合阶段,以基督教为代表。这时,客体与自我均作为从属于上帝的意识而出现,上帝是二者的前提和目的。他们强调基督教是最终和绝对的宗教,是互相对立的主、客体意识的哲学综合;而上帝既不作为外在客体、也不作为至高主体,它是一切认识和存在、一切客体和主体所固有的整体基础。这种理论开始为现代西方的万有在神论奠定哲学基础。

黑格尔哲学在基督教思想中的另一反映,便是德国圣经批判学杜宾根(现在通常采用"蒂宾根"译名)学派的形成;由于"批判"这一表述在中国颇为敏感，故而中国教会学者将之称为"圣经评断学"。其实当时杜宾根大学有两个学派，一个是天主教杜宾根学派，另一个是新教杜宾根学派。此处所言圣经批判学杜宾根学派则乃后者，其创始人为鲍尔（F. Baur, 1792—1866），著有《从双方学说概念的原则及主要教义来看天主教与新教的对立》（*Der Gegensatz des Katholizismus und Protestantismus nach den Prinzipien und Hauptdogmen der beiden Lehrbegriffe*, 1834）、《基督教教义史教科书》（*Lehrbuch der christlichen Dogmengeschichte*, 1847）和《保罗，耶稣基督的门徒：其生平、工作、书信及其学说》2卷（*Paulus, der Apostel Jesu Christi: Sein Leben und Wirken, seine Briefe und seine Lehre*, Ⅱ, 1845）等。该学派主要代表是施特劳斯（D. Strauss, 1808—1874），他著有《耶稣传》（一般也称《耶稣生平的批判研究》，2卷本）（*Das Leben Jesu kritisch bearbeitet*, Ⅱ, 1835—1836）、《信仰教义》2卷（*Glaubenslehre*, Ⅱ, 1840—1841）和《旧与新的信仰》（*Der alte und der neue Glaube*, 1872）。后期代表还有鲍威尔（B. Bauer, 1809—1882），著有《约翰福音史的批判》（*Kritik der evangelischen Geschichte des Johannes*, 1840）和《同观福音书之福音史批判》3卷（*Kritik der evangelischen Geschichte der Synoptiker*, Ⅲ, 1841—1842）等书。他们根据黑格尔的理论对《新约》进行了"批判"（评断）性研究。鲍尔认为，《新约》的历史是否定之否定的发展过程，以彼得派为代表的耶路撒冷原始基督教是"正命题"，以保罗派为代表的希腊罗马教会是"反命题"，而发展到统一起来的古代公教会则是"合命题"。施特劳斯也用黑格尔的理念发展论和德国史学家尼布尔（Niebuhr）的神话论来分析《圣经》，认为《新约》各卷是根据《旧约》预言的"基督"观念发展而写成，基督教的产生和发展本身正是这种基督"观念"的展开。鲍威尔则强调福音史中的"自我意识"，认为整个福音故事都是由人有意识地编造出来的。他否认《新约》所反映的内容有任何真实的历史背景，但在研究基督教的产生与当时希腊罗马世界的关系上却提出了一些颇有价值的见解。不过，他们的研究虽然只能限于"黑格尔的思辨范围之内"，其学术价值却曾得到了恩格斯的高度评价：

"德国的圣经批判——迄今我们在原始基督教史领域中的认识的唯一科学基础——曾经按两个方向发展","一个方向是蒂宾根学派,……在批判研究方面,这个学派做到了一个神学派别所能做到的一切"。①

19世纪后期,对欧洲影响最大的神学思潮是以德国新教神学家里奇耳(A. Ritschl, 1822—1889)和哈纳克(A. Harnack, 1851—1930)为首的"自由派神学"(Liberal Theology)。其代表作有里奇耳的《基督教关于称义与和解的教义》3卷(Die christliche Lehre von der Rechtfertigung und Versöhnung, Ⅲ, 1867)、《神学和形而上学》(Theologie und Metaphysik, 1881)和《神学伦理》(Theologische Moral, 1882),以及哈纳克的《教义史》3卷(Dogmengeschichte, Ⅲ, 1886—1890)、《论最近发现的耶稣言语》(Über die jüngsten entdeckten Sprüche Jesu, 1897)和《基督教的本质》(Das Wesen des Christentums, 1900)等。自由派神学为当时上升时期的资本主义制度之合理性和永久性辩解,它充满乐观、自信之情,宣称"上帝之国"通过社会改善、理性教育和消灭不义就能在世上建立。它否定传统教义的宇宙观和形而上学体系,声称基督教的本质是对上帝之爱的依附,这种父爱通过耶稣而为人所知,因此信仰的核心应为耶稣的教诲。虽然《新约》时代已过,但耶稣的教诲在现代文明中仍起作用,只要人们通过新的科学、哲学、历史和道德真理使传统信仰现代化按内心所体验的至善至爱来作为生活指南,遵循历史的发展,就能确知上帝,获得永福。这种说教与当时资本主义表面上歌舞升平的景象融为一体,在第一次世界大战前曾风靡欧洲。

天主教自16世纪特兰托会议以来,一直固守其中世纪传统立场,到19世纪也出现了自由派思潮。这股思潮最早见于法国,以拉门奈(H.-F. R. de Lamennais, 1782—1854)为主要代表,他发表了《对法国教会18世纪及当前实况的反思》(Réflexion sur l'état de l'Église en France pendant le XVIII siècle et sur sa situation actuelle, 1808)、《主教制的教会传统》3卷(Tradition de l'Église sur l'institution des évêques, Ⅲ,

---

① 《马克思恩格斯文集》(第4卷),人民出版社2009年版,第482页。

1814)、《论宗教问题上的冷漠》(Essai sur l'indifférence en matière de religion, 1817)、《评论辩护》(Défense de l'essai, 1821)、《论宗教与政治及公民制度的关系》(De la religion considérée dans ses rapports avec l'ordre politique et civil, 1826) 以及《革命与反教会斗争的进展》(Progrès da la Révolution et de la guerre contre l'Église, 1829) 等。其他代表人物，在德国有莫勒 (J. Mohler, 1796—1838) 和多林格尔 (I. Dollinger, 1799—1890)，在英国则有阿克顿 (J. Acton, 1834—1902) 等人。因受时代风尚影响，他们也主张政教分离，鼓吹思想和言论自由，反对教宗永无谬误之说。1864 年教宗庇护九世 (Pius IX) 发表通谕《错谬要略》(Syllabus Errorum)，对自由派思潮加以谴责。1869 年底，庇护九世又主持召开第一次梵蒂冈大公会议，公开提出了"教宗首席地位"和"教宗永无谬误"的信条，使天主教内部争论日趋激烈。1878 年利奥十三世 (Leo XIII) 担任教宗。他改变策略，对外以向新教学者开放梵蒂冈档案馆来争取人心，对内则重树托马斯神学的绝对权威，以加强思想控制。1879 年利奥十三世发布《永恒之父》(Aeterni Patris) 通谕，命令一切天主教学校讲授托马斯主义；通过比利时红衣主教麦西埃 (D. Mercier, 1851—1926) 等人极力倡导和活动，形成了现代新托马斯主义神学思潮。此后不久又出现了天主教现代主义。它源于法国，创始人为杜尚 (L. Duchesne, 1843—1922)，主要代表是路瓦西 (A. Loisy, 1857—1940)；此外还有爱尔兰的提勒耳 (G. Tyrrell, 1861—1909) 和法国的勒卢阿 (E. Le Roy, 1870—1954) 等人。他们以进化、历史的观点来看待教义和《圣经》，把《圣经》说成上帝对一个特殊民族逐渐启发的记载，但由于作者受人类理智的局限，它不可能绝无谬误。他们还强调，教义不应是封闭的体系，而要不断发展；因为上帝的启示是发展的过程，现代宗教生活也会出现古代没有的新成分。虽然现代派的观点在 1907 年教宗庇护十世 (Pius X) 的《斥现代主义》(Lamentabili) 教令和《牧主羔羊》(Pascendi Gregis) 通谕中受到谴责，而路瓦西等人也于 1908 年被革除教籍、从而暂被压抑，但其思想却为 20 世纪以来天主教的改革和现代派倾向开了先声。

四 20世纪：危机时代的基督教

现代资本主义发展到帝国主义阶段，潜藏的危机终于爆发。随着20世纪资本主义危机时代的来临，欧洲思想界也掀起了轩然大波。旧的理论渐相凋敝，新的思潮应运而生。反映在欧洲基督教思想上，则是悲观理论回升，新正统派形成，以及历史神学的蔓延。神学界派系林立，众说纷纭，而盛行一时的自由派神学则遭到灭顶之灾。

历史神学以德国历史学家施本格勒（O. Spengler, 1880—1936）的《西方的衰落》（*Der Untergang des Abendlandes*, 1918）一书的问世而发端，他提出了一种文明历史都将不可避免地衰败的历史循环论。此后，许多基督教思想家也根据历史的发展、变迁来解释现状，用基督教神学的观点来阐述历史的意义和本质，要人们把西方文明复兴的希望寄托基督精神的再生。其主要论点可见于英国天主教徒道森（C. Dawson, 1889—1970）的《进步与宗教：一种历史探讨》（*Progress and Religion*, 1929）、《宗教与西方文化的兴起》（*Religion and the Rise of Western Culture*, 1950），圣公会教徒汤因比（A. Toynbee, 1889—1975）的《历史研究》12卷（*A Study of History*, 1934—1954），俄罗斯正教徒别尔嘉也夫（N. Berdyaev, 1874—1948）的《历史的意义》（德译本 *Der Sinn der Geschichte*, 1925）、《自由与精神》（英译本 *Freedom and the Spirit*, 1927）、《基督教与阶级之战》（英译本 *Christianity and Class War*, 1933）、《人在现代世界中的命运》（英译本 *The Fate of Man in the Modern World*, 1935），英国神学家巴特菲尔特（H. Butterfield, 1900—1979）的《基督教与历史》（*Christianity and History*, 1949），以及德国神学家潘内伯格（W. Pannenberg, 1928—2014）的《启示作为历史》（*Offenbarung als Geschichte*, 1968）等著作。

"新正统派"神学（Neo—Orthodoxy）是第一次世界大战后西方社会动荡的产物，流行于欧美，为战后在西方居统治地位的神学思潮之一。它坚持以正统基督教神学为依据，反对自由派神学，强调"原罪"

观念，主张用象征、比喻的手法，结合现实危机和社会状况来解释《圣经》。在欧洲，它以巴特（K. Barth）的"危机神学"和布龙纳（E. Brunner）的"辩证神学"为代表。

"危机神学"（Crisis Theology）是20世纪二三十年代在欧洲影响最大的新教神学流派，其主要代表瑞士神学家巴特（K. Barth，1886—1968）把资本主义社会的不治之症加以神学化，说成是"人的危机"，认为人与上帝全然隔绝，"上帝是纯然另一回事"，对世人的灾难也不加理会。他用奥古斯丁的"原罪论"来解释历史的动乱，说世界危机正是上帝对人的惩罚和否定；人的得救只能靠上帝之爱的无限恩典，若自我努力则适得其反，就如拔着自己的头发想跳出地球那样荒唐。这种神学反映了神学家面对资本主义厄运时心如火焚的焦灼心情以及无可奈何的悲哀叹息。

"辩证神学"（Dialectical Theology）以布龙纳（E. Brunner，1889—1966）为主要代表，包括哥加尔滕（F. Gogarten，1887—1967）等人。他们反对把神的真理等同于教义命题、把上帝的话等同于成文神学，强调只有在对上帝所赐信仰的反应中，有限与无限、时间与永恒、愤怒与恩典才能辩证地连接起来。他们赞赏巴特"批判性否定"的思想，但反对巴特把神人截然分开的见解。布龙纳著有《宗教认识中的象征》（*Das Symbolische in der religiösen Erkenntnis*，1913）、《体验、认识及信仰》（*Erlebnis, Erkenntnis und Glaube*，1921）、《中保》（*Der Mittler*，1927）、《自然与恩典》（*Natur und Gnade*，1935）和《教义学》3卷（*Dogmatik*，Ⅲ，1949—1952）等著作。他所提倡的基督教与世俗文化和其他宗教"对话"的理论，在现代西方有一定影响。

欧洲另一重要神学思潮是"存在主义神学"（Existentialist Theology），其代表德国神学家蒂利希（P. Tillich，1886—1965）和英国神学家麦克凯瑞（亦译"麦奎利"，J. Macquarrie，1919—2007）在欧美都有很大影响。蒂利希著有《存在的勇气》（*The Courage to Be*，1952）和《系统神学》3卷（*Systematic Theology*，Ⅲ，1951—1963）等。麦克凯瑞则著有《存在主义神学：海德格尔与布尔特曼的比较》（*Existen-*

tialist Theology: A Comparison of Heidegger and Bultmann, 1965）和《基督教神学原理》（Principles of Christian Theology, 1977）等。另一代表为德国神学家布尔特曼（R. Bultmann, 1884—1976）著有《同观福音传统史》（Die Geschichte der synoptischen Tradition, 1921）、《信仰与理解》3 卷（Glauben und Verstehen, Ⅲ, 1933—1965）、《新约与神话》（Neues Testament und Mythologie, 1941）、《新约神学》（Theologie des Neuen Testaments, 1951—1955）和《耶稣基督与神话，从圣经批判学看新约》（Jesus Christus und die Mythologie. Das neue Testament im Licht der Bibelkritik, 1958）等。存在主义神学以存在和人生为基点，把存在主义哲学与基督教信仰糅在一起，用来解释西方人们因社会危机而产生的焦虑、恐怖和绝望，因此在欧洲广为流传，不久就取代"危机神学"而居首位。蒂利希称"上帝即存在"，劝人们信仰上帝以获得"存在的基础"。布尔特曼则用"非神话化"（Entmythologisierung，英译为 Demythologization）的办法对《圣经》和基督教信仰做存在主义的解释，全面改造传统教义神学。麦克凯瑞则尽力澄清蒂利希对"存在"的神学解释中晦涩、模糊之点，以使存在主义神学通俗易懂、为人接受。

受新康德主义哲学影响，德国新教神学家奥托（R. Otto, 1869—1937）继而宣扬一种主观唯心主义的神秘直觉论。在其代表作《论神圣》（Das Heilige, 1917）中，他利用康德的先验范畴来阐述自己的理论，强调一种"神秘可畏又令人神往"（mysterium tremendum et fascinosum）的体验，认为一切宗教的核心都是一种神秘的主观经验，所有人通过内在的神秘感情都能把握这种经验。他的其他著作还包括《康德—弗里斯的宗教哲学》（Kantisch - Fries'sche Religionsphilosophie, 1909）、《东西方神秘主义》（Westöstliche Mystik, 1925）和《上帝之国与人子》（Reich Gottes und Menschensohn, 1934）等。

以德国新教神学家特尔慈（E. Troeltsch, 1865—1923）为首的基督教文化史派，则从文化史的角度来解释基督教和其他宗教。他著有《基督教的绝对性与宗教史》（Die Absolutheit des Christentums und die Religionsgeschichte, 1902）、《基督教会和团体的社会学说》（Die Sozialle-

hren der christlichen Kirchen und Gruppen，1912）和《历史主义及其问题》（*Der Historismus und seine Probleme*，1922）等著作，运用历史哲学方法来分析宗教信仰，主张用批判、对比和联系的原则进行宗教比较研究。他认为只能在人类精神和宗教发展的背景中来研究基督教，称基督教为西方文化中宗教发展的最高点。

英国神学家怀特海（A. Whitehead，1861—1947）按照现代过程哲学的模式，建立起一种过程神学（Process Thelogy）。在其《过程与实在》（*Process and Reality*，1927）等著作中，他批驳了传统神学中把上帝描述为不动的推动者这种理论，认为宇宙的发展过程需要有一个永恒实体，这一实体即上帝；上帝并不仅仅是与创世有关的实体，而是与整个世界过程有关；它是"创世主"、更是"救世主"。因此，他主张万有在神论，视上帝为现实世界的源泉、具体实在的根基。

第二次世界大战以后，欧洲出现了一种"激进的世俗神学"（Radical Secular Theology），也称"上帝已死"（death of God）派神学。其创始人是德国新教神学家朋谔斐尔（D. Bonhoeffer，1906—1945）。他在德国纳粹监狱里写成的《抵抗与服从：狱中信札》（*Widerstand und Ergebung：Briefe und Aufzeichnungen aus der Haft*，1951），在西方引起广泛的争论。他宣称，西方的基督教时代已经结束，社会的世俗化已使上帝"被遮掩"；上帝已不再在人们的抽象推理和神秘沉思中为人所知，"来世"的说教也不再使人感到兴趣。他认为，处于宗教时期以后的人们，已经抛弃了"机械之神"（Deus ex machina）的"权宜""应急"之拯救观，可以对《圣经》的观念做"非宗教的解释"（nichtreligiöse Interpretation）；基督教也可被视为俗世的，或"非宗教的"基督教。因此他主张从西方历史的发展和宗教的心理象征上来解释宗教，满足现代社会的需要，抛开天父的形象，把宗教变为世俗社会中人们主观上感到有价值的生活方式；这种宗教观从 20 世纪 60 年代起风行欧美，以致有人把 1945 年作为西方基督教时代与世俗化时代的分水岭。除了上述新教神学流派外，在当代欧洲基督教思想中较有影响的还有德国神学家牟特曼（J. Moltmann，1926—　）提出的"希望神学"（Theologie der Hoffnung，英译 Theology of Hope）。他著有《希望神学》（*Theologie der Hoffnung*，1964）、《被钉在十字架上的上帝》（*Der gekreuzigte Gott*，1972）、《三位一体与上帝之国》（*Trinität und Reich Gottes*，1980）、《创世中的上帝》（*Gott in der Schöpfung*，1985）和《来临中的上帝：基督教的终末论》（*Das Kommen Gottes：Christliche Eschatologie*，1995）等书，以"自由""未来"为其神学内容，认为在现代社会这一"末世"里有"希望"看到"神的应许"，力图用基督教来给予人们得救的希望。

另外，现代天主教也因西方的动荡而起了变化。其官方神学"新托马斯主义"（Neo‐Thomism）采取把宗教与科学相调和，神学与哲学相结合，信仰与理性相妥协，创世说与进化论相补充，本体论与存在论相统一的办法，重新构建传统神学，以达其理性服从信仰、科学服从宗教、哲学服从神学的传统目的。这一神学的主要代表是法国神学家马利坦（J. Maritain，1882—1973），著有《哲学概论》（*Introduction générale de philosophie*，1920）、《艺术与经院哲学》（*Art et Scolastique*，1920）、《论基督教哲学》（*De la philosophie chrétienne*，1933）、《完整的人道主义》（*Humanisme intégral*，1936）、《人的位格与社会》（*La personne humaine et la societé*，1939）、《人与国家》（*L'Homme et l'Etat*，1951）、《接近天主》（*Approches de Dieu*，1953）和《论基督的教会》（*De l'Eglise du Christ，La personne de l'Eglise et son personnel*，1970）等。此外，这一时期比较活跃的天主教思想家还有专门研究中世纪经院哲学的吉尔松（E. Gilon，1884—1978）和主张一种"进化论"神学思想的夏尔丹（中文名"德日进"，T. de Chardin，1881—1955）等人。

1962—1965 年天主教在教宗约翰二十三世（John XXIII）和保罗六世（Paul VI）先后主持下召开了第二次梵蒂冈大公会议。此后罗马教会改变了一些传统做法，不再提"教会之外无拯救"（Extra ecclesiam nulla salus）之说，而是以"开明""对话"的姿态现身于世，主张世界各宗教之间的"对话"与"和解"，其神学理论也相应而变。如波亨斯基（J. Bochenski，1902—1995）用实证主义来印证神学，拉纳尔（K. Rahner，1904—1984）则用存在主义来解释神学。20 世纪 70 年代后，有些"现代派""开明派"神学家的说教更是远远超出教会的樊篱，因而遭到了罗马教廷的指责。如1979年底教廷传讯荷兰神学家施莱毕克斯（E. Schillebeeckx, 1914— ），并停止瑞士著名神学家汉斯·孔（Hans Küng, 1928— ）讲授天主教神学的职务。因恐"革新"会乱其信仰，罗马教会进退两难。

欧洲近现代基督教思想的种种变化，尽管色彩缤纷，令人眼花缭乱，但究其根源，都来自欧洲资本主义社会的发展及其思想家的反应和应对。特别是自20世纪以来，其思想理论的多元化已不可扭转。纵观基督教思想这几百年来的风云变幻，有助于我们研究、了解西方资本主义社会的兴衰变迁。

（本文原载《世界宗教资料》1983年第2期，文中有相关补充。）

第十七章

帕斯卡尔的思想研究

欧洲近代理性精神以笛卡尔为首创，由此形成了理性时代的宗教观。然而，这种理性主义的发展并非一帆风顺、畅通无阻，当时在法国内部就遇到了巨大挑战。其中，向理性主义挑战的最著名思想家即与笛卡尔同时代的法国科学家、思想家和散文大师帕斯卡尔。

帕斯卡尔（Blaise Pascal）于1623年6月19日出生在法国克勒蒙市的一个贵族家庭，其父为当地政府官员。帕斯卡尔3岁丧母，1631年时随父移居巴黎，并在父亲的教育下对数学产生浓厚兴趣，1635年时就发现了欧几里得第32命题，还写有"论声音"的文章；1639年他随父参加巴黎数学和物理学界的活动，并写有数学论文《论圆锥曲线》，提出六边形定理，1640年已形成其关于射影几何的帕斯卡尔定理。他见父亲累于税务计算，遂潜心构设计算器，并于1642—1644年间创制了世界史上的首架机械计算器，引起轰动。1643年他在巴黎与笛卡尔首次相会，对其科学研究和哲学思想获得初步了解。他于1646年随全家一起转向不受天主教官方教会认可的冉森派；1646—1647年，他在巴黎等地进行系列大气压实验，发表《有关真空的新试验》等论文，并与笛卡尔两次碰面；1649年全家因参加过投石党活动而回家乡避难；1650年他重新到巴黎继续其学术活动；1651年其父去世，他为此而写有《关于死亡的沉思》（*Méditation sur la mort*）；1651—1654年他曾开展涉及液体平衡及空气重量的研究，此间他还提出二项式展开的系数的三角形排列法即帕斯卡尔三角形,并受默蕾启发而得以构设其概率论。此外,他还提出连通器原理、水压、压强等理论,有力推动了液体静力学的发展。

1654年11月23日帕斯卡尔经历了其人生极为关键的"火之夜"。据传那一日的白天他在巴黎遇险,所乘马车坠入塞纳河导致两匹拉车之马摔死,他却奇迹般地生还。于是那晚他在阅读《圣经新约》《约翰福音》第17章时突然出现幻觉,似乎看见了上帝,全身觉得被火燃烧,陷入心醉神迷之状,他也好像得到神启充满灵感,随即拿起身边的纸来奋笔疾书,写下了他的"追思"(后收录于Mémorial)。他把这张纸缝在其上衣的衬里,直到他去世以后才被发现。而这张纸上所记录的内容包括后来成为反映帕斯卡尔信仰激情的经典之句:"火!亚伯拉罕的上帝,以撒的上帝,雅各的上帝,不是哲学家和学者的上帝;确信、确信、情感、欢乐、和平,耶稣基督的上帝。我的上帝和你的上帝。'你的上帝将是我的上帝',除了上帝忘记世界、忘记一切。他仅仅通过福音书的教导被发现,人的灵魂的伟大。正直的天父,世界尚未知你,但我知道你,欢乐、欢乐、欢乐、欢乐的眼泪……"[①] 这一经历对他触动很大,不久他就于1655年1月初到他妹妹出家的波·罗雅尔(Port-Royal)修道院小住,寻找一种独特的灵性体验,而这一灵修生活的交流也对其后期思想产生了重要影响。

帕斯卡尔不仅在科学上多有创见和发明,在人文、哲学和宗教领域也很有建树,他早在1653年前后就写有《爱的情欲论》;而在他与耶稣会论战、替冉森派辩护时,则于1656年开始写辩论书信,至1657年就已完成了18封《致外省人信札》的撰稿;此外,他还写有许多哲学、神学断想等,广为流传。帕斯卡尔是一个虔诚的天主教徒,曾于1654年接受第二次洗礼,他倾向于天主教内冉森派的思想观念,对1656年罗马教宗批评冉森派的谴责颇抱不平,故而奋笔疾书,为冉森

[①] 何怀宏:《生命的沉思——帕斯卡尔漫述》,中国文联出版公司1988年版,第21—22页。

派辩解，并对耶稣会的见解和作为加以批判。帕斯卡尔体弱多病，超负荷的工作使他英年早逝，于1662年8月19日在巴黎去世。

帕斯卡尔除了写有大量科学论文之外，人文领域的著述还有《回忆录》（Mémorial，1655）、《致外省人信札》（Lettres provinciales，1656—1657）、《为基督教辩护》（Apologie de la religion chrétienne，1658）等；其最为著名的作品是后人整理出版的他的思想记录，题为《思想录》（Pensées，主要自1655年以来写于波·罗雅尔修道院，在他生前未完成，最早为1670年出版的缩减版，题为《宗教思想录》Pensées sur la religion），其深邃的思想、秀逸的文句，成为法国散文的重要范本之一。

在西方思想史上一直有两条主线在流传，一为突出理性，二为注重情感，二者或相互交织、或彼此分开，形成其思想史的复杂多变。理性之线体现其推演的逻辑、严谨、缜密，着重在头脑思考；情感之线则表现为性情的随意、浪漫、激荡，沉醉于心灵感受。在对以往基督教思想传统的继承中，奥古斯丁以其《忏悔录》等著述而展示出情感的魅力，托马斯则以《神学大全》等关于上帝存在的证明而体现出理性的重要；而在欧洲近代哲学史的早期发展上，可以两位法国思想家即笛卡尔和帕斯卡尔作为这两条思想主线的代表。笛卡尔坚持理性精神，强调"思"之确切、以思作为存在之依，并且想继续借助于理性来论证思想逻辑精神的意义。而帕斯卡尔则与其针锋相对，提出一种与唯理论迥异、或者说超越理性的"优雅精神"（Esprit de finesse，亦译"微妙精神"）。帕斯卡尔强调的是人心的灵感和激情，以此而认为心灵有着自己的"理性"即"心之理智"，它与理性哲学的认知根本不同，而有着深蕴的心理体验和超然的灵性感受，这对于理性原理而言乃是一种超出言述、无法解释的"奥秘"。为此，帕斯卡尔说，"人心有其理智，那是理智所根本不认识的"，"感受到上帝的乃是人心，而非理智。而这就是信仰：上帝是人心可感受的，而非理智可感受的"。[1]

---

[1]　[法]帕斯卡尔：《思想录》，何兆武译，商务印书馆1987年版，第130页。

这样，帕斯卡尔就从其"优雅精神"走向了信仰精神，从心之理性回到了神秘主义。在他看来，这种"心的哲学"与理性哲学完全不在一个层面，其精神、境界也各不相同。帕斯卡尔在一个让其心醉神迷的神秘夜晚曾体验到信仰给他带来的火一般的激情，他当时写下了那不同寻常的感想，并将之藏于其贴身衣服上好与之相随。这种神秘体验在基督教传统中至少有奥古斯丁、帕斯卡尔和托尔斯泰等著名人物曾有描述，其对他们人生的改变起到了巨大作用。帕斯卡尔曾引证奥古斯丁关于奇迹之论而如此表述说："对此我将告诉您圣奥古斯丁一句很美的话，而且对某些人是很有安慰的，他说的是：'那些真正看见奇迹的人，奇迹给他们带来好处'，因为如果人们不从奇迹得益就看不到奇迹"。[①] 但对这种灵性体验的判断也引起了数百年之久的争论，直至当代还有不少哲学家、宗教学家，甚至科学家在对之评议、质疑或确认、发挥。

与安瑟伦、阿奎那、笛卡尔等人关于上帝存在而竭力进行的理性证明不同，帕斯卡尔主张"信仰之赌"，认为人对待信仰就不能平稳地等靠理性的推导、论证，而必须有打赌的勇气。他甚至以其研究或然性的概率论作为其"信仰之赌"的依据，而反对用推理来证明真理存在之必然性的逻辑论。这样，理性的魅力和功效在信仰问题上就打了折扣，他让人感到神秘主义在西方思想发展上的巨大影响，亦让人感叹理性并不能确证信仰，因为通常在人们遇到"信仰的跳跃"时则难以理喻。

就在近代欧洲重新突出理性的权威，进入"理性时代"之际，帕斯卡尔却体现出一种"保守"，并更多地继承了奥古斯丁的思想传统，他好像无视非"人性"的理性，形成所谓的"心""脑"之对，故而强调"心之理性""心的哲学"。在他看来，虽然理性是客观推论的必然，逻辑思维过程的惯性会给人一种确证，但这些毕竟是客观、外在的辩证演进，而情感则会更多地回归主体的思想，体现自我的尊严。因

---

① [法] 莫里亚克：《帕斯卡尔（文选）》，尘若、何怀宏译，生活·读书·新知三联书店 1991 年版，第 32 页。

此，不能无视"人"的存在，更不能忘了人的"主体性"、人的"主观意识"。在他所存在的时代，除了世俗的政治权威在不断加强之外，天主教会的宗教权威一如既往仍在施压，这是他所坚决抵制、反抗的。他的身体虽然多病羸弱，后来还英年早逝，但他却竭力为人的尊严呐喊，不顾一切地捍卫人的思想独立。

帕斯卡尔最为引起世界对之关注、也最能打动人的，就是他关于人、人的思想、人的精神之论。奥古斯丁曾感慨人之生存的奇特，并在《上帝之城》第 21 卷第 10 章中指出人之这种精神与肉体相结合的方式是人本身所无法理解的，但这恰恰就是人生的存在及其意义。① 帕斯卡尔则在继续着这种思索，体悟着人生的意义。他承认人只不过是"一根芦苇"，甚至在自然界也是最为脆弱的，随时都会遭到灭顶之灾，一不留神就会失去生命；但是，人又是"一根会思考的芦苇"，而恰恰是这种"思考""思想""精神"，才使得弱不禁风的人获得"真正的伟大"；或许一口气、一滴水都足以让人死亡，但人能够知道自己会死亡，以及宇宙强于人的优势，而宇宙对之却毫无所知，仅此人就远比宇宙高贵；宇宙可以其空间囊括并吞没人，但人则以思想而囊括了宇宙。② 因此，他强调人的尊严就完全建立在这种人的独立思考之上；而且，可以让人努力地去"好好思考"，这才是"道德的准则"！显然，这是一种"奢望"；而对孤立独行的思想者而言，如果不使之成为"奢望"、且硬要让其成为"真实"，则有可能为之失去自由甚至付出生命的代价。而历史的悲剧则是，尽管已有不少人为之献身，这种"思想"的"自由"、"思想"的"尊严"却仍然没能成为"现实"或"真实"，

---

① 王晓朝的译文："按照一种不同的结合方式，身体与灵魂联系在一起，成为生灵，这种方式是极为神奇的，是人无法理解的，人本身就是以这种方式造就的"[[古罗马] 奥古斯丁：《上帝之城》（下册），香港，道风书社 2004 年版，第 267 页]。吴飞的译文："身体与灵结合，成为有灵魂的生灵，这是不同的方式，完全是神奇的，人不能理解。而人自身就是这样被造的"[[古罗马] 奥古斯丁：《上帝之城：驳异教徒》（下），上海三联书店 2009 年版，第 251 页]。

② 参见 [法] 帕斯卡尔著《思想录》，何兆武译，第 158 页。

更没有成为社会所公认的"道德的准则"。不过，人会沉默，但思想精神仍存；为了"肉体"的暂存，人会选择沉默；而人的"精神"却不会甘心和安身，故而导致"灵与肉"的不断矛盾和斗争；由此也使人陷入困境，苦苦思索"人是什么"而不得解答。人类就一直在这种人之自我究竟是"一切"还是"虚无"的纠结中存在和发展。帕斯卡尔接着一千多年前奥古斯丁的思考而继续思索，感叹"人对于自己，就是自然界中最奇妙的对象；因为他不能思议什么是肉体，更不能思议什么是精神，而最为不能思议的则莫过于一个肉体居然能和一个精神结合在一起。这就是他那困难的极峰，然而这就正是他自身的生存"。[①] 这是帕斯卡尔的问题，也是整个人类的问题，而人类带着帕斯卡尔之问还会继续疑问、并存在下去。

（原载卓新平著《西哲剪影》，中国社会科学出版社 2011 年版，本文有较多补充。）

[①] ［法］帕斯卡尔：《思想录》，何兆武译，第 36 页。

第十八章

纽曼的思想研究

19世纪是西方基督教发展颇为曲折反复的时代,在宗教改革发展的大潮中,新教各派的影响迅速扩大,天主教会出现了发展上的种种危机。不过,这一时期在英国因宗教改革而形成的英国国教会中,却兴起了"牛津运动"（Oxford Movement）及随后的"安立甘公教运动"（Anglican Catholicism）,形成了一种新教教会人士向天主教信仰反弹,甚至一些重要人物重新皈依天主教的现象。其中即以纽曼（John Henry Newmann）为典型代表。自1833年始在牛津大学任职的纽曼等人陆续在《时代书册》（*Tracts for the Times*）上发表文章,号召复兴早期教会传统、改变现有礼仪,主张在罗马天主教与新教之间建立一条中间路线,此即教会史上著名的"书册派运动"（Tractarian Movement）。这一运动对英国国教会带来了震动和分裂,而其运动的主要代表人物纽曼则改信了天主教。对这一教会历史进程的追溯,故使纽曼进入了我们的研究视域。

纽曼于1801年2月21日出生在伦敦,其父为具有宗教自由主义立场的伦敦银行家,其母祖籍属法国,因其家庭为法国新教胡格诺派（Huguenots）遭到排挤而迁往英国。他们全家虽归属于英国国教会,却并非虔诚信徒。纽曼从小已开始了"圣经宗教"的学习,就读于伊林的私立学校,1816年秋纽曼开始在其宗教信仰上持比较认真和执着的态度,随后他入牛津大学三一学院读书,在此较多地接触到自由主义思潮，并注意到安立甘宗神学家巴特勒（Joseph Butler）的思想，产生出对基督教创教时早期教会的浓厚兴趣。1821 年他决定就任安立甘教会神职，1824 年成为其执事，1825 年担任牧师。1826 年他就任牛津大学奥里尔学院学术指导教师，1828 年担任牛津大学圣马利亚教堂副牧师，此间其"大学讲道"（University Sermons）使之一举成名，成为当地的公众人士。此外，他亦开始系统研究古代东方教会，并认为安立甘教会应该与古代教会这一传统一脉相承。其研究使他更为清楚地意识到安立甘教会作为在新教之国家教会与天主教灵性传统之间的妥协而具有的张力和困惑。1832 年他与其天主教朋友弗劳德（Hurrell Froude）一道去地中海旅行，由此亦加深了他对天主教的了解，并促使他产生推动安立甘教会革新的意图。

自 1833 年开始，纽曼等人发起"牛津运动"，组织会社、出版《时代书册》刊物，主张英国国教会应该恢复早期教会的纪律和礼仪仪式，这意味着他放弃了早年曾影响过他的"宗教自由主义"，而旨在一种向天主教信仰传统的回归。1841 年其关于《三十九条信纲》的论述在英国引起轩然大波，遭到英国国教会主教们和牛津大学人员的抗议，这使他对其教会的革新感到失望，由此也觉得自己在英国国教会中的使命已经结束。1843 年他宣布辞去在英国国教会中的所有任职，此后进而认为罗马天主教会乃体现出教会的本真根源及大公传统的延续，是其信仰标准和合法发展，结果于 1845 年 10 月 8 日转宗改信天主教。他在天主教会中积极推动在俗司铎团体"奥拉托利会"（Oratorium of Philipp Neri）①的活动，帮助建立相关活动堂点并组织活动。1847 年他被教宗庇护九世（Pius IX）授任天主教神职。以其信仰转宗的经历，纽曼也曾呼吁消除英国国教会与天主教之间的误解，走向一种相互对话与沟通。

自 1846 年起，教宗庇护九世希望纽曼能够在爱尔兰首都都柏林帮助建立一所天主教大学并担任其校长，对此，纽曼有着很多想法和计

---

① 1564 年由圣奈利（St. Philipp Neri，1515—1595）在罗马创立的在俗司铎团体。

划,如想把大学办成来自世界,并向世界开放,能够适应现实社会需求的高等教育机构,而不是办成修道院或神学院,而大学教授除了神学院之外也应该由平信徒学者来担任;但其想法从一开始就与爱尔兰大主教库伦(Cullen)的构设相悖,库伦希望将之办成一个服从天主教教义、受天主教会管理的纯天主教大学,甚至大学教授的聘任也必须由教会来决定。尽管有这些分歧,都柏林大学于1854年11月仍得以建立,而且其医学院和自然科学学院不久即世界闻名;当然,为了与教会协调,他也同时建立了一个大学天主教教堂和学生宿舍。但由于与当地教会上层的矛盾不能彻底解决,纽曼深感难以维系其日常工作,遂于1858年离开都柏林回到英国伯明翰。该大学也于1882年与爱尔兰皇家大学合并。

纽曼回到英国后的日子并不顺心,被视为其"悲哀时日"(sad days)。他先后创办过私立学校,教授古典语言以及英译《圣经》,却都成效甚微。1864年时曾有著名作家金斯利(Charles Kingsley)撰文指责纽曼,为此纽曼花了七个星期写了其名篇《为自己生活辩护》加以回应,引起了极大反响。在1869年第一届梵蒂冈公会议召开之前,纽曼拒绝了让他出席的邀请,其表面理由为他并非教会官方神学家,但实际上是他并不同意当时天主教会有关教宗"首席地位"之绝对优先和教宗"永无谬误"的宣称,而是希望能有一个更加开明、与时俱进的教会。1877年,纽曼被牛津大学三一学院授予荣誉研究员头衔;1879年,他又被教宗利奥十三世(Leo XIII)任命为枢机主教。纽曼于1890年8月11日去世。[1]

纽曼的主要著作包括:

《4世纪的阿里乌派》(*The Arians of the Fourth Century*),写于1833年前后。

《关于先知职能的演讲》(*Lectures on the Prophetical Office*),写于

---

[1] 关于纽曼生平内容参见[德]弗里斯、[德]克里齐马主编《神学经典人物》(第2卷)(Heinrich Fries, Georg Kretschmar hrsg., *Klassiker der Theologie*, Bd. 2, Verlage C. H. Beck, München, 1983),第151—173页。

1837 年前后。

《关于称义的演讲》（Lectures on Justification），写于 1838 年前后。

《关于〈三十九条信纲〉某些段落的评论》（Remarks on Certain Passages in the Thirty Nine Article），写于 1841 年前后。

《关于宗教信仰理论的布道》（Sermons, on the Theory of Religious Belief），写于 1843 年前后。

《基督教教义发展文论》（An Essay on the Development of Christian Doctrine），写于 1845 年前后。

《大学的理念》（The Idea of a University），写于 1852 年前后。

《关于大学教育本质及范围的讲演》（Discourses on the Nature and Scope of University Education），写于 1852 年前后。

《为自己生活辩护》（Apologia pro Vita Sua），写于 1864 年前后。

《信仰的逻辑》（An Essay in Aid of a Grammar of Assent），写于 1870 年前后。

《致诺福克公爵信》（Letter Addressed to the Duke of Norfolk），写于 1875 年左右。

纽曼并不是一个系统神学家，其思想主要是因为推动"牛津运动"而出名；他希望能够在英国国教会中推动改革，去除自由主义的影响，回到教会最早所持守的传统，但这一运动遭到英国政界、教界和学界的强烈抵制，被斥之为"罗马主义派"和"教宗的袭击"。这一结果使纽曼大为失望，并导致他最终退出英国国教会而改宗天主教。这种"改宗"在基督教信仰问题上以及在基督新教与天主教的关系上都带来了复杂后果。本来，纽曼是希望自己所属的教会更为纯洁、更加完善，乃是抱着一种求其"更好"的期盼来推动革新的，但当事与愿违之时，他对自己所属的教会信仰心生失望并导致其离弃原有信仰的结果。这使人们对究竟什么代表基督信仰产生疑问和思考。其实，这是基督教自创教以来一直都没有解决的问题。2 世纪时基督教早期教会就曾出现孟他努派，该派认为主流教会因为腐败而失去真传，故另立门户，当时甚至著名教父学者德尔图良都受其影响而归之其内，但这一教派却被教会官方定为异端。

此后，基督教会中就"异端"不断，而16世纪欧洲宗教改革就是因为被罗马教廷斥为异端而导致基督教新教各派的诞生及独立发展。这样，遂不时有人包括社会名人及教会神学家发生"改宗"事件，既有从天主教改宗新教的，也有从新教改宗天主教的。这种"改宗"有时也会被指责为"叛教"，即"背离"或"放弃"了"信仰"。事实上，纽曼也面对着这种指责。为此，他对自己的行为进行了"辩护"，对其所理解的"信仰"加以了说明。在他看来，基督教信仰就是其最"原初"的信仰表述及教会传统，这是信仰者所必须持守的；然而，教会本身在其历史发展中却出现了嬗变，失去了其信仰"真传"，故此才会不断发生"改宗"事件，而这并不就代表着对其"信仰"的叛离，实乃回归本真信仰的努力。因此，教会不可将自身现存就理所当然地视为基督教信仰本身，而必须不断自我反省、自我革新，防止自身脱离这一信仰传统。

基于其现实经历，纽曼在神学思想上并不强调教义信条或教会戒律，而主张对教会存在本身加以现实的、批判性的审视和反思。所以，他认为，信仰真理不是形成文件的教条、规矩，也不是政治权力或教会权威的干涉、伸腿；无论教义或条文上多么完美，也必须经历现实的检验；只有现实存在才是最为真实的，是人们评价、检验之基。为此，他相信真理就是具体的事实，真理就是历史的见证。这样，信仰并不需要外在的权威，而在人自身，在于自我本身；对于信仰来说，人与上帝就足够了。这里，纽曼有自己的神学人类学之经典表述："我相信上帝，因为我相信自己本身。"[1] 谈论上帝就是谈论人之自我，因为这一信仰是人的信仰，即人的发现、人的选择、人的持守。在信仰的实现中，其永恒性也就在人本身得以体现。由此，在基督教思想发展上，纽曼突出了对人之自我的认知，要求人本身的觉悟。信仰不是对外在权威或对固定条文的信仰，而应展示出人本身的体悟和坚持。

---

[1] ［德］弗里斯、［德］克里齐马主编《神学经典人物》（第2卷）（Heinrich Fries, Georg Kretschmar hrsg., *Klassiker der Theologie*, Bd. 2, Verlage C. H. Beck, München, 1983），第171页。

第十九章

克尔凯郭尔的思想研究

西方哲学从苏格拉底到笛卡尔，基本上走的是从"我知""我疑""我欲""我思"到意识"我在"这一主体思辨主义的进路，把人的思考、思想放在首位。这种"我思故我在"的定式在西方思想从近代到现代的转型中被置疑和颠覆。丹麦哲学家克尔凯郭尔（Søren Kierkegaard，中译名亦有"基尔凯郭尔"等）在其思想体系中实际上提出了"我在故我思"的基本想法，即以人的存在为根基和认知的出发点，从而形成了与思辨主义对峙的生存主义思想体系。为此，克尔凯郭尔也有了"丹麦的苏格拉底""当代存在主义之父"的称号。

克尔凯郭尔于1813年5月5日出生在哥本哈根的一个富商家庭，1821年入当地"公民美德学校"接受教育，1830年毕业后于同年10月30日入哥本哈根大学神学系学习。他于1840年7月3日以《论反讽的概念》论文获得神学博士学位，此间于9月10日与雷吉娜·奥尔森（Regine Olsen，1822—1904）有过婚约，但1841年10月11日其与之解除婚约，这一不幸的结局，使克尔凯郭尔从此以一种悲情来激励自己埋头写作，结果产生多产高速之效。1841年10月25日他去德国柏林，此年11月至1842年2月曾听过谢林（Schelling）的讲课。此后，他又于1843年、1845年和1846年多次旅行柏林。1855年11月11日，克尔凯郭尔在哥本哈根去世。

克尔凯郭尔在短短的一生中写过约40部著作，其主要著作包括：

《论反讽的概念》（英译本 On the Concept of Irony），为其学位论文，于 1841 年出版。

《非此即彼》（英译本 Either - Or），写于 1843 年前后。

《忧惧的概念》（英译本 The Concept of Anxiety），写于 1844 年前后。

《恐惧与战栗》（Begrebet Angest，英译本 Fear and Trembling），写于 1843 年前后。

《哲学片断》（Philosophiske Smuler，英译本 Philosophical Fragments），写于 1844 年前后。

《最后的、非科学性附言》（英译本 Concluding Unscientific Postscript），写于 1846 年前后。

《爱的作为》（英译本 Works of Love），写于 1847 年前后。

《致死的疾病》（英译本 The Sickness unto Death），写于 1849 年前后。

《基督教的训练》（Indövelse i Christendom，英译本 Training in Christianity 或 Practice in Christianity），写于 1850 年前后。

《对基督教世界的抨击》（英译本 Attack Upon Christendom），写于 1854 年前后。

《瞬间》（英译本 The Moment），写于 1855 年前后。

《书信文档》（Breve og aktstykker），写于 1855 年前后等。

此外，其《启示性训导文》《反复》《人生道路各阶段》《基督徒的激情》《基督教训导文》等作品也有一定影响。而其兄也帮助整理出版了他的《作为一个作者的观念》《判断你自己》等遗著。

从反对黑格尔的思辨哲学及形而上学体系出发，克尔凯郭尔走向了现代哲学，并重新开始深层次的宗教沉思。他指责黑格尔的"大全"体系在其抽象整体中扼杀了活生生的个人"存在"，忘掉了最基本的"生存"意义。因此，这种貌似完美的整全体系却解决不了人的"生存"问题。于是，克尔凯郭尔潜心于对"存在"的研究，探讨"存在"与"本质""理想之在"与"实际之在"的关系，强调各自的不同及区分。他把"生存"看作"一场斗争"，认为这一斗争乃自我矛盾的展开，却会永无止境，其原因就在于生存反映出无限与有限、永恒与瞬间之张力，二者之间会有着本质的矛盾和斗争。对这种持久性、永恒性生存斗争，克尔凯郭尔表露出一种强烈的"悲剧意识"。

克尔凯郭尔的思想反映出对19世纪西方社会危机初露时的神经质和忧郁感，他觉得人类社会发展已经患上了"致死的疾病"，希望能以一种灵性复兴来得到解脱。为此，他把人的"存在"分成三个发展阶段，类似人类向天国的天路历程。其一为审美阶段，在此人们体验到直观、怀疑和绝望这三种境遇，这一阶段因世人易于追求肉欲、快感而导致腐败、堕落，结果人只能抓住"瞬间"，留意于"此时此刻"的享乐，只求"一朝拥有"而不计后果。但人一旦陷入危机和苦难，却会充满恐惧、战栗不止。审美阶段为人的感性直观之表现，难免冲动和肤浅。其二为伦理阶段，此时人们会感到其道德责任，遵循社会道德原则，有着相应的义务感和使命感。这一时期的人能够做到扬善弃恶，有着理性智慧。但这种伦理观照也会以一种集体感、普遍性而掩盖个人的独特性和自我意识，而对人生的深蕴悟之不透，观之不明，只能靠"选择你自己"的勇行义为，而不论是否能获得"冰河水下的珍珠"都敢作"信仰的跳跃"，寄希望于人为天成。当然，在此人们则可进入其第三阶段即宗教阶段。由于宗教之人以超脱、超越境界而摆脱了世俗的束缚，只求心向上帝而能够超凡脱俗，所以可以走向神圣，达成神人相遇。在此，自我与神圣的结合而回到其本真。"如果人的四周一片寂静，庄严得像明星闪烁的夜晚，如果灵魂在整个世界上形单影只，那么灵魂所面对的就不是完美的人，而是永恒力量本身；仿佛天国敞开了，自我选择了自己，或者不如说，自我接受了自己。灵魂看到了至高者，而这是非永生的肉眼所看不到的，也是永远不会忘怀的，人接受了封爵，被封以永恒。人不再像以前那样是另一个人，而是成为了自身。……因为伟大并不是指成为这个或成为那个，而是指成为自己。"[①]

[①] [丹麦]克尔凯郭尔：《基督徒的激情》，鲁路译，中央编译出版社1999年版，第175页。

人在对自我及世界的探究中，往往会失去自我，如中世纪经院哲学的典型特征就是借助于理性的竭力外求，故而才有关于上帝存在的各种理性证明。但这种进路也一直遭到反抗，超越的绝对太遥远，根本无法企及，且实质上与我无关，而回到内在自我则只需"蓦然回首"；因此，中世纪是采用了神秘主义的反抗形式来把外观变为内探，而近代以来则是以"主体"内省、回到自我来表达这种意向。当外在的一切都不确定、存有疑问时，那就回到自我吧！"上帝""天国""永恒"之伟大仅有象征性而无现实性，因此，真正的伟大就是指"成为自己"。

克尔凯郭尔在19世纪下半叶有关人生"存在"的思考及其宗教关联，不仅影响到20世纪西方存在主义哲学，而且也推动了20世纪西方存在主义神学的兴起及发展。"文艺复兴"以来，西方精神突出"人的发现"；而真正关注到并了解人，克尔凯郭尔则认为更需要弄清"人的存在"。

（原载卓新平著《西哲剪影》，中国社会科学出版社2011年版，本文有补充。）

第二十章

当代西方基督教思想研究

自20世纪以来，西方基督教思想研究以其多元发展和活跃之姿而形成广远影响，其与西方人文、社会科学其他学科的交织互渗亦更为复杂和深入。这种宗教思想与社会存在及其文化思潮的普遍关联，则需要我们从宏观上对之加以一种整体性描述和分析。为此，这里尝试就当代基督教思想中的生存论关切、过程思想、"人学"新论、理解与诠释、神学美学、对"基督教哲学"之回归、后现代神学和普世对话等发展，加以突出重点地简要阐述。

基督教思想研究在西方人文学术领域占有很大比重，其历史传统悠久，学术成果颇丰。本来基督教思想研究按其传统纯属神学研究的范畴，拥有明确的基督教信仰前提，而其他学科在历史上只是作为服务于神学的"辅助学科"而得以合法存在；但随着19世纪西方宗教学的兴起，神学与宗教学亦逐渐形成了交融互渗的局面，神学从最初对宗教学的排拒而逐渐改为相对包容，而宗教学则突破神学的信仰前提而使之嬗变于涵容其他宗教信仰者或无宗教信仰者共同研究的"世界神学"，故此其研究方法和主题相互影响、彼此渗透，从而在许多方面使神学与宗教学的界限模糊，神学论题已超出了其传统学科之限，表现为宗教哲学、宗教伦理和宗教社会学等意向。因此，当代西方基督教思想研究虽仍以神学领域为主，却不再为其单独所涵盖，而成为神学、宗教学、哲学、历史学、社会学等领域所共同关心的论题。

当代西方基督教思想研究与传统神学不同，最主要表现在两个方面：其一，基督教思想研究具有跨学科的特征，不再是囿于基督教范围之内"唯独教会""唯独信仰"的内涵式探究，而为一种比较性、对照性"科际整合"之研究，其思想内容已成为多门学科所研究的对象，而不再为单一的神学话语；其二，基督教思想研究不再是经院哲学式的研究，即不再就神学而论神学、眼光单一、乐此失彼，而是与当代社会及其文化思潮的脉络神髓紧密相连，尤其与基督教在当代社会的跌宕起伏、发展变迁融为一体。这样，当代西方基督教思想研究给人一种能动感和现实感，展示出时代发展的变化和社会前进的跳动，成为反映时局动荡和学术变迁的晴雨表，其中许多理论因其独特性和前沿性而代表着时代思潮和学科发展的新动向、新趋势，影响到西方整个哲学社会科学的格局和关注。为此，有必要对20世纪以来西方基督教思想研究及其发展做一粗线条的速描。

一　生存论关切

自20世纪初，存在主义哲学是当代西方思想发展中的重要潮流，在西方当代哲学图景中占有很大比重。而其兴起则离不开西方基督教会的生存论关切，由此而有存在主义哲学与存在主义神学的复杂交织和互渗。而且，西方存在主义哲学的代表人物大多为基督徒，尤其是德国存在主义思想家海德格尔（Martin Heidegger）本人在其精神历程上就曾有过从哲学沉思到信仰期盼的转向。海德格尔对基督教存在主义的产生起过直接作用，可以说他促成了存在主义哲学与存在主义神学的同步发展及其有机共构。当代西方基督教的存在主义思潮以布尔特曼（Rudolf Buhmann）、蒂利希（Paul Tillich）和麦奎利（John Macquarrie）等人为主要代表。布尔特曼曾是海德格尔的同事，两人早年曾共同执教于德国马堡大学，在1923—1928年交往颇深，互有启发和促动。在海德格尔存在主义哲学构思的影响下，布尔特曼从其生存论关切出发，结合历史神学和哲理神学从而开创了一种生存神学，开始了基督教存在主义思潮的体系化。布尔特曼从海德格尔"自我能存在"（selbstseinkönnen）之意义上来体会"生存"，以历史性、时间性、抉择性和未来性地"去存在"作为人之生存的基本条件，认为社会的机构化会使人失去自我，因此，人之机构化的存在乃是非本质的，"一旦相互关系乃通过机构来确立，那种对存在人与人之间的结盟的信仰就会消失"。① 在其神学体系构筑中，他强调现代基督教思想应如椭圆体那样形成两个焦点：上帝和自我本真。而这一自我本真正是人的"生存"，对此了解则需打破过往的思路，应该采取"去神话化"的方法。为此，他从"上帝与生存"关系方面提出了"对基督教传统的生存论解释"，发展出颇具现代意识的圣经解经学和神学诠释学。

蒂利希关于人的生存处境和终极关切之论已脍炙人口，受到普遍关注。他认为现代基督教的理论重构和神学沉思必须面对人的生存处境，意识到人的存在危机和焦虑，由此而发掘人的存在意义和勇气，展示人的精神关切的迫切性和终极性。在经历了两次世界大战的浩劫之后，他深感现代人处于一种"非在"之中，经受着与其本质存在的疏离和异化。所谓"异化"在他看来即人与"存在"的分裂，人由此疏远了其存在的基础，脱离了人生的本源和目的，失去了其自我本真，而这正是《圣经》关于"犯罪""堕落"的存在论意义。但他进而指出，处于"非在"这种绝望之境的人，亦可深刻体会到最真实的存在，因为绝境使人在心灵深处和精神渊源中全力寻找永恒生命的存在，这种"置之死地而后生"能让绝望变希望、由怀疑到确信，即找到人之生存所依据的本真"存在"。在此，"生存"也会从人体验的"非在"与虚无中站出来，追求这种"新的存在"。基于这种思考，蒂利希强调人之生存应具有厚重和深度，即将人之存在意义及其精神关注"从日常生活的尘嚣和世俗琐事的嘈杂中显露出来"②。在他看来，人对自身存在及意义的关切属于终极的、

---

① ［德］布尔特曼：《信仰与理解》（第2卷）（Rudolf Buhmann, *Glauben und Verstehen*, Bd. 2, Mohr Tübingen, 1958），第286页。

② ［美］保罗·蒂利希：《文化神学》，陈新权、王平译，工人出版社1988年版，第9页。

无条件的、整体的和无限的关切范畴，表现出一种"宗教"的维度和精神。于是，他提出了"宗教是人的终极关切"之说，从生存论的角度阐述了宗教信仰在人类生活中的内在性和普泛性。根据存在主义的理解，蒂利希还尝试了现代哲学与神学的沟通。他认为人对存在的询问乃是哲学和神学关注的共同主题，哲学涉及"存在的自在结构"，而神学则关涉"存在对我们的意义"，实有互补与共构之效；而作为哲学中心的本体论亦与作为神学中心的上帝论异曲同工、不谋而合，因为"若无揭示本体论问题的哲学，基督教神学则无法向那些想了解在什么意义上可以说确有上帝的人解释上帝的存在"。[①] 针对17世纪法国思想家帕斯卡尔（Blaise Pascal）关于宗教与哲学迥异之叹，蒂利希作出了积极的回应："与帕斯卡尔相反，我宣称，亚伯拉罕、以撒和雅各的上帝与哲学家的上帝是同一个上帝。"[②] 在蒂利希看来，哲学并非不食人间烟火的抽象之思，而乃触及人的生存之底的现实关切，当然与个我密切相关。蒂利希的理论代表着当代基督教存在主义思想发展的高峰，他以存在主义的思维方式和特有术语而完成了其神学体系的方法变更和话语转换，以其全新的系统神学阐述了基督教对当代人类生存问题的问答，故有当代"神学大师"之誉。

麦奎利则为当代存在主义哲学和神学的著名诠释者。为了对存在主义有系统而深入的了解，他与美国哲学家罗宾逊（Edward Robinson）一道将海德格尔的《存在与时间》译成英文出版，有力地促进了海德格尔存在主义思想在英语世界的传播。他对海德格尔、布尔特曼等人亦有匠心独运的研究。麦奎利认为，存在主义给神学接近当代思想提供了可能和路径，有利于神学与哲学的合作、理性与信仰的协调。他关注存在主义对当代神学重构所具有的意义及价值，并受其启迪而创立了自己的系统神学体系和研究方法，提出了一种"生存论—本体论"的神学

---

① ［美］保罗·蒂利希：《圣经宗教与关于存在的问题》，《蒂利希文集》（第5卷）(Paul Tillich, *Gesammelte Werke*, Bd. 5, Evangelisches Verlagswerk, Stuttgart, 1959)，第182页。
② 同上书，第184页。

理论，主张用"参与存在"的思辨之探来回答人们的信仰问题。与上述基督教存在主义思想家相似，麦奎利也从其对"存在"意义的领会中体悟人类宗教和信仰共容、共存的希望，并借此理解来寻求一种超越基督教会本身的宗教普遍对话。

二 过程思想

当代西方哲学与基督教神学珠联璧合的另一领域即"过程"（process）思想。如果说，"存在"思想代表了当代西方思想界的"空间"思维，那么"过程"思想则是其"时间"思维的绝妙表述。前者的根基在欧陆，而后者的兴起则在英美。曾在英美两国任教的怀特海（Afred North Whitehead）以其《过程与实在》（1929）一书既为过程哲学，亦为过程神学奠定了基础，并在"过程"思想的形成初期就促成了二者在一定程度上的融合与重叠。因此，怀特海乃连接英国与美国、沟通过程哲学与神学的关键人物。"存在"与"过程"的思想萌芽均可追溯到古希腊时代。但在西方思想发展史上，关于"存在""本体"的思想基本上处于统治地位。只是随着19世纪以来西方社会浪漫主义进化发展论、生物进化论和自然科学之能动世界观的兴起及发展，这种局面才发生了根本改观。"过程"思想为当代基督教提供了一种全新的时间观，它从"变化"意义上来观察、把握世界万物"流动""演变"和"进化"之过程，突出对"形成""进程""变化""流动""生灭"之"动"态的关注，强调一切在流、万物皆动。当怀特海奠定了现代过程神学之后，这一思路被当代基督教思想家哈特肖恩（Charles Hatshorne）、威廉姆斯（Daniel Day Williams）、奥格登（Sehubert Ogden）和科布（John B. Cobb）等人所继承和发挥。

怀特海因强调"能动的过程"而将其思想理论称为"有机哲学"，他把世界视为一种能动的进程，认为进化、发展、过程乃构成实在之本质。他主张基于自然世界的发展演变和现代科学方法来探究时间湍流的意义，基于作为能动过程的世界来把握实在，弄清其本质，由此来体认和领悟宗教信仰中的上帝。为此,他指出实在绝非静止的本质,而乃能动的进程。根据古希腊哲人赫拉克利特"人不能两次踏进同一条河流"的见解,怀特海认为思想家亦不可能两次进行同一种思维,人也不会两次获得完全相同的经验。在流动之进程中乃时时更新,其每一瞬间都具有以往瞬间所没有的新内容、新变化。因此,世界不是重复、回返,而是演进、创新;实际或现实之事态乃在事态之流中彼此依存、相互关联和前后呼应。每一事态都面对一种"创新目标",具有自我创造性,而事态之流则被上帝所终极性地把握,上帝并不脱离事态,而是参与其形成的过程,由此揭示其为构成世界过程整体的"永恒实体"。这里,怀特海以上帝来表达其过程思想所蕴涵的永恒观:一种事态在涌现后会转瞬即逝,但其"消逝"或"飞逝"并非变成虚无,并没有真正丧失;它不仅是先在者为下一事态准备的形式,可被其后继事态所把握,而且也增加了上帝的"经验",被上帝所终极把握,在上帝那里永恒保存。所以,过去、现在和未来并没有割裂开来,而是在上帝的永恒统一中得到保留,体现出意义;于是,传统理解中上帝之"不动""不变"得以巧妙地保留。哈特肖恩根据其对"过程"思想的体悟而发展出一种"超泛神论"(panentheism,亦译"万有在神论"),旨在对传统有神论及其二元世界观的扬弃。在他看来,人们应该在世界过程本身之中找寻上帝,世界的一切变化进程均"在上帝之中"发生,上帝不离时间,而是处于过程之中,在其发展"途中"不断展示上帝;上帝并不与时间性截然对立,而乃在一种向前发展的经验过程中不断完善、丰富自身。这样,与传统有神论空间性的上帝理解相对照,哈特肖恩强调一种时间性的能动、进程、发展之上帝观。也就是说,他所理解的上帝乃与世界处于一种动态的整合之中,上帝在世界进程中不断充实、完善自身,从而使世界也能不断趋于圆满和完整。

科布则进而使"过程"思想的研究体制化和机构化,他在美国与人合作创办了"过程研究中心",推出了《过程研究》杂志,并致力于"过程"思想研究与后现代主义研究相结合,提出一种"建设性后现代主义"的理论。这种探究在中国学术界也有一定关注及影响。但与平稳、缓进的过程观不同，科布强调"倏忽"性和"突变"的发生，并为此提出了一种"创造性转变"的观念。在他看来，过程中的上帝并非全能的上帝，故不可能保证善必然战胜恶，而人对死亡的克服，善对邪恶的涤除亦不一定是历史必然性。世界进程的复杂、曲折亦需人来积极面对未来之开放性，以其努力来实现"创造性转变"，获得上帝"创造性回应之爱"。科布这种"非绝对化"之上帝理解促使他重视此时、今世和现实，从而为其突出"道成肉身"的基督论奠定了基础。按其理解，基督作为"道成肉身"乃进入时空，即上帝之原初本质在世界的具体化，意指现今事态在自身之中已包容了过去的经验和原初的目的。其理论促使科布将注意力转向现今，并由此提出，处于过程演进中的基督教应面对现实问题，正视并应付自然科学、生态危机、种族歧视、核弹威胁、经济失衡、宗教相遇和文化冲突等带来的挑战，希望能在这一动态进程中改变世界实在，同时亦改造基督信仰本身，这样科布以其社会政治关切而又给"过程"思想提供了一种现实维度。

三 "人学"新论

对"人"的发现曾被视为16世纪马丁·路德之宗教改革的重要标志和贡献，但西方近现代工业化的进程却使人重新异化、消失和黯沉。因此，"'人'不见了"再度成为西方现代人文关注的一大主题，而对"人"的重新发现及认识，则为当代基督教的人格主义神学和神学人类学的崛起提供了契机。

"人格"（Person）在西方文化语境中本指人之所以为人的位格生成，而基督教的三一神学则专指上帝三位一体中的"位格"。此词在古希腊文和拉丁文中的原初含义为"面具"，指演员用此而扮演的角色，由此引申出"人性面具"，演绎出人之个体特征及其社会角色等含义，成为标示人之独特定位的重要概念。人格主义作为现代西方的一种思潮亦关涉哲学和神学，其代表人物之一鲍恩（Borden Parker Bowne）即受到这两大领域的关注和评述。面对现代社会进程对人性的湮灭，鲍恩呼吁人们回归"自我"和"自主"。其人格主义思想强调个人存在的意义及价值，承认个人对自身思想和行为的自主。他将"人格"解释为一种具有自我意识、自我创造和自我控制的力量，指出人格能使世界具有意义，世界亦只是相对于人格而存在。

虽然基督教传统强调上帝的真实存在及其全能、全知，但在现代基督教人格主义思想家的认知中，"人格"才是唯一实在，才是具有自主、自控能力和具有情感、知觉、意志等机能的主体。"人格"的这些特性亦使"人格"变动不居，有着发展、向善和趋于完备之潜能。人格主义寻求在社会物质化、机械化生存中重现人的"灵性"和"个性"，对"人"被社会工业化、现代化挤压成"一般化""群体化"，无人格特征之"类"的存在表示抗争。因此，人格主义以"人格"之"人"来拯救或防范"人"被其集体无意识之"类"所湮没，从而突出人的"个体化""人格化"。当然，这种努力的依据是把上帝作为"最高人格"，以此来保证个人的自主性存在，以及构成真实世界的所有人格系统之存在。显然，这些现代思想家只是当他们把"人格"讲到极致时，"上帝"才会出现；通常之论总是"人论"，只有当超出人的极限时才可能重新回到其不得不言的"神论"。

对"人"之重新发现的另一曲径通幽则是"人学"新论，即当代"人类学"多层次、全方位的发展对神学的影响和重构。在20世纪之前，"人类学"仅指属于自然科学的生物人类学、体格人类学和古人类学。而20世纪的"人类学"则突破了这一界定，迈入社会科学领域，逐渐发展出社会人类学、文化人类学、历史人类学、心理人类学、哲学人类学、宗教人类学和神学人类学等，形成各种跨学科或多学科的重组。记得当"人类学"这一向社会科学的"跨越"在中国学术界初现时，人们还很不习惯，故此曾发生了朱光潜与李泽厚等人关于"人类学"的基本概念之争。这种争论在今天看来已不足挂齿。在当代基督教思想研究领域，神学人类学正是代表着这种背景中的异军突起。对此，其代表人物潘内伯格（Wolfhart Pannenberg）曾坦然指出："我们生活在一个人类学时代。一门关于人的广泛的科学是当代思想追求的主要目标，一大批科学研究部门为此联合起来。在这个问题上，正是这门科学特殊的艰巨性，使它经常意外地触及其他一些研究。生物学家和神学家在关于人的问题上都达到了相近的认识，部分地也找到了某种共同的语言。"①

神学人类学并未构成"神学"与"人学"之间的张力，而旨在从研究"人学"出发，基于人之主体而达到对上帝的认识，获得神学的真谛。这里，神学关注的是"人类"的本性、命运、生存及其历史发展，其对"上帝"之思亦基于上帝是人类主体性的前提和人类无限追求的目的，所以仍基于神、人之关联。神学对当代人类学的参与使基督教思想获得了融入当代社会和人文科学主流的一个极好机会，由此能克服传统神学的封闭性和排他性，得以投身于现代知识领域的对话。鉴于"人"之问题在当代社会的重新凸显，当代西方神学亦进入其重新活跃的"人类学时代"。

四　理解与诠释

当代西方解释学大家伽达默尔（Hans Georg Gadamer）把解释学称为"理解的艺术"，由此使语言沟通的意义在当代得以凸显。这一"理解"在西方哲学传统中曾经历了古代解释学、近代古典解释学、圣经解释学、现代哲学解释学之漫长历程。哲学解释学曾异军突起，形成对传统哲学方法论的巨大冲击。在基督教传统中，解释学则源自古代《圣经》研究中的解经学和解经原理，而现代神学解释学并非传统意义上的返璞归真，而是受现代哲学解释学之影响的全新探讨。在海德格尔、伽达默尔等人解释学理论的启发下，西方天主教和新教神学界均兴起了既相互关联又有区别的神学解释学理论体系。其中天主教神学解释学的主要代表为毕塞尔（Eugen Biser），他以生存神学、信仰解释学和

---

① ［德］潘内伯格：《人是什么——从神学看当代人类学》，李秋零、田薇译，香港，卓越书楼1994年版，第18页。

语义神学这三大内容而构建成其解释学基本神学的理论体系；而新教神学解释学的理论代表则包括里科尔（Paul Ricoeur）、布尔特曼、埃贝林（Gerhard Ebeling）和荣格尔（Eberhard Jungel）等人。

对神学的理解与诠释集中在语言或话语问题上，语言是理解者与被理解者沟通及对话的媒介，理解是一种语言意义上的理解。解释学把语言视为认识真实的最普遍方式和必由之路，由此断定语言意义上的世界体验乃是绝对的，它能超越其存在确定的一切相对性，而表现出一种洒脱和自在。于是，神学解释学将注意力转向"语言"，用这种具有绝对意义的"语言"来取代曾被存在主义思想视为最高原则的"存在"。对此，埃贝林曾明确宣称，神学解释学的使命就是探讨人类存在最基本的语言本质，其理论体系即关于"上帝话语的学说"或"信仰的语言学说"。在他看来，"话语"乃上帝、人类和世界相遇的方式，其相互对应即可解释为一种发生在语言事件之中的真实关联，因为语言本身已展示了生存和生活，语言提供了信仰事件与世界经验交汇的必要空间。这种神学解释学之"语言转向"，曾被视为当代基督教思想发展史上的"哥白尼式的革命"。

神学解释学对"语言"交流的强调，是对笛卡尔"我思故我在"所突出的"个我"独自之反向回应，表达了以语言来克服主、客体的对立之意愿，旨在获得一种统一性的对话境域。以理解与诠释为基础的信仰，语言是其生命线。因此，神学解释学强调了语言的意义，要求信仰必须注意语言之功用，并指明真实的信仰就生活在这种强大的语言传媒之中。在突出"语言"之意义的同时，神学解释学并没有彻底放弃对"语言"与"存在"关系的关注。例如，毕塞尔就曾提出，信仰的语言不仅会考虑理性之兴趣，而且也会关注存在之需求，即应兼顾"联络交流"和"联盟共在"这两个方面。其理想之境，是达到人类生存与其语言的"共质"。神学解释学在彰显信仰的语言意义及其交流功能的同时，亦展示了信者之"言"与其"在"有着密不可分之关系，从而证实了"所言之在"的真实性，突出了在思想文化等人际交流中，"言"即"存在"，人类世界因语言之交流才得以共存。不过，所谓人之生存及其语言的"共质",乃揭示出"人"及其"言"的局限,说明语言是人之存在的完善性和非完善性之交织,正如福音的语言既是"上帝之言"本身,又是"关于上帝的言说"。人用一种不充足的语言来作为论证上帝的语言,这种不可为而为之反映出人受到一种局限的压抑,却有一种超越之渴求。人因这种局限而"从深处向上帝求告",以呼唤"上帝"本身之言,用之扬弃"世人关于上帝的言述,将之理解为克服世人语言困境的上帝自我诺言"。[①] 所以,"语言"表达的"人之局限"正是"上帝与其同在的开端"。神学解释学试图以"语言"为媒介来沟通上帝与人类,审视存在与人生,其重新构建的神学体系乃是以其"语言理论"来实现古今的理解交汇或"视野融合",与当代西方思想发展中的"语言学转换"同步共进。

五 神学美学

当代西方基督教思想中神学美学的提出乃是针对基督教会发展中审美之维的失落和"神学的非审美化"趋势。"美学"按其古希腊文原意是指感觉可以发现之美的知识,即关于美的视见或感觉之美的学问,故有"感性学"之称。"美学"与人的"观""感"相联系,而"神学美学"则是作为"感知自我启示的上帝之形象"的学说。在此,神学美学突出了其神学构思中"形象思维"和"情感意识"的意义及其重要性。有别于哲学体系所依赖的"抽象思维",而"形象思维"体现出神学美学与哲理神学的区别,使客体的理性之思增获了主体的审美情趣,从而让这一新的神学探究在当代基督教思想领域得以标新立异。

神学与美学的关联有着更广的涵盖。西方宗教思想史上可以觅见从一种审美的神学到神学美学的发展轨迹,相关的表述包括"审美的神学""美学神学""先验美学"或"超验美学""荣耀神学"和"神学

[①] [德]毕塞尔:《宗教语言障碍》(Eugen Biser, *Religiöse Sprachbarrieren*, Kösel Verlag, München, 1980),第426页。

美学"等。但神学美学的真正奠定则是 20 世纪下半叶西方基督教思想发展的结果,涉及巴特(Karl Barth)、范·德·列欧(Van der Leeuw)、蒂利希、特雷西(David Tracy)等人的思想,其代表人物为天主教神学家巴尔塔萨(Hans Urs von Balthasar),代表著作则是其 1961—1969 年完成的多卷本巨著《荣耀:神学美学》。[①] 这一尝试使西方基督教的形而上学思辨理论体系获得了一种独特的审美之维。至 20 世纪 90 年代,新教思想家蒂姆(Hermann Timm)等人亦开始其构建美学神学之各种体系的努力。

巴尔塔萨等人认为,基督教本为唯一的一种"审美的宗教",因为上帝在其"道成肉身"这种"成人"之举中采用了"一种形象",而并不仅仅以符号、密码、象征来宣示。耶稣基督之可感形象体现了神圣的光辉即上帝的荣耀,这一形象作为"神显"而被人所"观照",由此形成信仰的感召与感染。此即基督教的审美之维,其信仰者乃有着一种极为独特的审美情趣。按照巴尔塔萨的理解,神学美学的使命就是探讨人与"神圣之在"在感觉上的观照关系,阐明上帝的光照和荣耀是信仰之人的感知对象。因此,神学美学研究人的感性、印象和想象力在认知上帝方面所能起到的作用,是对上帝的"荣耀"被观照这一感知形式的研究。所谓"荣耀"即上帝显现的神性之美,亦即"最高之美"或称"至美"。神学美学的这种认识进路和探究方法,与现代哲学美学形成了明显区别。

在神学美学中,对"美"的洞见并不在于其精确性和清晰性,因为在这一有限世界对作为"美"而所见者并非是绝对或完善的。"美"的真实性乃在于其显现会揭示一种隐藏着的更大者,从而让人体悟"美"之作为"美"正因为其与无限、绝对、永恒之在的关联与相似。这里,神学美学旨在以探究信仰之光的美来澄清"信"与"知"的关系。神学美学将其"视"与"信"相等同,认为在美的光照形式下真

[①] [瑞士]巴尔塔萨:《荣耀:神学美学》(*Herrlichkeit, Eine theologische Ästhetik*, Johnnesverlag, Einsiedeln, 1961—1969),这部著作共 3 卷 6 册,已在世界学界产生了广泛影响。

实确应真正可见，唯真方美，唯美亦真。也就是说，基督徒视"信仰"为人之精神对真实光照的狂喜般敞开，从其"信"而到"知"。知识及真实信仰之知，从客体而言需要"信仰的光照"，从主体来看则需要"信仰之眼"。"信仰"在此即"见"的能力，乃一种神秘而神圣的洞见，由此形成一种主客体的呼应。在巴尔塔萨的体系中，神学美学是对称为"荣耀"的神性之美的展示和描述，故被称为"荣耀"之神学。按其思想进路，神学美学亦旨在澄清基督教中真、善、美与信、望、爱的内在一致和逻辑关联，使自身成为当代基督教"大全神学"中的重要一环。

六 对"基督教哲学"之回归

基督教最初曾自视为"真正的宗教"和"真正的哲学"，中世纪欧洲"经院哲学"更是这种基督教哲学的典范。但近代以来随着哲学与神学分道扬镳，哲学不再是"神学的婢女"（ancilla theologiae）而独立发展，"基督教哲学"的表述却逐渐被人质疑和抛弃。其实，"基督教哲学"乃基督教思想体系的最早表述之一，甚至要早于"神学"之用。因此，基督教思想传统在其发展中并没有想到要彻底放弃其"哲学"之用。至19世纪和20世纪之交，西方思想界对之又进入了一个"否定之否定"的阶段。在"回到经院哲学""回到托马斯·阿奎那"等口号下，天主教思想界开始其回归"基督教哲学"的努力，对"基督教哲学"的合理性与合法性进行了系统阐述和坚决捍卫。在20世纪上半叶，这种以捍卫"永恒哲学"（philosophia perennis）为名的回归运动使新经院哲学体系得以奠立，涌现出麦西埃（Desire Mercier）、德·伍尔夫（Maurice de Wulf）、吉尔松（Etienne Gilson）、格拉布曼（Martin Grabmann）、马利坦（Jacques Maritain）、梵·斯亭贝根（Ferdinand van Steenberghen）等天主教哲学家。新经院哲学在其发展过程中曾形成不同趋势和流派，但引领其思想潮流的则主要是新托马斯主义，以及从中脱颖而出的"超验托马斯主义"。直至20世纪60年代天主教"梵二"会议之后，新经院哲学在天主教思想界才结束其鼎盛时期，不再独占鳌头。

新经院哲学本为20世纪初天主教神学界内部的一种回归运动，在当时西方哲学界并没有得到积极响应或实质性回应，而主要是天主教官方思想体系自身的历史梳理及当代重建。但至20世纪末，英美哲学界却又出现了一股全新的回归基督教哲学的思潮。其与新经院哲学的本质不同，乃在于这些英美哲学家不再局限于天主教信仰背景，而且是在学术界多以较为专业的哲学范畴和研究方法来构建基督教哲学，甚至广泛采用了最初曾被用来反对、肢解基督教哲学的"分析哲学"的方法和体系，从而构成了当代西方基督教哲学中的"分析哲学"之特色。这一新的回归思潮以普兰廷格（Alvin Plantinga）、施温伯恩（Richard Swinburne）、沃特斯托夫（Nicholas Wolterstorff）、斯图尔特（Melville Steward）、哈斯克（William Hasker）、赖兴巴赫（Bruce Reichenbach）等人为代表，乃方兴未艾的新生代学院派。这一发展基于美国天主教圣母大学，却与新教哲学家有着密切联系。他们组建了基督教哲学家协会，创办《信仰与理性》等同人学刊，运用在现代哲学发展中涌现的逻辑实证主义、语义哲学、分析哲学、解释学、现象学、科学哲学等理论和方法来精思巧构，论证、解释基督教哲学的合理性及其当代体系，由此在当代西方哲学中形成了一道引人注目的亮丽风景线。

这种回归"基督教哲学"的典型特点，是重新强调"理性"在捍卫基督教思想上的作用，要求"返还"基督教本应享有的"理智的权利"，因此在方法论上更多侧重于推理、论证、分析和演绎。与传统经院哲学和新经院哲学所惯用的传统逻辑相区别，当代英美基督教哲学家不再沿着那种思辨性、抽象性的"本体论"证明之路来拓展，而是更多地运用逻辑分析、日常语言分析等现代分析哲学的方法，着重于这种现代性"分析"，从而使传统基督教哲学命题获得了全新的论证。

七 后现代神学

"后现代"是20世纪下半叶西方思想界的又一时髦话语，对当代社会影响深远。自20世纪60年代以来，西方基督教思想界亦接触、涉及"后现代"理论，形成当代神学讨论的一大聚焦。面对现代资本主义社会发展出现的困境，以及与自然世界的极不和谐，人的社会及自然存在都出现了危机，故而有了"走出现代"这样一种"后现代"的探讨。历史上西方发展曾以"走出中世纪"、步入近现代而自豪；但时过境迁，人们对"现代"之现状已经出现了"审美疲劳"，甚至产生了忧郁和恐慌。后现代思潮以清算现代而著称，其发展进程中虽然也抨击和否定了现存宗教信仰及其神学理论，但其反传统性和对现代性的批判精神却受到一批不满现状的当代神学家的重视和肯定。后现代思潮的不少基本命题和立意在基督教思想界都得到了积极回应，天主教思想家孔汉思（Hans Küng）、新教思想家巴特（Karl Barth）、蒂利希等人都曾直接切入后现代的话题，与之展开思想对谈或理论交锋。他们均从不同角度对后现代思想进路和理论构建加以解构或重构，尤其是对德里达（Jacques Derrida）、福柯（Michel Foucault）等人的"差异性"理解、"踪迹"说等议题有着直接回应和论说。在批判现代主义方面，不少基督教思想家在后现代思潮中亦发现了一致，产生了共鸣。如后自由派神学家林德贝克（George Lindbeck）就曾承认，基督教可以用后现代理论来反驳现代主义对宗教信仰的诋毁，从而让其曲径通幽、柳暗花明。而被后现代思潮重新认可的语言世界也使信仰在当今有了更大可能，现代世俗主义神话的破产无疑为宗教信仰的回归留下了空间。20世纪初现代世俗文化曾借尼采（Friedrich Nietzsche）之口宣称"上帝死了"，如今神学家亦可借后现代之口宣称"现代死了"。在现代主义批判宗教信仰、后现代主义批判现代世界的历史发展中，当代基督教思想界既看到了后现代思潮批判一切、否定一切的破坏性，也发现了神学重新展开其对现代性的批判之契机，以及与后现代重构理论相挂钩的可能，此即一种"后现代神学"的诞生。按孔汉思之言，当代神学应为走向"后现代"之路的神学。孔汉思认为，神学的"后现代"之探展示了神学的"觉醒"，使之可以绝处逢生；当代神学应强调"对现代的内在批判"和"对启蒙的启蒙"，以达其"否定之否定"的效果。神学应抓住这一契机来力求克服危机，面向未来，步入"新时代"。当代神学构建正以"探索""开放""创新"来证实其"正在寻找方向，正在制定纲领"。因此，孔汉思同意用"后现代"来表述当代神学的全新探索及创造，并强调"后现代神学"正是在"现代"之后的"新时代"中表现出来的一种"新宗教精神"，以恢复、更新在"现代"被压抑、遭萎缩的信仰因素。在这种恢复及重构中，孔汉思预见到了一个颇有希望的"时代转折"，并在其后现代理解中增添了"普世性""世界性"和"全球性"之内容，积极倡导并推动"全球伦理"和"宗教对话"，试图在对基督教获得当下之"明"时也进而认识并沟通世界宗教。

后现代的"否定精神"和"解构主义"曾对当代基督教思想发展产生过直接影响，由此而形成一种当代版的"否定神学"。如阿尔泰泽尔（Thomas J. J. Altizer）等人的"上帝之死"神学因对基督教启示传统的彻底反思而具有鲜明的后现代反叛色彩，但他赋予传统神学术语以各种隐喻性、辩证性意义，以使深受现代文化批评的"道成肉身""钉十字架"和"死后复活"等信条获得重新诠释，使之能够适应时代潮流。泰勒（Mark C. Taylor）则主张建立一种反系统化的神学，他用德里达的修辞策略来解构现代唯心主义理论僵局，代之以各种意喻多样的解释，认为这种无序性所表现的丰富正是神学讨论所需要的"神圣环境"，而这也是对"世俗化时代"的一种积极应对。沙莱曼（Robert Scharlemann）也针对本体论思维方式而究诘神学反思的本质，他认为以"接受"和"回答"之方式构成的神学思维已使存在论问题失效，所谓"意义"的实现是信仰"文本"之想象中的具体性与读者之理解境况所达成的一致。此外，哈特（Kevin Hart）也曾评价德里达在当代哲学和神学思想界的影响，认为非系统化的神秘传统为当代否定神学提供了新的可能性，使之对理性认知虽有必要估量，却不敢奢望。在这一批神学家看来，后现代的解构主义实际上有助于信仰的神圣之途达到某种后现代性意义上的恢复。因此，后现代思潮表达的失败主义和虚无主义情绪对当代基督教思想发展并非是完全消极的，这种辩证张力有助于基督教思想摸索、寻求其新的发展。他们认为，这种悲观绝望的精神氛围实际上已给当代神学发生变革、使之重新成为社会倾听的话语提供了一个极好机会。

不过，当代神学也不能完全认同或跟随后现代思潮的悲观、破坏、解构之路。与之相对照，应运而生的后现代神学亦旨在改变后现代理论的纯批判和否定性质，这种变化即从破坏性到建设性，从否定性到肯定性，从悲观性到乐观性的根本过渡。由此而论，后现代神学与后现代哲学立意迥异。以美国新教思想家科布和格里芬（David Ray Griffin）为代表的后现代神学倡导一种具有乐观主义和创新精神的"建设性后现代主义"，从而使后现代主义发展柳暗花明，迎来一种全新景观。在重构后现代有机论和整体论的基础上，这种后现代神学形成了其独特的整体有机论体系及方法，它坚持在否定与摧毁的同时亦力争保留和建设，主张消除人与世界、人与自然、思维与存在之间的对立及分离。它否定现代发展所导致的世界和自然之"祛魅"，希望为世界和人类获得神性"拯救"而再现神秘、重建神圣，使被世俗化的世界得以"复魅"。所以，后现代神学力图在现代主义对宗教的批判和后现代主义对一切价值及传统的毁坏这两难处境中寻找重立其信仰价值和真理之途，旨在以基督教之"立"来回应后现代思潮之"破"，并以其"建设性"来弥补后现代主义"解构性"的不足，由此超越现代与后现代。

八　普世对话

在当代世界多元发展的大趋势下，西方基督教以新教为首开始了对外寻求"对话"、对内倡导"合一"的努力。自19世纪70年代以来，新生的西方宗教学开始对世界各种宗教展开不带偏见的平等研究。受其启迪和影响，西方基督教亦于20世纪初展开其"与东方的对话"，以这种"对话"姿态谋求重新认识并理解佛教、印度教、儒教、道教等东方宗教及其灵性精神。自20世纪60年代以来，基督教进而从强调自身各派的"对话""谅解""普世""合一"而走向与世界各种宗教、各种信仰以及各种政治思潮和意识形态的对话。"与宗教对话""与东方对话""与马克思主义对话"等一时成为基督教界的时髦口号。因此，20世纪成为前所未有的"宗教对话"的世纪，基督教思想界亦随着这种"对话"而新意迭起、理论无穷。

基督教会内部的"对话"主要体现为"普世教会运动"。"普世"（Ecumenical）一词源自希腊文的 oikoumene，本指"整个有人居住的世界"之意，因4世纪被古代大公教会用来表示"普世大公会议"而获得"整个教会的""普世教会的"专有含义。中世纪东西教会的分裂使其"普世"之梦破灭。直至20世纪，教会才真正开始其寻求内部团结、和谐的"普世教会运动"。1910年英国爱丁堡"世界宣教大会"的召开标志着这一运动的启动，1921年在纽约莫洪克湖地区成立的国际宣教协会开始将"普世"思想与"宣教"动机相结合。此后，"让福音传遍世界"的"普世"理念又开始逐渐扩大为一种关怀整个人类的"普爱"思想。为避免教义上的分歧影响教会合一，1925年斯德哥尔摩会议上提出了"教义造成分裂，事工有利合一"的思想，而1937年爱丁堡大会又进而开始了"比较教会学说"的探讨。至1948年世界基督教联合会正式成立，普世神学亦粗具规模。

"普世教会运动"使基督教各个教派在相互关系和彼此理解上获得了明显改善。可以说，20世纪的教会发展大体表现出从相互诅咒、相互指责之境而发展到相互对话、相互理解之状，进而又形成了共同参与、发展合作的进程。"对话"在这一进程中起到了极为关键的作用。这种对话最初在新教内部各派之间展开，随之获得东正教各自主教会的参与和支持；至20世纪60年代，其与天主教的对话亦获得实质性发展。天主教在20世纪60年代"梵二"会议之后积极推进了与其他教派、其他宗教的对话。自20世纪70年代起，世界基督教联合会广泛开展了与其他宗教和其他思想意识形态、政治文化的对话。这样，"普世主义"的外延得以扩大，不再是纯基督教会自身的对话，"与非基督宗教的对话"和"与非宗教的对话"亦成为其重要内容。

在"全球化"浪潮的冲击下，普世主义的对话亦发展出强烈的全球意识。自20世纪80年代起，普世主义的对话在"全球性对话"方面达到高峰。世界基督教联合会号召其信徒"在每一个地方和所有的地方"见证对话，提出"一个世界或没有世界"的口号。与之相呼应，天主教思想家孔汉思、斯威德勒（Leonard Swidler）亦先后创办普世研究所，倡导跨宗教和跨文化对话，并于20世纪90年代发起"全球伦理"或"世界伦理"运动，推行一种跨越国界、跨越民族的普遍伦理。随着这种普世对话的深入，天主教与新教在"因信称义"的教义问题上达成了谅解，而整个教会在传统上信守的"教会之外无拯救"（Extra ecclesiam nulla salus）的教会绝对论亦出现动摇或被逐渐消解。向世界的开放和对教会本源的分析，已使这种"绝对"的神话不复存在。斯威德勒为此指出，在人类当代世界，我们已认识到其他人的存在和所谓"绝对性"的非在，没有人会在所有领域知道一切，人之有限性需要大家合作、互补，教会因而必须具有包容性和开放性。这样，普世主义最初所钟情的"合一"已逐渐转化为实现"多元化中的和解"的具体努力。

但是，当代世界复杂多变的发展，使基督教的普世对话亦不可能一帆风顺。"冷战"结束后，人们"对话"的重点从政治对话转向文化对话。但民族主义的复兴、局部地区的动荡都直接或间接给普世对话带来障碍和困难。科索沃危机后，一些东正教会对"普世""合一"产生怀疑并失去兴趣，普世教会运动面临新的威胁和打击。美国"9·11"事件后，基督教对避免文明冲突亦感责任重大，但挡不住西方世界"文明冲突论"的惯性思维，全球对话的处境在恶化。在联合国有关机构的推动下，基督教思想家开始与其他人士一道思考"宗教可能导致什么""宗教可以避免什么"这一敏感问题。进入21世纪以来，他们发现社会发展出现倒退的迹象，误解和冲突又在不断反复，因而其普世对话的道路仍然很长很远。

（原载《国外社会科学》2002年第1期）

第二十一章

当代西方宗教思潮

处于 20 世纪与 21 世纪之交的当代世界宗教及其发展趋势错综复杂，是人们普遍关注并且需要深入了解的问题。在 19 世纪与 20 世纪之交的世界局势中，尼采等西方思想家曾对人类当时的思想精神、社会存在以及信仰追求有过惊世之语，如"上帝死了""传统价值体系和道德观念正全线崩溃"等，对 20 世纪的宗教观念产生了深刻影响。现在，20 世纪已经结束，21 世纪已经来临，我们却并不乐观，因为再次听到的，还是关于世界危机或矛盾、文明冲突或融合、宗教复兴或嬗变的种种话语。应该承认，这些议论或评断已在当今世界造成了强烈反响，亦引起人们对现代历史进程中宗教灵性之重要作用的高度重视。因此，要正确分析和评价这些令人警醒或带来困惑的沉思及前瞻，为我们未来的生存与发展选择相应的文化战略，就必须对 20 世纪人类精神信仰的历程有一个客观回顾，对世界宗教现状有比较系统的了解。只有在这一基础上，我们才能准确把握历史发展的脉搏，展望未来宗教的前景。

对于当代世界宗教，人们有着各种不同的划分，如东方宗教与西方宗教、世界性宗教与民族性宗教、传统宗教与新兴宗教等，涉及范围极广。但对于世界形势发展、全球格局确立影响最大的，主要还是以基督教发展为代表的西方宗教现状。

一 罗马天主教的"跟上时代"

19世纪末,天主教会因强调"教宗永无谬误""教宗权力至上"而在一定程度上束缚了自身的发展,曾与当时社会进程及其多元发展的主流形成隔阂和反差。这样,在20世纪上半叶,天主教会显得有些保守、滞后和自我封闭。但自20世纪60年代以来,这种状况已大为改观。天主教会根据梵蒂冈第二届大公会议的精神而提出"现代化"即"跟上时代"发展的口号,开始积极关注和参与社会发展及国际政治活动,并兴起突破新托马斯主义思想领域的现代天主教神学和社会学说。

在1962—1965年召开"梵二会议"期间,天主教放弃传统上独尊本教派、排斥并谴责其他教派的态度,开始倡导并谋求基督教各个教派之间的重新合一和交流沟通。1964年1月教宗保罗六世(Paul Ⅵ)专程到耶路撒冷朝圣,并会见当地东正教会牧首。1965年12月7日即"梵二会议"闭幕的前一天,保罗六世发布诏书,对1054年东西教会大分裂表示遗憾,并承认罗马教会对此负有一定责任,宣布历史上罗马教宗开除东方教会首脑教籍的决定为无效,从而表达东、西教会重新和解并再度联合的愿望。保罗六世于1968年派观察员参加了世界基督教联合大会,并于1969年6月亲自访问了在日内瓦的世基联总部。天主教会对基督新教的和解态度,还体现在其对新教创始人马丁·路德的重新评说上。而且,天主教曾派代表参加1969年宗教改革450周年和1983年马丁·路德诞生500周年的纪念活动,并对路德有较高评价。这一发展反映出天主教对新教前所未有的态度之变。

"跟上时代"(aggiornamento)是发起"梵二会议"的教宗约翰二十三世(John XXⅢ)所提出的口号。他针对当时天主教会的内部弊端和发展困境而呼吁教会改革,并推出一系列措施以便为教会补偏救弊,提高其对现代社会的适应力和抓住其发展机遇。这次会议之后,各地天主教会开始出现一些实质性的发展变化,如采用本民族语言举行弥撒等宗教仪式,积极参与社会生活和政治变革,其神学思想也更为多元及开明。当然，天主教会内部保守派和激进派的对立与冲突也日趋明显和严重。例如，拉丁美洲出现的以秘鲁天主教神学家古提雷兹（Gustavo Gutierrez）为代表的"解放神学"同德国天主教神学家麦茨（Johann Baptist Metz）为代表的"政治神学"相呼应、相配合，严重冲击着天主教会内部的保守思潮。然而这种反传统的激进观念也使教会内部出现失衡和不稳定局面。为了维系其平衡，罗马教廷不得不一再声明对"解放神学"等激进观念的否定。但这类表态又引起天主教中一些革新人士的反感。有些神学家批评教宗在神学理论和社会学说上有所倒退，有些主教在司铎独身制、妇女神职、人工避孕、同性恋、安乐死、离婚后再婚教徒能否领圣体等问题上亦发表了与天主教正统教义相违背的见解。为此，罗马教廷只好出面以行政手段来对这些人加以管束或处分。例如，教廷于1979年传讯了荷兰神学家施莱毕克斯（Edward Schillebeeckx），并停止了瑞士神学家孔汉思（Hans Küng）在德国蒂宾根大学天主教神学系讲授神学的职务；1994年10月，罗马教廷公布《致主教们的信》，否定三位德国主教关于离婚后再婚教徒可领圣体的建议；1995年初，罗马教廷又宣布辞退加约（Gayot）担任的法国埃夫勒教区主教一职。而另一方面，教会内部的保守派仍认为现任教宗走得太远，背离了天主教传统。他们要求回到以"神本"为核心的中世纪教会模式中去，反对以"人本"为中心的现代发展，强调重新实现神权统治，或至少保持"梵二会议"之前的教会传统和历史沿革。在这种情绪支配下，保守派代表、法国大主教利费布维（Marcel Lefebvre）于1988年6月30日不顾教宗反对，擅自在瑞士祝圣4位主教，以显示其独立性和对现任教宗的不满。这一举动触犯天主教教规，从而使教宗被迫对利费布维等人处以绝罚。天主教内部这种怀旧派的存在及其对教宗权威的挑战，使天主教"跟上时代"的努力亦受到种种限制。

二 基督新教的多元发展

现代西方世界，尤其是北美社会新教的多元多派发展已形成极为复杂的局面，新教神学亦呈现出千姿百态。自马丁·路德和加尔文宗教改革以来，新教的历史就与各教派的分化、重组、合并、独立等发展变迁密切相关。就其影响较大的教派而言，新教主要包括路德宗、加尔文宗、圣公宗、公理宗、浸礼宗、卫斯理宗这六大教派，由此而再分化，组合成近百个宗派，成千上万个独立教团。其中一些新建教派甚至独立发展为与基督教传统相距甚远或基本脱节的新兴宗教。上述六大教派一般被视为基督新教的主流教派，但随着19、20世纪期间北美等地灵性复兴和奋兴运动的兴起，各派内部分裂而形成一些新的福音派教会，从而造成主流派与福音派之间的差异与分歧。

就总体而论，西欧各国的新教以主流派为其基本特征。其信徒接受现代主义、自由主义的神学观点，对人世发展持乐观主义态度。但20世纪上半叶的两次世界大战使这种乐观信念受到严重打击，而20世纪60年代以来后现代主义思潮对西方现代化的否定和解构，更使主流派的发展受挫，其人数亦逐渐减少。回顾20世纪的历程，主流派新教曾积极展开基督教各派之间，以及与其他宗教的对话，亦与马克思主义、社会主义思潮有过广泛而深入的接触与对话。其激进派曾对制度化的宗教和资本主义意识形态加以抨击，曾出现结合社会主义与基督教的"争取社会主义的基督教运动"。在20世纪80年代，它侧重于对世界和平与正义问题的关心。进入20世纪90年代以来，其关注世界政治、人类发展前景的对话和接触亦不断扩大和深入，所持态度也愈亦宽容和开明。其灵性追求和社会关切之间关系的调整和适应，将对其未来发展有着关键作用。

福音派在北美较为活跃，自称"新福音派"，以与统称福音派的欧洲新教各大教会相区别。北美新福音派于20世纪40年代从基要派中分裂出来，有人因此称其为保守派或温和基要派，其特点是强调《圣经》信仰权威、个人信主得救和传播福音的使命感。美国布道家葛培理（Billy Graham，1918—2018）是当代美国福音派最有影响的人物之一。1942年，美国福音派创立"全国福音派协会"。1955年，该派创办《今日基督教》杂志，以与具有自由派倾向的《基督教世纪》相抗衡。

1957年，葛培理当选为"新教合一委员会"主席，并开始其露天布道会，从此成为西方传媒的知名人士，与多届美国总统亦交往颇深。1995年4月，葛培理又与时任美国总统克林顿一道在纪念俄克拉荷马城联邦大楼爆炸案死难者的集会上发表了著名演讲。目前，福音派在北美呈上升之势，尤其对美国社会政治影响较大，有时甚至会主导其舆论动向，故其发展颇引人注目。

三 其他宗教的动态和新兴宗教的涌现

以基督教中天主教和新教这两大教派为其宗教文化主流的西方社会，在其当代发展中亦包容了东正教和其他宗教的传入，并涌现出各种新兴宗教。这样，基督教与西方其他宗教处于一种矛盾、对话、互渗、交融的复杂状况。

历史上东正教已在西欧社会零星存在，但影响不大。19世纪末、20世纪初，俄国人和希腊人大量移民美国，形成北美东正教的大规模发展。1917年"十月革命"后，美国俄罗斯正教会建立"俄罗斯正教希腊公教会"，开始其独立发展，并于1970年改称"美国东正教会"。美国希腊正教会则保持着与君士坦丁堡牧首的联系，属于"南北美洲希腊正教会大主教区"。"十月革命"后东正教在西欧社会亦得到相应发展，曾在巴黎形成其神学中心，"海外俄罗斯正教会"也曾迁居慕尼黑，1952年才搬至纽约。西方东正教基于其相关移民社团的生活，呈多元分化趋势而很少联合。但随着东欧政治巨变和社会重组，西方东正教对之亦有关切和回归的种种动向。

犹太教在西方社会历史悠久、影响较大，且与基督教关系密切。其在欧美均已形成多元发展，分化为正统派、改革派、保守派和重建主义派。其中正统派以欧洲犹太教为主，美国正统派又继续分化为极端正统派、现代正统派和恰西迪教派（源自18世纪欧洲犹太神秘主义教派）。改革派即开明派或进步派犹太教，源自德国，但在当代美国得到较快发展。保守派属于介乎正统派与改革派之间的开明派，从中又发展出重建主义派，其当代思想发展对美国社会也有着一定程度的影响。

伊斯兰教、佛教、印度教等源自亚洲的宗教近代以来亦相继传入西方世界，这既与移民、难民或客籍工人进入西方各国有关，也反映出一些西方人对东方智慧或阿拉伯思想的好奇及神往。不过，这些东方宗教并没有真正进入西方主流文化，而表现为西方社会中的移民文化，只是对少数西方人产生其信仰的吸引力，故而也会发生相关冲突，有西方学者如亨廷顿（Samuel Phillips Huntington，1927—2008）等人将之视为"文明的冲突"（Clash of Civilizations）。例如，德国等欧洲国家中的伊斯兰教文化主要为土耳其或阿拉伯移民和客籍工人的信仰生活，而近年来大量穆斯林移民涌入北美虽使其伊斯兰教影响显著扩大，但其信仰精神和文化生活并没有融入以基督教文化为主流的北美社会，其自身却因生存适应而发生了嬗变。西方社会中佛教、印度教的信奉者亦以亚洲移民及其后裔为主。其中传入西方的佛教包括日本佛教、南传小乘佛教以及中国汉传佛教和藏传佛教各宗派，尤以净土宗、禅宗、日莲正宗等对西方人吸引较大。而西方印度教则为印度移民的宗教，其中许多现代派别实际上已成为西方社会的新兴宗教。不过，印度教的瑜伽功和超验修定等宗教实践在西方世界已广为人知。这些宗教曾参与20世纪下半叶西方社会的宗教对话，但曾风靡一时的高潮已随着20世纪的结束而基本过去。

当代西方宗教的一大特色，就是新兴宗教及其思潮的涌现。19世纪和20世纪之交，在西方基督新教传统氛围中曾出现过新兴宗教运动，产生出脱离基督教母体的各种宗教。自20世纪60年代以来，以多民族、多信仰汇聚为特点的美国更是成为西方新兴宗教的重要发源地。这些新兴宗教有的与传统宗教的演化嬗变密切相关，如源自上述各大宗教的基本观念和组织模式；有的乃是几种宗教的混合体，如东、西宗教的混合，世界宗教与本土宗教的混合等；有的则与传统宗教毫无关系而为现代社会的全新发展。20世纪70年代，北美兴起"新时代"（New Age）运动，并于80年代传入欧洲，由此引起的新兴思潮和新兴宗教之发展给西方世界造成巨大震动。这一运动的特点是根据当代社会危机和科学研究上"专家失效"现象而尝试超越西方科学、思想和宗教传统的旧有范式,结束过去两千年文化类型的发展,寻求在思想观念、科学精神和宗教灵性上的革新与突破,以便能开创一个"新时代"。由此,多元宗教思想的碰撞在当代西方社会将会越来越频仍,对基督教思想的挑战也会越来越强大。毫无疑问,这一新时代的来临将使西方宗教更趋多元化和复杂化,人们对之认识的视野也将更为开阔、更加深远。

(原载《中国宗教》1995年第2期,本文有修改。)

第二十二章

"危机神学"的著名代表——卡尔·巴特

19世纪末到20世纪初西方自由资本主义鼎盛之际，充满乐观、自信观点的基督教自由派神学曾风行一时，遍及欧美。第一次世界大战犹如大堤决口，把西方世界的表面繁荣一扫而光，自由派神学也遭到灭顶之灾。

在这时代交接之际，各种思想流派在西方不断涌现。而在神学领域中，自由派神学衰亡所留下的真空则相继为接踵而至的新神学思潮所填补，其中捷足先登、独占鳌头的便是巴特所创立的基督教"危机神学"。

"危机神学"正是当时西方经济萧条和社会动荡的产物，它所表现的悲观主义与自由派神学的乐观主义形成鲜明的对照。这种神学思潮成了基督教新教思想发展史上的分水岭，为当代基督教神学的发展树立了第一个里程碑。因此，西方思想家把巴特的神学称为"人类思想史中一次哥白尼式的转折"。[1] 说他是"从施莱尔马赫，甚至从宗教改革以来最伟大的新教神学家"，可以与阿塔纳修、奥古斯丁、安瑟伦、阿奎那、路德和加尔文齐名。[2] 因此，对巴特的生平和其神学思想展开研

---

[1] Herbert Hartwell, *The Theology of Karl Barth*, The Westminster Press, Philadelphia, 1964（哈特韦尔：《卡尔·巴特的神学》），p. 2。

[2] James C. Livingston, *Modern Christian Thought*, Macmillan, New York, 1971（利文斯敦：《现代基督教思想》），p. 324。

究,是我们认识 20 世纪基督教思想发展的重要一环。

一　生平及著述

卡尔·巴特(Karl barth)于 1886 年 5 月 10 日生于瑞士巴塞尔,其父是伯尔尼的教会史与新约教授。学生时期,他起先对历史和军事颇有兴趣,后听其牧师的劝说而改学神学,深受自由派神学家哈纳克和赫尔曼的影响。1909 年巴特担任助理牧师,两年后转为牧师,任职到 1921 年。教牧期间,他认真思考了受新教自由派影响的教会和神学之现况,他为自由派神学由于社会问题和世界大战而遭到的失败而感到震惊。他曾参加宗教社会主义运动,并企图影响本会堂的教会。

巴特于 1919 年发表了《罗马人书注释》一书,此书的成功,使他受到大学神学家们的注意,并先后被聘为格廷根大学(1921)、明斯特大学(1925)和波恩大学(1930)的教授或名誉教授,讲授神学。1935 年他因拒绝无条件地向希特勒宣誓效忠而辞去了波恩大学教授的职务,转到巴塞尔大学任教。他反对纳粹统治和与纳粹沆瀣一气的德国基督教国教会,并与其他反纳粹教会领导一起组织"自白教会"(die Bekennende Kirche)。在巴塞尔,他继续从事在波恩业已开始的《教会教义学》一书的写作。这部四卷十三册的巨著,从 1932 年发表第一卷第一册到 1968 年发表第四卷第四册,洋洋九千多页,耗时 36 年,收集了《圣经》注释、历史、哲学和教义等方面的资料,充满巴特神学的新异见解,是迄今神学界最大的神学著作之一,被许多新教和罗马天主教学者视为本世纪的经典神学著作。1968 年 12 月 10 日,巴特在故乡巴塞尔逝世。

巴特一生著述较多,生前所写的五百多篇讲道文大多在死后才出版。主要著作有:《罗马人书注释》(*Der Römerbrief*, 1919)、《论死者复活》(*Die Auferstehung der Toten*, 1924)、《上帝的话与神学》(*Das Wort Gottes und die Theologie*, 1924)、《基督教教义学草稿》(*Die christliche Dogmatik im Entwurf*, 1927)、《神学与教会》(*Die Theologie und die*

Kirche，1928）、《信仰先于理智，安瑟伦关于上帝存在的证明》（*Fides quaerens intellectum. Anselms Beweis der Existenz Gottes im Zusammenhang seines theologischen Programms*，1931）、《教会教义学》（*Die Kirchliche Dogmatik*，1932—1968）、《论信仰，教义学主要问题》（*Credo. Die Hauptprobleme der Dogmatik dargestellt im Anschluβ an das Apostolische Glaubensbekenntnis*，1935）、《福音与律法》（*Evangelium und Gesetz*，1935）、《称义与权利》（*Rechtfertigung und Recht*，1938）、《一个瑞士人的声音，1938—1945年报告及论文集》（*Eine Schweizer Stimme. 1938—1945. Gesammelte Vorträge und Schriften*，1945）、《基督徒团体与市民团体》（*Christengemeinde und Bürgergemeinde*，1946）、《19世纪新教神学》（*Die protestantische Theologie im 19. Jahrhundert*，1947）、《自由的赠与，新教伦理学基础》（*Das Geschenk der Freiheit. Grundlegung evangelischer Ethik*，1953）、《岌岌可危的偶像》（*Der Götze wackelt. Zeitkritische Aufsätze*，1961）、《新教神学导论》（*Einführung in die evangelische Theologie*，1962）、《使徒之界》（*Ad Limina Apostolorum*，1967）以及《最后的见证》（*Letzte Zeugnisse*，1969）等。

二 "危机神学"的主旨

（一）强调"人的危机"

巴特把资本主义社会的不治之症加以神学化，说成"人的危机"。从现状上观察，他认为20世纪20年代前后，俗世的弊病已达一种危急关头，"人世变成了炼狱，这是何等沉重的担子！何等难以忍受！"[1]从文化上思考，他感到基督教神学正经历一个危机时代，19世纪那种强调人类中心说、上帝内在论的乐观主义自由派神学，现已表明自身极为危险，难以挽救。他感到了整个资本主义文化的幻灭说："现在这个文

---

[1] ［瑞士］巴特：《上帝的话与世人的话》（Karl Barth，*Word of God and Word of Man*，Boston，1928），第12—14、149页及后。

化已变成一片废墟,我们也早已完全丧失了对它的信心。"①从思想上理解,他觉得这种"危机"正是上帝的审判,它遍及包括道德、宗教在内的一切纯属自然的和人为的各种领域。他认为人类所做的一切,都不过是"用一种最精明的办法来掩盖最严重的事件",②但一切都属枉然。所谓"人的危机"这种理论,从根本上说,是现代资本主义制度的危机在基督教神学中的一种反映。

(二) 认为上帝与人的思想毫无相通之处

巴特"危机神学"的主题思想是"人们寻求神的全部努力已归于失败,神高居世人之上,是与人的思想毫无相通之处的'绝对的另一体'。神能够也的确不时进入人间,但人却不能靠任何理性的思考或神秘的修炼而洞察神的奥秘"。③重新发现神、人之间的"距离"、从而发现上帝的超然外在、纯然另一体的性质,是巴特与唯理主义和神秘主义争论不休的缘由所在。在这一点上,巴特深受俄国作家 M. 陀思妥耶夫斯基(M. Dostoevsky,1821—1881)影响,尾随他寻觅所谓上帝的"神性",视之为极大的奥秘。他强调上帝超越人寰、令人敬畏的绝对另一体,把世人刻画为孤立无援的罪之奴隶,说其救赎只能靠上帝之爱的无限恩典。他对宗教改革家的思想重新加以认识:比如,对路德的神权中心论关于人神交往的神秘直觉,以及关于罪恶、信仰与恩典的观念给予新的解释;把加尔文"神的尊严"这一概念赋予他从新康德主义哲学中吸收的"宇宙意志""根源"之意义。他发挥康德关于一切外在性都不可认识的思想,对现代存在主义思潮的鼻祖克尔凯郭尔(S. Kierkegaard)所主张的"人神之间无限的本质区别"更是极力推崇。他说:"如果我有某种体系,那只是限于对克尔凯郭尔称之为在时

---

① [瑞士]巴特:《上帝的话与世人的话》(Karl Barth, *Word of God and Word of Man*, Boston,1928),第12—14、149页及后。
② 同上书,第19—20页。
③ 《当代美国资产阶级哲学资料》(第一集),商务印书馆1978年版,第114页。

间与永恒之间'无限的本质区别'的承认，以及我视此既有着积极、又有着消极的意义：'上帝是在天上，而你是在地上'。"[1]巴特坚持，神学的首要任务就是强调神人之间无限的距离；否则，神学就会蜕变为一种单纯的人类思想意识，成为一般人类文化的产物。然而，他又叹息人与上帝全然隔绝这种现状。他认为，这种灾难是由于人自比神明，企图靠自我努力来完成人生使命所招致的，世界危机正是上帝对人的惩罚和否定。他重新拾出正统神学，用奥古斯丁的"原罪论"来解释这种历史的动乱、人生的悲剧。因此，这种思潮在西方被统称为基督教新正统派神学思潮。

（三）指出《圣经》并无实践价值

巴特强调启示，其神学的中心观念便是"上帝的话"。他竭力寻找"上帝的话"，对《圣经》加以详尽的研究，并深为保罗的神学思想所吸引。在《圣经》中，他自认为发现了一个"奇特的新世界"。粗略而观，他宣称《圣经》对每一个人、每一时代提出的问题都作出了解答，人们可以在《圣经》中发现一切给人教诲的东西。然而，若仔细观察，人们则会发现，在历史、道德和宗教领域中，《圣经》并无多少真实的价值，如果要从《圣经》中寻求完善、实际的睿智和道德上的优杰，人们就会大失所望。巴特对此解释说，坦率而言，《圣经》没有什么实践的价值，这是因为它是对"'另一'、新的、更大的世界"的一种见证，因为它不属这个世界。他指出，人们在《圣经》中所发现的，是上帝不可理解的存在和行动的世界，它驱使人们超越自身、超越作为人们自我沉思之境的《圣经》，而达到上帝的世界。但一达此点，人们就遇到了危机，即清醒地看到人类一切思想和期望的相对性。也只有此时此刻，人们才准备聆听那些使匿于世界智慧之中的真理得以昭示的最后事物，而这里就孕育着否定人类的一切思想和期望的危机。

---

[1] [瑞士]巴特：《罗马人书》（Karl Barth, *Epistle to the Romans*, New York, 1960），第10页。

对于《圣经》的价值和作用,巴特评价道,《圣经》的奇特性与其启示特征有机相连,启示要求自身通过世界性中介而被接受和得以见证。不过,上帝如此选择以显示自己这一事实,则纯属上帝隐匿、奥秘之处。人们可将上帝在相对而有问题的《圣经》文献中显示自己与道成肉身的传闻和奥秘相比较。因此,《圣经》属世的特征决非如人所望的那种终将排除的偶然情况。《圣经》见证的间接性是与其启示特征完整一致的。《圣经》显而易见的人类特征或难免有错,是巴特及新正统派最一贯的看法之一。巴特与自由派神学家不同,他认为《圣经》并不具有普遍、崇高和卓越的真理。巴特说:"《圣经》是近东的古代激进宗教和希腊化崇拜宗教的文献著作,与其他任何文献一样,也是人类的文献。"①《圣经》的见证者是难免有错的世人,他们的历史和科学评价常常是错误百出的,"这种先知和使徒,……甚至在他们作为见证人、在他们写作其所见所闻的行动中,也像我们一样同属真正历史上的人物,因而,他们的行为也是有罪的,在他们所说所写的话中可能,而且实际上也会出现差错"。②当然,巴特也承认,《圣经》既是世人的话、又是上帝的话。不过,若把《圣经》作为上帝的话来揭示,就只有靠上帝恩典的奇迹,才能越过人类的局限和障碍。因此,上帝的话是作为一种赠礼降许给人,而不是世人所能独立获取的。说《圣经》是上帝的话并非意指上帝的话就明确无疑地表述在《圣经》之中,而是说明《圣经》仅仅是会"成为"上帝的话,上帝的话就是上帝的行动,所谓世人能够听到上帝的话即是指信仰"上帝的安排"。由于巴特的这种神学思想声称上帝"给人的洞察力是人所能有的最真确的洞见,它与科学、哲学所提供的知识如此不同,以致科学和哲学既不能给它支持,也不能加以反对,它们之间互不相干",③因此也常被称为"上帝的

---

① [瑞士]巴特:《上帝的话与世人的话》(Karl Barth, *Word of God and Word of Man*, Boston, 1928),第60页。

② [瑞士]巴特:《教会教义学》(Karl Barth, *Church Dogmatics*, Vol. I, 2, New York, 1936),第一卷第二册,第529页。

③ 《当代美国资产阶级哲学资料》(第一集),商务印书馆1978年版,第127页。

话神学"。

（四）否定自然神学

巴特认为，对神学的解释应完全独立于人类的思维，神学的产生是为了解释什么是上帝的安排，而不是寻找神人之间的相似和相同之处。因此，他对自然神学不感兴趣，并无情地对之加以贬损和否定。他完全抛弃了托马斯·阿奎那所主张的对上帝存在的证明方法，认为从存在上加以类推，必然把世界视为一个包括上帝在内的由下而上、递相依属的等级结构，这本身就暗示着人神之间存有共同之处。他对于近代自然神学所主张的人在自身中具有某种认识上帝的能力，把一种整体相似性、一种神人之间"存在"的相似作为先决条件，以及假定上帝的存在与人的存在类似，因而人能够脱离上帝的特有启示而获得某些关于上帝的认识这套理论，更是感到深恶痛绝。他坚持，上帝只能在其行动中才能被认识，这种行动才是上帝存在的启示；除了上帝通过圣灵在耶稣基督中使自己为人所知之外，人的精神根本无法达到认识上帝这一至高程度。世人所能形成的有关上帝的任何观念，都不过是偶像而已，必将受到上帝之话中显示的对上帝真正认识的谴责。他说，甚至启示本身也是一种掩饰，它所揭示的上帝仍是隐而不露的，因为启示往往超越一切世人的理解，让人无从捉摸。这样，巴特就彻底排斥了自然神学，他的结论是，人们只有在基督身上、从上帝重新与人和好之行为上才能看到上帝的行动，这种行动始终是一种上帝恩典的自由赠惠。

巴特还对启示与自然宗教做了明确区分。他把自然宗教贬为世人想把握上帝而进行偶像崇拜的尝试，并说这种宗教是从自然神学产生的。在他看来，世人并不真要知道真正的上帝；人因罪而对上帝存有敌意，宁愿造出既能自己控制、又能证明自身至高的那种虚伪宗教信仰的偶像来崇拜。所以，自然神学是世人与上帝疏远的标志，信奉此说的人实际上是想做只有上帝才能做的事情，竭力使自己达到如上帝那样的程度。

(五) 运用所谓辩证方法论证"拯救"思想

在阐述神学思想的方法上，巴特也学习克尔凯郭尔的所谓"辩证方法"。因此，他的神学也被称为"辩证神学"。巴特的辩证方法，并非黑格尔"绝对精神"那种按照"正、反、合"三段式的规律性、必然性的辩证发展。巴特认为在这种平滑、稳定的转换中找不到任何真理，真理只能在它们之间从未完全消除的紧张局势中来发现。他说："作为牧师，我们应该谈论上帝；然而我们是人类，因此又不能谈论上帝……因为严肃地说，谈论上帝意味着在启示和信仰的领域内谈论。"[①]他自称常为人类生活令人怀疑的本质与《圣经》内容之间的冲突所困惑，说"生活与《圣经》这两种价值比差常使我进退两难"。[②]他解释说，这种窘境的原因，是在于基督教神学以启示为基础，而启示处在永恒和时间两种世界的统一之中。启示所揭示的历史行动，既不纯然在天上，也不完全在地上，而可能是在二者间某种神秘的边缘地带；它是一种神圣的历史，我们世人不能对此加以类推。人们关于启示的语言，是由表述人类存在与上帝超越的话语交错组成。永恒与时空、天上与地下，它们的关系只能逆反地表述。人们对上帝的认识绝非直得，过去神学试用教条主义或神秘主义二法去直达真理，结果招致失败。因而只好探寻第三种办法，即辩证方法。但巴特仍说，这种辩证方法也像飞鸟永动那样，从未得到一种彻底的"解决"。他断然否定人们能从人的理性、历史和心理经验出发来认识上帝本质的那种自由派神学观点。他强调，上帝并不仅仅是大写的人而已，人在自己有限的模式中不可能获得关于永恒上帝的真理，人所能做的仅为见证上帝自我启示的逆反性质。巴特的所谓辩证方法，是由否定而产生，他称为"批判性否定"。它意味着在基督的死与复活中，上帝亲自宣布了对人的否定。一切人类存

---

① [瑞士] 巴特：《上帝的话与世人的话》(Karl Barth, *Word of God and Word of Man*, Boston, 1928)，第97—100页。

② 同上。

在，包括宗教在内，都置于上帝"否定"之下，客观世界的危机，也源于这个"否定"。这种否定形成距离，用一条"死亡之线"分离了上帝与世人。然而，正是通过审判世人，上帝才给人类以恩典；正是在上帝愤怒的"否定"中，世人才听到了他宽恕人的"肯定"。而基督的十字架，就是架通神人间不可逾越之鸿沟的桥梁。作为不可知的上帝，在耶稣身上却为人所知。"审判并非消灭，靠它一切得以建立。"因此，死和复活的危机、信仰的危机，都是以上帝的"否定"到上帝的"肯定"的转化过程，它是世人难以理解的"纯粹行为"。所以，人们应明确认识，"耶稣基督，正如他在《圣经》中为我们所证实的，是我们必须聆听、在生与死中都须信赖和顺服的上帝的话"。[①]至于宗教、教会和道德行为，仅仅在它们作为上帝"纯粹行为"的标记、见证、喻言和参考时，才具有价值。而我们世人，"今天谁要想有信心，有把握，首先就要放弃信心与把握"，"我们对自己，对人，对人的道德品质，对于道德理想，都彻底地怀疑"。[②]这恰如当代存在主义所认为的，"一个人只有坚决面对虚无，预见自身的灭亡，在极大的苦痛之中，才能把自己从幻想中解脱出来。"[③]这种在上帝对人批判性否定和人对自己批判性否定中才能得到"肯定"和拯救的思想，是巴特所谓辩证方法的精髓，它反映了神学家面对资本主义制度危机的忧虑，与自由派神学的那种乐观形成了鲜明的对照。

三 后期思想及影响

巴特的神学思想在后期发生了重要转变。例如，他在 1935 年以后出版的《教会教义学》各卷中，转向"基督中心论"的阐述，由"上

[①] 《巴门宣言》第一条，引自利文斯敦《现代基督教思想》(James C. Livingston, *Modern Christian Thought*, Macmillan, New York, 1971)，第 326 页。

[②] [瑞士]巴特：《上帝的话与世人的话》(Karl Barth, *Word of God and Word of Man*, Boston, 1928)，第 149—511 页。

[③] 《当代美国资产阶级哲学资料》（第一集），商务印书馆 1978 年版，第 126 页。

帝的话"神学转向他称为"上帝的仁慈"的神学。他认为，上帝的形象基本上是以基督一生的经历展现的，基督正是上帝的代言人。但如此展现的上帝仍是三位一体的，圣父的展现是圣子的展现的前驱，以圣灵的展现为其结果。《圣经》虽无宇宙论的解说，但确有人类学的内容，它解释宇宙存在时所提及的那些关于造物主和人类的概念是毫无意义的，但它关于上帝造物的传说却使上帝永远和信徒保持一种契约式的关系。上帝的神性本身也包含了他的仁慈、博爱，因此，世人之罪只是"相对地"存在，但这种罪最终也不能阻止上帝给人以肯定。对巴特来说，宗教改革家所宣扬的"前定论"，实为"人的不被抛弃"这一前定。这样，《教会教义学》的主题则是宣扬上帝宽厚、仁慈和拣选的福音，在他的后期神学中，世人则"被恩典所湮没。"于是，西方一些评论家认为巴特也可称为"佳音神学家"，而不仅仅是"危机"和"审判"神学家。但须指出，巴特后期神学思想的转变对整个西方基督教思想的影响，并不如他早期"危机神学"思想那样巨大、那么深远。

在政治上，巴特反对纳粹统治，谴责西方教会内外那些鼓吹进行"反共产主义的十字军远征"的人。他采取和平主义的立场，要求取消东西方之间的"铁幕"，反对使用核武器，主张罗马天主教会与新教教会应对共产主义转变态度，希望解除"冷战"状况。这种积极的意向，也使巴特的神学在后期补入了一种比较贴近现实的社会政治维度。

（原载《世界宗教资料》1982年第2期，本文有修改。）

第二十三章

"世俗神学"思想家——迪特里希·朋谔斐尔

20世纪60年代,欧美曾盛行一种"世俗神学"思潮。其代表人物声称传统神学所信奉的上帝已经死去,让人们到现实社会和世俗生活中去寻找上帝,维护自己的信仰。因此,它常被人称为"上帝已死"派神学或"激进的世俗神学"。世俗神学的产生,揭示了西方哲学和科学的发展给基督教神学带来了危机,说明社会上人们的宗教观念日渐淡薄。神学家为了摆脱这种窘境,不得不面向社会,利用世俗生活来解释神学理论,以维系宗教信仰。此外,这种构想也激励一些现代基督教思想家深入世俗社会之中,以其信者的担当来见证其信仰的神圣及超越性。这可从世俗神学的思想先驱、德国新教神学家朋谔斐尔的理论中观其大概。

一 家世生平

迪特里希·朋谔斐尔(Dietrich Bonhoeffer)于1906年2月4日生于布雷斯劳,其父是著名的医生、柏林大学的精神病学教授。朋谔斐尔1923—1924年就学于杜宾根(现译为"蒂宾根")大学,后转学于柏林大学,曾为哈纳克(Adolf von Harnack)的学生,也受到新教神学家特尔慈(Ernst Troeltsch,亦译为"特勒尔奇")的社会思想观和巴特

"危机神学"的影响。1929 年他在美国纽约协和神学院学习,其间结识著名神学家 R. 尼布尔(Reinhold Niebuhr)。回德国后他于 1930 年在柏林大学担任神学讲师,并兼任牧师。1933 年希特勒上台后,他参与反纳粹活动,曾发表题为"年青一代中'领袖'观的改变"的广播讲话,并写了《教会与犹太人问题》的文章,号召教会抵制反犹运动。1933 年秋他去英国伦敦担任牧师,并与奇切斯特主教贝尔(George Bell)建立联系。1935 年回到德国组建神学院,为拒绝给纳粹统治的"自白教会"(die Bekennende Kirche)培养牧师,1939 年 6 月他前往纽约,但几星期后又毅然决定重返德国。随之,他与反希特勒的秘密组织发生联系,并参与该组织 1942 年同英国政府的谈判。他于 1943 年 4 月被捕。1944 年 7 月 20 日一起暗杀希特勒的行动失败,他与该组织的关系也随之暴露,因而被严加监禁并于 1945 年 4 月 9 日在佛罗森堡集中营被处以绞刑。

第二次世界大战的严酷现实,以及朋谔斐尔在反纳粹活动中与一些非基督徒政治家的接触,使他对保守的传统神学和宗教观念持否定态度,而力图创立一种适应世俗社会的新神学。但因时局动荡和后来的监狱生活,他未能完成其神学思索和形成其完备的神学体系。但他的基本神学思想为后人所继承和发挥,一些重要著述也由后人整理出版。朋谔斐尔的主要著作有《神圣联盟》(*Sanctorum Communio*, 1930)、《行动与存在》(*Akt und Sein*, 1931)、《创世与堕落》(*Schöpfung und Fall*, 1933)、《继承者》(*Nachfolge*, 1937)、《共同生活》(*Gemeinsames Leben*, 1939)、《伦理学》(*Ethik*, 1948)和《抵抗与服从》(*Widerstand und Ergebung*,通常指其《狱中信札》,又译为《上帝的囚徒》,1951)等。

二 世俗神学观

朋谔斐尔在他的世俗神学中,把人类历史的发展分为"宗教时代"和"成熟时代"两个阶段。他认为宗教时代的人体现出婴孩般的幼稚、软弱和依赖,他们为内在情感所扰、对外在世界焦虑,易于在理智上不诚实、在道德上不负责;结果,他们感到人生极为不幸,心中充满绝望、懊丧和恐惧,终日陷在各种问题、需求、冲突和烦恼的围困之中;他们认为世界不可思议,一片混乱,渴望以上帝之名来弥补人类认识的裂口,防范外界的敌意和威胁,满足自我的欲望和要求。朋谔斐尔视这种宗教人格为自私、利己和不道德的,指责它与上帝的宗教关系乃是植根于为焦虑所缠的自我关注和自我反射的动因。他在《基督徒与异教徒》一诗中,曾对此做了如下描述:

> 当人渴望帮助便投奔上帝,
> 祈求他给人以救助、平安和生计,
> 怜悯他们的病苦、罪孽或死命;
> 基督徒与不信者:人人都同行无异。①

在这里,他把宗教看作尚未成熟之人软弱、依赖、畏惧和恐罪感的反映,因为害怕和焦虑之人需要宗教的保护,绝望和悲观之人需要宗教的安慰,畏罪和自责之人需要宗教的赦免。而这种宗教的上帝则被朋谔斐尔称为笃信宗教者的"意外救星"。他说:"人的宗教虔诚感使人在其不幸中指望上帝在世上的权能:上帝还是那意外的救星。"② 所谓"意外的救星",原意为"机械之神"(Deus ex machina),是古希腊舞台上利用设置机关来操纵的道具。当戏剧情节表现出世人无法解决的困境,便由机关把神放下,作为解围的神力来解决戏剧中的危机,并使全剧借以收场。由此可见,宗教时代的神灵乃是人为的、非真实的,它只是像希腊舞台上的"机械之神"而被人作为"应急之物"或"权宜之计"。与人类的软弱、无能相对比,这种神灵又被赋予全能、绝对的性

---

① [德]朋谔斐尔:《狱中信札》(Dietrich Bonhoeffer, *Letters and Papers from Prison*, New York, 1972),第348页。

② 同上书,第361页。

质，由此而有神人之别。

朋谔斐尔认为人类的"成熟"时代则与宗教时代截然相反。他宣称，自13世纪以来，"世界的成熟时期"就逐渐形成，人们开始探讨怎样在无"上帝"的前提下依然能够获得生存。他认为20世纪中叶实质上为宗教时代的终结，人们正在"步入一个全无宗教的时代"，成熟的人类已"从根本上非宗教化了"。在他看来，成熟之人独立、自由、充满信心，完全具有自主的人格，他们在处理世事时雍容豁达，在生活与行动中勇于负责，并不求助于那模糊不清、似有大能的神灵。朋谔斐尔声称，人类这种自治能力的发展在西方历史中曾经历了四个阶段：第一，早在13世纪，就有一些社会理论家在勾画摆脱宗教主张和机构之权威而得以自主的人类新形象；第二，启蒙运动清楚地说明了人类理智的自主性，理性本身就已足够，无须所谓更高的宗教权威；第三，在19—20世纪，人类自主性已发展到能够控制自然力量，而其社会理论和组织则完全独立于教会的裁决；第四，人类心理的成熟使其自主性深入内心，它标志着人类自主运动日臻完善。

朋谔斐尔把18世纪人类达到理性独立视为进入世界成熟时代的决定性一步，他强调人的自主并不是由自然、神启或想象中的人类新形象恩赐的，而是人通过自觉运用独立理智取得的。人相信理性的完善，无须别人的指导；人能自由寻求知识和真理，无须求助神灵的启发。随着历代悬而未决的疑难问题一个个被理性所解答，用"上帝的假设"来填补人类认识空洞的需要也逐渐消失。他说，技术组织的发展使人独立于自然，社会机构的健全保护人免遭不测和命运的打击。尽管受苦、死亡和犯罪这类"所谓终极问题"仍存在于成熟时期人类的经验中，但现代社会并不靠基督教来提供唯一的回答。要医治这类创伤，人类有多种选择可用，也根本用不着考虑上帝，所以，没有必要使人因这类问题而去皈依宗教。虽然依赖宗教者仍不乏其人，但他认为这些人不过是现代公众生活的背景而已，真正健全、标准和典型的人类范例是自主的人类而非宗教的人类。

三 宗教与基督教的关系

既然朋谔斐尔对传统宗教大加贬损，宣称人类已达成熟之年，那么他对基督教又该怎样看待呢？在他眼里，宗教与基督教两者之间又是一种什么关系呢？

朋谔斐尔承认基督教一直是宗教的某种形式。但他反对把过去的基督教与这种宗教性联系在一起。在他看来，现代基督教神学的主要形式仍然把宗教与基督教信仰相等同。因此，神学家们把现代西方历史向自主的每一步新发展都看作信仰的丧失，从而认为历史发展与其信仰背道而驰。他不同意这种依附于宗教麾下的神学，并描述了这类神学衰落史的三个过程。第一过程在现代历史的早期，基督教会和其神学家们把人类自主的每一论断都当作基督教信仰的大敌而加以猛烈攻击，如天主教攻击哥白尼的天文学，新教反对达尔文的生物学等。这种攻击一方面使理性和人类自主的宣传者朝着反基督教的方向发展，另一方面则导致教会与现代文化的主流发生异化。世俗文化日益成为无神的文化，而教会则被限于社会上少数不适应环境之人的不幸领域之内。教会攻击战略的失策迎来了神学衰落的第二过程，即投降、让步的策略逐渐取代攻击的态度。在理智上，这种投降表现为康德神学把上帝从理性认识的领域排斥出去，"上帝"之名只是用来回答人类思想无法解决的问题。而在日常生活中，上帝则被推到边缘地带。宗教在公共文化领域与社会上的失败，使其神学只得退守到最后一道防线，即注重于个人内心生活中暧昧之处和薄弱环节。这就是神学衰落的第三过程。于此，宗教只能在个人内心世界的隐蔽之处发掘尚未解决的问题和冲突。其结果，宗教神学在理论和实践上都成为纯个人主义的，只有个人和其内在生活才能为上帝提供一块安身立命之地。此外，人的内心冲突，情感生活的暧昧等超越了人的驾驭范围，特别是人的死亡感更使人触及其自主性的极限，这些情况暴露了人类本性的有限，从而为人与上帝相遇提供了时机。但是，朋谔斐尔认为这种神学在现代社会依然站不住脚，因为死亡、犯罪与受苦等威胁人类自主性的所谓终极问题并不必然就引人进入宗教之途。随着人类不断用其理性昭示自己内在生活的奥秘，并发现新的办法来完成人的自我转变，皈依宗教也就不再是解决人生难题的迷人而必由之路了。

朋谔斐尔认为基督教的本质特征是信仰而不是宗教，信仰并非宗教的形式而是人类成熟和强大之源。因此，他主张基督教信仰必须与宗教分裂，认为二者从前的联合歪曲了基督教的本质。在人类的幼年时代，宗教所表述的依赖性和软弱性与人的真实状况相吻合，因此，宗教曾是基督教的"外衣"和"表述形式"。但基督教在宗教时代以后的世界中仍能生存，它可与人类的成年相协调，与世俗时代相适应；因而幼年时代的"外衣"不仅多余，而且碍事。所以，朋谔斐尔主张将基督教"非宗教化"，对之进行"非宗教性的解释"（nichtreligiöse Interpretation），从而确立一种"非宗教的基督教"。① 显然，朋谔斐尔在此将"宗教"作为一种贬义、否定的概念来理解，而将"信仰"作为一种不同于"宗教"的、体现积极、肯定和褒义之意蕴的精神表述。这种现象基于西方语言文化传统，却无意中与当下汉语世界中对中文"宗教"术语作贬低、否定之义来看的现象相映成趣，颇值玩味和思索。

朋谔斐尔还把《圣经》与宗教相区别，要求教会允许《圣经》体现其本来面目和真实特征。他认为宗教只涉及人类存在的某些方面，《圣经》则牵涉人类的全貌；宗教只注重超验世界，《圣经》则重视现实社会；宗教将人的灵魂精神与其肉体相割离，把人的内在感受与外在行为相分裂，《圣经》则强调灵魂与肉体的共存和结合。因此，无所不包的《圣经》可以弥补宗教的不足和有限性。

根据此论，他进而反复强调基督教的"属世性"。他声称基督教所信仰的上帝并非那反映了人类依赖、软弱性的"意外的救星"。恰恰相反，《圣经》所揭示的是使人能独立、自信、并得以发挥其潜能的上

---

① ［德］朋谔斐尔：《狱中信札》（Dietrich Bonhoeffer, *Letters and Papers from Prison*, New York, 1972），第 282 页。

帝。因此，上帝"不是在生活的边缘而是在其中心"，不是弥补人类科学知识不足的假设，而是可在人们确知之事上觅见的实有。他号召人们要在世俗生活和现实社会中寻找上帝，在人类的生存和活动中承认上帝，在健康、青春和勃勃生机中发觉上帝，而不要等到智穷力竭之时、死亡来临之际或身陷苦难、罪孽之境才仰望苍天，渴求神灵。这样，朋谔斐尔一个圈子又兜了回来：他把上帝从生活的边缘赶出去，却又把上帝请进现实生活的中心；他否认有冥冥之中行奇迹的神力，却又承认在日常事物中存在为人察觉的上帝。他甚至表白说，许多人由于奇迹的消失而得出不再有上帝的结论，这只是一种误解，因为上述一切仅仅意味着人类幼儿阶段的训练已告结束，人类已经成熟，从而不再需要奇迹来支持那种对上帝摇摇欲坠的信仰。所谓上帝被排斥在宇宙之外，不过是被推往其十字架的另一边而已。人们目前需要做的，乃是在每日生活中的每件普遍事情上都可以看到上帝。[①]

四 基督教应信仰上帝的无能和受难

与传统宗教信奉神的万能和权威相反，朋谔斐尔认为基督教应信仰上帝的无能和受难。对现实来说，只有那受难的上帝才有助于人。他反对福音派教会所宣扬的"廉价的恩典"，说他们以路德的"因信称义"为幌子而免除基督门徒所应尽的职责和义务。为此，他强调指出"付出代价的恩典"，声称基督的门徒要自甘受苦受难。他认为，上帝的"行动"是通过基督和教会在历史中的"存在"而体现出来；在这里，教会就是基督的体现，正如基督就是上帝的体现那样。所谓"道成肉身"，正说明上帝变成了人，把整个人类的本性，把人的懦弱、罪孽、腐败和背叛都归咎于己，承担责任。在他看来，人的本性作为受造物来

[①] 相关内容参见 [德] 弗里斯、[德] 克里齐马主编《神学经典人物》（第 2 卷）（Heinrich Fries, Georg Kretschmar hrsg., *Klassiker der Theologie*, Bd. 2, Verlage C. H. Beck, München, 1983），第 376—403 页。

说乃社会性的,而人的"堕落"也同样是共同性的。原罪的教义即意指整个人类在罪恶之事上休戚相关。同理,人类的得救也一样为全体性的。耶稣基督是全人类的"代表",通过他的生、死与复活,及其门徒们的共同生活而使属于亚当的人类转变为属于基督的人类。他声称,耶稣来到人世并不是要号召人们面向某种新宗教,而是要直接面向生活,基督无论是作为创世的个体还是作为被钉十字架的救主,都是以谦卑的身份在现实生活中出现,以便使世界与上帝和好。

另外,朋谔斐尔也不同意传统基督教接受社会现状,仅去满足个人宗教需要的说教。他认为基督徒应该关心社会问题,有义务去改变被压迫者的命运。他把参与反对社会邪恶的政治斗争视为参与上帝在世俗生活中的受难,并说这种斗争无论成功与否都会体现出基督教的坚贞信仰。以前,宗教徒无视人生,整天徒劳无益地幻想超越自己的人性、脱离其存在的世界。而上帝却以其"道成肉身"的降临成为真正的人来肯定人生。因此,他让人服从上帝的审判,不受人世成功标准的束缚,以便像基督升天那样获得新的人格。人的成熟就体现在对自身人格的肯定和自信,而人之所以成为人是因为"上帝变成了人",承担了人生的责任。上帝派圣子耶稣来人世自背十字架而为世人赎罪,并不是来指责人、对他人问责。所以,人向上帝的靠近也只能是勇于承担自己的责任,像救主那样真正成为人。

依据基督教的"非宗教性",他强调上帝的意志并非一套事先规定好的制度或程式,而是在生活的不同形势下随时更新、随时变化的。因此,不要用固定不变的宗教观念来作为信仰的先决条件。他认为,真正道德的生活,实为单纯与睿智的结合,还如耶稣所说:"灵巧像蛇,驯良像鸽子"(《圣经新约:马太福音》第10章第16节)。单纯指一心一意追随上帝,睿智则指熟知世故,能在现实社会中应付自如,这两者的结合即体现在基督身上的上帝与世人的统一。

朋谔斐尔的上述神学思想在其生前影响不大。20世纪50年代,他的主要著作《抵抗与服从》(《狱中信札》)、《伦理学》等陆续翻译出版,开始引起基督教思想界的注意。1963年,英国圣公会主教罗宾逊

(J. Robinson)出版《对神老实》(Honest to God)一书,使朋谔斐尔的激进观点广为人知。随之,"世俗神学"风靡欧美,神学激进派对"上帝之死"大发议论。瓦汉尼(G. Vahanian)认为上帝之死乃是"一种文化事实",现代社会的世俗化使人失去了所有对上帝的经验和对超验的感知。阿尔泰泽尔(T. Altizer)则声称:"我们必须承认上帝之死是一个历史事件:上帝已经在我们的时代、我们的历史和我们的存在中死去。"[①] 考克斯(H. Cox)也说《圣经》的世界观是清醒认识自然世界的标志,从而排除了任何对自然力量、社会秩序和意识形态的偶像崇拜。其他神学家如汉密尔顿(W. Hamilton)、范·布伦(P. Van Buren)等人也尾随朋谔斐尔,宣称上帝作为天父的形象已经死去,说这种形象只是弗洛伊德所指人类软弱和依赖性的心理投射,现代人已经不再需要上帝作为"满足需要者"或"解决问题者"。这些神学家大力发挥朋谔斐尔的思想,使"世俗神学"成为西方60年代的重要神学思潮之一,朋谔斐尔也因此遐迩闻名。

朋谔斐尔这套"世俗神学"的理论,一方面使教会中的保守派目瞪口呆,另一方面又启发其激进派进一步摆脱神学教义的束缚而投身社会活动。他想借此解决现代基督教神学所陷入的困境,却又导致了神学界新的混乱和危机。因此,朋谔斐尔的理论虽然给基督教怎样适应现代社会带来了一线希望和启发,却最终成为正统教会不敢问津的禁果。

(原载《世界宗教资料》1984年第1期,本文有修改。)

[①] 卓新平:《当代西方新教神学》,上海三联书店2006年版,第78页。

第二十四章

论朋谔斐尔的"非宗教性解释"

在当代西方基督教神学讨论中，人们对德国新教神学家朋谔斐尔（Dietrich Bonhoeffer，1906—1945）的"非宗教性解释"（nichtreligiöse Interpretation）一直众说纷纭，争论不休。所谓"非宗教性解释"，是指朋谔斐尔在狱中书信《抵抗与服从》①中针对基督教近现代以来的发展而提出的"在成熟世界中对《圣经》概念的非宗教性解释"。这一思想最初表达于他在 1944 年 4 月 30 日所写的一封信中，他说："有个问题一直在萦绕脑际、使我坐卧不宁，这就是今日对我们来说，基督教究竟是什么，基督究竟为何人。通过话语——无论神学或虔敬的话语——对人表述的时代已经过去；同样，崇尚内心和天良的时代，也就是说，整个宗教的时代都已结束。我们正步入一个全无宗教的时代；人类的宗教情感竟会在瞬间荡然无存。"②此后，他便不断对"成熟的世界""非宗教性解释"和基督教的"神秘意义"等议题加以思考，并提出诸如"谁是上帝""我们今日的基督是谁""我们真正信仰什么"这类问题。由于朋谔斐尔只遗留下一些断简残篇，思路很不连贯，因此，人们对其主导思想有着种种推测和发挥。摆在我们

---

① 指他在狱中所写书信和随感，后由其好友贝特格（Eberhard Bethge）汇编成书，题名为《抵抗与服从》（*Widerstand und Ergebung*），英译本题为《上帝的囚徒》或《狱中信札》。

② [德] 朋谔斐尔:《抵抗与服从》（Dietrich Bonhoeffer, *Widerstand und Ergebung*, Kaiser, München, 1977），第 305 页。

面前的问题是,朋谔斐尔的解释究竟是一种全然不同于过去一切神学探讨的新解释,还是一种仍以基督教教义为前提、以传统神学思想为基础的新发挥?针对这一问题,我们有必要对其"非宗教性解释"加以剖析。

一 朋谔斐尔的"宗教"概念

要弄清朋谔斐尔"非宗教性解释"的确切含义,我们首先应弄清他的"宗教"概念究竟是什么,他对"宗教"究竟做何理解。

在朋谔斐尔的神学表述中,宗教与信仰、宗教与启示、宗教与基督教二者有联系,但并不是一回事,不能等量齐观。早在学生时代,朋谔斐尔就提出了"宗教"与"信仰"的不同。所谓"宗教"在他的理解中是指人类的"自我称义",它表现了人类主体意识的虚幻追求,以便达到彼岸,以求设定神灵、获得帮助和保护。他认为,巴特是第一个开始对"宗教加以批判的神学家。但遗憾的是,巴特虽然已开始构思一种'非宗教性'的基督教,却未能透彻考虑这一思想,将其付诸实施。在对神学概念的非宗教性解释中,他没能给予任何具体的行动指南,教义学中没有,而伦理学中也无"。[①]其结果,巴特的"启示神学"只能达到一种"启示实证主义"而已。在巴特的神学中,宗教仍被作为信仰者不可避免的标志而得以保留。但朋谔斐尔认为,宗教现象不再是一种永远伴随着人类的基本状况,这种现象作为历史已经终结、去而不返。为此,他将"启示"与"宗教"加以严格区分,而对"宗教"中的形而上学、个人主义、特权思想、片面性,以及"机械之神"诸因素严加剖析和鞭笞,认为"宗教"不过体现了人类之"未达成熟",而如今则已成"多余之物"。

---

① [德]朋谔斐尔:《抵抗与服从》(Dietrich Bonhoeffer, *Widerstand und Ergebung*, Kaiser, München, 1977),第359页。

(一) 启示与宗教

在其早期著作《神圣联盟》（Sanctorum Communio）中，朋谭斐尔还承认宗教与启示、基督教会与宗教社团之间的必然联系。他说："作为开创者和榜样，耶稣也是一个宗教社团的创建者，当然这并不指基督教会（因为基督教会在圣灵降临之后才有）。"① 在《抵抗与服从》中，他也说："'基督教'曾一直是宗教的某种形式（或许是其真正的形式）。"② 因为，宗教是信仰周围的一层外壳，不可能有信仰而无宗教。这样，宗教便与启示紧密相连。但朋谭斐尔认为，这种意义的宗教有"真正的宗教"和"虚假的宗教"之分。若宗教要独立于启示，与之并驾齐驱，妄自为尊，它就走向了启示的反面，而必须加以摈斥。所谓启示，乃一种"行动—存在的统一体"。他说："上帝的自由不是来自人类，却是为了人类。基督便是上帝自由的话语。上帝存在，就是说，他的话语在教会中为人把握和占有，……如果这证明了对上帝自由的真实理解，那么我们从对启示纯行动性理解出发，就能达其存在的概念。"③ 在基督教会中，启示在空间上有了具体的处所，在时间上获得了广延。因此，启示不仅是行动，而且也是存在。教会的本质不应是宗教社团，而应是启示在时空中的存在标准。也只是因在这时空之中，信仰才被表述为虔信的形态，启示才被表述为宗教，教会也才被表述为宗教社团。所以，朋谭斐尔强调，"必须清楚说明，在基督的社团中，信仰采用了宗教的形式，宗教因此才称为信仰"。④ 只有当宗教服从于启示、为启示所采用时，它才能称为"真正的宗教"。凡与启示背道而驰的宗教，

---

① [德]朋谭斐尔：《神圣联盟》（Dietrich Bonhoeffer, *Sanctorum Communio*, Kaiser, München, 1960），第104页。

② [德]朋谭斐尔：《抵抗与服从》（Dietrich Bonhoeffer, *Widerstand und Ergebung*, Kaiser, München, 1977），第305页。

③ [德]朋谭斐尔：《行动与存在》（Dietrich Bonhoeffer, *Akt und Sein*, Kaiser, München, 1978），第68页。

④ 同上书，第132页。

则只能是"虚假的宗教"。他反对把基督教与这种宗教联系在一起,认为基督教信仰与基督教所采取的宗教形式是有区别的。尽管教会有着"宗教"的外衣,保留着"宗教"的形式,却是站在"启示"一边,隶属于"启示"。这里,我们可以看到朋谔斐尔深受巴特"启示神学"的影响。他说:"不是宗教,而是启示,不是宗教社团,而是教会。这意味着耶稣基督的真实。"①教会体现了启示在人世间的纯然统一,与行将消亡的宗教有着本质的区别。在他看来,人们可接近之神应该是"启示之神"(Deus revelatus),但只有在基督教会之内才有启示和真正的信仰,而一切教会之外的、与基督教"真实"格格不入的思想和崇拜则叫作"宗教"。"宗教性"的人们是属"亚当"的生灵,罪孽深重、无以自救,只能借"宗教"这块礁石来安身立命。这里,我们好像又听到了基督教神学中"教会之外绝无拯救"(extra ecclesiam nemo salvatur)的历史泛音。

由于"宗教"一词含有诸多否定意义,朋谔斐尔便不再使用"真正的宗教"和"虚伪的宗教"来以示区别。在《抵抗与服从》中,他干脆把"宗教"作为否定性概念,用以表述人类信仰的堕落。基督教应是对上帝"启示"的忠贞信仰。"宗教"则不可同"启示"相提并论。而依附于宗教麾下的神学也不过是"基督真实"的丧失,只能走向衰落。这便是朋谔斐尔批判"宗教"的理论前提。

(二)"宗教"的特征

所谓"宗教性理解",即体现了朋谔斐尔对"宗教"特征的理解。针对这些特征,他展开了对"宗教"的批判。

"宗教"的第一个特征是宗教中的"形而上学"。朋谔斐尔认为,宗教性解释的一个方面就是上帝问题上的"形而上学观"。由于人在宗教中与"亚当"同在,从而失去了与上帝的神圣联盟。而宗教中的

---

① [德]朋谔斐尔:《神圣联盟》(Dietrich Bonhoeffer, *Sanctorum Communio*, Kaiser, München, 1960),第104页。

"上帝"不过是一种形而上学的产物,被定义为"绝对、超越和无限之概念"。人们把上帝描述为一种设想中无与伦比、至高无上的本质,从而将其存在转移到思维领域。朋谭斐尔抱怨说,在西方哲学发展中,《圣经》信仰也被死死框在这种形而上学模式之中,成为毫无生气的教条。这种超自然的、神话式的僵化与基督福音相距甚远,使人感到陌生、迷惘。在宗教形而上学的束缚下,基督教也只能寻求一种超越,而对人世沧桑、芸芸众生不屑一顾。上帝成了远离人寰的超然存在,宗教的渴慕使人们仰望苍天,希冀在天国的屋宇中找到自己的归宿,获得心灵的安慰。这样,形而上学驱使基督教静止地思考此岸世界与彼岸世界,片面强调在彼岸的获救。朋谭斐尔不同意这种形而上学本体论的上帝概念,认为基督教的上帝只在历史中启示了自己。当然,上帝在历史中仍为"隐匿之神"(Deus absconditus),不为世人把握。在他看来,在上帝问题上不存在认识论意义上的超越性,"上帝的'彼岸'决非我们认识能力上的彼岸!认识论上的超越性与上帝的超越性毫不相干"。① 上帝的超越与"彼岸",只能从伦理和社会的角度才能真正理解,并无形而上学的抽象。

"宗教"的第二个特征为宗教中的"个人主义"。宗教中的形而上学与个人主义是密切相关的,前者强调认识论上的超越,而后者则侧重道德论上的内在。朋谭斐尔把宗教的"个人主义"解释为宗教对个人隐私的关心、即所谓灵魂深处的拯救。宗教的时代实际上是"内在和良心的时代","人们认为,人类的本质体现在最内在、最深蕴的背景之中,人们称此为人的'内在性'。考虑到人的这些隐秘,那么上帝就有了势力范围!"②靠宗教的内在性,人们至少可以在"个人领域",在"内心世界",或在"私人事务"中窥见上帝。只要人们还有个人的隐私,宗教就会乘虚而入,施加影响。这种宗教"个人主义"声称能提

---

① [德]朋谭斐尔:《抵抗与服从》(Dietrich Bonhoeffer, *Widerstand und Ergebung*, Kaiser, München, 1977),第308页。

② 同上书,第305页。

供灵魂上的帮助,为个人谋取内心的幸福,最终实现灵魂的得救。在这一意义上,朋谔斐尔将新教中的"虔敬派"视为企图把基督教囿于宗教之内的最后尝试。但他反对把基督教降为一种单纯拯救灵魂的宗教,认为基督福音的传播并不是仅为个人灵魂的得救。他说:"'心灵'在《圣经》中的意义并不指个人内在,而是指整个人类,指上帝面前的人生。既然人类能从'外向'转为'内在'、又能从'内在'转为'外向',那么认为人的本质在其个人灵魂背景之中的看法,则完全不合情理。"① 基督教的联谊不是心理的即灵魂的,而是圣灵的、即精神的真实。这里,朋谔斐尔强调了基督教联盟的社团性与集体性,以求克服这种宗教个人主义倾向。在他看来,"宗教性解释"中的个人主义与《圣经》的福音和现今的人生都是格格不入的。

"宗教"的另一个特征为其"片面性"。由于宗教的"先验"臆断,宗教只能囿于自己的领域,与其他人生领域相隔绝。宗教的偏执和片面使其信奉的上帝只有小范围的影响。而随着社会世俗化的过程,它原在社会学和心理学意义上的世袭领地也丧失殆尽。宗教唯自独尊、唯自独大,走不出自己的小圈子,这就是其悲剧所在。朋谔斐尔坚持信仰乃一种整体的、包摄人生的行为,而宗教的作为只有局部的意义。为此,他警告基督教会不要画地为牢,只关心自我防卫,否则就会陷入被人遗忘的宗教窘境。

朋谔斐尔批评得最尖锐的是宗教中的"机械之神"观。这是"宗教"最典型的特征。所谓"机械之神"(拉丁文:Deus ex machina),意指"意外的救星",原为古希腊罗马舞台上剧情发展到高潮时用机关送出的神灵,以便扭转局面,解决危机。朋谔斐尔讽刺宗教中这种"全能、全知、全在"的上帝观为未成熟人类的"应急之物"和"权宜之计",是其精神药铺中包除百病的"万灵妙药"。他认为,"这种观念又使宗教从真实生活中逃遁,躲避它在成熟世界中的责任。宗教习惯于

---

① [德]朋谔斐尔:《抵抗与服从》(Dietrich Bonhoeffer, *Widerstand und Ergebung*, Kaiser, München, 1977),第379页。

在某种补偿中得到满足"。①宗教中的"上帝""或是为了表面上解决本不能解决的难题,或是为了在人类失败时予以支持"。②在朋谔斐尔看来,这种"机械之神"乃是利用了人的软弱和局限,它就像一位"魔术师",在人们无能为力时神奇般解决了所有问题,填补了人类认识的空缺。而当人们通过理智和科学能独立解决人世问题时,它又在受苦、死亡和犯罪这类"所谓终极问题"上显示自己的存在,让人对之顶礼膜拜。朋谔斐尔坚决反对把基督与这种"答案""解救"或"万灵妙药"混为一谈,使其贬为宗教中的"机械之神"。他把《圣经》中的上帝信仰与其他宗教严加区别,并明确指出:"人的宗教虔诚感使人在其不幸中指望上帝在世上的权能,上帝还是那意外的救星。而《圣经》却向人展示了上帝的无能和受难,只有那受难的上帝才给予人帮助。"③世界的成熟使虚假的上帝观得以清除,人们便能更好地认识《圣经》中的上帝,这位上帝正是靠其"无能"而在世上赢得了权能和空间。

最后,宗教的特征还体现在它的"特权思想"和"唯我独尊"之上。朋谔斐尔指出,宗教在历史发展中往往要表现自己的优先和独特。它以天国的代表和神灵的化身来君临人类、管辖众生,用体现神意来滥用权力,无所不及甚至专横跋扈,打击异己。人们把宗教视为秩序、权力,甚至思想的最大保障,听任宗教统摄一切而不敢越雷池一步。朋谔斐尔认为这种现象极不正常,说它反映了人类不成熟和愚昧的状况。对于思想认识的模式化,对于人求拯救的机械过程,以及对教会制度的僵化,他表示了极大的不满。他要求根除宗教那套君主宗法制的统治,劝导牧师和神学家们放下"人生和真理监护人"的架子,呼吁教会"参与这个世界的社会生活,不要去君临人类,而要

---

① [德]贝特格:《迪特里希·朋谔斐尔传》(Eberhard Bethge, *Dietrich Bonhoeffer. Eine Biographie*. Kaiser, München, 1978),第983页。

② [德]朋谔斐尔:《抵抗与服从》(Dietrich Bonhoeffer, *Widerstand und Ergebung*, Kaiser, München, 1977),第307页。

③ 同上书,第394页。

去帮助人类，服务人类"。①

朋谔斐尔对宗教的批判，有着深刻的思想历史背景和严峻的社会现实背景。西方近代的发展，不断揭露出宗教中的缺陷，抨击着宗教中的陋习。而教会中的守旧人士要抱残守缺，不愿革新，也使教会在历史潮流中渐渐落伍，与社会发展格格不入。处于第二次世界大战之中的朋谔斐尔目睹了教会对法西斯淫威的无能为力，而有些人竟与纳粹统治沆瀣一气，更使他无比悲愤。作为一个宗教思想家，他深感基督教会反省自新的必要和迫切。但作为一个虔诚的基督教徒，他也不会放弃自己的信仰。因此，他认为基督教的本质是信仰而不是宗教，教会中的弊病和腐败都与宗教有关，不能为此而玷污了信仰。他主张基督教必须与宗教分裂，脱掉宗教这件人类幼年时代的"外衣"，以恢复基督教的信仰本质。这样，在成熟的世界中，基督教能与人类继续生存下去，而宗教只会逐渐消亡。不过，很显然，朋谔斐尔在此论及的"宗教"有其特定含义，而非泛指。

二 "世界的成熟"

世界的"成熟"即指世界的"自主"，不再依附于宗教之"上帝"的监护。它充分体现了成熟人类在各个生活领域中的自我责任感。朋谔斐尔指出，世界的成熟是人类近几百年来发展的结果。"这是一个伟大的发展，导致了世界的自主。在神学上，首先是起因于赫尔伯特。他声称理性对于宗教认识就已足够。在道德上，蒙田、博顿用生活准则来取代了宗教戒律。在政治上，马基雅维利则将政治与一般道德相脱离，并创立了国家理性的学说。此后，H. 格罗齐乌斯把天赋人权作为国际法而提出，并强调其有效通用，'etsi deus non daretur'，'就是当上帝根本不存在时'也依然如此。这一思想在内容上与马基雅维利各不相同，

---

① [德]朋谔斐尔：《抵抗与服从》(Dietrich Bonhoeffer, *Widerstand und Ergebung*, Kaiser, München, 1977), 第 394 页。

但在追求人类社会自主这一方向上,却是一致的。最后,哲学家们也写下了结尾的一笔:一方面是笛卡尔的自然神论:世界是一自动而必然运行的体制,用不着上帝插手而能自行运转;另一方面是斯宾诺莎的泛神论:上帝就是自然。从根本上讲,康德是自然神论者,而费希特、黑格尔是泛神论者。人类和世界的自主,处处成为思想的目的。(在自然科学上,事情很明显是从库萨的尼古拉、乔尔丹诺·布鲁诺,以及他们关于世界无限的——'异端'——学说开始的。古代的宇宙,以及中世纪宣扬的受造的世界,都是有限的。一个无限的世界——不管它是否曾被人如此设想以自身为根基,'就是当上帝根本不存在时'也依然如此。当然,现代物理学对世界的无限性又提出了怀疑,但也不会再回到以前那种有限性的想象。)上帝作为道德、政治和自然科学上的假设已被取消,被克服;而他作为哲学和宗教的假设也遇到了同样的命运(如在费尔巴哈那里!),目前还能在哪儿为上帝保留空间呢?"[1]自康德以来,人们已把上帝推到经验世界的彼岸,要回到童年时代的梦幻王国已无路可寻!人类成熟标志着人不再依赖于自然、不再害怕所谓"命运的打击"。面对成熟世界中人类的自主,宗教中的"机械之神"已成为多余之物,而教会也像经历着一场噩梦。

但是,朋谔斐尔并没有因此而走向无神论。他用基督被钉十字架而又复活来解释了这一"成熟",并说在这貌似无神的世界中却看到了信仰的希望。他说:"我相信,上帝能够,而且也将从一切事物中让自己显现,其中包括显现在任何善、恶事物之中。"[2]他还认为,基督教会能在这场吞噬传统的熊熊火焰中像凤凰涅槃那样获得新生。所以,朋谔斐尔对"世界的成熟"和"人类的自主"是一种"神学"式的理解,而不是"哲学"式理解,更不是"无神论"的理解。所谓"非宗教性解释",不过是要革除基督教中的传统弊端;而所谓"非宗教的基督教",

---

[1] [德]朋谔斐尔:《抵抗与服从》(Dietrich Bonhoeffer, *Widerstand und Ergebung*, Kaiser, München, 1977),第392—393页。

[2] 同上书,第20页。

也不过是要基督教回到现实、回到社会之中。下面，我们可看他如何解释"成熟世界"中的人生和教会。

(一) 非宗教性的现代人

与世界的"成熟"相适应的，是人类"宗教性"的丧失。人们开始探讨怎样能在无"上帝"的前提下获得生存。朋谔斐尔认为，这一过程早在13世纪就已开始，而到20世纪中叶，世界实际上已宣告了人类"宗教"时代的终结。在西方历史中，人类自主的发展曾经历了四个阶段。

第一，自13世纪便开始了人类自主的发展运动。其标志是科学、社会、艺术、伦理和宗教等发现了自有的客观规律。科学的分工、社会生活领域的区别增进了人类的自我主体意识，而包摄一切、混沌、笼统的思维方式也被逐渐打破。在这种形势下，一些激进的社会理论家便摆脱宗教世界观的束缚，不顾宗教机构的权威而开始勾画独立、自主的人类新形象。

第二，启蒙运动高度评价了人类理智的自主性。人们试图用理性说明一切，解释一切。宗教权威则被抛在一边，上帝的仲裁也无人问津。科学、艺术、文化、伦理都以人类理性为准则，在这个理性巨人面前，上帝的光辉终于黯然失色。朋谔斐尔把人类达到理性独立视为世界成熟的关键一步，因为人的自主正是通过运用独立理智而达到的。

第三，19—20世纪以来，人的自主发展到能够控制自然、征服自然，人的社会理论和组织、国家、政体也完全独立于教会而发展。面对人类充分的自信和无限的能力，宗教已丧失其安身立命之地，全能的"潘神"[①] 终于死去，"'上帝'作为我们无能为力时的假设和替补已成多余。"[②]

[①] 希腊牧神"潘"（Pan）因与希腊文"全"同音而发展为表示包罗万象的全神。全能、全知、全在的上帝观念不复存在，在西方一般用"潘神"之死来象征。

[②] ［德］朋谔斐尔：《抵抗与服从》（Dietrich Bonhoeffer, *Widerstand und Ergebung*），第413页。

第四，人类心理的成熟使其自主性深入内心，就连所谓"终极问题"也能找到人类的回答，而无求于"上帝"的帮助。"既然今天人类已不再对死亡感到恐惧、不再懂得何为原罪，难道死与罪还是真正的终报吗？"①朋谔斐尔指出，在人类自主运动日臻完善的今天，人们对这些终极问题已无须借助于宗教、不必乞求于神灵就能解决，如存在主义哲学、心理治疗等"世俗方法"就可提供解答疑难的钥匙。

既然现代成熟之人的"宗教性"已荡然无存，宗教的二元世界观也就随之崩溃。成熟的人类生活在统一的世界之中，不承认有一个上帝的、神圣的和超自然的"彼岸"世界来与世俗的、人间的和自然的"此岸"世界相对立。对于二元世界观得以纠正，朋谔斐尔表示赞许。但他又说："我要强调，不应把上帝仍还偷偷放在某个最后的隐蔽处，应该干脆承认世界和人类的成熟；不要'败坏'人类对属世性的兴致，而要使他在最强之处面对上帝。"②这样，他虽放弃了上帝的彼岸意义，却在世界的统一性中仍明确维护上帝的存在。

（二）非宗教世界中的教会

如果"宗教"被视为"基督之外的存在"，那么基督教会在"非宗教性的"世界中就不应再保留这件"宗教外衣"。朋谔斐尔希望去掉基督教的"宗教形式"，而保留其信仰精神。但教会的近代发展，却使他大失所望。

他的失望就在于教会对现实世界的态度：对于自主发展的世界，教会不仅不为之祝福，反而加以咒骂，斥其为"无神"之举。朋谔斐尔指出："天主教和新教的历史笔触，现在于这一点上获得了一致，即把这种发展视为对上帝和基督的极大背离；而它越是以上帝和基督之名来

---

① ［德］朋谔斐尔：《抵抗与服从》（Dietrich Bonhoeffer, *Widerstand und Ergebung*），第 307 页。

② 同上书，第 379 页。

反对这种发展，这种发展就越把自身理解为反基督教的。"① 由此，教会遇到了许多麻烦，在非宗教的世界中显得软弱无能。它只能以自我为目的，为自存而奋斗。这股离心力量使教会处境困难，它再也无法担任与世和解、普度众生的角色。

教会对成熟世界的第一个反应，是抵制并谴责工业—技术革命和社会变革。"教会与文化批判结成联盟，退回到那传统的、据说是上帝启示的永恒具有的秩序上去，但是这种方式没有消除冲突，反而愈益加剧。信仰与世界发生异化，教会退居'世界之后'，而民众则纷纷脱离教会。"②

教会的第二个反应，是想寻求与世界的积极关系，以便让自己从孤立中解脱。但教会传统与技术世界的分歧仍显而易见。两个世界的学说便应运而生：人们把教会与世界分离开来，各行其道，各事其主。"那种上帝意志能在世界秩序中得以实现的想法逐渐失传。而确信世界不能靠《登山宝训》治理，却得到普遍的承认。"③信仰的领域只会存在于那个需要照料的心灵和被宗教唤醒的个人之处。社会伦理与个人伦理分道扬镳，道德准则也对比分明：法与理性披着人世之光，而爱与恩典却借宗教之情。基督徒成为两个截然不同国度的公民，在扑朔迷离之中也束手无策，不知何从。

直到教会的第三个反应，才真正给它带来一线生机。这就是走向当代，面对现实，将社会和经济生活内在规律看成基督教信仰的必然结果而加以肯定。教会谋求与世界统一，用信仰的眼光来看待时代的发展。若是"这样，就可以把世界的自主和理性理解为基督教信仰的后果"。④正是在这里，朋谔斐尔看到了自己的使命和任务。他认为，教会应在非

---

① [德] 朋谔斐尔：《抵抗与服从》（Dietrich Bonhoeffer, *Widerstand und Ergebung*），第357页。

② [德] R. 迈尔：《基督的真实，论迪特里希·朋谔斐尔神学的基础、发展与后果》（Rainer Mayer, *Christuswirklichkeit. Grundlagen, Entwicklung und Konsequenzen der Theologie Dietrich Bonhoeffers*, Stuttgart, 1969），第284—285页。

③ 同上书，第285页。

④ 同上书，第287页。

宗教的世界中找出一条新路，神学应对世俗性加以新的评价。基督也是在人世之中显现了自己，参与了人世的考验和受难。只有认识到这一点，才能克服教会的孤立，为基督重新赢得世界。他说："教会必须摆脱这种停滞不前的状况。我们必须在与世界的精神交往中重新归向自由的空间。我们还必须敢于论及那导致争议之事，因为借此能引出对人生意义重大的问题。我虽然还带有自由神学的遗传，但作为一个'现代'神学家，觉得自己有责任去涉及这些问题。"[1]据此，朋谔斐尔提出了自己的"非宗教性解释"。

三 "非宗教性解释"

1944年4月30日，朋谔斐尔开始阐述他的"非宗教性解释"。其犀利的思想、激烈的言辞，在西方起了振聋发聩的作用，基督教会为之震惊，神学理论界也掀起了轩然大波。他说："我们一千九百年来的全部基督教宣道和神学都是建立在人类的宗教'先验'之上，……当有一天人们终于清楚地认识，这个'先验'根本就不存在，它只是人类一种受历史局限、短暂易逝的表述方式而已；当人类因这一醒悟而真正、彻底地导致非宗教化——而且，我相信，目前多少已是这种局势，……那么这对'基督教'意味着什么呢？我们迄今为止的整个'基督教'将会失去根基，……最后，如果我们必须把基督教的这种西方形态只是作为完全非宗教化的初步阶段来评断，那么我们和教会会面临一种什么状况呢？基督怎样才能成为非宗教之人的主呢？究竟有没有非宗教的基督徒？如果宗教只是基督教的一件外衣，而且这件外衣也因不同的时代而具有不同的色彩，那么一种非宗教的基督教又是什么样的呢？"[2]世界的成熟宣告了"宗教"时代的终结，"基督不再作为宗教的

---

[1] ［德］朋谔斐尔：《抵抗与服从》（Dietrich Bonhoeffer, *Widerstand und Ergebung*），第41页。

[2] 同上书，第305—306页。

对象，而是纯然另一回事，即作为世界之主。但这究竟又意指什么？"①从这段表述，我们可以看出，朋谔斐尔的"非宗教性解释"从根本上来讲，是以其基督教信仰为前提的。不容置疑，他的解释实质上是提出基督教如何面临世界现实的问题，是处理基督教信仰与现实世界的关系，即寻求基督教在世俗社会中的可能生存。

（一）"非宗教性地信仰上帝"

在"非宗教性解释"中，朋谔斐尔绝没有要摈弃"上帝"之意，也绝不想在现实世界中放弃基督教信仰。他只是认为，上帝不是彼岸世界的"假设"，而是存在于世界真实之中。他说："上帝自己驱使我们达到这一认识。因此，我们的成熟，使我们真正认识到我们与上帝面对面的处境。上帝告知我们，我们必须像那些没有上帝仍能生存的人一样生活。与我们同在的上帝，也就是离弃我们的上帝！……使我们在世上生存而不需要他作为假设的上帝，也就是我们始终对面相视的上帝。我们面对上帝、与上帝同在，却不依赖他而生存。上帝让人推出了世界、上了十字架，上帝在世上软弱无力，但正因为如此，上帝才与我们同在，给我们帮助。"② 上帝通过在人世十字架上的受难而赢得了权能，因此，基督教的存在也就是"参与上帝在世俗生活中的受难"。③ 朋谔斐尔宣称，只有这种"参与"才能造就出真正的基督徒！这也是他对自己当时参与反法西斯的政治斗争所作出的最为恰当的神学解释。他认为，"宗教性"地信仰上帝，只能陷入彼岸的幻想和形而上学的抽象思辨，在严峻的社会现实中无济于事。基督教只有"非宗教性"地论述上帝，才能赢得非宗教化的现代人。所谓"非宗教性地信仰上帝"，就是在"世界现实中谈论上帝"；不是在生

---

① [德]朋谔斐尔：《抵抗与服从》（Dietrich Bonhoeffer, *Widerstand und Ergebung*），第306页。

② 同上书，第394页。

③ 同上书，第395页。

活的边缘，而是在其中心，不是在自己的软弱无能，而是在强大有力之中谈论上帝；不是在苦难、绝望时盼望救星，而是在健康、朝气勃勃时体验上帝；不是求彼岸世界，而是为这一世界。基督徒应在现实社会中承担责任，勇于献身，正如耶稣基督"道成肉身"、被钉十字架，以及死而复活所体现的那样。上帝不是超验世界，而是这一世界的秘密中心，是"终极真实"。这就是称上帝为"世界之主"的真正含义。

按照朋谔斐尔的理解，现实世界的意义就体现在基督教神学的"基督论"之中。他强调，在成熟世界中，人们必须首先认识到表达"上帝"之名的困难，才能更好地理解"耶稣基督"之名；必须首先去热爱人生和这个世界，才能真正信仰死而复活和新的世界；必须首先服从上帝的律法，才有资格谈论上帝的恩典。在这种意义上，他认为，眼前这个成熟的世界也仍然处于一种"次极"真实阶段，其本身尚未达到"终极真实"。这便是上帝在世上"沉默""隐匿"的缘故，只有通过基督在人世的真实存在才能意识到上帝在世上的隐蔽存在。"人们不可能，也不允许在次极之前先说出终极真实。"①这里，朋谔斐尔一个圈子又兜回到神学"末世论"之上。

（二）"教会作为非宗教的基督教"

"在非宗教的世界中，教会、社团、讲道、礼仪和基督教生活究竟意味着什么？"②在成熟世界中，朋谔斐尔向教会提出了新的任务。在他看来，世界的成熟对于教会并非一场灾祸，而是新的自由和机遇。在非宗教的世界中，教会应是"非宗教的基督教"，改变自己的形象，适应其生存的社会。它将涤除宗教的恶劣影响，而把信仰的精神送入社会生活之中。"教会不是在人类无能为力之处，不是在世界边缘，它是在村

---

① ［德］朋谔斐尔：《抵抗与服从》（Dietrich Bonhoeffer, *Widerstand und Ergebung*），第176页。"次极"（das Vorletzte）、"终极"（das letze）是朋谔斐尔的神学术语。

② 同上书，第306页。

民的中心。"①也就是说,教会不应回避现实,而应作为政治的、社会的真实存在而承担起世界的责任。从其历史意义上,教会本是教徒做礼拜的会聚之处,因而是一种"神圣联盟"。教会本就应该体现"基督的统一",即"基督作为社团而存在"。朋谔斐尔还强调,"只有当教会为他人而存在时,它才称之为教会。……它必须参与这个世界的社会生活,……它必须告诉各行各业的人们:什么才算一种与基督教同在的生活,什么才叫作'为他人而存在'。"②

作为非宗教的基督教,教会的活动领域就在现实世界。它应向世界证实,教会仍存留在这为上帝所爱,并得以和解的世界之上。基督徒不迷恋拯救的神话、逃避尘世的任务和困难,以求在永恒中得到解脱;相反,基督徒必然像基督那样经历整个尘世生活,教会必须在这个世界坚持下去。"此岸世界不能提前扬弃,拯救的神话来自人类的极限经验,而基督则在生活的中心把握人类。"③因此,教会的新面貌应是"人类的榜样":"把傲慢、渎神、爱慕权势、忌妒和幻想作为罪恶根源来加以抵制","对克制、真诚、信任、忠实、坚贞、忍让、规矩、谦卑、知足、虚心加以谈论";教会"不应低估人类'榜样'的意义",因为"上帝"的"话语不是通过概念,而是通过'榜样'才坚定有力"。④朋谔斐尔不同意将教会与世界隔绝,但也反对把教会与世界融混。他认为基督徒虽然与世人一样生活在这个世界,但基督徒生活的"质量"却与世人不同,教会在世界的存在是真实存在,但同样也是与众不同的存在。所以说,朋谔斐尔的"非宗教性解释"并不想把上帝与世界、教会与社会、教徒与世人相等同。与之相反,他强调的是基督教应有的优越性、应起的榜样作用。为此,他坚持保留基督礼仪的"神秘意义",重视教徒生活的"灵性价值"。这样,他的理论不过是重复了传

---

① [德]朋谔斐尔:《抵抗与服从》(Dietrich Bonhoeffer, *Widerstand und Ergebung*),第308页。"次极"(das Vorletzte)、"终极"(das letze)是朋谔斐尔的神学术语。
② 同上书,第415—416页。
③ 同上书,第369页。
④ 同上书,第416页。

统神学关于基督徒"生活在这个世界,但不属于这个世界"的说法而已,其教会的优越感、教徒的自豪感乃油然纸上,未加掩饰。

综上所述,我们可以清楚地看到朋谔斐尔神学思想的传统印记。他在"非宗教性解释"中所指的"宗教"有着他自己的特定含义,不是我们通常泛指的宗教。这在我们今天语境中关于"宗教"的讨论中是值得比较和区分的。从根本上看,他并不主张反对宗教、消灭宗教。他认为传统"上帝"观念已不适用,却没有提出具体的新"上帝"观。不过,他强调宗教团体在现实社会中的不断变革、宗教观念在历史发展中的不断更新,这一意向是非常明显的。而且,他关于宗教与人生、宗教与社会有着密切关系的思想,也是很深刻的。虽然,朋谔斐尔的"宗教"观因概念不清、容易导致混淆和误会而不被基督教会所普遍采用,但他在传统神学思想基础上的这种新发挥给西方思想家的启发,对现代基督教的影响,以及在神学发展上的作用,却仍然值得我们深思。

(原载《世界宗教研究》1988年第1期,本文有修改。)

第二十五章

政治神学及当代中国
——回应莫尔特曼

欢迎莫尔特曼教授再次访问中国，也非常高兴能在北京与莫尔特曼教授对话。莫尔特曼教授是中国学术界非常熟悉的著名学者，在全世界宗教研究领域也享有盛誉。早在三十年前我在德国留学期间，在西方当代基督教思想探讨方面就是莫尔特曼教授的"粉丝"，并曾在蒂宾根专门拜访过莫尔特曼教授，在莫尔特曼教授家中颇有特色的东方书房交谈，获益匪浅。刚才听了莫尔特曼教授的精彩发言，很受启发，也多有感想，因而想从三个方面进行回应，并求教于莫尔特曼教授。

第一，关于"政治神学"及其与现实社会"希望"的关联。"神学"一旦进入社会，基本上会以"政治神学"来表述。因此，在社会范围，"政治"得以凸显，"政治神学"乃是主要的神学表达方式，这在中西社会均无例外。在这一意义上，莫尔特曼教授的"希望神学"是政治神学，当代中国处境的"爱的神学"亦是政治神学。现实世界处于混乱之中，纷争、冲突、战争在许多地方都正重新成为主要的社会表象，各种宗教也卷入其中，难得超拔。宗教中的"神性"被世俗的需求所解读，为权力的需要所利用，造成"神圣"与"暴恐"相混淆的局面。其根本的不幸与悲剧，就在于人们在极端主义、恐怖主义思潮及行为中甚至也看到了"宗教"的身影，以这种"宗教"身份的亮相，结果就把本来理应截然对立的原则及观念联系在了一起。所以，要想还原"宗教"的本来面貌，体现"神学"的本真精神，就必须清算、消除在核心"精神"层面的恐怖主义、极端主义，以达人心之平静、内在之和睦。这是莫尔特曼教授在刚才的演讲中所强调的，祛除"心魔"，去掉支撑恐怖主义、极端主义的精神依据，这是非常重要的，也是根本性的。在莫尔特曼教授"希望神学"的政治表述中，曾给人们留下印象深刻的思想，即面对着复杂而难以掌控的现实，"我们没有信心，我们只有希望"。当世人的"信仰"出现问题时，我们反观基督教所倡导的"信、望、爱"三原则，会发现"信"乃在实践层面、社会层面出现了麻烦，使人发生"信"上的动摇。这种"信"之"实践神学"以生动、鲜活的"政治神学"方式表达了出来。而对现实、此刻的无奈势必让人们仰望"未来"、寻求"超脱"。因此，莫尔特曼教授提出了神学的"希望"原理，把基督之爱以"爱仇敌"这种"耶稣基督伦理的特别标志"之最典型方式表现出来。在现实社会中敌友难辨，且经常转变，给人没有永远的朋友，也没有永远的敌人之感觉。"爱仇敌"是对其"人"之爱，是一种拯救和挽回，但并不是对其罪恶行径之爱。这里，"信""望""爱"重新走向共构，"信仰"应提供"爱"的拯救这样的"希望"，因而是以一种"神圣共同体"来回应现实社会中的"政治神学"。这既是对现实"政治神学"的完善，更是对其之超越。社会的动乱反映出精神的分裂，这与二元对立、非此即彼的思维模式及其政治传统有着密切的关联，并由此形成了人类复杂的社会史、政治史。这种思维模式在西方，尤其在美国仍在延续，从而导致"后冷战时期"的"冷战"又在升级为"热战"，各种形式的恐怖主义、极端主义开始升温，正在造成世界的混乱、人类的灾难。在这种二元对立中没有真正的信、望、爱，其"思"只能走入窘境，走进死胡同。为此，世界的精神生活要走出困境，则必须另辟蹊径。

第二，关于中国的精神思维模式及其文化传统所提供的比照和思考。中国社会的历史与现状尽管有着种种不足或局限，但其古老智慧提供了超越二元对立、多元纷争的"二元合一""多元统一"的另一种选择，从而给我们当代发展带来了希望。中国文化的核心不是"斗争"文化而乃"和谐"文化。尽管"二元"不同会带来分歧和斗争，但中国智慧总能看到你中有我、我中有你，并不截然区分、根本对立。在现代政治中，我们察觉权力中有民主、民主中有法治，共聚中有多元、多元中有一体，"他者"关系应变成"你我"关系。其根本可能的合作亦需要基督教所倡导的"铸剑为犁""化敌为友"之和平大爱。我们曾为"对立"而"斗"，颇受西方思维的影响，但也在为"统一"而"和"，努力回归中华优秀文化传统。这种对立统一是我们时代的"希望"原理、政治神学、和谐精神，其中国文化中的标志即自古至今相流传的"太极"和合之形、"阴阳"共构之道。

第三，"希望神学"与"中国梦"的比较及关联。在论及"希望"时，我们最时尚、最流行、也最适当的表达即"中国梦"。"梦"在此也是一种前瞻、一种希望、一种超越。其"梦境"虽然不能使人绝对确定，却让人去努力、去奋争。可以说，"中国梦"作为我们的希望原理、政治哲学，也能与莫尔特曼教授的"希望神学""政治神学"相呼应、相对话。这一寻求社会和谐、世界和平的中国之"道"，在当代中国既是现实的，又是超越的。对于这一中国之"道"，我们正在从理论、实践和信仰等层面来探讨，此即"言道为哲、行道为德、敬道为教"。"神性"在此既是超越的，也是内在的。以具有超越意义的"希望"精神来在"政治神学"中体现，其可能之途就是包容、对话、求同存异、和而不同的社会共构之道。为了人类"社会共同体"的共同生存需求，我们不仅不能"从共同体抽身而退"，而且还必须去努力构建我们人类"各美其美、美人之美、美美与共"的"精神共同体"。

附：莫尔特曼简介

莫尔特曼（Jürgen Moltmann）于1926年4月8日出生在德国汉堡，1944年被征入德国军队参加第二次世界大战，于1945年2月被英军俘获，曾被囚禁在比利时、苏格兰和英格兰等地，1948年4月获释回到德国，入哥廷根大学读新教神学专业，主攻巴特（Karl Barth）神学思想，1952年以研究宗教改革神学的论文获神学博士学位，1957年获得大学教授资格，曾在不来梅任牧师，1958年担任乌帕塔尔教会学院的教授，1963—1967年在波恩大学任系统神学教授，自1967年起在蒂宾根大学任神学教授。莫尔特曼曾深入研究原东德哲学家、后移居西德的"希望哲学"主要代表人物布洛赫（Ernst Bloch, 1885—1977）的思想，后因1964年出版其代表著作《希望神学》（Theologie der Hoffnung）而一举成名，其思想核心即以"上帝应许未来有希望"之表述而取代传统神学的"末世论"（eschatology）之说，强调基督十字架救赎之"普救主义"（universalism），此后在"政治神学""生态神学"等领域亦多有建树，形成广远影响。莫尔特曼和其夫人著名妇女神学家莫尔特曼·温德尔（Elisabeth Moltmann Wendel, 1926）曾在中国社会科学院世界宗教研究所、清华大学、中国人民大学等机构发表讲演、参加学术研讨会。其几次在华学术报告主要由笔者做回应。

莫尔特曼的主要著作包括：

《希望神学》（Theologie der Hoffnung, 1964）。

《转向未来》（Umkehr zur Zukunft, 1970）。

《被钉在十字架上的上帝》（Der gekreuzigte Gott, 1972）。

《三位一体与上帝之国》（Trinität und Reich Gottes, 1980）。

《创世中的上帝》（Gott in der Schöpfung, 1985）。

《来临中的上帝：基督教的终末论》（Das Kommen Gottes: Christliche Eschatologie, 1995）等。

（本文为未刊稿，是2014年10月15日在中国人民大学莫扎特会堂对莫尔特曼的回应发言，此处有补充。）

第二十六章

现代美国新教神学的派别

自19世纪至20世纪以来,西方各国产生了深刻的宗教危机。其主要原因是:第一,马克思列宁主义在全世界的传播,人们普遍提高了社会觉悟,科学无神论思想为越来越多的人所掌握;第二,在西方从自由资本主义过渡到垄断资本主义的时期,由于世界大战、社会动荡、经济危机,人们悲观失望,旧的传统的宗教观念已不足反映变化了的社会现实,无法弥补人们精神上的苦闷和空虚;第三,科学技术的突飞猛进,文化教育水平的普遍提高,人们认识自然的能力和思想水平越来越高,从根本上推翻了关于人和世界及其命运等许多陈腐的传统宗教观念。世界的动荡、加之个人社会生存的压力,人们纷纷离开了教堂,社会越来越走向世俗化。这是当代宗教发展中的总趋势,以现代欧洲尤为突出。

但是,另一方面,基督教教会人士和神学家们为了挽救当下宗教和教会的命运,必然要寻找新的方法,以克服僵死的宗教传统、教条、观念与现代人现实要求之间的矛盾。他们主要从三个方面来寻找出路:一是,改变教会的政治活动方向,重新估价其在当代重大政治问题和社会问题上的立场,重新认识与其他宗教组织及非宗教组织的关系,扩大其非宗教活动的范围;二是,改变教会内部及其附属机构的组织形式;三是,使宗教神学思想现代化,与自然科学、哲学、历史学、人类学、社会学、心理学、行为科学等进行广泛接触,与人类社会各方面进行"对话",使神学与现代社会的发展相适应。在这种革新和重组的努力中，美国基督教则显得更为主动及活跃，其神学思想亦更加复杂和多元。

仅从基督教神学现代化的进程来探讨，我们则可以发现，在它的三个主要流派中，新教神学现代化的倾向较之天主教和东正教都更加激进，也更为彻底地重新估价传统基督教的基本教义与神学概念。因此，新教神学家更勇于突破旧的宗教意识，在改变教义的内容以适应发展了的社会方面亦表现出更大的自由。而且，新教神学的改革不仅在内容上要比天主教和东正教彻底，甚至在其表现形式的多样化上也远远超过后两者。这是因为，新教从一开始就没有一个统一的教会，而是分散的宗教运动及神学思潮，其中包括了许多不同的流派；在教会结构及组织形式上，新教从来就是比天主教更为灵活的一种形式，它没有严格的教规制度和神学传统，尤其是没有一个自上而下的教阶体制，因而具有更快地进行改革以适应新的社会条件的能力。所以，在宗教发生总体危机的时候，基督教则会各自为政，随之各种流派的新神学思想也便应运而生了。

美国新教神学较之西方各国形式更为繁多，内容各异。其发展之所以如此迅猛，除了上述共同的原因外，还有其本身特殊的条件。例如，"大英帝国"在20世纪的衰落和具有新教神学传统的德国在第二次世界大战后的分裂，使美国在经济、政治和思想（包括神学思想）方面在西方有了更大的影响。第二次世界大战期间，一些欧洲著名新教神学家移居美国，也加强了美国神学的力量；与美国的社会特点相适应，美国新教神学比较突出地持有一种开放态度，与各方面的接触和"对话"也更加活跃。因此，现代美国的新教神学对西方各国都有很大的影响，并且具有典型意义。可以说，研究现代美国新教思潮，不仅可以帮助人们了解美国基督教以及一切宗教新的发展和变化趋势，而且可以看到这些神学思潮在美国社会的扩散及对美国政治的影响。与之相较，则还可以了解到西方类似国家宗教思想的基本现状。

现代美国较有影响的新教神学思潮和流派有其发展的历史沿革，以及对社会进程的各种回应，由此也产生了在现代社会较有影响的一些代表人物，现简述如下。

一 基督教进化论者（Christian Evolutionists）

从19世纪末到20世纪初，美国出现了许多调和基督教神学与进化论的神学家，他们被称为"基督教进化论者"。这股思潮最初源自以德国新教神学家里奇耳（A. Ritschl，1822—1889）、哈纳克（A. Harnack，1851—1930）为代表的"自由主义神学"。由于科学技术的发展，使那种反对科学、否定进化论的传统神学受到人们的怀疑，进而给基督教信仰本身带来了麻烦和困难。美国20世纪初曾出现过著名的"司各普斯诉讼案"（Scopes Trial），即1925年7月田纳西代同法院判决教师司各普斯（John T. Scopes）违背当地严禁在学校讲授进化论的法律而有罪，并遭罚款100美元；但这表面上的所谓"获赢"实际上给基督教保守的基要派（Fundamentalism）带来了极大羞辱，人们亦戏称此为"猴子诉讼案"（the Monkey Trial），之后反而让进化论有了更大的社会市场。因此，自由派神学家针对上述情况采取了竭力使信仰与现代世界和谐共存的办法，并声称基督教与进化论并不矛盾，认为传统信仰可以通过新的科学、哲学、历史和道德伦理加以现代化，从而宣扬一种调和宗教与哲学、宗教与科学的说教。他们为其信仰确定了这样的标准：（1）与以牛顿物理学和达尔文生物学为代表的科学成果相一致；（2）与以休谟、康德等为代表的现代哲学相适应；（3）与认为人是从粗野、原始的过去进化而来，并正循序渐进地得到启蒙和道德化的主张相符合；（4）坚持人类天生趋向善德与理性，认为在其中显现出自然世界中上帝的内在性，并以这种信仰来代替关于上帝至高无上和人的堕落的传统信仰。这种神学体现了自由资本主义发展阶段反映在思想界的乐观主义，因此在当时西方基督教思想中曾占了统治地位，并对美国新教神学产生了深刻影响。在美国最早把进化论与有神论相调和的是费斯克（J. Fiske，1842—1901），他著有《受现代知识影响的上帝观念》（*Idea of God as Affected by Modern Knowledge*，1885）、《进化教义：其范围及影响》(Doctrine of Evolution: Its Scope and Influence, 1891) 和《进化论与有神论》(Evolutionism and Theism, 1909) 等。另外，李科特 (J. Leconte) 在 1888 年也著书立说，阐述进化论及其与宗教思想的相应关系，也在美国产生了一定影响。

美国基督教的第一个进化论者是新教牧师比彻 (H. Beecher, 1813—1887)，著有《进化论与宗教》(Evolution and Religion, 1885)。最有影响的进化论神学家则是美国牧师艾波特 (L. Abbott, 1835—1922)，主要著作有《基督教的进化》(The Evolution of Christianity, 1892)、《一个进化论者的神学》(The Theology of an Evolutionist, 1897)。针对基督教《圣经》创世论的"原罪观"，他反对关于人是从原始完善状态中堕落的传统观点，而坚持闪族宗教的发展是"自然选择过程"的证明。

基督教进化论者认为，进化论能使基督教对于讲究理性的人类具有新的意义，而那种建立在僧侣统治的封建模式基础上的旧神学则必须加以抛弃。他们强调现代神学应以内在论和进化论的范畴来考虑上帝与世界的关系，用进化论来重新解释基督教的信仰和制度。他们并坚持说一切都须根据变化、发展和进步来观察。比彻宣称，在冥冥天道中有上帝的运行，在自然规律中有上帝的作为，在哲学气氛中有上帝的生存，在科学发现中有上帝的光耀。这样，上帝所创造的世界应该是一个运动、发展、进化的世界。基督教进化论的形成，说明教会内部保守派抵抗进化论的防线已基本被攻破，这对美国新教怎样重新看待科学和哲学产生了巨大影响。

二 社会福音派神学 (Theology of Social Gospel)

社会福音运动是 19 世纪末到 20 世纪 30 年代整个西方基督教社会运动的一部分，但在美国的发展更加活跃，其影响尤为显著。

西方工业革命的巨大影响导致了基督教社会运动的兴起，它摆脱了渎神、酗酒、淫乱等个人伦理的问题，转而关心社会伦理问题，如失业、童工、福利待遇、城市贫民以及工人运动等。早在19世纪，以哈纳克为代表的自由派神学议题中就有谈论社会伦理的因素。第一次世界大战前后，宗教社会运动开始在欧美兴起，但把整个神学转向社会伦理观、从而创立一种社会福音神学，则首先发生在美国。

被称为美国"社会福音派之父"的是公理会牧师格拉登（W. Gladden，1836—1918），他著有《实用的基督教》（Practical Christianity，1886）等书，强调社会得救的思想。其后的社会福音神学家有谢尔登（C. Sheldon，1857—1946），其作品《跟随他的足迹：耶稣如何做？》（In His Steps: What Would Jesus Do? 1897）以故事性的方式解读《圣经》，宣传社会福音，曾为美国畅销书之一，发行了800多万册。但最有影响的社会福音派领导人和神学家则是劳兴布希（W. Rauschenbusch，1861—1918），他的主要著作有《基督教和社会危机》（Christianity and Social Crisis，1907）、《将社会秩序基督教化》（Christianizing the Social Order，1912）、《社会福音神学》（A Theology for the Social Gospel，1917）等，他对社会觉醒问题、耶稣的社会原理理解都提出了自己的看法，凸显其社会福音、社会得救的主张。

社会福音派认为，应重建"基督世界已经失去的社会理想"，把上帝之国作为"基督教信仰的第一和最根本的教条"；这里，上帝之国将作为一种虽非尽善尽美但较为崇高的社会秩序而降临于人类社会。他们坚持，上帝之国并非某种纯个人的、内在的和灵性上的事物，而是世界上整个人类生活的社会救赎。耶稣是上帝之国这一神圣社会的引路人，是一种新型人类生活的化身与典范，是新人类的开创者。他们认为，如果社会由既有能力又有善心的人来领导，就能逐渐进步，从而人们盼望已久的上帝之国也一定能在这个世上建立起来，这就是"社会福音"。他们对社会也提出批评，如劳兴布希说，成年人积重难返的邪恶与罪行并非遗传所致，而是社会化所引起的。正如病毒感染于母腹中不能自助的胎儿身上那样，遗留下来的社会邪恶也感染于置身社会子宫中孤弱无力的个人身上，迫使他从社会母体的总生活中吸取自己的思想、道德标准和精神理想。但他们坚信，通过宗教信仰可以改造和激发人类，教会能够改变现实世界；因此，他们不是从社会制度、阶级根源上寻找资本主义的病根，而只是泛论人类社会伦理和道德改造，冀求用宗教之爱来改变社会，其结果是空想的成分要远远多于实际的举措。

社会福音运动在20世纪20年代在美国曾达到鼎盛，但其选择的宗教灵性之途在现实社会中很难畅行无阻，因而其效果与社会政治运动迥异。两次世界大战期间，由于这一运动越来越趋向于宗教人道主义与和平主义乌托邦的极端，与西方和美国的社会现状严重脱节，因而很快就走向衰落。

三 经验主义与自然主义神学（Empirical and Naturalistic Theology）

20世纪初到20世纪40年代，美国新教自由派神学主要有两个流派，一派为"福音派自由主义"，其代表人物除了上述劳兴布希等人外，还有邱吉尔·金（H. Churchill King, 1858—1934）、布朗（W. Brown, 1865—1943）以及福斯迪克（H. Fosdick, 1878—1969）等人；而另一派则称为"经验主义与自然主义神学"。这一神学流派除了继承19世纪自由主义神学传统外，主要受当时美国流行的哲学实在主义和实用主义思潮的影响。它强调要立足于现实经验，在认识论上主张用观察、实验和科学探索来论证上帝的存在，而回避社会福音派所论及的社会伦理问题。此派成员主要由芝加哥大学神学院和其他学院的神学家组成，所以又称为"芝加哥学派"，其代表人物有史密斯（G. Smith, 1868—1929）、马修斯（S. Mathews, 1863—1941），以及魏曼（H. Wieman, 1884—1975），等等。最著名的经验主义神学家是麦金托什（D. Macintosh, 1877—1948），其主要著作有《神学是一种经验科学》（Theology as an Empirical Science, 1919）、《基督教的合理性》（The Reasonableness of Christianity, 1925）、《宗教认识问题》（The Problem of Religious Knowledge, 1940）、《思考上帝》（Thinking about God, 1972）等。

还有著名的自然主义神学家魏曼,他著有《宗教经验与科学方法》(*Religious Experience and Scientific Method*, 1926)、《宗教争取真理》(*The Wrestle of Religion with Truth*, 1927)、《私人宗教生活方式》(*Methods of Private Religious Living*, 1929)、《人类之善的来源》(*The Source of Human Good*, 1946)、《人的终极义务》(*Man's Ultimate Commitment*, 1958)等。

经验主义和自然主义神学反映了西方现代科学技术时期神学家为使现代人信教而对之作出的新解释。他们既要将神学从单纯对人类理想和主观价值的崇拜中摆脱出来,又需强调在现代科学世界中上帝的存在及其意义。麦金托什试图把美国实在论哲学与基督教神学连在一起,强调神学必须以一种完整的哲学为基础,也应以人的宗教经验为开端。然而,他又宣称,科学经验主义神学并非整个神学,知道上帝做什么并非意味着完全认识上帝是什么,上帝的单一或统一性是超越经验主义神学范围的,因此还需要"规范神学"。科学神学基于感性直观,而规范神学则依据"想象"直观,这种直观是对上帝的主观确信,因而超越人们的经验感受。魏曼则与杜威(John Dewey)的实验论和工具论产生共鸣。他认为,在现代技术时代,形成人们生活的指导原则和能力是科学探索而不是传统,必须依靠一种使人们摆脱主观幻想的知识。他要求按照杜威哲学的改造模式来彻底改造人们体验自然、人类和上帝的方式。他声称,神学认识的唯一途径是经验主义的;上帝并不与自然绝对分离,上帝必须像其他自然实体一样是能为人认知的自然过程或结构。在他们看来,宗教信仰并非一种抽象的苦思冥想,而与经验密切有关,需要相应的观察和探索,从而贴近信仰者所处的自然世界及其社会。

麦金托什等人强调实在及实用的思想和方法拉近了神学与现实的距离,对后来美国现实主义神学家尼布尔(R. Niebuhr)产生过巨大影响,而魏曼的自然主义神学也在西方产生存在主义和新正统派神学思潮以后,在美国思想界仍有一定的市场。

四 基要主义神学（Fundamentalism）

"基要主义"（Fundamentalism，或称"原教旨主义"）是20世纪初产生在美国的一种保守的新教神学思潮。其思想渊源与19世纪30年代和40年代曾经流行于美国的"千禧年"（millennianism）运动有关，它重视基督第二次降临的说教。1909—1915年，美国新教中以托里（R. A. Torrey, 1856—1928）为代表的一些极端保守派出版了一套包括12分册的宣传小册子，命名为《基本要道》，每种小册子都发行25万册以上，并且免费供应。后来他们的这些保守神学主张便被称为"基要主义"。

基要派神学家包括奥尔（J. Orr）、莫勒（H. Moule）和摩尔根（G. Morgan）等人，较有影响的是沃菲尔德（B. Warfield, 1851—1921），他著有《新约文献批判导论》（An Introduction to the Textual Criticism of the New Testament, 1886）、《加尔文作为神学家与今日加尔文主义》（Calvin as a Theologian and Calvinism Today, 1931）、《圣经的灵感与权威》（The Inspiration and Authority of the Bible, 1948）等。

当代基要主义神学则已被称为新福音派神学的思潮继承和取代，故不再用基要主义神学之名。1942年，奥肯加（H. J. Ockenga）等人创立美国福音派协会，由此开始从基要派朝向当代福音派的转变。1947年，奥肯加、卡内尔（E. J. Carnell）和亨利（C. F. H. Henry）等人联合创办美国富勒神学院，由奥肯加出任院长，从而形成新福音派神学中心。奥肯加在1948年该院开学典礼上发表演说，首次呼吁放弃基要主义之称而代以"新福音派"名称。在美国现代社会中比较著名的新福音派思想代表则是其福音会传教士葛培理（W. F. Graham：现在习用 Billy Graham, 1918—2018），其主要著作包括《燃烧着的世界》（World A-flame, 1965，中译本有《漫天烽火待黎明》，1987）、《直到哈米吉多顿》（Till Armageddon, 1981，中译本有《浩劫前后——苦难的透视》，1985）和《风暴前兆》（Strom Warning, 1992）等，尤其是其福音布道演讲在世界广有影响。

基要主义攻击现代圣经批判的理论，而重新宣称《圣经》的绝对权威；其神学激烈反对进化思想和科学知识，谴责新教现代派理论。但在第二次世界大战后，新的基要派神学家不再用"基要主义"之称，在一定程度上放弃了在科学问题上的论战，但曾一度把攻击矛头指向共产主义。他们认为，共产主义的威胁，对教会的伤害与其宿敌圣经批判理论和进化论都极为相似，这些思潮都是来自国外，而且都会破坏美国的基督教。另外，他们还声称这个世界上充满了罪恶，宣称社会、个人和团体都因不道德行为而罪孽深重，如不彻底忏悔，将会遭受审判。如葛培理就曾以基督教末世论来对现实社会加以批判和否定，鼓吹幸福的永恒生活只能作为上帝的恩典、通过积极信奉救主基督和履行其宗教义务才能获得。这些新福音派的神学体系并不严谨，但其在美国社会的影响巨大，如葛培理对美国政府及国会在国际政治和社会政策上都曾有过一定的引导作用，但他本人在对待中国态度上也比较友好。

五　基督教现实主义（Christian Realism）

美国基督教现实主义神学在20世纪30年代初开始形成，它是第一次世界大战后西方流行的"新正统派"（Neo-Orthodoxy）神学思潮在美国的具体体现。

以反自由主义倾向为特色的"新正统派"神学，在欧洲以巴特的"危机神学"和布龙纳的"辩证神学"而著称，在美国则以尼布尔（R. Niebuhr, 1892—1971）的"基督教现实主义神学"而出名。它的主要代表有霍顿（W. Horton, 1895—1966），著有《现实主义神学》（Realistic Theology, 1934）；贝内特（J. Bennett, 1902—1995），著有《基督教现实主义》（Christian Realism, 1941）、《核武器与良心冲突》（Nuclear Weapons and the Conflict of Conscience, 1962）和《今日基督教与共产主义》（Christianity and Communism Today, 1962）；卡尔霍恩（R. Calhoun, 1896—1983）以及尼布尔兄弟。H. 尼布尔（1894—1962）

著有《宗派主义的社会根源》（*The Social Sources of Denominationalism*，1929）、《美国的天国》（*The Kingdom of God in America*，1937）、《启示的意义》（*The Meaning of Revelation*，1941）、《基督与文化》（*Christ and Culture*，1951）和《激进一神论与西方文化》（*Radical Monotheism and Western Culture*，1960）。R. 尼布尔的主要著作有《讲求道德的人与无道德的社会》（*Moral Man and Immoral Society*，1932）、《基督教伦理的解释》（1935）、《悲剧的彼岸》（1938）、《人的本性与命运》（两卷本，*The Nature and Destiny of Man：A Christian Interpretation*，2 Vols.，1941—1943，中译本，1959）、《信仰与历史》（*Faith and History*，1949）以及《自我与历史的戏剧》（*The Self and the Dramas of History*，1955）等。R. 尼布尔是美国现实主义神学的核心代表。

现实主义神学用传统基督教和宗教改革的思想来矫正自由派神学，认为神学本身是与当代最急迫的社会问题密切相关的思想领域，声称世界大战及其后果必将导致西方基督教思想的革命，给人们的宗教思想和生活带来深刻变化。它用原罪来解释社会危机和人们的精神危机，强调只有信奉上帝、悔罪谦卑，才能克服危机，得到拯救；但这种救赎是在超自然、超历史的彼岸世界中才能真正获得。因此，H. 尼布尔要求把教会从"一种腐败文明的束缚"中解脱出来，重新树立宗教的权威。R. 尼布尔则直接把人和世界的根本特征归于"罪"，声称人世一切皆"恶"、人生一切皆"罪"，人在世上的一切努力都是自比上帝的行为，也就是极大的罪恶。他说，人靠自己努力得救纯属空想；人要得救，则只有放弃努力，认罪、信教。他认为，由于人的本性为罪，因此人的历史就充满邪恶，世上善德也都是人类的矫揉造作；人类社会善恶难定、好坏难分，现实中的人们最多不过是两恶相权取其轻、主观权衡去犯较小的罪而已。这样，对人的任何乐观、肯定的评价实质上都烟消云散，人不得不现实、低调、冷静地审视并对待自我。R. 尼布尔的神学思想在美国社会、政治、经济等方面曾产生过深刻的影响，在 20 世纪 70 年代及之前近四十年中居美国新教的统治地位。

六 基督教存在主义（Christian Existentialism）

基督教存在主义是基督教神学与现代西方存在主义哲学相结合的一个典型例子，它从20世纪50年代开始在美国流行，至今仍有一定影响。

存在主义是世界大战后西方社会对世界前途、人类进步失去信心这一特征在思想界的反映，是资本主义危机时代的社会产物。其思想渊源可追溯到克尔凯郭尔（S. Kierkegaard，1813—1855）和尼采（F. Nietzsche，1844—1900）的某些思想理论，其正式形成则发生于20世纪20年代的德国。在欧洲有海德格尔（M. Heidegger，1889—1976）、萨特（J. Sartre，1905—1980）和加缪（A. Camus，1913—1960）的无神论存在主义，以及雅斯贝尔斯（K. Jaspers，1883—1969）和马塞尔（G. Marcel，1889—1978）的有神论存在主义。美国存在主义哲学家有巴雷特（W. Barrett，1913—1992）等人。

美国基督教存在主义的主要代表是蒂利希（P. Tillich，1886—1965），他曾在德国和美国生活及从事研究和教学，著有《新教时代》（*Protestant Era*，1948）、《基础的动摇》（*The Shaking of the Foundations*，1948）、《生存的勇气》（*The Courage to Be*，德文版 *Der Mut zum Sein*，1952）、《信仰的动力》（*Dynamics of Faith*，1957）、《文化神学》（*Theology of Culture*，1959）、三卷本的《系统神学》（*Systematic Theology 3 vols.*，德文版 *Systematische Theologie*，Bd. 1 – 3，1951—1963）、《道德及其超越》（*Morality and Beyond*，1963）、《基督教及世界宗教的相遇》（*Christianity and the Encounter of the World Religions*，1963）等。另外还有怀尔德（J. Wild，1902—1972），他著有《存在主义的挑战》（*The Challenge of Existentialism*，1955）、《人类自由与社会秩序》（*Human Freedom and Social Order*，1959）和《现象学之邀：经验哲学研究》（*An Invitation to Phenomenology: Studies in the Philosophy of Experience*，1965）等书，以及曾活跃在美国及英国神学和哲学界的麦奎利（J. Macquarrie，1919—2007，亦有中译名"麦克凯瑞""马奎里"等），著有《存在主

义神学：海德格尔与布尔特曼之比较》(Existentialist Theology: A Comparison of Heidegger and Bultmann, 1955)、《二十世纪的宗教思想》(Twentieth - Century Religious Thought, 1963)、《基督教神学原理》(Principles of Christian Theology, 1966)和《基督教存在主义研究》(A Study of Christian Existentialism, 1966)、《为所有基督徒的马利亚》(Mary for All Christians, 1990)、《海德格尔与基督教》(Heidegger and Christianity, 1994)以及《中介者》(The Mediators, 1995)等。

存在主义神学把着重点放在存在和现实人生上，用死亡意识对生存的影响解释存在的意义，说人在面对死亡和毁灭时产生的焦虑和绝望感就是最真实的存在，因为它使人在心灵的深处和在精神的渊源里去探求永恒生命的存在，这样就能使绝望变为希望、化悲痛为幸福。蒂利希认为，存在的出发点是宗教，因为宗教是衡量一切人类文化、精神生活之深度的标尺，是人类所关心的终极问题。但他声称，人类存在的现状与人的本质存在相脱离，因为人作为有限之物，始终受到非存在的威胁；现代世界就处于人类历史中的焦虑时期，这种焦虑使人悲观、绝望，但人又不甘心死亡，因此依靠"存在的勇气"，便能得救。他强调上帝"就是存在本身"，是"存在的基础"，从而成为人类"存在勇气"的基础；因此，人要得到存在的勇气，必须信仰上帝，以基督教来抵抗非存在的威胁，在现实世界"坚持下来"。

七 人格主义神学（Personalism）

人格主义是现代西方影响较大的一种宗教唯心主义思潮，流行于美国新教徒当中。它创立于19世纪末到20世纪初，20世纪50年代达到过高潮。

人格主义除了保存传统的信仰主义之外，还吸收了贝克莱（Berkeley）、康德（Kant）哲学中的主观唯心主义，莱布尼茨（Leibniz）的单子论和洛采（Lotze）的目的论，另外又加上了强调人格的伦理学唯心主义色彩，以此来解释现代社会的矛盾和冲突。

人格主义的创始人是美国监理会牧师鲍恩（B. Bowne, 1847—

1910），主要著作有《形而上学》（*Metaphysics*，1882）、《有神论的哲学》（*Philosophy of Theism*，1887）和《人格主义》（*Personalism*，1908）。其他代表是佛留耶林（R. Flewelling，1871—1960）和布莱特曼（E. Brightman，1884—1953）等人。

人格主义把人格视为唯一的实在，一种具有自我意识和自我控制能力，具有情感、知觉、意志等机能的主体；认为世界是各种人格的系统，其按照最高人格即上帝的意志来发展，并在上帝那里获得最高的自我实现。这种思潮认为，上帝是唯一实体，是一切道德价值与目的的源泉，整个世界都是一个以上帝为顶点和归宿的精神价值体系。这样，上帝的人格便是宇宙的根基，上帝的意志便为宇宙的根本规律。人格主义把人的内心冲突当作一切社会冲突的根源，说阶级斗争也不过是从个人精神灾祸中产生的一种心理冲突而已；因此，需要改造的既不是客观世界，也不是现存社会制度，而是"人格"或人的精神状态。其特点是回避客观世界而回归个我内在本体，从"人格"上找寻社会问题的根源，并以上帝的人格作为解决一切问题的根本。由于人格主义注意把宗教教义与资产阶级个人主义的世界观相结合，适应了美国资产阶级的需要，因此在美国得到更多流传。

八　过程神学（Process Theology）

过程神学是20世纪在英美流行的现代过程哲学（或称新实在主义）在基督教思想中的反映。过程思想的发展渊源可追溯到19世纪德国赫尔德（Herder）、谢林（Schelling）和黑格尔（Hegel）的浪漫主义进化发展论以及达尔文主义。当代过程哲学的代表人物是柏格森（H. Bergson）和怀特海（A. Whitehead，1861—1947）等人，怀特海乃西方哲学与神学的跨界学者，也是活跃在英、美的著名人士。此外，当代西方新教神学家主张过程思想的有皮顿格（N. Pittenger）、威廉斯（D. Williams）、科布（J. Cobb）和奥格登（S. Ogden）等人。他们先后都写过研究过程哲学及相关神学的著作，如皮顿格的《重新思考的基督论与过程思想和基督教信仰》(Christology Reconsidered and Process Thought and Christian Faith) 和《怀特海,过程与实在》(A. N. Whitehead, Process and Reality),奥格登的《上帝的实在》(The Reality of God) 等。另外,罗马天主教新托马斯主义的著名代表、法国耶稣会士戴亚尔－德·夏尔丹(Teilhard de Chardin,中文名"德日进",1881—1955)也阐述过类似的过程思想。

  美国新教过程神学的主要阐述者是怀特海和哈特肖恩(C. Hartshorne,亦有中译名为"哈茨霍恩"的,1897—2000)。怀特海的主要著作有《正在形成的宗教》(Religion in the Making, 1926)、《科学和现代世界》(Science and the Modern World, 1926)、《过程与实在》(Process and Reality, 1927) 和《概念的探索》(Adventures of Ideas, 1933。亦译《观念的历险》)。他是将过程哲学引入过程神学的开创者,而真正集其大成并构建出过程神学理论体系的则以哈特肖恩为首,并形成了代表过程神学主体的芝加哥学派;他的主要著作有《人之神观及有神论的逻辑》(Man's Vision of God and the Logic of Theism, 1941)、《神性相对性:关于上帝的社会观念》(The Divine Relativity: A Social Conception of God, 1948)、《实在作为社会过程:形而上学与宗教研究》(Reality as Social Process: Studies in Metaphysics and Religion, 1953) 以及他与里斯(William L. Reese) 合编的《哲学家谈上帝》(Philosophers Speak of God, 1953)。此后他的个人著作还包括《完善的逻辑及其他有关新古典主义形而上学的论文》(The Logic of Perfection and Other Essays in Neoclassical Metaphysics, 1962)、《我们时代的自然神学》(A Natural Theology for Our Time, 1967)、《创造性综合与哲学方法》(Creative Synthesis and Philosophic Method, 1970)、《从阿奎那到怀特海:宗教形而上学的七个世纪》(Aquinas to Whitehead: Seven Centuries of Metaphysics of Religion, 1976)、《美国哲学的创造性》(Creativity in American Philosophy, 1984)、《全能及其他神学错误》(Omnipotence and Other Theological Mistakes, 1984)、《智慧为中庸:中庸之道的哲学》(Wisdom as Moderation: A Philosophy of the Middle Way,

1987）、《零谬误及其他关于新古典主义哲学的论文》（*The Zero Fallacy and other Essays in Neoclassical Philosophy*，1997）、《创造性的体验：自由哲学》（*Creative Experiencing: A Philosophy of Freedom*，2011）等。而过程神学发展的后起之秀则是科布和格里芬（D. Griffin），他们合作建立有"过程研究中心"（Center of Process Studies），科布著有《基督教自然神学》（*A Christian Natural Theology*，1964）和《多元化时代的基督》（*Christ in a Pluralistic Age*，1975）及《过程神学作为政治神学》（*Process Theology as Political Theology*，1982）等；而格里芬则著有《过程基督论》（*A Process Christology*，1973）等，他们两人合著的《过程神学》（*Process Theology*，中译本由曲跃厚译，中央编译出版社1999年版）对过程神学的全貌亦有简略但系统的介绍。

过程神学强调进化、发展和过程构成实在的本质。它不把世界看成静止的实体，而看作一个过程。所谓过程即外在的客观的机遇和内在的主观的感触及其享受达到了能动的统一。怀特海认为，每一存在体都有两极：物质极和精神极，因而就存在着两个世界：一个是"事件"的世界，由事件之流构成变动不居的自然界，这就是宇宙进化或"过程"的意义；另一个则是"永恒客体"的世界，它永恒和不变。上帝的创造性表现在永恒客体中，它使潜能在世界存在体中得以实现，并在其实现过程中创造出新的东西；过程即体现为现实个体之"转变"，以及通过生成具体来参与构成永恒性而实现"共生"。在此，上帝是现实世界的源泉、是具体实在的根基。哈特肖恩则根据怀特海的思想而发展出一种"两级有神论"（dipolar theism），即"认为上帝具有两种不同的本质（怀特海称之为上帝的'原生本质'和'后设本质'，哈茨霍恩称之为上帝的'抽象本质'和'具体现实'），前者是永恒的、绝对的、独立的和不变的，后者则是暂时的、相对的、依赖的和可变的，两者是不可分割，互为一体的"。① 哈特肖恩声称，代替传统有神论的最佳选择，

---

① ［美］小约翰·B. 科布、［美］大卫·格里芬：《过程神学》，曲跃厚译，中央编译出版社1999年版，"译序"Ⅸ页。

是万有在神论。他认为,上帝的无所不能、无所不在和无所不知就意味着"万有在神",一切都发生"在上帝之中",而不需要中世纪经院哲学那种本体论证明。在他看来,把世界的创造应该看作一种超越而内在的过程,世界在上帝之中,万物都包摄于内,而世界的变化又都与上帝有关;但上帝在某些范围上又超越世界,并不与世界完全等同。所以,这种过程神学就希望信仰乃成为人们在此过程中达到一种神性领悟。

九 "上帝已死"派神学(Death of God Theology)

"上帝已死"派神学是20世纪60年代以来在西方继巴特"危机神学"之后又广为流行的一种神学思潮。"上帝已死"的主题思想最早由19世纪德国思想家里里希特(J. Richter,又称 Jean Paul,1763—1825)开始提出,尼采(Nietzsche)也曾用"上帝已死"来指责基督教,但20世纪60年代"上帝已死"运动的真正先驱是受巴特影响的德国新教神学家朋谭斐尔(D. Bonhoeffer,1906—1945)。另外还有当时活跃在西方神学界的哥加尔滕(F. Gogarten)、考克斯(H. Cox)、瓦汉尼(G. Vahanian,著有《上帝之死:我们后基督教时代的文化》,The Death of God: The Culture of Our Post - Christian Era,1961)和罗宾逊(J. Robinson)等人。这一流派又被称为"激进的世俗化神学"。

美国"上帝已死"派神学的主要代表是阿尔泰泽尔(T. Altizer,1927—),著有《基督教无神论的福音》(The Gospel of Christian Atheism,1966)、与汉密尔顿(Hamilton)合著的《激进神学与上帝之死》(Radical Theology and the Death of God,1966)等。其他代表人物有汉密尔顿(W. Hamilton),著有《基督教的新本质》(The New Essence of Christianity,1961),以及范·布伦(P. Van Buren,1924—1998),著有《福音的世俗意义》(The Secular Meaning of the Gospel,1963)和《上帝死后》(Post Modern Dei,1965)等。

这一派神学家把当代西方的时代精神描绘为"上帝已经死去",说现代生活的世俗化和人们神秘宇宙观的破灭,使上帝成为"多余"之物，只被作为"权宜之计"偶尔加以利用。这种上帝的"缺席""沉默"和"被遮掩"就是"上帝之死"。他们声称，上帝作为天父的形象已经死去。他们把"上帝之死"解释为上帝观念的通俗化，或对世俗文化的适应；有些人则主张干脆抛开上帝这个概念，让基督教专门研究怎样满足"人生所需要的内心和谐的生活方式"，从外求回到内觅，以解决内在的需求来实现信仰的意义。他们大讲特讲这种"上帝之死"和"非宗教的基督教"，强调信教的社会和心理功效，因此这些人有时也被人称为"神学社会学家"和"神学心理学家"。这种对神学的社会和心理效用之强调，说明当时美国基督教信仰本身在其理论认知和社会适应上都已陷入危机，故需找寻另外一种途径来维系其现代生存；但对"上帝"存在的根本否定、宣称"上帝已死"，却会根本动摇基督教信仰，其负面影响乃不言而喻；这一神学的鼎盛时期虽然已过，但它造成的影响却难以消除。

十　黑人神学（Black Theology）

这是美国黑人基督教新教领导人在20世纪60年代后期发起的一种神学思想运动。美国黑人牧师马丁·路德·金（Martin Luther King, 1929—1968）所推动的非暴力人权运动失败后，在美国兴起了黑人权利运动。当时拉丁美洲流传的"解放神学"和巴西天主教大主教卡马拉所鼓吹的基督教人道主义，给美国黑人神学家以深刻的影响。他们把基督教教义与人权运动相联系，提出了黑人神学理论。1969年，美国黑人教士全国委员会发表了论述黑人神学的正式声明，1970年4月，又在佐治亚州亚特兰大召开了第一届黑人神学评议会；从此，黑人神学便在美国黑人基督徒中广为流传。

黑人神学的创立人是纽约协和神学院黑人教授孔恩（J. Cone, 1938—　），他著有《黑人神学与黑人权利》（*Black Theology and Black Power*, 1969）、《黑人解放神学》（*A Black Theology of Liberation*, 1970）和《被压迫者的上帝》（*God of the Oppressed*, 1975）等书。另一代表为

罗伯茨（D. Roberts, 1927— ），著有《解放与和解：一种黑人神学》（*Liberation and Reconciliation: A Black Theology*, 1971）、《对话中的黑人神学》（*Black Theology in Dialogue*, 1987）和《信者的先知性：为履行教务职责的非洲裔美国人之政治神学》（*The Prophethood of Believers: An African American Political Theology for Ministry*, 1995）等。

  黑人神学家宣称，白人有白人的神学，黑人也应有黑人自己的神学；孔恩指出，黑人权利就是福音，基督目前正在被压迫者之中，继续他的解放工作；他甚至强调，在一个种族歧视的社会中，基督的象征就是黑人，他必然解救受苦受难的黑人群众。但是，他们把黑人的"解放"解释为"自由服侍上帝""全体黑人社团的自由"和"黑人的个人自由"，并认为它是"以神在来世的应许为基础"。因此，他们又劝导黑人忘掉被压迫、被奴役的经历，用基督的爱心来等待"天国"的得救。黑人神学反映了黑人基督徒对种族歧视和社会压迫的强烈不满，因而对美国黑人影响很大。当然，在种族歧视等社会问题不能得到根本解决的状况下，它所引导的也不过只是一条宗教安慰之道而已，很难改变黑人在美国社会总体而言处于下层的不公平处境。

  现代美国基督教新教神学仍处于继续发展之中，新的流派和新的思潮时时都会随着美国社会的动荡、变化而涌现。由于现代新教神学具有与科学相妥协、与哲学相调和、与政治相融会的特色，因此有其复杂性和独特性，不易作出准确的定论，故此需要不断探讨和研究。

（原载《世界宗教资料》1982年第2期，本文有修改补充。）

第二十七章

美国新正统派代表——莱因霍尔德·尼布尔

第二次世界大战前后，基督教思想界再次出现群星灿烂的局面。虽然超越时代的巨人凤毛麟角，却有不少新派神学家以其惊人毅力和历史洞见在经历自由神学之急遽衰落和危机神学之精神磨难后终于脱颖而出，他们闯过战争的风云，把握住时代的脉搏，成为20世纪基督教神学的继往开来者。在构成当代宗教思想新潮之各种神学运动中，莱因霍尔德·尼布尔（Reinhold Niebuhr）以其正视现实人生之罪恶和从历史中求超越的思想特色而成为新教"新正统派"神学运动在美国的代表、美国"基督教现实主义"神学流派的奠基人。

一 奠定现实主义神学体系

尼布尔，1892年6月21日生于美国密苏里州芮特城，父母为德国移民，原属路德宗改革教会。1910年他从伊利诺斯州埃耳姆赫斯特学院毕业后进入密苏里州圣路易斯的伊登神学院，1913年转入耶鲁大学神学院，1914年完成神学学士学位，翌年获文学硕士学位。

1915—1928年尼布尔在底特律的贝瑟尔福音教会任牧师，主要在汽车工人中从事传教活动；其间经历了第一次世界大战，使他成为"一个幻灭时代的孩子"。这种历史突变和时代危机，令他不得不抛弃传统的自由派乐观神学，而一度变为犬儒主义者。底特律的13年传教生涯，使他目睹了世人对社会邪恶的无可奈何，深感那种依于人道主义与和平主义空想的社会福音派对社会问题也无能为力，因此蓦然回首，努力在基督教传统信仰中寻找一个更为现实的基点，以"驯化"其犬儒主义。

1927年，他发表第一部著作《文明是否需要宗教》，着重论述宗教与社会、福音与世界的关系问题。他认为，"想象人没有宗教是困难的，因为宗教在一个似乎非人的世界中正是人性的提倡者"。[①]但是，现代文明对那种不能向社会不义挑战的宗教表示蔑视，不需要那种加剧或无视急迫社会问题的宗教，因此宗教必须开辟新的领域、增添新的生机，以适应现代文明的需要。

他于1929年发表的《一个驯化的犬儒主义者手记》，正反映出这一时期他对新的宗教理论之沉思与探讨。面对世界大战和社会邪恶，尼布尔逐渐形成其不抱空想、不回避矛盾的现实主义神学思想。1928年，尼布尔应聘到纽约协和神学院任宗教哲学副教授，1930年起任道奇讲座应用基督教教授，曾被邀请在耶鲁、哈佛、普林斯顿等大学讲课，并于1939年应邀去英国爱丁堡大学季富得讲座（Gifford Lectures）作专题演讲。从事学术活动的同时，他开始积极参与政治活动。20世纪20年代初他曾参加美国社会党，20世纪30年代曾任该党领袖，并主编党报《明日世界》。

1935年，他参与创建基督教社会主义者团契，任其季刊《激进的宗教》（后改名《基督教与社会》）的主编。1940年6月，他因改变政见而退出社会党。1941年，他担任《基督教与危机》双周刊主编，参加创立"美国人争取民主行动协会"，曾任该会主席。第二次世界大战期间，他担任"美国争取德国自由之友协会"主席，参加纽约自由党，并于1944年任该党副主席。1947年，他又任"美国流亡专家安置运动"的主席。

---

① [美]尼布尔：《文明是否需要宗教》（Reinhold Niebuhr, *Does Civilization Need Religion?* Macmillan, New York, 1927），第4页。

1932年尼布尔的重要著作《讲求道德的人与无道德的社会》出版发行，为美国基督教现实主义神学之形成奠定了基础。

此后，其著作的主题思想不再是对基督教信仰之教义体系的系统论述，而侧重于他所处时代的灵性问题，关心现实社会的理论讨论，并全面阐述基督教信仰的实际作用和现实意义。1941—1943年他辑订出版其季富得讲座的讲演稿《人的本性与命运》（分为两卷，上卷《人的本性》1941年出版，下卷《人的命运》1943年出版）。此书乃其神学代表著作，它"成为本世纪上半叶有影响的书籍之一，并且改变了美国神学的整个趋势"。[1]尼布尔以这部著作来系统阐述基督教的人生观、历史观和伦理观，形成其现实主义神学体系，从而也确立了自己在现代基督教思想发展史上之重要地位。

1952年以后，尼布尔因病而减少了公众活动，潜心于神学教学与理论著述，直至1960年从纽约协和神学院退休。他博学多闻、兴趣广泛，在神学、哲学和史学上都很有造诣，一生著述甚丰，写有二十多部专著及大量论文，成为20世纪著名的基督教新教神学家之一，对美国社会乃至整个世界的思想界都形成了重要影响。他曾由伊登神学院等十多所大学授予神学博士学位，由西方学院授予法学博士学位。1971年6月1日，尼布尔在马萨诸塞州的斯托克布里奇逝世。

尼布尔的主要著作如下：

《文明是否需要宗教》（Does Civilization Need Religion?），1927年；

《一个驯化的犬儒主义者手记》（Leaves from the Notebook of a Tamed Cynic），1929年；

《宗教对社会工作的贡献》（The Contribution of Religion to Social Work），1932年；

《讲求道德的人与无道德的社会》（Moral Man and Immoral Society），1932年；

---

[1] [英]利文斯顿：《现代基督教思想》（James C. Livingston, Modern Christian Thought, Macmillan, New York, 1971），第457页。

《时代末的沉思》（Reflections on the End of an Era），1934年；

《基督教伦理的阐释》（An Interpretation of Christian Ethics），1935年；

《悲剧的彼岸》（Beyond Tragedy, Essays on the Christian Interpretation of History），1937年；

《基督教与强权政治》（Christianity and Power Politics），1940年；

《人的本性与命运》（The Nature and Destiny of Man: A Christian Interpretation. Vol. I. Human Nature, 1941; Vol. II. Human Destiny, 1943），1941—1943年；

《光明之子与黑暗之子》（The Children of Light and the Children of Darkness: A Vindication of Democracy and a Critique of Its Traditional Defenders），1944年；

《辨认时代的征兆》（Discerning the Signs of the Times: Sermons for Today and Tomorrow），1946年；

《信仰与历史》（Faith and History: A Comparison of Christian and Modern Views of History），1949年；

《美国历史的冷嘲》（The Irony of American History），1952年；

《基督教现实主义与政治问题》（Christian Realism and Political Problems），1953年；

《自我与历史的戏剧》（The Self and the Dramas of History），1955年；

《我们国际合作的道德及灵性资源》（Our Moral and Spiritual Resources for International Cooperation），1956年；

《爱与正义》（Love and Justice: Selections from the Shorter Writings），1957年；

《虔诚与世俗的美国》（Pious and Secular America），1958年；

《世界危机与美国的责任》（The World Crisis and American Responsibility），1958年；

《国家与帝国的结构》（The Structure of Nations and Empires），

1959 年；

《应用基督教文集》(*Essays in Applied Christianity*)，1959 年；

《敬神的人与不敬神的人：论现代生活的宗教与世俗之维文集》(*The Godly and the Ungodly: Essays on the Religious and Secular Dimensions of Modern Life*)，1959 年；

《国家与帝国：政治秩序中反复出现的模式》(*Nations and Empires: Recurring Patterns in the Political Order*)，1960 年；

《莱因霍尔德·尼布尔论政治》(*Reinhold Niebuhr on Politics*, ed. by Harry R. Davis and Robert C. Good)，1960 年；

《如此设想的国家》(*A Nation So Conceived*, with Alan Heimert)，1963 年；

《人的本质及其共同体》(*Man's Nature and His Communities*)，1965 年；

《信仰与政治：技术时代的宗教、社会及政治思想评论》(*Faith and Politics: A Commentary on Religious, Social and Political Thought in a Technological Age*, ed. by Ronald H. Stone, 1968) 等。

二 对人生与命运的审视

探索人类本性和命运，既源远流长、亘古常新，为人类永恒之主题；又朝暮相触、随遇而发，乃人生现实之考虑。千百年来对"人是什么"之问答总是似清晰却又朦胧，似简单却又复杂，似具体却又抽象。综括古今西方世界的人性之思，尼布尔归纳出三种迥然相异的人生观：一是古代希腊的悲观主义人生观，二是近代西方的乐观主义人生观，三是承认"原罪"的基督教人生观。在他看来，古典人性论有两种倾向：柏拉图、亚里士多德和斯多亚派一致把人的独到之处归于其理性才能，即人的"心灵"。这种唯理论视人之理性与上帝同一，从而导致以人的肉身为"恶"、人的心智为"善"的身心二元论；而德谟克利特和伊壁鸠鲁的唯物论则以宇宙之内蕴理性乃机械必然性的观点来解说人性，其结果是归于自然主义、视人为自然之子。

这两种倾向的共同特点，都是对人生的短促和必然丧亡持一种悲观态度，视人在尘世的历史不过是一串连续的圆圈和无穷的际会而已。这样，唯理论在出世超越中扼杀了人生意义，唯物论则在自然循环中使之归于沦亡。

对于近代西方的乐观主义人性论，尼布尔认为它乃古希腊罗马思想与《圣经》人生观之混合和嬗变。这种近代人性论的特点，即在对待人类罪恶问题上持乐观态度：近代理想主义反对基督教以人为受造之物和罪人的说法，而近代自然主义则反对基督教以人为"上帝的形象"之说，"理性或自然的人都被认为本来是善良的，人所必需的只要他或从自然的纷乱上升而进入心智的和谐，或从灵性的纷乱下降到自然的和谐，借以获得拯救"。①

这种乐观主义"在进步观念中"解释人生，却无法找到人生的真实意义。理想主义因侧重于人的自由和超越能力，而在理性概念的普遍性和毫无区别的神之集权性中丧失了个人，自然主义则使个性湮灭在纯自然的"意识之流"或纯社会的"运动规律"之中。

据此分析，尼布尔深感古代悲观主义和近代乐观主义都已走向极端，它们不是片面强调人的心智理性、就是片面强调人的自然属性。于是，他断言只有基督教能够真正解答人生问题，也只有基督教的人性论才是唯一正确的。

基督教的人性论以坚持"人在身灵双方都是被造和有限的"为前提，从分析人的罪感观念和随之而有的不安良心入手，借此统论人的本性与命运。

在对之分析阐述中，尼布尔始终把《圣经》信仰与人世实际问题相联系，凭借这部传统经典的灵性之光来审视人类本性和其历史所表现的严酷现实。

---

① ［美］尼布尔：《人的本性与命运》，谢秉德译，香港，基督教辅侨出版社1959年版，第22页。

这样，其新正统派观念就不会偏离教会的正统教义，而其现实主义神学论则体现为一种当代意义上的基督教护教论。与古典悲观论及近代乐观论不同，尼布尔认为基督教的人性论反对将人加以"心""物"二元的截然划分，却强调人类身灵共有的两重性，以及由此而产生的一种张势。他指出，人在本质上具有"上帝形象"，却又为受造之躯，其自由意志选择了犯罪，从而导致神人分裂，使罪成为人和世界的根本特性。

按照尼布尔的看法，人世乃是罪恶的渊薮，人的一切活动、一切社会组织、一切历史阶段都沾染着罪。从个人来看，人介乎自然受造与自我超越之间；由于人既自私邪恶，又绝对自由这种自然、精神两重性之矛盾，使人不能不犯罪。然而，人的独特性就在于人虽会犯罪，却也随之有着罪恶感。人在双重压抑下引起的忧虑不安，既表明人已察觉到自己的有限和邪恶，又暴露人想掩饰和超脱这种有限和邪恶，"正如一个水手爬到船上的桅杆上，上有巅危眺台，正下临波涛万丈。他既关切他上面所要达到的目标，同时又忧虑那空虚浩渺的人生深渊"。[1]但人在忧虑焦躁驱使下的掩饰和超脱之举，却让人在罪恶中越陷越深、不能自拔。这里，人之罪并不在于人的有限性，而乃人否认自己"受造"、克服自己"有限"的努力，指人不屈从自身命运而靠自我努力来完成其人生意义之企图。

在他看来，"自我以其骄傲与贪图权力等倾向冒犯上帝的权能，受到上帝的审判。这就是罪的宗教含义"。[2]

三 骄傲纵欲为人之罪

尼布尔把人的罪划分为骄傲和纵欲这两种主要表现形式，并坚持骄

---

[1] ［美］尼布尔：《人的本性与命运》，谢秉德译，第183页。

[2] ［美］尼布尔：《自我与历史的戏剧》（Reinhold Niebuhr, *The Self and the Dramas of History*, Charles Scribner's Sons, New York, 1955），第64—65页。

傲之罪是最根本和普遍的，它乃一切罪恶之源，其实质就是对上帝的反叛和对宗教信仰的抛弃。

骄傲的特征在于人否认自我存在的偶然性而强调其普遍性，否认自我的相对性而声称其绝对性，否认自我的有限性而要求其无限性，以及否认自我的约束性而坚持其独立性。这一切都清楚地反映在人的权力、知识、道德和灵性骄傲上。

在权力上，骄傲表现为人企图使自己成为上帝，认为自己乃宇宙的中心，想象自己完全是本身存在和命运的主人。这种权力上的骄傲在社会权势较大的人身上表现为"相信自己为生存的主宰，命运的支配者，和价值的裁判者"，① 因而自以为是、为所欲为；其在社会权势较小的人身上则表现为"攫取更多的权势，以督使自己巩固"，② 其求权意志是因为感到自身不够安全而想借攫取权力来克服或掩饰其软弱。

在知识上，骄傲即人以自己的知识为无限和终极之真理，看不到自身理论的局限，以其知识"毫无谬误"而自鸣得意。尼布尔指出："每一个大思想家都犯同样的错误，以为自己是最后的思想家"，而这些思想家实际上是处于某一特定地区和时代，即或当时以为不偏不倚，但后人看来却如其先辈一样偏狭有误。③ 他认为，甚至人类最高的文化优点也免不了其存有偏私和仅具个别性，因为"人类的文化总是处在自由与限制，有限与无限的紧张挣扎中"。④ 所以，人在文化上的骄傲和乐观主义是幼稚可笑的，"殊不知人生的每一个新阶段与可能都将产生新的问题"，⑤ "在文化领域中人一旦达到较高真理的认识即可能引起另一个新的虚妄"。⑥

---

① ［美］尼布尔：《人的本性与命运》，谢秉德译，第 185 页。
② 同上书，第 185 页。
③ 同上书，第 189 页。
④ 同上书，第 499 页。
⑤ 同上书，第 462 页。
⑥ 同上书，第 519 页。

第二十七章　美国新正统派代表——莱因霍尔德·尼布尔　353

　　在道德上，骄傲则为人的自以为善，以自身标准为绝对标准。尼布尔说，这种骄傲暴露在人自以为公正、善良的态度上，即以其有限德性为终极的、以其相对道德准则为绝对的。

　　因为人按自我标准来评价自己，所以会发现自己为善，而若别人的标准与己不同，人用自我标准来对之评价，则总是断定别人为恶。由于这种道德标准的相对性，致使人的道德含义都是暧昧模糊的。

　　在灵性上，骄傲指人在宗教上的自比神明。这种骄傲把人之罪推到顶峰，使人陷入自以为"最"的虚妄之中。对此，尼布尔从自身宗教传统上进行了反思："基督教历史的凄惨经验证明了，正当人漫无限制地认为自己是圣洁的时候，他就最清楚地显明了他的灵性上的骄傲"，[①]"人一自认为圣时，就失去了他的圣品"。[②]宗教上的骄傲乃最危险的骄傲，人若觉得自己在灵性上为"最"好，殊不知其犯的罪也就"最"大。

　　尼布尔认为，罪的另一形式为纵欲。它在某种意义上乃骄傲之罪的派生物，表现为渴慕肉体上的放纵，而反对纯精神的追求。纵欲一方面暴露出人过度自爱，另一方面也反映了人屈于自身有限性而自暴自弃。

　　尼布尔进而分析说，人犯罪所达到的严重程度还在于人不愿意承认自己是罪人。人不认罪，一是表现在自我辩护，二是表现在推脱罪责，为自己寻找替罪羔羊，正如亚当推罪给夏娃、夏娃则推罪给蛇那样，卸责之手总是指向他方。尼布尔对之颇有感触，认为人对罪之否认乃现代文化的标志之一，它使现代人产生出一种"平静的良心"，大家虽然罪孽深重，却仍心安理得，泰然自若。

　　尼布尔不仅强调个人之罪，更强调人类团体之罪。他认为："在每一人类社团中，有更少的理性去指导和控制冲动力、更少的能力去达到自我超越、更少的才智去理解别人的需要，因而就比那些组成团体、并

[①] ［美］尼布尔：《人的本性与命运》，第405页。
[②] 同上书，第406页。

在相互关系中显现自己的个人有着更多的、更无限制的利己主义。"① 由罪人所组成的团体，其邪恶程度比个人更高、其罪孽也比个人更大。各人类团体既自私又自大，且有着自我中心主义，因而使社会冲突不可避免。团体之罪乃个人之罪的集中和放大，这就更加模糊并败坏了人生的意义。

他指出，团体之罪最清楚地表现在国家身上，因为国家妄想要取上帝地位而代之，它向个人要求绝对忠心、让其把国家需求作为个人生存的最高目标。对这种国家政体所显露的罪恶，他一一进行了分析。

首先，国家跟个人一样在生存本能之内潜藏着扩张的欲望，而且远比个人为甚，以致变生存意志为求权意志。而这种扩张一旦诉诸武力，往往就导致战争，会给整个世界都带来灾难。因此，国家暴力远超个人暴力，其带来的危害也是个人所无法相比的。

其次，国家也反映了个人具有的骄傲之罪，它表现在谋求国家的威望和尊荣。大凡政治性社团，都会对国家本身存有一种偶像崇拜的心理。另外，国家还会如个人那样假冒伪善，装成不为自身私利，而为着某种高尚道德；但实际上，这种伪善对己表现为固执己见，利用欺骗来将本身利益掩藏于普遍利益之中，以国家的名义来谋一己之私；对人则表现为轻视他人，将一切虚荣、权势之恶推给别国，用以掩饰自身的软弱与沉沦。

尼布尔说："那种咎责敌人，却认为自己能免于敌人所犯之错误的狂热，正表示自己是在挣扎着要掩饰那本身所处的有限地位。"② 他因而希望人们应从过去国际政治冲突中那种盲目而无批判的爱国主义之愚蠢行为中清醒过来，如在两次世界大战中的那些法西斯就是以爱国之名蒙骗其国民参加侵略战争，他故此提醒人们不要在蒙昧之中成为邪恶势力的牺牲品或殉葬品。

---

① ［美］尼布尔：《讲求道德的人与无道德的社会》（Reinhold Niebuhr, *Moral Man and Immoral Society*, Charles Scribner's Sons, New York, 1932），第 11 页。

② ［美］尼布尔：《人的本性与命运》，第 191—192 页。

根据其团体之罪的理论，尼布尔认为"团体间的关系始终主要是政治性的"。① 社会团体即政治团体，而其相互关系也势必为政治性的关系。既然一切人类团体都充满自私和罪恶，那么政治必然是在诸邪恶之中的一种选择；充其量也不过是两恶相权取其轻而言。"我们自己存在的每一时刻都在利用邪恶来制止邪恶。"② "政治就是强权竞争"，③"人生就是强权斗争"。④他赞成尼采和弗洛伊德的观点，承认求权意志是人最强大的动力，相信权力冲突是历史的基本因素。但他又不得不承认这乃人世的悲剧、历史的悲剧。

既然人世皆恶、人类皆罪，那么个人与团体就不可能实现自我改造和拯救。人越努力就越有罪，人越想靠自我意志来解脱自己，在罪中也就陷得越深。然而，尼布尔对人类本性和其命运的审视并不是让人放任自流、自甘沉沦，而是呼唤人们在认识罪恶的现实基础上彻底悔罪，争取从罪恶中超越，以达到升华和拯救。

四 信仰基督洗清罪恶

这里，尼布尔强调人的得救只有靠基督教信仰，因为基督教使人产生了一个不安的良心，"只有在基督教信仰的观点上，人不但能了解罪恶的真实性，而且也可避免将罪恶归于别的事物，而不归于人本身的错误"。⑤其实，他以这种表述而又回到了传统教会"唯独教会""教会之外绝无拯救"的保守立场上了。这也的确是其面对社会之"新"而强调"正统派"的主旨之典型表达。

---

① ［美］尼布尔：《讲求道德的人与无道德的社会》（Reinhold Niebuhr, *Moral Man and Immoral Society*, Charles Scribner's Sons, New York, 1932），第 23 页。
② 《激进的宗教》杂志 1936 年冬季第一期（*Radical Religion*, No. 1, Winter 1936）。
③ ［美］尼布尔：《悲剧的彼岸》（Reinhold Niebuhr, *Beyond Tragedy*, Charles Scribner's Sons, New York, 1937），第 180 页。
④ ［美］尼布尔：《基督教与强权政治》（Reinhold Niebuhr, *Christianity and Power Politics*, Charles Scribner's Sons, New York, 1940），第 174 页。
⑤ ［美］尼布尔：《人的本性与命运》，谢秉德译，第 16 页。

所以，尼布尔在此系统提出了人在罪恶中靠基督教而得拯救的神学主张。

第一，基督教"人皆有罪"的教义乃是一种不停息的挑战，要人对表面上的肤浅道德裁判，特别是那些为自义之徒用来自足的裁判重加审查，从而使人了解自我之罪、也洞察人世之恶。

第二，靠面对上帝来真正认识自己，使眼睛能接受上帝真理的阳光。吸取传统神学和当代一些神学家失败的教训，尼布尔在神人关系上注意用现实主义神学来避免宗教虚无主义或宗教与世无关论。

他认为，路德神学中的个人内心成圣说将其称义说的真理掩蔽了，路德所谓得救者在基督教里的"仁爱、喜乐、和平"，乃是一种神秘的超脱境界，它超脱一切人间矛盾，甚至包括道德上的"责任心"；而对人世，路德却表现出失败主义和悲观思想，采取了无为主义的态度；这种对"灵性国度"与"世俗国度"的截然划分，以及对"内心自我"与"外在自我"的绝对割裂，不免增加了社会伦理中的悖谬成分，使个人寄希望于冥冥苦思，对人世的犯罪与自我的过失熟视无睹、无所惭愧。他劝人们不要学这种自命清高、超尘脱俗的"圣人"，而要当那"流汗流血去劳苦"的"罪人"，"以使人类社会达于略微好转和稍臻公道的地步"。①

尼布尔还进而批评了巴特和布龙纳的思想。他认为巴特否认人有任何与恩典的"接触点"、坚持神人毫不相干、毫无接触的论点是完全错误的；既然人都存留着一点"原义"，来自上帝的形象，那么人与神恩就有接触点；而当人与人发生关系时，上帝的国度和爱的要求，是与世人的各种政治制度及社会情形相关的。在此，他强调人的动乱并不能破坏上帝的计划，冥冥之中仍有着上帝的拯救。他觉得巴特神学虽对教会思想深有影响，但纯属消极方面，并不可取。

布龙纳的错误则在于他虽认识到人所求目的皆空虚无益、人所用手段都可鄙可憎，却又乐意接受社会的不义，坚持在律法上无真正公义可

---

① ［美］尼布尔：《人的本性与命运》，第478页。

言,从而在人世持一种无谓与逍遥之态。尼布尔认为布龙纳的说教会使人对社会不负责任、加增世界的不义和邪恶。因此,他告诫人们不要去胡思乱想那些海市蜃楼、虚无缥缈的东西,而应在现实中身体力行那种涤除罪恶的宗教生活,以接近人类的新自我,定基督的方向为人类的标准。尼布尔爱把人比作摩西,说他已从远处瞥见了"应许之地",而且在人世上也已朝着它取得了一些进展,却不能在历史中进入此地。

人的生命的终结是一个终止,但这并非其目标或真正的结束,人生意义在此便超越其历史性。这样,尼布尔把人的命运归为两点:一是人必须有勇气在自己的生活及所处时代的精神运动中积极、现实地了解、宣扬上帝的本身、意志和审判,并见证上帝恩典的行动;二是人必须承认自己有限和相对的成就,认识到最后拯救还要靠上帝的恩典超越历史和自我来获得,即持守"在现实中悔罪由自己,在希望中得救靠神恩"之传统信仰原则。

第三,人以上帝为其生命中心,这才是人生的意义。尼布尔指出:"基督教曾提高了人的个性,因为按照基督教的信仰,灵性的自由最后只受上帝意旨的限制,而人心中的奥秘也只有神的智慧才能完全知道,并加评断。"①

既然人具有"上帝的形象",就能超越世上一切常规和习俗,使世上"万物都是你们的","而你们是属基督的"。只有人类认识自己是属基督的,把自己归入上帝的怀抱,才能获得生命意义。他说,人有三种感受,一为对外虔敬依赖感,二为道德义务责任感,三为自我渴望赦罪感;而这三种感受能得以支持,是因为上帝的真实存在。尼布尔进而分析说,人的依赖感是因上帝为创造者,人的责任感是因上帝为审判者,人的求救感则是因上帝为救赎者。所以,人若以上帝为中心,就会为其现实人生增添"一种懊丧的精神和一颗悔悟的心",最终通过忏悔而认识上帝,坚持谦卑而达到高尚,涤除罪恶而获得拯救。审视对比西方几种主要的人性论,尼布尔认为,基督教的人性观虽然不如古典和近代学

---

① [美]尼布尔:《人的本性与命运》,第55页。

说那样重视或强调人的心智与德性，但它对人之灵性的把握和评估却能更透彻、更正确地认识和解说人之本性与命运。这里，其护教心态已跃然纸上。

五　上帝亲自照顾历史

　　从其人生观出发，尼布尔也阐述了一种基督教的历史观和伦理观。前者侧重于对历史的哲学反思，后者则关注伦理道德在现实社会政治中的作用，因此可分别称其为尼布尔的历史哲学和政治伦理。

　　在他的历史观中，人类历史也是自然与精神之混合。人既为历史的受造者，又是其创造者。由于历史乃命运与自由所共有的领域，因此稍有偏颇就会导致历史悲观论或历史乌托邦。在西方文明史上，尼布尔探讨了三种各不相同的历史观念。

　　第一种为"古典的历史循环论观念"。它以希腊思想为基础，对历史持否定态度。这种观念以犬儒主义的自然模式来想象历史，认为历史世界与自然世界一样如希腊人所言"太阳下面无新事"，都不过是一种永不停息的循环而已。尼布尔认为这是一种视历史为无意义的历史观，他把历史当作并不外于自然的有限过程，断言历史本身并不给人以任何有意义的希望，人最好是能够逃脱历史，因为人类所努力的目标是一种"永恒"，它以取消历史来实现历史。人只有从自然、历史事件的循环中解脱出来，才能获得意义和完善。因此，人不必在历史中实现自己，也不必追求历史的意义。

　　第二种为"近代的历史发展论观念"。尼布尔说，这种观念认为历史本身具有意义，不过，它的"近代教条"就是那种普遍流行的历史进步观，即把历史发展视为人类不断得到救赎的进化过程。他认为，从黑格尔的历史辩证法到社会达尔文主义，所有这些"进步"的观念都反映了近代人的历史乐观主义，这种自信已成为近代人的宗教。在他看来，这种源自文艺复兴的近代信仰掩盖了人生戏剧中变幻无穷的自由与必然间的相互作用，因此不仅不能正确解释历史的本质，反而导致了各种乌托邦幻想。"整个近代的乌托邦思想早已蕴藏于文艺复兴的精神中。近代人的信条中的最坚固和最特色的'进步观念',乃是文艺复兴所必然产生的历史哲学。"① 他指出这种历史进步观的弱点是未能认识历史充满着"善"与"恶"的各种可能性,不知道人类的每种新才能既可成为秩序的工具,也可作为混乱的工具。所以,历史终不能解决本身的问题,并不是它自己的救星。

第三种为"《圣经》——基督教的历史观念"。"《圣经》戏剧历史性的描写会对人的崇高和悲惨给予一种比科学家和哲学家的一切智见都更为真实的看法。事实上,人类自我只有在一种戏剧—历史性的环境里才能被理解。"② 尼布尔认为,只有《圣经》——基督教的历史观才能对人在历史上的那种创造与受造之模棱两可性赋予意义,它以历史事件的"戏剧性"来解释历史的特征,又以历史启示的"象征性"来揭示人生之谜,结果既远比古典历史观具有动感和活力,又避免了近代历史观的盲目乐观,因而至今仍有着指导意义。尼布尔说,这种具有基督指望的历史观认为历史是有意义的,但绝非人自身在历史中的意义,而是上帝启示人生、拯救罪恶世界的意义。无论人类的智慧和能力达到多高的程度,历史也不可能克服人的有限性而完全实现人生。人的历史充满罪恶,社会永远处于一种战争状态。而且,历史的戏剧性还在于它因人类控制自然的能力不断增长而得以发展,却不是由于"物竞天择、适者生存"的规律在发挥作用,也决非黑格尔范畴中的所谓历史辩证法在统摄调度。

人们不可能从人类行为的各种复杂暧昧的动机和人类发展五光十色的戏剧性模式中进行理性概括,归纳出内在规律。因此,了解历史的本质不是靠理性推断和科学观察,而只能靠信仰《圣经》。信仰可赋予神

---

① [美]尼布尔:《人的本性与命运》,第436页。
② [美]凯格利、[美]布雷托尔主编:《莱因霍尔德·尼布尔》(Charles W. Kegley and Robert W. Bretall eds., *Reinhold Niebuhr: His Religious, Social and Political Thought*, Macmillan, New York, 1956),第11页。

圣的东西以具体的意义,这个意义则使历史中局部的、破碎的意义得到肯定。尽管上帝对人世的审判只有在历史的彼岸才能被完全揭示,但人们不能靠来世的历史观来让自己逃避历史的责任;在历史范围内,这种审判也体现出一些真正的含意,因为"上帝是内蕴于历史之中,亲自照顾历史的,并非本身不动的推动者,居于永恒之中,与历史不发生关系"。① 属灵的基督徒乃"存在于这个世界,但不属于这个世界",所以能领悟上帝在利用历史的变迁和灾难来行使其主人权力。若在历史中失败,也至少可以从基督教信仰的立场上去了解这个失败,从而能在失败中达到一个超越失败的观点,在悲剧中看到悲剧的意义。这样,历史的变化和人世的动乱正揭示着上帝对人的审判和启迪。

按照尼布尔的理解,信者历史就是自我在其有限生涯中寻找终极的意义、寻求与上帝的对话,以投身普遍的神圣意识之中。忍受磨难、并积极在世上遵循上帝的意志,此乃信者在历史中的命运。若以信仰和悔改的心情来看待历史的变迁,人就能在历史有限与无限、目前与终极、束缚与超越的矛盾中达到真正的统一。

六 实用主义的政治伦理观

由于意识到人类历史的相对性和有限性,因此基督教所推崇的上帝之爱在现实中只是一种"不可能的可能性"(impossible possibility)。其"不可能"源自人的软弱和罪孽,其"可能性"则因耶稣作为基督出现而带来上帝的拯救。尼布尔将基督完善之爱视为人类伦理的绝对标准。他并不认为这种爱是"在历史上可达到的"理想,但又坚持这种爱绝非与此岸世界之存在毫不相关的彼岸雕像。它作为至高标准,能对人类的任何动机和行为加以评判。在他看来,只有抱着这种上帝之爱的彼岸希望,基督教才能面对社会暴行和不义做到既不因失望而玩世不恭,也不因自我清高而得意忘形,更不因幻想某种世俗计划将永远解决人类问

---

① [美]尼布尔:《人的本性与命运》,第337页。

题而骗己欺人。既然在实际人生中不能达到上帝之爱的标准,尼布尔的现实主义观念便促其求助于"互爱""正义"一类在人类现实社会中可以推行的"次级"标准。

尼布尔认为,"正义"就是上帝之爱在现实社会中达到其相对成就的具体体现。"正义"虽不能与爱相等同,却是社会秩序合适的标准,它乃现实人生中的爱的理想与权力事实之间的一种中和。尼布尔指出,"爱"与"正义"既不能混淆,也不能分割;与上帝之爱相比,"正义"乃是相对的、历史性的、有差别的和关心各种利益之间的平衡的,并无永恒、绝对之意。换言之,"正义"只是对"爱"的一种接近,体现出"爱"在世界上的相对完善。而这种"正义"却是世人在社会中可以争取、可以达到的。所以说,"爱"与"正义"保持着一种辩证关系:"爱"的标准使"正义"得到提高和升华,具有更广远的前景,而"正义"则能保持"爱"在现实生活中的实践、尝试和推动。尼布尔把"正义"视为"爱"在人类罪恶世界中的现实且可行的体现,从而使其理想伦理观发展为一种基督教政治伦理观。

从这种伦理观出发,尼布尔主张对政治生活中的道德相对主义有清楚认识。诚然,世人的伦理道德有着虚假伪善,人之罪性使人类社会近乎善恶难定、好坏难分,但人们在现实生活和政治斗争中既不能回避矛盾,也不可随波逐流,因此至少要做到两恶相权取其轻,在身不由己之中也需主观权衡选择较小的恶、尽量只犯较小的罪,而在灵性上则力争从这种"腐败文明"的束缚中解脱出来。尼布尔由此承认在政治策略和行动中运用权力的相对合理性,因为所谓正义乃力求社会上权力更"公平"的分配,而不均衡的权力总是不可靠的权力、是产生不义的根源。

当然,他也提醒人们要慎用权力,尽量使权力服务于由"爱"所支配的目的,大可不必为其在政治上的成功而自鸣得意。这种实用主义的政治伦理观为尼布尔关心政治、参与政治提供了神学理论根据,如20世纪70年代之后美国政府一度风行的"尼克松主义",就在一定程度上受到他的主张之影响。"在外交政策的考虑上,尼布尔一度支持美国政府二次世界大战之后的'冷战'政策，50年代初也曾强调在朝鲜打一场有限战争的必要。他指出，采取军事手段本身就不完善，在亚洲尤其如此；但是承认其局限性，决不等于忽略其必要性，这就是朝鲜战争及同类军事行动的重大中心意义。不过，军事力量仍须加上道德和政治智慧，因为国家问题并无最终解决的理想办法。据此，他从考虑美国利益及影响出发而反对其越南战争，认为'当缺乏某种道德和政治基础时，军事力量是无效的'。谈到中美关系时，尼布尔觉得当时美国政府的态度过于固执和很不现实，认为那些为美国拒绝承认中国、拒绝接纳中国进联合国进行辩护的种种理由是非常唐突的。他指出，承认中国本来可以促进中苏利益的自然冲突，其矛盾的公开和激化势必有利于美国从中得到某些好处，因此他很早就赞成在外交上承认中国。这种老练、精心的利弊权衡和通盘考虑曾引起美国一些政治家及外交家的兴趣和关注"[1]，也让他有着"美国国务院御用神学家"之称，其结果即使他遭到教会内外一些人的反对或批评，也使他在当代美国政治活动和社会公众生活中引起了广泛的注意、产生出重要的影响。

尼布尔这种对人性和历史之非乐观而又不失望的看法，使他赢得了"美国当代最杰出的神学家"之称号。他的思想代表着神学家对20世纪两次世界大战和与之相随的社会政治时局的一种反应，也标志着当代基督教神学现实主义的一种发展。

（原载傅伟勋主编《永恒与现实之间》，台北，正中书局1991年版，本文有补充。）

---

[1] 卓新平著：《尼布尔》，台北，东大图书公司1992年版，第190页。

第二十八章

新福音派神学刍议

20世纪新教神学以主流教会各派神学家的理论活动为主，最初曾以"自由派"和"现代派"为其时代特色，在此基础上形成了多元分化和发展。然而，当代新教神学本身亦有自由派与保守派、现代派与基要派的对立。这种对立在20世纪初期曾引起了基要主义神学的发展，它乃是一种与激进神学思潮截然相反的保守神学思潮。但其出现及嬗变对当代新教神学的发展趋向产生了深远影响。随着基要主义神学被扬弃和现代主义神学面临困境，一种呼吁既回归传统、又面对社会的新福音派神学遂应运而生。这种神学反映了欧美教会出现的新活力，亦是其信徒灵性生活之新动向的生动写照。因此，其理论探究乃方兴未艾，并正在引起欧美社会的普遍关注。

一 新福音派神学的形成过程

新福音派神学与新教基要主义思潮有着某种信仰关联，但其思想特色则与之迥异。"基要主义"（Fundamentalism）的思想渊源与新教传统福音主义和19世纪北美流行的千禧年运动相关。1910—1915年，美国新教保守派托里（Reuben Archer Torrey，1856—1928）等人曾出版题为《基本要道：对真理的见证》的一套宣传手册，由此兴起"福音传教"和"信仰复兴"运动，基要主义神学也因而得名。他们反对自由派神学、《圣经》评断学说和达尔文进化论，曾卷入 1925 年美国田纳西州关涉进化论之争的司各普斯诉讼案（Scopes Trial）。在 20 世纪初期的神学较量中，基要派处于劣势。当新教各神学院大多为现代派神学家所控制之后，保守派信徒纷纷退出主流教会而组建其独立的教会、圣经学院和神学院。他们强调这一分离乃是出于避免错谬、保持教义纯洁之缘故，但在当时亦引起人们对基督教脱离社会现实、神学僵硬死板等不利之见。

20 世纪中叶，基要派内部出现变化。其新的一代批评基要派前辈将社会让给自由派而导致自我封闭。他们主张重新协调宗教与科学及哲学的关系，并注重利用现代通信媒介而对大众开展福音宣传和信仰复兴工作。其旅行布道、电子教会活动对北美社会形成了广远影响，并涌现了一大批基督教福音布道家。例如，葛培理（Billy Graham）推行的世界性基督教布道大会对这一新的发展曾起过重要推动作用，其布道中的激情讲演亦引起了普遍注目和巨大反响。基要派内部的这些变化遂为新福音派神学的萌芽准备了温床。

最初的新福音派神学以奥肯加（Harold J. Ockenga）、卡内尔（Edward John Carnell）、卡尔·亨利（Carl F. H. Henry）、拉姆（Bernard Ramm）、莱德（George E. Lad）、哈里森（E. F. Harrison）、朱厄特（Paul King Jewett）、哈伯德（David Hubbard）、纳什（Ronald Nash）、蒂尔金（John Tietjen）和林塞尔（Harold Lindsell）等人为代表。1942 年，奥肯加等人创立美国福音派协会，开始早期基要派向当代福音派的过渡。1947 年，奥肯加、卡内尔和卡尔·亨利等人创建美国富勒神学院，开始形成其福音派神学中心，其神学倾向则较为保守。奥肯加曾为富勒神学院首任院长，但不久改任戈登康韦尔神学院院长。1948 年，奥肯加应富勒神学院之邀为其开学典礼作专题讲演。他在这次讲演中首次公开呼吁"福音派人士"放弃"基要派"之名，而代以"新福音派"名称。从此，"福音派"之说得到公认。此外，曾任教于芝加哥北浸会神学院的卡尔·亨利于 1947 年发表论著《现代基要派的不安良心》，指责基要派因缺乏社会计划而使其人道主义落空，亦引起基要派阵营的震撼。此后，重新进入神学讨论的这些神学家开始被人称为"福音派"，以示与基要派的明显区别。鉴于欧陆新教有习称为"福音教会"的传统，以及北美存有十多种类型各异的福音派教会，这些以北美为主的、因与基要派传统分道扬镳而具有温和或开明特色的福音派神学家遂以"新福音派"自称。1955年，新福音派创办其神学杂志《今日基督教》，以与具有自由派倾向的神学杂志《基督教世纪》相抗衡。

新福音派以《圣经》信仰、个人信主得救和传福音之使命感为其基本界定。他们强调个人认信、灵修和道德生活，关注现代社会伦理与政治问题。以富勒神学院的创立为契机，美国新福音派神学开始其独立发展，在美国西海岸等地形成强大的阵容，并逐渐影响到北美的广大地区和西方各国。新福音派神学亦具有保守、开明和自由等不同趋向，形成多种流派。其神学代表除上述卡尔·亨利、拉姆、葛培理等人之外，还包括斯托特（John Stott）、劳埃德琼斯（Martyn Lloyd-Jones）、谢弗（Francis Schaeffer）等人。此外，英国新教神学家托兰斯（Thomas F. Torrance）、加拿大神学家帕克（James I. Packer）也是当代较为开明的新福音派神学代表。随着20世纪下半叶新教主流教会人数的减少及其神学影响的衰弱，福音派教会得到明显的发展，其神学理论在整个基督教神学界亦渐露头角，并有着不断扩大的发展势头。

二 卡尔·亨利创立新福音派神学的尝试

新福音派神学发展初期的突出代表是卡尔·亨利，他被西方舆论界视为"福音派神学的主要诠释者，起着领导作用的理论家之一，……其整个传统的非正式发言人"。[①] 其神学阐述非常强调启示的意义，认为启示之本质乃指上帝既有历史上的作为、又向人类言述。而上帝的

---

① ［美］帕特森编：《现代神学精神的缔造者》（Bob E. Patterson ed., *Makers of the Modern Theological Mind*, Word, Waco, Texas, 1983），第9页。

言述对于上帝的作为至关重要,它为其神圣的历史行为提供了合理性和意义。因此,启示乃指"超自然之神的活动,他传递了关涉人之现今和未来命运的根本信息。神的思想绝非我们的思想,而在启示中他则让人分享其精神;其传递的真理不仅论及其本身及其意向,而且关涉人的目前困境和未来展望"。①在亨利看来,神启是一种理性的传播,乃以清晰明白的观念、意义真切的言语为其交流形式。上帝所言述的真理已表明启示的过程与理智之把握有机结合,这意味着"神启为包括基督教真理在内的一切真理之源,理性乃使之得以认知的工具,经文是对其确证之原则,……基督教神学的任务即展示出圣经启示的内容乃为有机整体"。②所以,若无理性的尺度,神学则会成为"一位口吃之神的含糊表述",它随这一超然自我在超理性的领域悬空漫游,却无法完全归入思想的范畴。与此相关,《圣经》作为神启之产物应绝无差错;但亨利认为这种"无差错"不可从现代科技之精确、严谨意义上来加以机械理解,更不能以此作为福音派正统思想之至高象征而达到某种实用目的。他坚持这一理解只应点到为止,而更多地探讨启示与文化或诠释的关系,对之开展神学与哲学的综合性研究。

此外,卡尔·亨利还将"上帝"之教义视为神学的关键。他用"逻各斯"的观念来理解启示与上帝之间的关联,把逻各斯作为实现和传达神之自我展示的真正载体。在这种意义上,逻各斯作为上帝之道外在于世界,乃一种超然性的给予,并不作为人之想象或反思所能达到的观念或抽象性体现而内在于世人之中。逻各斯表现了启示的超然本质,因此经文本身之问题归根结底并不关涉《圣经》,而是关涉上帝。"上帝的观念决定其他任何观念,它乃阿基米德杠杆,借此可构成整个

---

① [美]卡尔·亨利:《神,启示与权威》(第3卷)(Carl F. H. Henry, *God, Revelation and Authority*, 6 Vols., Word, Waco, Texas, 1976–1983),第457页。

② [美]卡尔·亨利:《神,启示与权威》(第1卷)(Carl F. H. Henry, *God, Revelation and Authority*, 6 Vols., Word, Waco, Texas, 1976–1983),第215页。

世界观。"① 上帝的重要意义就在于其神圣超越性。亨利认为，现代派神学家只是强调上帝的内在性，因而很难对上帝在人世的作为加以理想解答。现代思想的危机即人们在理解神启上所发生的危机，其实质乃人们有关上帝观念上的危机。为此，有必要重新确定传统基督教信仰对超越上帝的强调。这一超越之神通过其自我展示而从世界之外降临人类，而其神启则可被那按照上帝形象所造之人所理解和把握，因为这一启示符合理性、并与人之认知相吻合。上帝的超越性展示了上帝创世和救赎的自由，这既表现在宇宙发展过程的重复事件之中，也体现为其一次了结之行动。因此，上帝在世界"有目的性存在"可从自然的规律性和超自然奇迹这两个方面来说明。他指出："如果基督教要在现代世界赢得知识界的尊重，其神学家就必须确实表明超越上帝之真在，而且这种表达应以人认知超经验领域的理性能力为基础。若不承认拯救堕落人类的这位自我启示之救主——他惠赐了对超经验世界的确凿知识，那么现代雅典人仍只在咀嚼宗教云游者所留下的外壳。"②所以说，上帝不仅是行动之神，而且也为言述之神，他以其超越而对人类言述。《圣经》作为上帝之福音，其权威来源始终乃是超越之上帝。

卡尔·亨利亦关注社会伦理问题，坚持基督教应促进社会政治、经济等领域的变革，认为个人皈依和社会正义二者不可偏废。他号召福音派基督徒参与改变社会现状的活动，但强调社会变革应以个人灵性更新为开端，教会不要直接对政府或公共机构施加压力以推行其社会改革计划，而是促进其个人成员的灵性修养和道德升华，使之完成其作为"两个世界之公民"而应尽的职责。这一态度为福音派提供了既不同于基要派、又不同于现代派的一种神学灵修和社会伦理之全新选择。

---

① ［美］卡尔·亨利：《重构现代精神》（Carl F. H. Henry, *Remaking the Modern Mind*, Eerdmans, Grand Rapids, 1946），第 171 页。

② ［美］卡尔·亨利：《现代神学的新领域》（Carl F. H. Henry, *Frontiers in Modern Theology*, Moody, Chicago, 1964），第 154—155 页。

三 拉姆对新福音派神学的构建

拉姆开始了新福音派神学与现代思想的公开对话，因而被视为"异中求同的福音派"，其神学亦被评价为具有"建构神学"的积极意向和姿态。不同于卡尔·亨利对当代各种思潮的谨慎态度和保持距离，拉姆主张要面对现代思想，不回避当代科学进步和知识更新引起的新发展和新问题，并深入研究现代人的精神状况。拉姆从基督教信仰与当代社会问题的关联上看到了神学探究与理性完善之和谐共存的必要性。一方面，他重申基督教古典教义的现代存在价值；另一方面，他则正视自启蒙运动以来人类理智发展史上出现的巨变。为此，他号召福音派基督徒既要投入基督教真理的积极创建，又应避免蒙昧主义阻碍知识发展、反对科学进步之举。在他看来，福音派与基要派的重要区别之一，就在于基要派"试图保护自己不为启蒙运动所动"，而"福音派相信启蒙运动不可阻挡"。[①] 他致力于证明基督教面对启蒙运动的发展而能作出理智的回应，因而既不必像一些现代神学流派那样向世俗进程让步，又不需求助于基要派的超理性主义或盲目信仰。其对于启蒙基督教的信念使之对现代神学持开明态度，并力主创立一种排除蒙昧主义的神学。

在拉姆看来，新福音派应是促成和解的福音派，即应达到基督教信仰与人类知识的和解。针对宗教纯为信仰和个人之事的看法，拉姆认为，包括宗教在内的一切人类学科都会涉及真理问题。因此，为基督教真理辩解也必须探究与真理相关的其他领域；其精神境界和方法论不只是体现在神学上，而且也与哲学等学科密切相关。他分析了基督教护教学在方法论上的不同选择，指出这种护教或是基于"主体直觉"，即以福音所促成的内在恩典体验为动因，如帕斯卡尔（Blaise Pascal）、克尔

---

① ［美］拉姆：《福音派遗产》（Bernard Ramm, *The Evangelical Heritage*, Word, Waco, Texas, 1973），第 70 页。

凯郭尔（Søren Kierkegaard）和布龙纳（Emil Brunner）等人的护教之举；或是基于"自然神学"，即断言人之理性能力可以找到宗教真理，如阿奎那（Thomas Aquinas）、巴特勒（Joseph Butler）、坦南特（F. R. Tennant）等人的护教之举；或是直接基于神启，即"信仰以求理解"等格言所揭示的思维模式，如奥古斯丁（Aurelius Augustinus）、当代福音派神学家范·蒂尔（Cordelius Van Til）和卡内尔等人的护教之举。拉姆在此强调，基督教之护教必须以启示为基础。这一探究之途构成了历史性基督教与新教自由派或现代派的鲜明对照。他解释了"护教"与"证明"二者之间的区别，指出"护教"本身乃基督教信仰体系的澄清，是陈述基督教信仰之真实性和认知上帝之合理性的策略。而其"证明"则是这一论证基督教确凿性之学科的分支，因为基督教与其信仰本真之确凿性是完全可以进行理性论证的。拉姆认为，人之信仰乃内在见证和外在见证之结合，圣灵的内在事功和预言及奇迹的外在证明共同促成基督徒对其信仰之有效性的确认。此外，他还将信仰中的"确信"和"必然性"细加区别，指出在关涉个人得救之真理上，信者基于《圣经》和圣灵的内在见证可能会有完全的灵性确信，但基督教信仰的历史标尺却不可能被人所必然认知，而只会达到较高程度的或然性。"为此，基督教护教论者宣称，在灵性、内心和认信上，他的信仰基于充分的确信；而就基督教启示的客观历史、事实等基础而论，他则以很大的或然性来相信。"①基要派要为《圣经》叙述的历史找寻一种合理的宗教必然性，结果则误入歧途。

　　拉姆对《圣经》与科学的关系进行过深入探讨。不同于基要派对科学发现的反对和排斥态度，他号召福音派结束这段不光彩的历史而重返其信仰本有的崇高传统。既然上帝乃造物主和救世主，那么《圣经》与科学就能相互协调，二者本无不可调解的矛盾。"如果神学家与科学家小心翼翼地持守各自的职责，并在谈论对方时仔细向对方学习，那么他们

---

① ［美］拉姆：《作出区分之上帝》（Bernard Ramm, *The God Who Makes a Difference: A Christian Appeal to Reason*, Waco, Texas, 1973），第 73 页。

之间就不会出现不和谐之状。"①只有一种成熟的、明智的《圣经》理论才足以面对现代科学、哲学、心理学和宗教发展的形势。他指责基要派因过于维护《圣经》的感召而忘掉了宗教改革提出的神启之教义,结果没能理解感召依赖于神启而不是相反。同样,神学与神启亦密切相关,"神学家不是探讨自在之上帝,而是其启示之中的上帝"。②神学作为有限之人对超然上帝的认识,已决定它无法用人类语言来绝对真实、最为恰当地表达和描述上帝。所以,人对上帝的理解从根本上乃依靠上帝在其启示中的展现。神学是用人之不完全的知识来捕捉、界说神圣本真之存在。拉姆宣称,人的有限性和罪性,使福音派只相信人的逐渐改善,而不相信人靠自我可达完善。由此可见,他理解的基督教信仰及其神学乃以超然上帝降临、惠顾人世为前提。按其推论,神启要超越人之理解,却不与人的认知矛盾。人对神启的接受和把握,则使神启的超越性化为内在性,这即意味着神启已存在于一切人类知识真理之中。显而易见,拉姆以这些见解而使新福音派神学与现代思想的真正接触和直接对话成为可能。

四 托兰斯的新福音派神学及其开明之态

作为持自由和开明之态的当代新福音派神学家,托兰斯坚持基督教神学与科学认知的一致性和相关性。他指出:"我们必须允许神圣实在本身向我们昭示,从而允许神学真理的基本形式得以展现,并使其影响到我们的理解。神学乃实证科学,我们在其中的所思所想只能与已知事实的本质相符。"③由此可见,神学与自然科学都是经验性、归纳性的认识行为,均以已存在的事实为依据。人在认识中所需要的乃是与存有的已知

---

① [美]拉姆:《基督教的科学观与圣经观》(Bernard Ramm, *The Christian View of Science and Scripture*, Eerdmans, Grand Rapids, 1954),第43页。
② [美]拉姆:《特别启示与上帝之道》(Bernard Ramm, *Special Revelation and the Word of God*, Eerdmans, Grand Rapids, 1961),第14页。
③ 参见[英]托兰斯著《神学重建》(Thomas F. Torrance, *Theology in Reconstruction*, London, 1965),第9页。

事实相吻合，并应摆脱其头脑中习有的那些先验性观念之束缚。符合实在与人们思想中的习性之间存有的张势，使托兰斯对神学和自然科学各自所把握的实在之具体内容产生兴趣。他不满足于二者对实在的表面、肤浅之见，而试图深入探究构建这些实在的各种基本因素，以能揭示其本质构成和二者究竟如何发生关联。一方面，他要研究神学和自然科学的实质，另一方面则想弄清楚探究二者的有效方法。前者关涉神学和自然科学的研究对象和不同本质，后者则形成所谓"神学哲学"和"科学哲学"的不同认知思路。但这两大领域的共同之点就在于其实质和方法之间并无截然之别，其理解的方式乃与其探究的实体有着内在关联。也就是说，认识论必须与其本体论一致，因为任何已知对象的本质存在及其表现形式乃密不可分。根据这一推论，托兰斯认为神学与自然科学并非绝对分离，而可通过互补和协调来达到其辩证统一。这种互补有四个层面：一是，神学中对"三一"上帝所造世界之可知实在，以及对圣子所体现的上帝与世界之深层关系的调研，为自然科学探究世界整体提供了纵、横坐标；二是，自然科学的研究可使神学了解科学方法的实质及其必要性；三是，自然科学的知识领域扩大了对时空世界这一受造实在之结构的理解，作为神学认识对象的上帝则通过其创世和救世事功而与此在世界直接相关；四是，对宇宙之科学探究愈深入，就愈使之无法回避宇宙论的问题，从而必须采取把宇宙看作一个整体的基本态度。[①]这些分析使托兰斯相信可将科学文化的基础福音化，认为基督教教义学亦可植根于这种结构之中。

在回顾神学和科学历史发展时，托兰斯对传统知识及其方法持一种积极的批评态度，并有区别地看待人类历史上取得的成就和出现的失误。其对以往和现今真理的诠释，旨在找出一个通古达今的契合点，从而以确证一种"科学神学"的可能性。为此，他曾对古代教父神学、近代加尔文神学和当代巴特神学加以历史勾勒和系统阐述，认为在4世纪的教

---

① ［英］托兰斯：《神圣与或然之秩序》（Thomas F. Torrance, *Divine and Contingent Order*, Oxford, 1981），第1—24页。

父神学中就已有对"福音和使徒信仰"的最初解释,而加尔文和巴特则根据"上帝话语所把握的圣经思想模式和对信仰的顺服性倾听",①创立了各自基于实在本身之构建因素的神学体系。在他看来,基督教信仰的认知发展有其自身的内在逻辑,它引导并影响到基督教会的信仰生活,并抗拒了各种外在干扰和威胁。托兰斯由此将对神学的实证态度与对基督教传统历史的解释相结合,并进而强调对上帝的认知乃是来自上帝自由、恩典的行为,即通过一种能动性"恩典类比"方为人所获。

托兰斯认为,人在神学和自然科学认识中的能动性乃基于信仰,它对人获取并发展科学知识起着规范作用。"信仰"即"承认事物本质具有某方面意义的一种先于科学却最为基本的行为,或一种比任何科学根据都有着更深根基的精神认知,而其缺乏则会使科学探究失去可能性"。②信仰的结构与科学能动性结构相似,人的信仰为其信仰对象所制约,人认知实在的方式亦为实在所施与。信仰乃认知的有机构成,并使认知得以确立。这种终极意义上的信仰既不可反驳、也无法确证。他断定所有认识归根结底都是信仰之举,信仰构成了认识的最基本形式,一切唯理探究过程实际上都以此为源。信仰按其本质则与真理的本质相关联,真理包括关涉上帝的真理、自然事物的真理和人类认知的真理,这些不同层面的真理使信仰的内涵亦丰富多样。不过,他强调信仰不是"主观性"的,而乃个我对客观性的承认,它维系着个我认知者与上帝、自然和人类整体之客观性的对话关系,也保持了科学能动性的一切形式。"与之相应,耶稣基督所体现的上帝真理对人类的客观性维系了科学神学的能动性。同样,自然真理的客观性也维系住自然科学之存在。"③据此,他

---

① [英]托兰斯:《三一信仰:古代大公教会的福音神学》(Thomas F. Torrance, *The Trinitarian Faith*: *The Evangelical Theology of the Ancient Catholic Church*, Edingburgh, 1988),第69页。

② [英]托兰斯:《知识结构的转型和趋同》(Thomas F. Torrance, *Transformation and Convergence in the Frame of Knowledge*, Belfast, 1984),第133页。

③ 福特:《现代神学家,20世纪基督教神学导论》(第1卷)(David F. Forded., *The Modern Theologians, An introduction to christian theology in the twentieth century*, 2 Vols., Basil Blackwell, Oxford, 1989),第80页。

认为神学和自然科学的真正统一在终极意义上乃立于一种神学的基础，因为一切不同层面的真理及其客观性都在上帝创世中的自我施行与行为和耶稣基督的降世救世之举上达到了统一。人类所生存的宇宙可以不断认知、理解，然而这一由上帝所创造的宇宙又永远充满着神秘。

托兰斯以上述理论对社会现代化和当代自然科学向基督教神学的挑战作出了积极回应。他关注经验及理论认识问题，在科学能动性和科学信仰等探究上持现实主义的态度，并将科学认识与信仰，尤其是基督教神学相关联。他强调人之认识与实在之内在协调的一致性，宣称认识即在自然世界之中并通过自然世界来参与上帝的自我认知。这里，认知与被认知乃同步的。认知者与被认知之对象、经验—理论知识与其被认识者的存在及形式这两个方面的对应关系，也只能在其实际上所发生的事件中得以证实。托兰斯以此提醒人们关注实在与信仰的结构、看到知者与被知者之关系的有效性。他从这种认知结构及关系出发而揭示上帝通过创世和道成肉身所构成的与人世共在之结构关系，以其"基督观"来充分阐明上帝与人类之间的关联与沟通。这些理论为人们勾勒出托兰斯眼中信仰世界的整体图景。尽管托兰斯对人类在神学和自然科学上所取得的积极成就正面肯定有余，而对历史中与之相关的负面教训或遗憾深入剖析不够，由此给人以失衡之感，然而其研究与反思却领悟到了科学探索的无限性及科学体系的开放性。他的努力使福音派神学与自然科学发展得以接轨，并开始了二者之间虽有张力却充满现代气息的对话与交流。他通过其神学认识而看到了对宇宙无限认知的可能性，但其认识之途最终仍导向了福音派基督徒所推崇的那种超乎言说之神秘体悟。

五　帕克的新福音派神学体系

帕克为新福音派神学的后期代表。他认为基督教的福音信仰传统包括两大潮流：一为反罗马天主教和"书册派"运动的"国家新教"。二为18世纪风行的"敬虔福音派"；但遗憾的是，它们并未达成彼此间的协调，忠实于新教教义的教会不注重福音信仰，而凸显福音信仰的教会则往往忽视新教主义所持守的改革教义。他感到新教徒如果能将信仰的关注从外在的礼仪和崇拜形式转入内在的清教教义及其属灵精神，上述两大思潮本可以融为一体，从而构成强大的福音信仰活力。在近现代教会发展上，传统福音派突出信仰实践而回避教义理论，帕克则通过正视信仰与理性的关系来主动接触教义及神学问题，从而为全面建构新福音派神学体系迈出了关键之步。

在帕克看来，福音派信仰并非自由派神学所批评的那种"个别领悟的零碎结合"，而乃"建立于独立基础上的系统、完备之整体"。在比较基督教思想传统中出现的种种差异和分歧时，帕克认为福音派信仰与天主教或自由派新教神学立意的真正分歧乃在于其有关"权威的原则"。罗马天主教以传统为权威的原则，自由派神学以人之理性为权威的原则。帕克则强调，真正的基督教信仰即"原初的基督徒立场"乃以《圣经》为其权威的原则。这里，《圣经》作为"一种全人性和全神性的结合"乃"上帝的隐语"，揭示出上帝所设定的永无差错的真理，因而不允许自由派神学按人之理性来对之加以主观评说或诠释。谈及《圣经》绝对无误论对基督教信仰所具有的意义时，帕克指出："这真正关涉到把认识、信赖、服从和体验上帝作为生命之道。以为对各种圣经教导之意义及信任程度上的不同见解不会影响到个人对上帝的想法、与上帝的关系及个人的道德实践，这不过是一种幻想而已。其实，关键之处就在于我们是否知道，或知道多少关于超自然生活和让上帝喜悦的秘诀。"[①]"正是在一个完全确信的《圣经》权威下，基督被人所完全认知，这种上帝赐予的自由被人所完全享用。因此，如若我们在心灵上就社会、教会及自己生活方面发生灵性更新，则应将《圣经》作为上帝所启示并具有解放意义之道来加以完全信任，也就是承认其绝对无误。"[②]忠实于《圣经》、确保《圣经》在基督教信仰中的权威地位，遂

[①] 引自［英］卡瑟伍德《五位福音派领袖》（Christopher Catherwood, *Five Evangelical Leaders*, Harold Shaw Publishers, Wheaton, 1984），英文版，第187页。

[②] 同上书，第187页。

成为帕克的福音派神学得以奠立的理论基石。

针对基要主义的历史,帕克承认基要派因对人类理智的惧怕而失去了其福音信仰中本有的求知之勃勃生机。而他则对人的理性探求网开一面,认为"所有真理都乃上帝的真理,而正确的理性并不会危及健全的信仰,……一种充满信心的理智主义乃是福音信仰传统历史的组成部分,它表达着对上帝的坚定信仰,而上帝之道即真理"。[①]他将基要派与其推崇的福音派信仰相区别,强调福音派在坚持其信仰原道时亦表明其对人类理智和知识的欢迎之态。在对理性的理解上,帕克一方面指出理性乃"接受上帝的教诲",另一方面则坚持这一教诲在现实生活之中的应用。他用"理性的信心"或"有信心地运用理性"来表达了信仰与理性的统一。

在其畅销著作《认识上帝》中,帕克强调对上帝的认识乃古今以来基督徒所不可缺少的,而神学作为人对神之认识不仅必要,而且急需,这种认识对世人的思想、意志和情感产生影响,使其智慧及灵性领域均得以充实。但他认为认识上帝并非指人主动与上帝和好,而乃上帝向世人伸出其恩典和救度之手。他主张虔信与求知的结合,呼吁基督教各派通过重返其信仰之源、澄清其教义上的分歧而实现新的联合。就其立意来看,帕克的神学理论基本上以"三一神学"为主旨。在福音派"唯信称义"的认知基础上,他系统阐述了对三位一体上帝中圣父、圣子、圣灵三位格的信仰理解,并进而强调"称义"仅是信者得救后所享有的第一个祝福,而上帝的接纳则乃更高的祝福。他由此而要求基督徒更深入地体验其属神的生活,以"上帝知道我"作为信徒"不能动摇的安慰",借此达到与上帝更紧密的连接,使信者的生命不再与上帝分离。这些说法因被视为向"基督教信仰提供了一个完整的架构"而在当代福音派神学界颇有影响。但显而易见,这种表述亦揭示了新福音派神学在当代神学多元发展中所代表的唯理思辨意趣减弱、唯灵虔信色

[①] [英]卡瑟伍德:《五位福音派领袖》(Christopher Catherwood, *Five Evangelical Leaders*, Harold Shaw Publishers, Wheaton, 1984),英文版,第175页。

彩加强的一种趋势。在当今西方社会"唯理论"和"现代性"正受到强烈冲击的时代氛围中,新福音派的这一趋势,对我们认识新世纪来临之后的欧美思想文化走向有着耐人寻味的意义。

(原载《世界宗教研究》1997年第4期)

第二十九章

后现代思潮与神学回应

自20世纪60年代以来，当代基督教神学的一大热点问题乃"后现代主义"（Postmodernism）。这一术语已被专用来表达西方文化经历现代发展之后所出现的时代特色。所谓"现代主义"时期在西方史学理解中乃指17世纪欧洲启蒙运动以来直至20世纪60年代的思想文化发展，其特点是崇尚理性能力、客观思考、经验科学方法和对人类进步的信仰。但这些观念被20世纪人们所经历的两次世界大战所彻底粉碎，取代它们的乃人们的幻灭感、文化破碎感，以及自我的异化和分裂感，由此而在20世纪60年代早期出现了"后现代主义"对"现代主义"的批评和否定。于是，人们用"现代"一词表示已经过去的时代。有人以19—20世纪之交作为"现代"的结束，亦有人强调第一次世界大战的爆发乃标志着"现代"发展已落下帷幕。自此以后，凸显"后现代"特色的人们对那些曾被珍视的价值观和确切自信的理论建构表示怀疑或疏远，取而代之的则是宣称真理的消解和模糊、未来发展的随意和不确定、文化传统的破裂和瓦解、主体意识的衰退和死亡、永恒真理的隐遁和消失。由此而论，纯否定性的后现代主义批评对现代主义之实存虽有"修订""破坏"意义，却无"重建""再创"之能力，故乃一种"破而不立"或"有破无立"之消极思潮。为克服后现代主义所指出的现代文明或所谓西方社会"后封建性"发展的危机，西方学术界从政治、经济、思想、文化等层面提出了各种前景分析和应急理论，其多样性和复杂性都是前所未有的。在与之相关的各种尝试和努力中，当代神学对后现代主义的回应亦引起了人们的普遍关注。

一　现代文化的危机

后现代主义思潮的涌现，揭示了现代社会文化发展中所潜在的危机。蒙受现代进程之负面影响的人们深感以往曾被其所景仰的"现代"理想既不是一个"业已实现的项目"，也不再为其"尚未完成的计划"。所谓"现代"作为一种过渡业已陈旧、衰微，故有人喊出了"现代死了"的惊人口号。为了划清与"现代"的界限，人们以前缀"后"（Post）之表述来标新立异，"后"之界定一时成为时髦的话语或做法，如用"后历史"来表示近代历史发展的结束，用"后启蒙时代"来给作为近现代社会文化发展重要标志之一的"启蒙时代"画上句号，用"后工业化"来揭示走到尽头之"工业化社会"的窘境，甚至在当代政治、军事历史上"冷战"已经结束的情况下，人们对新的发展亦冠以"后冷战"之说。

这种现代文化的危机，在政治理论和文化思想界得到了广泛的讨论。反映所谓"后现代"特色的社会政治学说在由"政治战略"和"军事战略"转向"文化战略"的趋势中，可见一斑。尤值一提的是，在关涉世界文化命运和文明发展的各种议论中，美国学者亨廷顿（Samuel P. Huntington，1927—2008）基于"后冷战"时期世界政治的发展变化而提出了"文明的冲突"之说，在东、西方世界引起了普遍关注和广泛讨论。在亨廷顿看来，近现代世界发展经历了国王之间的战争，民族、国家之间的战争，以及资本主义与共产主义之间的意识形态冲突，但随着冷战的结束，这一历史似乎已经走到了尽头。因此，他认为"未来世界冲突的根源将不再是意识形态或经济利益的，人们的巨大分歧以及冲突的根本来源将是文化的"，"文明之间的冲突将是现代世界冲突发展中的最新阶段"。他分析了西方文明与伊斯兰教、儒家、印度及其他文明的关系，指出在经济现代化使本土同一性及国民同一性减弱之际，通常以"基要主义"等保守形式出现的宗教则会填补由此留下的缺口。于是，"宗教的复兴提供了一个超越于民族界限的关于身份和认同的基础，并且加强了不同文明之间的融合"。他声称西方的文明乃基于其"犹太教—基督教传统"，从而将西方与其他文明发展相区别，并进而断言："未来世界冲突的焦点将是西方和几个伊斯兰——儒教国家。"①

对于亨廷顿的这种划分和断言，不少人持有异议。其实，文明的冲突与交融乃反映出人类历史发展的对立统一，政治上冷战的结束并不一定就必然走向文明的冲突。各文明深层的精神、价值和伦理积淀本已包含着化解这种冲突、促成相互融合的有利因素。这在"后冷战"时代亦不例外。而且，亨廷顿以不同宗教为依据的文明板块划分亦极为勉强。对此，不少宗教学者曾以"亚伯拉罕宗教"传统来看犹太教、基督教和伊斯兰教三者的关系及其信仰和思想文化关联，反驳伊斯兰教与基督教即与西方文化截然对立之说。例如，加拿大新教学者白理明（Ray Whitehead）就曾指出："伊斯兰教似乎并非完全与西方相对立，而乃是其同宗教体系之内的姊妹。'亚伯拉罕的'世界观包括犹太教、基督教和伊斯兰教（我们亦可加上自由派人道主义和马克思主义），它们都有着共同的文化根源，即源自亚、欧、非三洲交界之东地中海世界的希伯来和希腊思想体系。"仅此而言，现代政治、经济等层面的冲突并不以文化传统或文明差异为根基。"尽管亨廷顿预料冲突会在许多不同的文明中发生，但其基本斗争则为'西方与其余世界的斗争。"②

现代文化出现的种种矛盾与危机，使人们感受到一种立于达摩克利斯剑下的焦虑和不安。如同亨廷顿那样，不少人在观察、分析问题的视野、思路和方法上已与以往之见解迥异。这种变化一方面给人带来新颖

---

① ［美］亨廷顿：《文明的冲突?》，《外交》杂志（第72卷）（Samuel P. Huntington, "Clash of Civilizations?" *Foreign Affair*, Vol. 72, Summer 1993），1993年夏第3期。

② ［加］白理明：《基督教与现代文明的危机》，高师宁、何光沪编《基督教文化与现代化》，中国社会科学出版社1996年版，第11—12页。

之感，另一方面却也使人陷入深深的担忧和焦虑之中。而人们对于现代发展的多层面批评，则使后现代主义思潮迅速蔓延；其带来的社会价值观的失落和传统唯理认知方法的失败，已造成人们思想上的混乱或茫然。一种"新的紊乱"在其社会生活和精神生活的诸层面相继出现，这种失衡与嬗变亦使人们生出种种找寻精神安慰的新渴求。故此，作为西方文化传统和精神价值之重要组成部分的基督教必须对后现代主义理论加以回应，迎接当代思想界这一突如其来的挑战。正是在这一意义上，基督教神学与后现代主义的思想交锋已不可避免，后现代主义的各种理论亦成为当代神学研讨的焦点之一。

二 对"后现代主义"的理解

"后现代主义"一词始于1934年奥尼斯（F. Onis）出版的《西班牙暨美洲诗选》中，费兹（D. Fits）在1942年出版的《当代拉美诗选》中亦用过此词。汤因比（Arnold Toynbee）也曾于1946年在其《历史研究》中使用该术语来标明当今人类历史时代，称此为"西方第三期（现代主义）之后"的时代，并认为它或许代表着人类历史的最后一个时期。后现代主义之说最早则流行于建筑和艺术史领域，高层建筑中的"外骨架"风格即被视为"后现代式"。例如，巴黎的蓬皮杜中心和伦敦的克洛尔美术馆均被称为后现代建筑。1968年，艺术史家斯坦伯格（Leo Steinberg）也曾称沃霍尔（Andy Warhol）和劳申伯格（Robert Rauschenberg）之拼贴艺术等非传统视觉观的创作为后现代艺术。此外，20世纪50—60年代结构语言学中关涉文本、符号代替原初意义和价值本源的多种理论亦为后现代主义的发展提供了一种知识背景和文化语境。索热尔（Ferdinand de Saussure）和雅各布森（Roman Jakobson）等人先后在其结构语言学中提出了语言符号之解释可随心所欲、它乃与其他符号互相依存的理论，从而宣告了语言符号具有固定或绝对意义之可能性的终结。与此同时，它亦被人视为信仰一种绝对存在之可能性的终结。由符号组合而构成的意义可因其组合之改变而出现意义的变换。这种语言游戏或文本言说之意义，事实上掩盖着在语言体系或语言世界之外真实意义的缺乏。"至此，人类对真理、良善、正义的追求不断被语言所消解，生命的价值和世界的意义消泯于话语的操作之中。"①

这种具有怀疑或否定精神，以及反文化或反传统姿态的后现代主义思潮来势迅猛，不仅已成为建筑、视觉艺术、音乐和语言文学中的热门话题，而且在文化哲学、美学、教育学、社会学、宗教学及神学等领域也引起了广泛讨论和激烈争辩。后现代主义作为西方后工业社会出现的一种含混而庞杂的社会思潮，除了反映出当代人在社会观、历史观、价值观和人生观上的巨大裂变之外，亦揭示了他们在认知视野和方法上的根本变化。就其社会形态而言，后现代主义反映了西方后工业社会即晚期资本主义社会所具有的一些全新特征；而从其精神状态来看，它则由新解释学、接受美学、解构哲学、法兰克福学派和女权主义的兴起而形成其文化氛围。与之相伴随的，乃是存在主义、结构主义、分析哲学和现象学影响的逐渐消退。不过，结构主义可被看成从现代主义到后现代主义之间的过渡现象。列维—斯特劳斯（Claude Levi - Strauss）的结构主义人类学研究和巴尔特（Rolande Barthes）对神话的文学批评曾经表明，人类符号体系尽管多种多样、分布广远，仍可用绘图方式来加以标示。其展露出的具有支配作用的语言规律，能够取代在犹太教、基督教思想传统中的那些形而上学常数。它乃证明人类精神具有创立终极秩序的能力，并可为之提供一种确立秩序的范式。结构主义在认识论上的这种乐观主义，随之被德里达（Jacques Derrida）、福科（Michel Foucault）、利奥塔德（Jean - Fransois Lyotard）和博德里拉（Jean Baudrillard）等后现代主义和后结构主义思想家所无情破坏和摧毁。他们断言，语言本身及其利用者从根本而言乃变化无常，符号象征过程所具有的整体折中性已使逻辑规律失效，而创造假象之技巧的出现则令"自然"之表述让位给电脑语言即计算机程序所拥有的模仿和复制。这样，现代主义

---

① 王岳川：《后现代主义文化研究》，北京大学出版社 1992 年版，第 2 页。

所坚信的确定和明晰不复存在,其哲学精神所持守的整体性观念、生命本体论、永恒真理论和终极价值论均受到根本性动摇。后现代主义"通过对语言拆解和对逻辑、理性和秩序的亵渎,使现代文明秩序的权力话语和资本主义永世长存的神话归于失效"。但它因"背叛了现代主义对超越性、永恒性和深度性的追求,而使自己在支离破碎的语义玩弄中,仅得到一连串的暂时性的空洞能指"。① "破坏性"乃"后现代"的典型特征,甚至"后现代"时代以来的科学发明也更多趋向于这一"破坏性",如核武器、生化武器、南北极开发、人工智能、基因编码、克隆技术、转基因食品、流行病毒等探究,其对人类破坏、毁灭的威胁及危险要远远大于其防控或阻止。这种激进的后现代主义在破坏一个旧世界上显示出巨大的威力,但其彻底虚无主义的否定方式则使之没有能力来重建一个新世界。

不过,人们将这种对旧世界及其思想文化体系的破坏和摧毁具有势如破竹之力的后现代主义视为其兴起之初矫枉过正的激进主义或极端主义,故称为"激进的后现代主义",并批评它对于建构一种全新的哲学思想体系和社会文化及世界观持过于谨慎的态度,从而无所作为。而与之对应,人们逐渐发现并进而承认在后现代主义发展的后期已出现了一种"建设性的后现代主义",它对以往的偏激有所纠正,对人类的发展抱有更为乐观的态度。这种"建设性后现代主义"的倡导者之一伯姆(David Bohm)曾说:"在整个世界秩序四分五裂的状况下,如果我们想通过一种有意义的方式得到拯救的话,就必须进行一场真正有创造力的全新的运动,一种最终在整个社会和全体个人意识中建立一种新秩序的运动。这种秩序将与现代秩序有天壤之别,就如同现代秩序与中世纪秩序有天壤之别一样。我们不可能退回到前现代秩序中去,我们必须在现代世界彻底自我毁灭和人们无能为力之前建立起一个后现代世界。"② 以上述考

---

① 王岳川:《后现代主义文化研究》,北京大学出版社1992年版,第2、15页。
② [美]大卫·格里芬(David Griffin)编《后现代科学——科学魅力的再现》,中央编译出版社1995年版,第75页。

虑为契机，西方许多思想家亦试图摆脱"激进的后现代主义"彻底否定精神给当代社会和人们心灵上留下的阴影，寻求一种具有新的希望、新的生命力的后现代思想文化发展。对此，天主教神学家孔汉思（Hans Küng）认为，"后现代"表明了一种探索，是用来说明一个"新时代"的"探索概念"。它在20世纪60—70年代开始萌芽，所蕴含的意义"则是指在80年代开始的、其本身价值得到承认、但是概念尚不明确的时代的符号"。[①]

三 后现代主义的哲学陈述

后现代主义理论并非凭空而降，其在西方近代哲学和神学史上亦可找到某些思想渊源和发展踪迹。康德（Kant）曾将其哲学研究由形而上学转向认识论，指出世人不可能认知现实存在的真正本质，因为人的知识经验受人之精神所具有的空间、时间、因果等先验原则（a prioris）所制约。这种先天知识结构虽能更多地揭示其认知主体，却对其反映的认知客体有着不确切感，而对其认知现象之外的自在之物则绝对无知。康德思想所表述的这种不确定性和不可知论对近现代思想家积极倡导一种怀疑精神产生了重大影响。例如，克尔凯郭尔（Kierkegaard）对黑格尔（Hegel）思辨体系和新教理性主义神学的讽刺批判，尼采（Nietzsche）对整个西方文化的彻底否定和关于"上帝之死"的宣言，都基于这一思想。海德格尔（Heidegger）亦曾追根究底、对存在本质加以彻底回溯和追问，结果发现其问题本身不过是已经过时的形而上学传统之遗存，需要由"诗意的思想"来取代，即选择一种发现或创立构成实在之"基本语言"的尝试。海德格尔及其先驱的这种后现代主义意向被当代崛起的解构主义哲学所发扬光大，形成了对现代主义形而上学和认识论的彻底反对与否定。

[①] ［瑞士］孔汉思：《神学：走向"后现代"之路》，引自王岳川、尚水编《后现代主义文化与美学》，北京大学出版社1992年版，第159页。

解构主义哲学的代表德里达运用曾促成雅各布森结构语言学发展的"基本差异性"来作为其哲学的理论原则,反驳西方理性中心论思想关于能为一切确立合理性的某种本源"在场"之断言,否定任何整体性体系的可能性。针对寻求清楚明确之回答这一理性要求,德里达的回应则是以提出本源不在场、客体的踪迹短暂易逝和不可判定性等概念来替代。"德里达以解除'在场'为他理论的思维起点,以符号的同一性的破裂,能指和所指的永难弥合,结合解构中心性颠覆为'差异性'意义链,作为自己理论的展开,这样,德里达企图打破千古以来的形而上学的迷误,拆解神学中心主义的殿堂,将差异性原则作为一切事物的根据打破在场,推翻符号,将一切建立在'踪迹'上,……突出差异以及存在的不在场性。……德里达以其彻底的虚无主义立场形成了现代思想的叛逆者,他对无中心性、无体系性、无明确意义性的呼求,使现代思想的原野变成了'荒原',精神、价值、生命、意识、真理、意义,这一切犹如枯萎的落叶,在现代思想的深谷飘荡。"[1]

基于其社会学研究视域,福科以相同原则来对收容所、监狱等社会机构和两性问题等社会现象加以历史勾勒及现状调查,由此证明社会关系总是破坏性的、不完善的。他指出,这些关系的建立和维持都是靠有权者对无权者的压迫和牺牲,其表现出来的权力意志要比尼采所预见的远为可怕。此外,利奥塔德也宣称,西方文化中维系着犹太教、基督教模式之世俗形式的"元叙事"曾以其单一标准来裁定任何差异,旨在统一所有话语,并使其营造的统治性意识形态得以合法化;但这种"元叙事"现已失效,而沦落为纷繁杂乱的"微小叙事"。它们彼此矛盾、相互竞争,反映出事物本身所具有的非逻辑性、差异性和不可判定性。另外,博德里拉则曾以其新启示录幻象来加强海德格尔对技术发展的批评,认为当今时代不仅缺乏一种超越性绝对存在,而且已陷入人为符号体系的无边之网。

---

[1] 王岳川:《后现代主义文化研究》,第13页。

四 后现代主义与当代神学

就其本有意向而言，后现代主义表现出对宗教信仰及其神学理论的抨击和否定。然而，其反传统性和对现代性的批判精神在当代基督教神学领域同样引起了某种共鸣和回应；如天主教神学家孔汉思、新教神学家巴特（Karl Barh）和蒂利希（Paul Tillich）等人的神学理论，即反映出某些后现代主义的思维特征和对其挑战的正面答复。巴特在其危机神学中强调上帝乃绝对另一体，与人世毫无相同、相通之处，世人得救只能靠上帝自上而下的恩典，而与个人努力绝不相干。这种观念在一定程度上已与德里达对"差异性"的理解和强调相吻合。蒂利希则从当代人的焦虑与绝望中看到了后现代主义所显明的"无意义"境况，他主张正视这种"无意义"，认为人的"存在勇气"就包含着"敢于绝望的勇气"，即把这种破坏性最大的无意义之焦虑归入其自我存在的最高勇气之中。蒂利希所理解的"上帝彼岸之上帝"亦与德里达的"踪迹"说不谋而合，即证明一种本源之不在场，却仍可在人们对之隐喻意义上的再现中察觉其"在场"。此外，20世纪60年代的后自由派神学家林德贝克（George Lindbeck）曾经认识到，后现代主义对语言的注重也可用来反驳现代主义对宗教信仰的诋毁，其重新认可的语言世界使信仰获得了更大的可能。而现代主义尝试用世俗来替代所谓"过时"的宗教信仰之举，则被理解为现代人因使世俗主义神话获得合法性而造成的错误。今天，神学家则可按其思路，借用"现代死了"之表述来取代20世纪初曾风靡欧美的尼采名言"上帝死了"。通过回顾、反思现代主义对宗教现象的批判，以及后现代主义对现代世界的批判，当代神学既看到了后现代主义批判一切、否定一切的破坏性，亦发现了神学对现代性展开批判这种积极切入及其与后现代主义重构理论相挂钩的可能性。故此，"后现代主义神学"一说在这种对话语境中亦找到了相应的位置。此即孔汉思所言"走向'后现代'之路"的神学。

后现代主义在当代基督教思潮中有着极为复杂的回应。对后现代主义否定精神的直接回应主要表现在阿尔泰泽尔（Thomas J. J. Altizer）、泰勒（Mark C. Taylor）、沙莱曼（Robert Scharlemann）和哈特（Kevin Hart）等人的神学理论中。阿尔泰泽尔等人的"上帝之死"神学因对基督教启示传统的彻底反思而具有鲜明的后现代色彩。其理论的重要特点之一，就是赋予基督教传统神学术语各种隐喻性、辩证性意义，使曾受到现代文化强烈批评的基督教"道成肉身""钉十字架"和"死后复活"等信条获得适应时代潮流的重新诠释。泰勒则与德里达灵犀相通，他主张建立一种反系统化的神学，并应用德里达的修辞策略而对唯心主义理论僵局加以解构，代以各种意喻多样的解释，由其无序性之丰富来构成神学讨论的"神圣环境"。沙莱曼主要受到海德格尔和蒂利希等人存在主义和现象学理论的影响。他针对本体论思维方式而究诘神学反思的本质，并通过蒂利希的相互关联法来进而阐述神学思维包括接受和回答之方法，由此让人想到其文本所具有的基本隐喻性，从而使存在论问题失效。其意义的实现则乃文本之想象中的具体性与读者之理解境况所达成的一致。哈特曾对德里达在当代哲学和神学思想界中的影响加以评价。他认为，非系统化的神秘传统为当代否定神学提供了新的可能性，它保留着对理性认知的必要估量，同时又可避免坠入形而上学之陷阱。因此，他觉得德里达的解构主义实际上有助于信仰的神圣之途达到一种后现代性意义上的恢复。

　　激进的、否定性的后现代主义因充满破坏性、缺乏创造性而说明它仅为一个过渡时代，对辞旧迎新这一历史转型过程起着巨大的催化作用。就其历史作用而言，它意味着西方文化发展已经超越自启蒙运动以来所形成的现代性，标志着曾风行西方社会的现代思想气质或精神状态之解构和失效。但后现代主义将把西方引向何方却不很明朗，由此亦导致当代西方人的种种困惑和迷惘。后现代主义的激进派曾无情地宣告，20世纪初人们试图在地上创造天国的种种努力已经失败、甚至其存有的这种希望也已彻底破灭。后现代思潮之否定意向所造成的文化景观和社会气氛，使西方人感到这个世纪乃是充满失败、挫折和期望落空的世纪。"20世纪以重复其来临时已经具有的教训而终结。尽管我们有着很好的意向，然而凭借我们固有的人之能力却不可能把人间变成天国。对许多当代人而言，认识到此点仅能得出一个结论，即根本就没有天国、超越和彼岸之存在。不管是说它存在于我们的上空、还是存在于我们的未来，我们乃为不完善的自我，被囚禁在一个不完善的地球上。"[1]但在当代基督教神学讨论中，后现代主义所带来的失败主义或虚无主义情绪并非全然消极的。相反，这种悲观绝望的精神氛围已给基督教神学的全新发展及其重新成为社会倾听的话语提供了一个极好的机会。当代神学家正从后现代主义带来的经验、教训和给人的启迪中探寻神学的新发展，并对人类宗教和基督教神学的历史与现状加以反思和总结。当代神学思潮在与后现代主义的碰撞中也产生了新的思想火花和创意，从而形成二者之间彼此吸纳、共辟新径的局面。例如，德国新教神学家蒂姆（Hermann Timm）就曾以《美学年代：论宗教的后现代化》（1990）等著作来论述后现代主义对宗教进程的影响，并开始一种基督教美学神学之体系的建构。在后现代主义的刺激和冲击下，基督教当代神学显得更加活跃，其对自然、世界和现实社会的关切亦更为直接。

就当代新教神学而言，其对后现代主义思潮的积极回应和直接参与，在一定程度上改变了后现代主义的纯批判和否定性质，使之在认识世界的态度上和自身发展的方向上都出现了一些转机，由此萌生出与现代哲学中后现代主义理论迥异的立意，并构成给人带来希望、富有积极意义的后现代主义之思想流派。这种变化体现为后现代主义从其破坏性到建设性、否定性到肯定性，以及悲观性到乐观性的根本过渡；而其得以实现的内在动力之一，即基督教的主动参与和全力支持。例如，具有乐观主义和创新精神的"建设性后现代主义"，就主要由新教神学家所倡导和推行。这种肯定性和积极意义上的后现代主义乃由美国新教过程神学家科布（John B. Cobb）及其在克莱尔蒙特神学校的同事格里芬（David Ray Griffin）等人所首创。科布和格里芬均为克莱尔蒙特神学校

---

[1] ［加］格伦茨、［美］奥尔森：《20世纪神学》（Stanley J. Grenz, Roger E. Olson, *20th Century Theology*, Inter Vasity Press, Downers Grove, 1992），英文版，第314页。

的神学及宗教哲学教授,并分别担任"过程研究中心"的主任和执行主任,格里芬还担任了在圣巴巴拉建立的"后现代世界研究中心"的主任。他们从其神学立论来积极寻求人与世界、人与人之间关系的重建,以对人与世界、与自然之关系的关注来补充当代哲学中建设性后现代主义之不足。其倡导的建设性后现代主义以结合后现代的有机论和整体论而形成其独特的整体有机论体系及方法,旨在其否定与摧毁的同时亦达到其保留和建设,消除人与世界、人与自然以及思维与存在之间的对立及分离。在谈到生态学、科学与宗教的关系时,科布指出:"生态运动是一种正在形成的后现代世界观的主要载体,……这一运动对于基督教来说是极其重要的。"他认为,后现代生态世界观提倡一种科学和宗教的改良,而且在某些方面还回到了古典宗教的源头,"这种后现代的生态学世界观具有深刻的宗教内涵,并拒斥现代的、牛顿式的上帝。它更类似于神学唯意志论者所反对的神秘主义观点"。在其理解中,世界的整体及各部分均由与神性的关联所构成,"世间的价值越大,神圣的生命便越丰富。"所以,研究和探讨这一个世界的生存价值与意义,亦是"关于神圣的谈论",它"给一种本来就是的宗教观点更增加了宗教的内容。……它加强了圣经和基督教遗产的延续性"。[①]由此观之,当代神学家对"后现代主义"的"建设性"重构或运用,归根结底还是依赖于其基督教信仰之指导。他们将其神学立意注入后现代主义的理论框架之中,否定现代发展所导致的世界和自然之"祛魅",以便能为世界和人类获得神性"拯救"而再现神秘、重建神圣。

与新教神学这种"建设性"见解不谋而合的,亦有当代天主教中涌现的"后现代"神学。孔汉思在其理论中即表现了对"后现代"的乐观和积极评价。在他看来,神学的"后现代"之探,乃展示了神学的"觉醒"。这种神学强调"对现代的内在批判"和"对启蒙的启蒙",追求的是克服危机、面向未来和步入"新时代"。它以其"探索"

[①] [美]大卫·格里芬编《后现代科学——科学魅力的再现》,第125—126、141—143页。

"开放"等特征而说明其本身"正在寻求方向,正在制定纲领"。①诚然,站在不同立场的人会用"后现代"这一术语来表达截然不同的思想意向。而孔汉思则主张用之表现一种新的探索和创造,"后现代神学"乃是在"新时代"中表现一种"新宗教精神",使在"现代"被压抑、遭萎缩的信仰因素获得更新、达到升华。在他看来,"后现代"社会中人的精神状况,使宗教的作用得以突出,因为人们此时不仅意识到"存在的危机",亦感到对"上帝的忘却"使人缺乏面对危机、克服危机所必需的安慰、温情和关切。孔汉思借用法兰克福学派批判理论的著名代表霍克海默(M. Max Horkheimer, 1895—1973)的信念而表达了宗教在"后现代"的意义:"没有'完全的他者',没有'神学',没有对上帝的信仰,生活中就没有超越纯粹自我持存的精神";"没有宗教,在真与伪、爱与恨、助人和唯利是图、道德和非道德之间就不可能有确有依据的区别";"没有'完全的他者',对完满的正义的追求就不可能实现";"没有我们称之为上帝的最终的、原初的、最实在的现实……我们'对安慰的渴求'就依然不能得到满足"。②这里,他强调宗教体现了一种超越的审视和终极的关切,给人以生存勇气和未来期望。孔汉思构筑神学"后现代"之路的一大特点,即提出了一种"普世"信仰和"全球伦理"。在这一基于各种宗教信仰、价值观念和道德体系之全球性互相理解的普世神学或世界伦理上,孔汉思看到了一个颇有希望的"时代转折"。由此,"后现代"的话语亦增添了"普世性""世界性"和"全球性"之说。而孔汉思本人一方面推崇从基督教的普世出发来"开辟世界宗教的神学",另一方面则呼吁一种"全球伦理"的建立。而这两方面在当代世界思想文化发展中均已颇具规模、广有影响。

综上所述,后现代主义的发展本身已说明20世纪神学历史对西方当代精神的重构确有影响,并正发挥其潜在作用。这是因为基督教神学

---

① [瑞士]孔汉思:《神学、走向"后现代"之路》,引自王岳川、尚水编《后现代主义文化与美学》,第157页。

② 同上书,第165页。

正视后现代主义对人世作为的批判及否定，而且它本来就强调人靠自我来创立新的人世秩序之尝试注定要失败。但这绝非意味着信仰及其希望之破灭，基督教相信人不可能创立天国乃预示着上帝降临人世实现"新天新地"的极大可能。所以，当代基督教思想家在面对后现代主义提出的难题时亦充分利用其带来的创意，在现代主义对宗教的批判和后现代主义对一切价值、传统的毁坏这两难境遇中寻找其重立价值和真理之途、阐明基督教对其既超越又内在之上帝的确信，从而以基督教之"立"来与后现代主义之"破"形成鲜明对照。孔汉思对此曾公开表示，"在今天的社会现实条件下，对圣经和基督教传统的讨论绝对不是无害的智慧沙堡游戏，而是具有高度实际成果的反思"。[①] 面对"后现代"世界波谲云诡的复杂局面及其对基督教信仰带来的破坏及解构，当代基督教思想家并没有退缩，而是以"建构""建设"的思路来应对，无论其效果如何，却都表明了基督教在其现实存在危机面前选择"有可能生存"的努力。

（原载《中国社会科学院研究生院学报》1997 年第 3 期）

[①] ［瑞士］孔汉思：《神学、走向"后现代"之路》，引自王岳川、尚水编《后现代主义文化与美学》，第 165 页。

第三十章

社会处境与神学建设

现代基督教神学的最典型特点乃"处境化"神学思想的构建,及其发展不离其社会、时代和文化处境的意识。面对现实处境变化而带来的挑战,中国基督教的神学思想建设亦不例外。既然作为现实"处境化"意向的神学,其体系就不可能纯为独立的、封闭的、抽象思辨的,而应表现开放、沟通、对话的态势,有着对外的包容、宽容,亦应有着自我的调整、适应。因此,处境化神学的基本模式和研究方法,均有着跨学科和多元整合之特点。

从当代西方神学发展来看,这种"处境化"体现为"时空"处境的多元和多层化。就其外部而言,有的学者将此"处境"归纳为"生命体验""历史处境""社会场景""文化背景""经济环境"和"政治情景"等方面,神学于此不再是一种空灵的超脱和精神的消遣,而是活生生的"在场""亲临其境"。这种神学的特点即是尝试展示其在外界环境中的回应、适应及流变能力,旨在"多元文化性"及"跨地域文化处境"中能够再现其基督信仰真理的原则性及灵活性。而就其内部来看,神学亦不再是铁板一块或必须维系其整合而成的"大一统"。相反,其神学内部的多元性、包容性和开放性正日渐显露,在其同一信仰领域内涌现出了不同的神学思潮及相关理论体系。

由此可见,当代西方神学力求消除其内在之需与外在之"境"所构成的张力,达到一种有机统一。也就是说,西方神学在当代的发展,一方面仍是其信仰内在精神境界和思想高度的显露,另一方面则反映出教会现代生存及发展的外在"处境"。其神学乃教会在鲜活、真实之处境中的思想活动、精神回应。

　　正因为如此,西方当代神学与时代有着紧密关联,神学思想与社会的接触更加直接,几乎每一个大的社会变化都有相应的神学思潮相伴随。例如,第一次世界大战引起了危机神学和辩证神学;第二次世界大战带来了"上帝之死"派神学、世俗神学、新正统神学和生存论神学;"冷战"时期东西方对峙的僵局触动了希望神学、普世神学和对话神学,对"现代"的反思和西方社会出现的文化转型和观念重构促成了后现代主义神学、新福音派神学和生态神学等。与其传统相比,当代西方神学已具有更多的现代社会因素和时代精神。

　　同样,第三世界基督教的当代神学更是典型的"处境化神学"。相应其社会处境和时代需求,拉美出现了"解放神学",非洲形成了"黑人神学",亚洲涌现出"草根神学""民众神学""乡土神学"等"本土化神学"。在认识第三世界的神学"处境"时,不难看出其社会政治因素与思想文化传统的交织,二者的关联使其"政治神学"和"文化神学"之间有着内在的呼应和回应。而在其政治问题凸显的社会处境及氛围中,其"处境神学"亦更多表现为"政治神学",而不是简单、抽象、超脱的"文化神学"。

　　中国基督教会的当代处境,也体现出这种"政治"与"文化"的有机关联。可以说,20世纪达到鼎盛的中国教会"三自"爱国运动既有其"政治",亦表现出其"文化"的自我意识。中国基督教神学思想建设不可能脱离社会处境,必须依存于时代的发展,与时俱进。因此,中国基督教神学的"中国化",乃是其宗教坚持中国化方向所必须根本解决的问题,也是这种"中国化"行稳走远的重要保障。

　　中国教会面临的社会时代处境是什么呢?笔者个人认为,此即"全球化"与"中国化"之间的张力和整合。"全球化"大潮已势不可当,无论是"积极"意向、还是"负面"因素,都有可能牵一发而动全身,大家无法回避,而都会"在场"。因此,中国基督教神学思想建设必须面向世界,展示出开放的姿态和海纳百川的胸襟。基督教作为一种世界性宗教而存在,中国的对外开放和加入WTO之后的重要作用,势必会加强中国基督教本身的"全球意识"。这一点在其神学建设的构思中不可回避,必须认真考虑。但是,中国基督教绝不能在"全球化"进程中"化掉"自我。积极的、建设性的"全球化"即在"共建人类命运共同体"之中得以体现。而要有资格及实力对之参与并贡献,则需要我们首先建设好中华民族命运共同体、文化共同体。因此,神学建设"中国化"的进程则任重道远。中国教会尚未彻底、系统解决其神学思想"中国化"的问题。如果中国教会不能真正"认识自我""塑造自我",形成其中国特色及形象,则不可能真正"超越自我",也不能更好地走向世界。因此,中国基督教神学应该找到、构建自己的思想及话语体系,应该以更积极的姿态与中国的主流意识和文化关注对话,在适应、融入当代社会的过程中形成对中国未来的共构及贡献。或许,这种神学思想建设在其初期仍有更多的"政治"意向,体现为某种"政治神学"的特征,但经长期发展、健全、完备则势必成为一种中国精神的"文化神学"。当然,中国基督教的"神学建设"不可能关门来建、封闭式构设。于此,洞观世界风云、审视历史变迁,就理应成为我们"中国化"建设的重要参照和必要借鉴。在一种开放性视域中,中国的智慧将更加丰富、更有魅力。